Geflüchtet

Vertrieben

Besetzt

Impressum

Verleger und Herausgeber: KRAL-Verlag GmbH (Inh. Robert Ivancich)
John F. Kennedy-Platz 2, A-2560 Berndorf, Tel: 0660 - 435 76 04
E-mail: office@kral-verlag.at, www.kral-verlag.at
Für den Inhalt verantwortlich: Prof. Friedrich Brettner, A-2640 Gloggnitz (f.brettner@brettnerbuch.at)

1. Auflage / Erschienen in Berndorf im Oktober 2014 / Alle Rechte vorbehalten
ISBN: 978-3-99024-273-5

Friedrich Brettner

Geflüchtet
Vertrieben
Besetzt

Niederösterreich, Burgenland, Steiermark und Kärnten
Kriegsende - Nachkriegszeit

KRAL
VERLAG

Vorwort

In diesen Tagen jähren sich der Ausbruch des Ersten Weltkrieges zum hundertsten und der des Zweiten Weltkrieges zum fünfundsiebzigsten Mal; angesichts dieser wichtigen historischen Daten hat BezInsp i. R. Prof. Friedrich Brettner insbesondere den Leidtragenden des Zweiten Weltkrieges sein neues Buch „Geflüchtet – Vertrieben – Besetzt" gewidmet.

Er hat die Gefahren, Grausamkeiten und Entbehrungen dieser Zeit als Bub selbst kennen lernen müssen, weshalb seine Erzählungen und Schilderungen voll Authentizität sind; er hat Gruppen ausgemergelter deutscher Soldaten beim Rückzug vor den herannahenden Alliierten, Scharen von aus ihrer Heimat vertriebenen, vor Hunger weinenden Frauen, Kindern und alten Menschen auf der Suche nach ein wenig Nahrung und einer neuen Bleibe beobachtet und musste dann noch die zehnjährige Besatzungszeit durch die Soldaten der Roten Armee als heranwachsender junger Mann miterleben.

In den Büchern von Prof. Brettner werden die Ereignisse um den Zweiten Weltkrieg im Osten Österreichs penibel recherchiert und aufgearbeitet; die immer weniger werdenden Zeitzeugen gaben und geben dem Autor zum Großteil bereitwillig Auskunft über ihre Erlebnissen und Erfahrungen während des Krieges und in den Jahren danach, wodurch uns und nachfolgenden Generationen wichtige sowie historisch hochwertige Dokumente überlassen wurden.

Ich bedanke mich bei Prof. Brettner für seine hervorragenden Leistungen, seine Mühen und seine genauen Arbeiten – die ihm auch als Gendarmeriebeamter immer ein großes Anliegen waren – und wünsche ihm die Kraft und den Ehrgeiz für die Verfassung noch weiterer derartiger Zeitdokumente.

Oberst Ernst Schuch
(stv. Leiter des Landeskriminalamtes Niederösterreich)

Inhaltsverzeichnis

I. Allgemeine Lage bei Ende des Zweiten Weltkrieges

Auszüge aus einigen letzten Wehrmachtsberichten:

2. Mai 1945. An der Spitze der heldenmütigen Verteidiger der Reichshauptstadt ist der Führer gefallen. Von dem Willen beseelt, sein Volk und Europa vor der Vernichtung durch den Bolschewismus zu erretten, hat er sein Leben geopfert. Dieses Vorbild, getreu bis zum Tod, ist für alle Soldaten verpflichtend. Reste der tapferen Besatzung von Berlin kämpfen im Regierungsviertel, in einzelne Kampfgruppen aufgespaltet, erbittert weiter.

Die 7. amerikanische Armee trat im oberbayerischen Raum zwischen Plattling und Freising zum Angriff nach Süden an. Im Stadtkern von München halten erbitterte Straßenkämpfe an. Aus dem Raum Füssen vorgehende Kräfte wurden östlich Garmisch-Partenkirchen und bei Lermoos abgewiesen. In Oberitalien drängt der Feind beiderseits des Gardasees weiter nach Norden. In den Gebirgsausläufern nördlich Verona wurde er verlustreich abgewiesen. Die Besatzungen von Mailand und Novara verteidigten sich gegen konzentrische Angriffe des Gegners.

Zwischen Mur und Donau in der Ostmark hielt auch gestern die Kampfpause an. Dagegen lebten die Kämpfe im Abschnitt Nikolsburg und Brünn, wo wiederholte Angriffe der Sowjets zerschlagen wurden, wieder auf. Östlich Brünn erzwang der Feind einen tieferen Einbruch auf Wischau.

Bei Tage beschränkten sich die Anglo-Amerikaner auf Jagdvorstöße und Tiefangriffe im norddeutschen Raum.

3. Mai 1945. In der Reichshauptstadt setzen Reste der tapferen Besatzung in einzelnen Häuserblocks und im Regierungsviertel ihren heroischen Widerstand gegen die Bolschewisten immer noch fort.

In Bayern wurden unsere zusammengeschmolzenen Kräfte von den Amerikanern auf den Inn zurückgedrängt. Die Verteidiger von München sind der feindlichen Übermacht erlegen. Beiderseits des Würmsees erzielte der Gegner tiefe Einbrüche und bildete südlich von Rosenheim einen Brückenkopf auf dem Ostufer des Inn. Am Bodensee sind Straßenkämpfe in Bregenz im Gange.

An der Ostfront setzten die Bolschewisten ihre Durchbruchsversuche im Abschnitt Nikolsburg fort. Sie blieben bis auf örtliche Einbrüche erfolglos.

Nordöstlich Brünn konnte der Feind seinen Einbruchsraum erweitern und nach harten Kämpfen Wischau nehmen. Südwestlich Mährisch-Ostrau wurden die Sowjets nach einigen Kilometern Bodengewinn durch sofort angesetzte Gegenstöße aufgefangen.

Ergänzend zum Wehrmachtbericht erfahren wir von militärischer Seite:

Im südlichen Widerstandsraum zwischen München und Brünn, Dresden und St. Pölten drängte der Gegner unsere zusammengeschmolzenen Kräfte im Alpenvorland und Niederbayern weiter zurück. Im Bodenseegebiet sind bei Bregenz harte Kämpfe mit dem in Richtung auf die Schweizer Grenze und gegen den Arlbergpass drängenden Feind entbrannt.

Versuche der Anglo-Amerikaner, von Füssen und Partenkirchen aus die Wasserscheide zwischen Isar und Inn zu überschreiten, scheiterten, während östlich München feindliche Panzerspitzen bei Rosenheim einen Brückenkopf bildeten. Die nach schweren Straßenkämpfen in München nunmehr frei gewordenen Teile der 7. amerikanischen Armee, haben sich ebenfalls den Angriffen gegen die Inn-Linie angeschlossen. Im Raum von Passau sind jedoch immer noch starke feindliche Kräfte gefesselt, so dass nur Teilkräfte im Donau-Tal abwärts vorfühlen konnten.

4. Mai 1945. Der Kampf um die Reichshauptstadt ist beendet. In einem einmaligen, heroischen Ringen haben Truppen aller Wehrmachtsteile und Volkssturmeinheiten, ihrem Fahneneid getreu, bis zum letzten Atemzug Widerstand geleistet und ein Beispiel besten deutschen Soldatentums gegeben.

Im Raum südlich der Donau stießen die Amerikaner auf Linz und weiter südlich an und über den Inn nach Osten vor. An der Front zwischen Mur und Donau sind bei Mürzzuschlag und im Abschnitt St. Pölten erneut heftige Kämpfe im Gange.

In Holland, Kurland, Dänemark und Norwegen fanden keine Kampfhandlungen statt. Die holländische Bevölkerung wird im Einvernehmen mit dem deutschen Oberbefehlshaber in den Niederlanden von englischen Flugzeugen durch Abwurf von Lebensmitteln versorgt.

5. Mai 1945. Nach Vereinbarung mit dem Oberbefehlshaber der 21. britischen Heeresgruppe, Feldmarschall Montgomery, besteht seit heute früh acht Uhr in Holland, Nordwestdeutschland von der Ems-Mündung bis zur Kieler Förde, sowie in Dänemark (einschließlich der diesen Gebieten vorgelagerten Inseln) Waffenruhe. Hiervon werden auch die gegen England gerichteten Operationen der Kriegsmarine und Handelsmarine aus und nach den Häfen der genannten Räume betroffen. Diese Waffenruhe wurde nach fast sechsjährigen, ehrenvollen Kämpfen auf Befehl des Großadmirals Dönitz vereinbart, da der Krieg gegen die Westmächte seinen Sinn verloren hat und nur zum Verlust kostbaren deutschen Blutes, vor allem durch den Bombenkrieg, führt. Der Widerstand gegen die Sowjets aber wird fortgesetzt, um möglichst viele deutsche Menschen vor dem bolschewistischen Terror zu bewahren. Alle nicht von der Waffenruhe betroffenen Streitkräfte der Wehrmacht setzen den Kampf gegen jeden Angreifer fort.

*Flüchtlingstreck
im Raum
Braunsberg
(Foto o. A, BA
146-1976-072-
09)*

*Flüchtlingstreck
aus Ostpreußen,
1945
(Foto o. A BA
146-1979-084-
06)*

Bei Danzig,
Flüchtlingstreck
Heumarkt
(Foto: Brigitte
Höber, BA 146-
1996-028-28A)

Allgemeine Lage bei Ende des Zweiten Weltkrieges

An der Donau nahmen amerikanische Verbände Linz in Besitz. Weiter südwestlich schieben sich feindliche Kräfte auf Salzburg vor.

Der Oberbefehlshaber unserer Streitkräfte in Italien hat nach heldenhaften Kämpfen Verhandlungen mit General Alexander, dem Befehlshaber der anglo-amerikanischen Truppen, aufgenommen. An der deutsch-italienischen Grenze nähern sich feindliche Abteilungen von beiden Seiten dem Brenner, um die Verbindung herzustellen.

Unsere Heeresgruppe in Kroatien setzt sich unter fortgesetzten Gefechten mit starken Bandenkräften zwischen Save und Drau nach Westen ab.

O.: Flüchtlings-
treck, Ochsen-
gespann

O. li.: Memel-
länder auf der
Flucht

*Flüchtlingstreck
am Kurischen
Haff
(Foto o. A, BA
146-1979-084-
05)*

*Deutsche Zivili-
sten auf der
Flucht
(Foto: Brigitte
Höber, BA 146-
1996-028-32A)*

O. li.: Deutsche Zivilisten auf der Flucht, Feb. 1945 (Foto: Brigitte Höber, BA 146-1996-030-11A)

O. re.: Flüchtlings-treck, Danzig-Krebsmarkt (Foto: Brigitte Höber, BA 146-1996-028-32A)

Re.: Flüchtlings-treck 1945 (Foto Löwe, Giso, BA 183-W0425-015)

6. Mai 1945. Gemäß Vereinbarung mit dem britischen Oberbefehlshaber, Feldmarschall Montgomery, landeten die Engländer im Raum Kopenhagen schwächere Besatzungstruppen aus der Luft.

An den übrigen Fronten in Nordwestdeutschland herrscht Kampfruhe. Die Amerikaner setzten in Oberbayern und in den Alpen ihren Vormarsch nach Süden und Osten fort.

In Italien ist nach gegenseitigem Einvernehmen des deutschen und des anglo-amerikanischen Oberbefehlshabers Waffenruhe eingetreten.

Die Kämpfe um einige Stützpunkte in Istrien halten noch an. Unsere Absetzbewegungen in Kroatien verlaufen unter Nachdrängen starker Tito-Kräfte planmäßig.

Auf der Frischen Nehrung sind wechselvolle Kämpfe, insbesondere um den Ort Schottland, im Gange. Aus Kurland werden mehrere vergebliche Aufklärungsvorstöße gemeldet.

7. Mai 1945. Aus dem Hauptquartier des Großadmirals:
Das Oberkommando der Wehrmacht gibt bekannt:
Die Amerikaner setzten im bayerischen Raum ihre Bewegungen fort, ohne dass es zu besonderen Ereignissen kam. In Kroatien setzen sich unsere Divisionen weiter nach Nordwesten ab. Vor dem Südabschnitt der Ostfront beschränkten sich die Sowjets auch gestern auf vereinzelte Aufklärungsvorstöße.

8. Mai 1945. Aus dem Hauptquartier des Großadmirals:
Das Oberkommando der Wehrmacht gibt bekannt:
In Kurland beschränkten sich die Sowjets auch gestern auf örtliche Vorstöße.

Sondermeldung

Am 9. Mai 1945, 00.00 Uhr, sind auf allen Kriegsschauplätzen von allen Wehrmachtsteilen und von allen bewaffneten Organisationen oder Einzelpersonen Feindseligkeiten gegen alle bisherigen Gegner einzustellen.

Jede Zerstörung oder Beschädigung von Waffen und Munition, Flugzeugen, Ausrüstung, Gerät jeder Art sowie jede Beschädigung oder Versenkung von Schiffen widerspricht den vom Oberkommando der Wehrmacht angenommenen und unterzeichneten Bedingungen und ist im Gesamtinteresse des deutschen Volkes mit allen Mitteln zu verhindern. Diese Bekanntmachung gilt für jedermann als Befehl, der auf dem militärischen Dienstwege einen solchen nicht erhalten haben sollte.

Vom 9. Mai 1945, 00.00 Uhr, ab ist ferner auf sämtlichen Funklinien aller Wehrmachtteile nur mehr offen zu funken.

Im Auftrag des Großadmirals
gez.: Jodl
Generaloberst

9. Mai 1945. Abschlussmeldung

In Ostpreußen haben deutsche Divisionen noch Mündung und den Westteil der Frischen Nehrung tapfer verteidigt, wobei sich die 7. Division besonders auszeichnete. Dem Oberbefehlshaber, General der Panzertruppen von Saucken, wurde in Anerkennung der vorbildlichen Haltung seiner Soldaten das Eichenlaub mit Schwertern und Brillanten zum Ritterkreuz des Eisernen Kreuzes verliehen.

Als vorgeschobenes Bollwerk fesselten unsere Armeen in Kurland unter dem bewährten Oberbefehl des Generaloberstern Hilpert monatelang überlegene sowjetische Schützen- und Panzerverbände und erwarben sich in sechs großen Schlachten unvergänglichen Ruhm. Sie haben jede vorzeitige Übergabe abgelehnt. In voller Ordnung wurden mit den nach Westen noch ausfliegenden Flugzeugen nur Versehrte und Väter kinderreicher Familien abtransportiert. Die Stäbe und Offiziere verblieben bei ihren Truppen. Um Mitternacht wurden von der deutschen Seite, entsprechend den unterzeichneten Bedingungen, der Kampf und jede Bewegung eingestellt.

Auch an der Südost- und Ostfront, von Brünn bis an die Elbe, haben alle höheren Kommandobehörden den Befehl zum Einstellen des Kampfes erhalten. Eine tschechische Aufstandsbewegung – sie umfasst ganz Böhmen und Mähren – kann die Durchführung der Kapitulationsbedingungen in diesem Raum gefährden.

Meldungen über die Lage bei den Heeresgruppen Löhr, Rendulic und Schörner liegen beim Oberkommando zur Stunde noch nicht vor. Seit Mitternacht schweigen nun an den Fronten die Waffen. Auf Befehl des Großadmirals hat die Wehrmacht den aussichtslos gewordenen Kampf eingestellt. Damit ist das fast sechsjährige, ehrenhafte Ringen zu Ende. Es hat uns große Siege, aber auch schwere Niederlagen gebracht.

Die deutsche Wehrmacht ist am Ende einer gewaltigen Übermacht ehrenvoll unterlegen. Der deutsche Soldat hat, getreu seinem Eid, im besten Einsatz für sein Volk für immer Unvergessliches geleistet. Die Heimat hat ihn bis zuletzt mit allen Kräften unter schwersten Opfern unterstützt.

Die Wehrmacht gedenkt in dieser schweren Stunde ihrer vor dem Feind gebliebenen Kameraden. Die Toten verpflichten zu bedingungsloser Treue, zu Gehorsam und Disziplin gegenüber dem aus zahllosen Wunden blutenden Vaterland.

Rückzug deutscher Soldaten aus dem Osten (Archiv Brettner)

Li.: Deutscher Rückzug aus dem Marchfeld

Re.: Zivilisten auf der Flucht (Foto: Brigitte Höber, BA 146-1996-028-32A)

Beide Bilder: Frauen und Verwundete wurden mit Zügen zurück gebracht

Deutscher Rückzug aus Ungarn (Foto: Wilfried Worcidlo, BA-146-1989-105-13)

Rückzug aus Breslau (BA-183-H264-08)

Li. u. folgende drei Bilder: Rückzug, Deutsche Trosseinheiten (Archiv Brettner)

O. (beide): Rück-
zug der Kampf-
gruppe Keitel

Re. u. nächste
Seite o.: Letzter
Kriegstag in
Amstetten,
Deutscher Rück-
zug (Archiv LBI
G-2801)

U.: Lebensende
irgendwo in
einem Strassen-
graben ...

Befehl des sowjetischen Oberkommandos
an die 2. und 3. Ukrainische Front
vom 2. April 1945

An die Truppenkommandanten und die Mitglieder der Kriegsräte der 2. und 3. Ukrainischen Front.
In Verbindung mit dem Betreten österreichischen Territoriums durch die Truppen der 2. und 3. Ukrainischen
Front befiehlt das Hauptquartier des Oberkommandos:

a) Sie haben zu erklären, dass die Rote Armee gegen die deutschen Okkupanten und nicht gegen die österreichische Bevölkerung kämpft und die Bevölkerung aufzurufen, auf ihren Plätzen zu bleiben, ihre friedliche
Arbeit fortzusetzen und das Kommando der Roten Armee zu unterstützen und bei der Aufrechterhaltung der
Ordnung und bei der Gewährleistung einer normalen Arbeit der Industriellen, Handelskommunalen und anderen Unternehmen mitzuwirken.

b) Der Bevölkerung zu erklären, dass die Rote Armee nicht mit dem Ziel der Eroberung österreichischen Territoriums das Gebiet Österreichs betreten habe, sondern ausschließlich mit dem Ziel der Vernichtung der
feindlichen deutsch-faschistischen Truppen und zur Befreiung Österreichs von deutscher Abhängigkeit.

c) Es ist zu erklären, dass die Rote Armee auf dem Standpunkt der Moskauer Deklaration der Alliierten über
die Unabhängigkeit Österreichs steht und zur Wiederherstellung der Ordnung, die in Österreich bis 1938 exi-
stierte, d. h. bis zum Eindringen der Deutschen nach Österreich, beitragen wird.

d) Die Gerüchte, dass die Rote Armee die Mitglieder der Nationalsozialistischen Partei liquidiert, sind zu widerlegen und es ist zu erklären, dass die Nationalsozialistische Partei aufgelöst wird, dass aber gewöhnliche

Mitglieder der Nationalsozialistischen Partei nicht angetastet werden, falls sie Loyalität gegenüber den sowjetischen Truppen erweisen.

Abgesehen von dem Aufruf an die Bevölkerung Österreichs auf dem von unseren Truppen besetzten Territorium sind Flugblätter desselben Inhalts herauszugeben, die hinter der Frontlinie abzuwerfen sind.
Den Truppen, die auf österreichischem Territorium agieren, ist Anordnung zu geben, die Bevölkerung Österreichs nicht zu beleidigen, sich korrekt zu benehmen und die Österreicher nicht mit den deutschen Okkupanten zu verwechseln.
In den Siedlungen sind militärische Kommandanten zu bestimmen, die der Ausübung der Funktion der zivilen Behörden provisorische Bürgermeister und Älteste aus der örtlichen österreichischen Bevölkerung zu bestimmen haben.

Das Hauptquartier des Oberkommandos   2. April 1945
STALIN
ANTONOV

O. li.: Kämpf der Sowjets im Wienerwald (Institut für Kriegsfolgenforschung, LBI 002800c)

O. re.: Sowjetischer Vorstoß nach Wien (Institut für Kriegsfolgenforschung, LBI 002800d)

Re.: Kämpfe in Wien (Institut für Kriegsfolgenforschung, G 2800f)

Kämpfende Sowjets am Donaukanal (Institut für Kriegsfolgenforschung, LBI 002800b)

*Kämpfe in Wien
(Institut f.
Kriegsfolgen-
forschung,
2800)*

*Marsch einer
sowjetischen
Einheit in Wien*

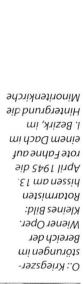

Re.: Sowjetische Soldaten im Tiergarten Schönbrunn

O.: Kriegszerstörungen im Bereich der Wiener Oper.
Kleines Bild: Rotarmisten hissen am 13. April 1945 die rote Fahne auf einem Dach im 1. Bezirk, im Hintergrund die Minoritenkirche

Allgemeine Lage bei Ende des Zweiten Weltkrieges

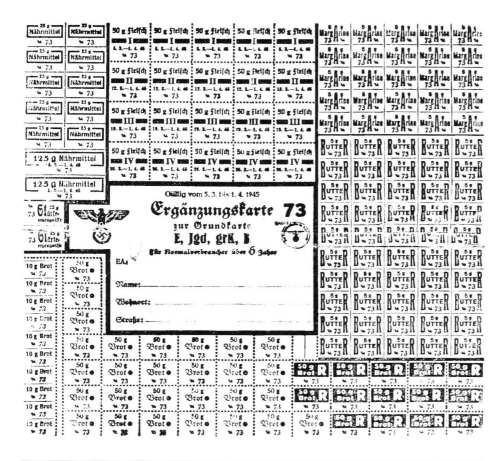

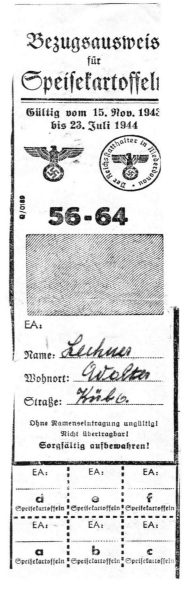

Im Dritten Reich wurde die Versorgungswirtschaft im Krieg mit einem Markensystem geregelt, das bis Kriegsende das Überleben der Zivilbevölkerung sicherstellte

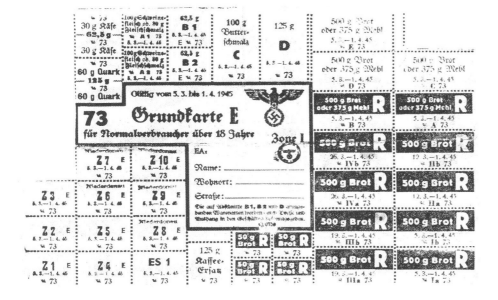

So aber sah die Wirklichkeit aus: Seit 1941 wurde auf sowjetischen Soldaten von ihren politischen Offizieren immer wieder bei Vorträgen und mit Flugblättern eingewirkt um ihren Rachedurst und den Hass zu schüren. In der Sowjetar-mee waren 13 verschiedene Volksgruppen, die zum Teil nicht einmal wussten, gegen wen sie Krieg führten und auch den Unterschied zwischen Deutschland und Österreich nicht begriffen. Auch gab es in der Sowjetarmee keinen Urlaub.

Die sowjetischen Truppen hatten bis 11. Mai 1945 die Steiermark bis zur Enns, den Raum Köflach – Voitsberg und Zeltweg, besetzt. Bei Judenburg an der Mur war zuerst die Demarkationslinie. Truppen der bulgarischen 1. Armee besetzten den Raum von Radkersburg über Wildon bis zur Koralpe. In diesem Gebiet befanden sich auch jugoslawi-sche Partisanenverbände.

Erst am 22. Juli 1945 zogen sich die sowjetischen und bulgarischen Truppen auf die steirisch-niederösterreichische Grenze zurück. Kärnten war als Besatzungszone der Engländer vorgesehen. Auf Grund der Gebietsansprüche der Tito-Partisanen wurde von den Engländern eine Sperrzone an der jugoslawisch/österreichischen Staatsgrenze mit Stand von 1937 errichtet, die 20 km weit auf österreichisches Gebiet reichte. Der Aufenthalt in dieser Zone war nur Personen gestattet, die schon vor dem 1. Mai 1944 dort ihren ordentlichen Wohnsitz hatten.

In Österreich drängten sich ungeheure Menschenmassen auf kleinstem Raum zusammen. Die Verkehrsverbindun-gen und Nachrichtenverbindungen waren lahmgelegt. Die Lebensmittelversorgung arg beeinträchtigt. Eine Welle von Plünderungen, Raubüberfällen, Bluttaten, Vergewaltigungen, gefährlichen Drohungen, Erpressungen und Brand-schatzungen brach über das Land herein.

Zehntausende von Konzentrationshäftlingen aus den Massenlagern Mauthausen und Ebensee wurden frei. Die ausländischen Arbeiter verließen ihre Arbeitsplätze in den Betrieben und in der Landwirtschaft. Ihr Abtransport verzögerte sich, sodass bei vielen die Absicht erkennbar war, sich im Land für erlittenes Unbill schadlos zu halten. Die Freigewordenen gelangten in den Besitz von Waffen, Fahrzeugen, Uniformen, bildeten starke Banden, plünderten die Orte und bäuerlichen Landstriche, terrorisierten die Bevölkerung, raubten Hab und Gut. Auch ausländische Flüchtlin-ge plünderten Vieh und Lebensmittel. Die Bevölkerung war dem Treiben schutz- und hilflos preisgegeben.

II. Flucht vor den Kämpfen

S eit den letzten Märzwochen hatte ein Flüchtlingsstrom aus dem Osten eingesetzt, der sich immer mehr steigerte. So waren es zuerst deutsche Siedler aus Rumänien und Bulgarien. Bis dann auch schon Ungarn, oft mit Langhorn-Rinderherden, Pferden und schwer bepackten Pferdewagen kamen.

Dann kam ungarisches Militär unter anderem auch die ungarische Regierung.

In der Karwoche vom 26. bis 31. März 1945 riss der Flüchtlingsstrom auf den westwärts führenden Straßen nicht mehr ab, dann kamen bereits deutsche Soldaten und auch schon Bewohner des Burgenlandes. Bis zuletzt die Bewoh-ner der östlichen Bezirke Niederösterreichs, vermischt mit kleineren Gruppen von abgekämpften deutschen Soldaten westwärts zogen.

Waren bei den Ausländern auch immer Männer dabei, so sah man bei den Öster-reichern meistens nur Mädchen, Frauen mit Kindern und einige alte Männer. Zuerst kamen Pferdefuhrwerke und erst später auch einige Kraftfahrzeuge. Die Ärmsten der Armen kamen dann mit Fahrrädern oder Handkarren und meistens nur mit dem was sie anhatten oder im Rucksack tragen konnten. Alles ist auf der Flucht vor den Sowjets, über deren Treiben die Propaganda ja Schreckliches berichtet hatte.

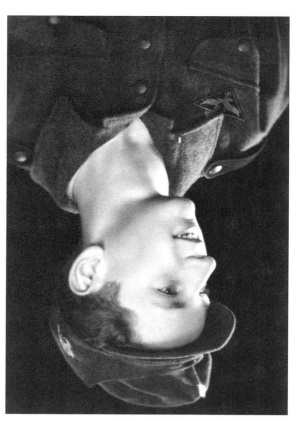

Karl Orthuber

Karl Orthuber, Flakhelfer, 17 Jahre: „Wir wurden am 7. Jänner 1944 aus der 6. Klasse des Realgymnasiums in Wien, als Luftwaffenhelfer eingezogen. In Kagran erhielten wir die Flakausbildung und wurden schon Ende Februar nach Breitenlee verlegt. Am Anfang hatten wir in der Batteriestellung noch Schulunterricht von unserem Professor. In Breitenlee kamen wir zu einer Großkampfbatterie mit 16 Kanonen, 10,5 cm. Die amerikanischen Bomber kurvten immer über Breitenlee ein, um das ÖMV Lager Kagran anzugreifen. Im Jänner 1945 kam dann der Führer-befehl, dass alle Luftwaffenhelfer mit der Hitlerjugendarmbinde zum Reichs-arbeitsdienst oder zur Wehrmacht einzurücken haben. So haben nach und nach meine Schulkollegen abgerüstet und ich war dann eine Woche vor Ostern der letz-te, der entlassen wurde. Zu Hause sollten wir dann den Einberufungsbefehl zur Wehrmacht zugestellt bekommen. So ging ich dann mit meinen wenigen Habselig-keiten von Breitenlee über Kagran quer durch Wien zum Südbahnhof. Straßen-bahn ging keine. Am Südbahnhof hatte ich dann das Glück doch noch einen Zug zu erreichen, der über den Semmering ging. Der Zug fuhr erst in der Nacht, denn am Tag war es wegen der feindlichen Flieger zu gefährlich. Kaum in Schottwien wurde ich So konnte ich in Klamm-Schottwien aussteigen.

von Herrn Schruff, dem Volkssturmkommandanten abgefangen und zum Volkssturm beordert. Dort mussten wir die am unteren Ortsende von Schottwien befindliche Panzersperre besetzen. Kaum zu Hause stand ich nun bewaffnet mit einer Panzerfaust bei der Panzersperre. Als die sowjetischen Truppen im Anmarsch auf Gloggnitz waren, kam der Gendarmerieposten-Kommandant Gabriel zur Panzersperre und fragte: „Wer kann einen Feuerwehr-LKW fahren? Es müssen 12 schwangere Frauen ausgefahren werden." Natürlich habe ich mich sofort gemeldet. In der Feuerwehr-remise musste ich erst den LKW ausräumen und mit Matratzen und Polstern auslegen.

Die Fahrt über den Semmering war unmöglich, denn es wälzte sich eine endlose Flüchtlingskolonne mit allen möglichen Fahrzeugen durch Schottwien. So hatte ich vor, durch den Adlitzgraben zu fahren. Hatte ich zuerst nur 12 Frauen, so war binnen kurzer Zeit am LKW kein Platz mehr frei, auch auf den Trittbrettern standen welche. Die Fahrt durch den Ort dauerte Stunden, trotz Blaulicht und Martinshorn, bis ich endlich die Hirschkurve erreicht und in den Adlitzgraben einbiegen konnte. Dort fuhr ich in den Talhof, der Sommersitz des Fürsten Lichtenstein. In dieser Einsamkeit 6 km von der Ortschaft Breitenstein entfernt. Der Regierende Fürst Lichtenstein war im Sommer meistens zwei Monate hier.

Außer dem Jagdschloss gab es noch eine Kapelle, ein Haus für die Dienerschaft, ein Schwimmbad und einen Kinosaal. Sowie etwas vorher, ein großes Wohnhaus für den Oberförster und die Jäger. Einige Frauen haben dort sogar entbunden. Im Talhof befanden sich dann insgesamt an die hundert Flüchtlinge. Im Kinosaal war Stroh aufgelegt und dort fanden wir Quartier. Meine Großeltern waren in Schottwien geblieben. Meine Mutter, die auch mit war, fuhr dann noch einmal mit einem Motorradfahrer nach Schottwien um Lebensmittel zu holen. Bei der Rückfahrt kam der Motorradfahrer in der Hirschkurve zu Sturz. Als nun meine Mutter zurückkam, sah es aus als wenn überall Blut wäre, aber es war die Marmelade die bei dem Sturz ausgelaufen war. Mit meinem Vater hatte ich ausgemacht, dass wir uns in Zell am See treffen werden.

Nachdem eine Schreckensnachricht nach der anderen kam, stand mein Entschluss fest, im Talhof konnten wir natürlich nicht bleiben, denn dort würden auch die Russen hinkommen.

Das neue Auto der Feuerwehr Schottwien mussten wir im Talhof stehen lassen. Denn aus diesem Talkessel gab es nur eine Straße Richtung Osten nach Breitenstein und Schottwien. Nach Westen gab es nur einen Jagdsteig über die Berge. So blieb uns nur dieser beschwerliche Fußweg über die Berge nach Kapellen. Da in dieser Gegend natürlich noch tiefer Winter war, so stapften und quälten wir uns im tiefen Schnee durch das Gelände bis wir endlich Kapellen erreichten. Manche hatten es besonders schwer, wie die alte Frau Putz, die ja über hundert Kilogramm hatte, zuletzt hatte sie keine Schuhe mehr an den Füßen.

In Mürzzuschlag konnten wir mit einem Lastzug bis Bruck an der Mur fahren. Dort lagerten wir auf einer Wiese. Mit einem anderen Zug ging es dann bis Radstadt, dort kamen wir dann in ein Auffanglager. Nach einigen Tagen bekamen wir Nachricht von meinem Vater aus Zell am See. So machten sich meine Mutter und ich auf den Weg, zum Teil mit Autostopp. In Zell am See waren in der Zwischenzeit die Amerikaner einmarschiert. Trotzdem haben wir meinen Vater getroffen.

Die Amerikaner verhängten am Abend ein Ausgehverbot, doch mein Vater und ich waren so neugierig, dass wir uns nicht daran hielten. Wir wurden auch sofort angehalten, verhaftet und in das Landesgericht eingeliefert. Dort mussten wir am nackten Boden schlafen. Am nächsten Tag kam ein amerikanischer Sergeant und suchte Mechaniker, worauf wir uns sofort gemeldet haben. Er nahm uns gleich mit in die Glockner Garage.

Dort mussten wir Auto waschen, tanken und Reparaturen durchführen. Dann war ich bei einem amerikanischen Kapitän Fahrer und Hausbursche, in der von ihm bewohnten Villa. Wir hatten amerikanische Drillichanzüge und lebten ganz gut. Doch meinen Vater plagte das Heimweh, so entschlossen wir uns nach Schottwien zu fahren. Am Semmering war Endstation, von den Sowjets auf die Kommandantur gebracht und einige Tage festgehalten, immer wieder die Fragen: „Warum fort – warum zurück?" Endlich nach einigen Tagen konnten wir Richtung Schottwien gehen. Wie sah es in Schottwien aus? Unser Haus abgebrannt, überall Schutt, zerstörte Autos, doch jetzt gab es nur eins, die Ärmeln aufkrempeln und der Wiederaufbau begann."

Friedrich Brettner

Friedrich Brettner, 10 Jahre: „Schottwien, ein kleines Straßendorf im südlichen Niederösterreich am Fuße des Semmering-Passes. Im Haus Nr. 74 am unteren Ortsanfang lebte meine Mutter mit meiner kleinen 5-jährigen Schwester und ich mit meinen 10 Jahren. Der damaligen Zeit entsprechend war ich bei den Pimpfen und auch Luftschutzmelder, nebenbei noch Ministrant. Im Ort befand sich eine Kompanie Landesschützen zur Bewachung der Semmering-Bahn. Natürlich waren die Soldaten die Attraktion des Ortes und wir Buben immer in deren Nähe um am Laufenden zu sein. Der Bruder meiner Mutter, der Onkel Hans, Unteroffizier, war nach seiner Verwundung in Russland, seit kurzer Zeit auch in Schottwien bei den Landesschützen stationiert.

Die Karwoche war für uns als Ratschenbuben anstrengend. Aber wir hatten ja das Glück, dass es seit einigen Tagen keinen Schulunterricht mehr gab. In der Schule waren Flüchtlinge einquartiert. Die Zeit war sehr hektisch, manche hatten Angst vor den Russen und dachten schon an Flucht nach dem Westen. Für uns Buben unvorstellbar, unsere Soldaten werden den Feind bestimmt mit den neuen Wunderwaffen zurückschlagen.

Ab Karsamstag musste das Postamt rund um die Uhr besetzt sein und der Bacher Autobus mit Anhänger stand bereit um jederzeit mit Frauen und Kindern Richtung Westen abzufahren.

Am 31. März 1945, Karsamstag, wir befanden uns bereits am Vormittag im Luftschutzkeller beim Polleres, wo auch die Landesschützen eine Funkstation hatten. Meine Mutter und meine Tante Grete, die auch bei uns war, wirkten sehr besorgt. Ich war natürlich bei der Funkstation, als der Funker plötzlich bleich im Gesicht aufstand und sagte: „Die Russen kommen, sie sind schon im Burgenland!"

Daraufhin gingen alle Leute nach Hause. Zu Hause angekommen stand auf einmal mein Onkel Hans in der Tür, er hatte seinen Stahlhelm auf und die MPi umgehängt. Er sagte zu meiner Mutter, wir sollten die Sachen, die wir nicht mitnehmen können, vergraben und nur das Notwendigste mitnehmen und auf die Berge zu den Bauern flüchten, denn in Schottwien würde vermutlich gekämpft werden, da seine Einheit bereits am unteren Ortsanfang Stellungen bezogen hatte. Was in diesem Augenblick in mir vorgegangen ist, kann ich nicht mehr sagen, aber meine Reaktion war der reine Wahnsinn, ich zog meine kurze schwarze Hitlerjungenhose an, und dann zwei normale Hemden, darüber das braune Hitlerjungenhemd und eine Jacke und niemand ist das aufgefallen.

Im Küchengarten gegenüber unserem Holzschuppen vergruben wir unsere übrige Wäsche, das gute Geschirr und Besteck. Dann packten wir Bettzeug und Wäsche, setzten meine kleine Schwester auf einen kleinen Leiterwagen und so zogen wir den Berg hinauf zum Baumgartner Bauern, wo wir uns am Heuboden notdürftig einrichteten.

Dann besuchte ich die Landesschützen, die vor Schottwien mit einem MG 34 in Stellung lagen. Als die Russen aber nicht kamen, trafen sich alle im Baumgartner Bauernhaus, wo es nach kurzer Zeit ein wüstes Saufgelage gab und ein Unteroffizier mit der MPi in der Küche herumschoss.

Nach einer Nacht packten wir unsere wenigen Habseligkeiten und zogen weiter den Berg hinauf zum Geireggerhof, wo die Stranz Bäuerin allein mit ihren 5 Kindern am Hof war, da der Bauer eingerückt war. Da im Haus kein Platz war, logierten wir wieder am Heuboden. Am Nachmittag kam ein Trupp deutscher Soldaten vorbei. Die 15 Mann waren erschöpft und schliefen fast alle sofort ein. Sie waren seit Ungarn durchmarschiert, immer den Russen im Genick. Die Bäuerin gab ihnen Most und Brot zur Stärkung. Der Feldwebel erklärte der Bäuerin, sie soll sofort den Most auslassen, damit sich die Russen nicht betrinken können, so würde uns viel Leid erspart bleiben. Dann zogen sie Richtung Klamm weiter.

Dann hörten wir bereits aus Richtung Wartenstein Gewehrschüsse und gegen 16.00 Uhr sahen wir die ersten Russen in Schottwien. In den nächsten Tagen steigerte sich der Kampflärm und nach einigen Tagen hatten wir uns an das Jaulen und Krachen der Granaten bereits gewöhnt. Einige Tage später, als ich das Hoftor öffnete, blieb mir fast das Herz stehen, ein Spähtrupp der Waffen-SS stand vor mir. Diese jungen SS-Soldaten waren gut ausgerüstet und auch sehr zuversichtlich, dass sie die Russen wieder vertreiben werden. Mit einem flauen Gefühl im Magen legten wir uns schlafen.

Der nächste Tag war sehr schön. Ich war gerade in der Küche als ich im Hof russische Stimmen hörte, dann waren sie schon in der Küche und verlangten was zum Trinken. Nun rächte es sich, dass die Bäuerin nicht auf den deutschen Feldwebel gehört hatte. In kurzer Zeit waren an die 30 Russen stockbetrunken. Als sie zu schießen begannen flüchteten wir in den Hauskeller. Ein Mongole machte die Tür zum Schweinestall auf und ließ die Muttersau mit ihren 6 kleinen Ferkeln in den Hof, wo er sie mit der MPi zusammenschoss. Erst nach Stunden, die wir in Angst und Hoffnungslosigkeit verbrachten, zogen sie ab. Die Schweine nahmen sie mit.

Am nächsten Tag zogen wir alle, auch die Stranz Familie, weiter zu dem oberhalb der Semmeringbahn befindlichen Bauernhof ihres Bruders Alois Polleres. Dort befanden sich dann mit dem Bauersleuten insgesamt 25 Personen, darunter viele Kinder, auch mein Schulkamerad, der Polleres Toni, Stieblo Hans und Polleres Helmut. Um die Frauen vor den Nachstellungen der sowjetischen Soldaten zu schützen, hatte der Bauer einen Verschlag zwischen Haus- und Heuboden errichtet. Dieser Verschlag hatte eine Tür im Boden und die Leiter musste eingezogen werden. Dorthin flüchteten die Frauen sobald Soldaten auftauchten. Meine Aufgabe war es die Frauen rechtzeitig zu warnen. Doch eines Tages überlisteten mich zwei sowjetische Soldaten. Vorerst warnte ich die Frauen und sie verschwanden im Versteck, worauf die beiden Soldaten wieder gingen. Doch nach kurzer Zeit kamen sie wieder zurück, die Frauen hatten sich wieder versteckt und so fragten sie mich nach Frauen. Ich erklärte ihnen, dass hier keine sind. Worauf sie fortgingen und im Wald unterhalb des Hofes verschwanden. Kaum waren die Frauen aus dem Versteck, tauchten sie wieder auf. Jetzt bekam ich es auch mit der Angst zu tun, wollte mich zuerst am Heuboden im Heu verstecken, kroch aber dann unter die Dreschmaschine. Nach kurzer Zeit hörte ich die Russen schreien, dann flog die Tür auf und der Bauer landete nach einem Fußtritt in der Tenne.

Nach einigen Rufen schossen sie mit der MPi in das Heu, worauf ich schleunigst mit weichen Knien unter der Dreschmaschine hervorkroch. Als nächstes erhielt auch ich einen Tritt in den Hintern, dass ich zur Tür flog. Dann trieben sie den Bauern und mich in den Hof und stellten uns an die Stallwand. Ich glaubte meine letzte Stunde sei gekommen, als mir dann ein Russe die Pistole im Genick ansetzte, zeigte ich ihnen das Versteck. Die beiden Russen vergewaltigten nun abwechselnd mehrere Frauen. Dem Bauern zogen sie die Stiefeln aus und ich musste sie anziehen und mit ihnen Most trinken. Worauf es mich ganz gewaltig drehte und ich meinen ersten Rausch hatte.

Die Männer der Frauen hatten sich die ganze Zeit im Wald versteckt und als die Russen weg waren kamen sie zurück und machten mir Vorwürfe, nur der Polleres Toni nahm mich in Schutz. In meinem Alter mit 10 Jahren hatte ich keine Ahnung was vergewaltigen eigentlich ist. Aufgefallen sind mir nur die erhitzten und verschwitzten Gesichter der Frauen und Russen, aber irgendwie sahen beide Russen, wenn sie aus dem Schlafzimmer kamen, sehr zufrieden aus, worauf ich so bei mir dachte, das kann doch nicht so schrecklich sein.

Der Bahnpolleres Hof, wie der Hausname war, befand sich nicht einmal einen Kilometer von der Front entfernt. So kam es, dass eines Tages die russischen Kanoniere in Gloggnitz vermutlich zu viel Wodka getrunken hatten und die Granaten, die für die Front am Kobermannsberg bestimmt waren, gleich nach dem Bauernhaus einschlugen. Gott sei Dank kam niemand zu Schaden, da wir schleunigst in den Mostkeller liefen.

Eines Tages sagte meine Tante, dass sie gehört habe, dass man wieder nach Schottwien zurück kann, da dort nicht mehr gekämpft wird. So gingen meine Tante, meine Mutter und ich am nächsten Tag nach Schottwien, meine kleine Schwester blieb am Bauernhof. Gegen Mittag waren wir in unserer Wohnung. Dort sah es furchtbar aus, alles herausgerissen, dazwischen Handgranaten, Panzerfäuste und Gewehrmunition. Vor dem Haus am rechten Straßenrand lag ein totes Rind und gegenüber ein toter deutscher Soldat. Da wir nichts zu Essen hatten holte ich mir Messer und Geschirr und begann die schönsten Fleischstücke und die Leber herauszuschneiden.

Unser Nachbar der Auer Schuster versorgte sich gleichfalls mit Fleisch. Außer einigen russischen Soldaten, die uns nicht beachteten, sahen wir keine Zivilisten. Nachdem ich das Fleisch nach Hause gebracht hatte, ging ich auf Erkundung und entdeckte einen ungarischen LKW mit Anhänger, auf dem große Eichenfässer waren. Kurz darauf kamen russische Soldaten und bemerkten gleichfalls die Fässer. Da kein Verschluss zu sehen war schossen die Russen Löcher in die Fässer. In den Fässern am LKW war Wein und in den Fässern am Anhänger reines Sonnenblumenöl.

Schnell holte ich von zu Hause einen Kübel und schleppte einen nach dem anderen mit Öl nach Hause, welches ich in den Waschtrog leerte. Erst jetzt bemerkte ich, dass ich das Hitlerjungen Hemd noch anhatte, rasch zog ich es hinter einem Holzstoß aus und versteckte es dort. Da in unserer Wohnung so viel Munition lag, gingen wir in das gegenüberliegende Haus, in die Wohnung meiner Tante. Meine Mutter hatte geröstete Leber gemacht, es war schon Abend, als wir beim Essen saßen und die Tür aufgerissen wurde und ein betrunkener Russe hereinstürzte.

Mit der MPi im Anschlag forderte er meine Tante auf, mit ihm in das Schlafzimmer im Erdgeschoss zu gehen. Sie konnte aber durch das Fenster springen, wurde aber vom Russen eingeholt, worauf er uns alle im Hof an die Schuppenwand stellte, seine MPi durchlud. Vor lauter Angst musste ich pinkeln. Innerhalb weniger Tage bereits zum zweiten Mal an die Wand gestellt zum Erschießen. Nun der Herrgott hatte ein Einsehen, von der Straße rief ein anderer Russe etwas, worauf er von uns abließ und vor die Hausfront ging. Das war das Zeichen für mich, mit einem Satz sprang ich in den Klammer Bach, meine Mutter und meine Tante hinter mir nachziehend, einen kleinen Weg zum Dangl Haus, durch dessen Garten in Richtung Baumgartnerfelsen. In der Zwischenzeit war es stockdunkel geworden, so eine finstere Aprilnacht, wo man kaum die Hand vor den Augen sieht, so ging es über die Felder immer bergauf, mehrmals über Maulwurfhügel stürzend zum Stranzhof und weiter zum Bahnpolleroshof. Es war eine Flucht mit der Todesangst im Nacken. Unser Vorteil war, dass ich mich als Bub hier sehr gut auskannte. Eines Tages kam eine russische Patrouille mit einem Österreicher auf den Bauernhof und alle Männer mussten mitgehen. An der Bahnlinie mussten sie sich aufstellen und der Österreicher sah sich jeden einzelnen an und erklärte, das guter Mann, nur der Gemeindebeamte aus Gloggnitz musste mit den Russen mitgehen. Er wurde später in Weißenbach tot aufgefunden.

So vergingen die Apriltage als am 27. April 1945 ein russischer Offizier mit Dolmetsch auf den Hof kam und uns erklärte, dass wir alle bis Mittag den Hof verlassen müssten. Der Polleres Bauer zog mit seinen Verwandten und mit Ochsenkarren vom Hof, wir wieder mit unserem kleinen Handwagerl bis nach Gloggnitz. Dort gab es bereits ein halbwegs geregeltes Leben. Wir bekamen in der Schulgasse eine Wohnung zugewiesen.

Gegenüber in der Volks- und Hauptschule befand sich ein russisches Lazarett. Dort fand meine Mutter Arbeit, sie musste die Zahnabteilung sauber halten, dafür gab es auch etwas Essen. Furchtbar war, wenn nach einem Angriff an der Front die Verwundeten auf Pferdewagen gebracht wurden, zum Teil verstümmelt, ein Schreien und Wimmern, manche waren schon tot. Nachdem wir gehört hatten, dass in Schottwien nicht mehr gekämpft wurde, beschlossen meine Tante und ich wieder nach Schottwien zu gehen. Eines Vormittags zogen wir von Gloggnitz los, die Bundesstraße 17 entlang. In Weißenbach war keine Menschenseele zu sehen. Nach dem Ort auf einem geraden Straßenstück Richtung Aue, plötzlich ein Jaulen und Krachen, im Acker neben der Straße schlugen Granaten ein, die Splitter jaulten und die Drähte der Telefonleitungen fielen herab. Wir aber zogen teilnahmslos weiter Richtung Aue. Neuerliches Jaulen einer Granate, sie schlug 100 m vor uns auf der Straße ein. Wir aber gingen weiter, da sahen wir von rechts aus Richtung des Weißenbaches einen russischen Soldaten über den Acker auf uns zulaufen. Er schreit und gestikuliert ganz wild mit den Armen. Bei uns angekommen nahm er mich bei der Hand und lief was er konnte in Richtung Weißenbach zurück. Dort warf er mich in ein Schützenloch und dann hörten wir das Einschlagen der Granaten, eine neben der anderen. Mir kam es zuerst gar nicht zum Bewusstsein, dass dieser russische Soldat unser Leben gerettet hatte. Nach einer Rast und als der deutsche Beschuss zu Ende war, zogen wir weiter. Nachdem uns der russische Soldat erklärte, dass wir die Straße nicht entlang gehen dürften, da diese eingesehen sei. Wir bewegten uns nun entlang der russischen Stellungen den Hang hinauf zum Weinweg bis zur Trasse der Südbahn, diese dann entlang bis vor Klamm und dann hinunter nach Schottwien.

In Schottwien angekommen mussten wir feststellen, dass sich seit unserem letzten Aufenthalt nichts verändert hatte, der gefallene deutsche Landser mit dem Kopfschuss lag noch immer vor dem Haus, er war schon ganz schwarz. Gegenüber das restliche Kalb war bereits in Verwesung übergegangen und stank fürchterlich. Die Gegend war menschenleer, keine Soldaten oder Zivilisten. Der Rückmarsch nach Gloggnitz ging glatt vor sich. Wir waren vorsichtiger geworden, wir bewegten uns nur entlang der Büsche des Aue- und Weißenbaches. Dort angekommen war mir die Lust auf weitere Abenteuer vergangen.

Dann kam der 8. Mai 1945, am Abend ein Lärm, es wurde mit allen Kalibern geschossen, was war nur los? Nach kurzer Zeit wussten wir Bescheid, der Zweite Weltkrieg war zu Ende, der Friede war ausgebrochen.

Am nächsten Tag packten wir unser kleines Wagerl mit den verbliebenen Sachen und zogen wieder zurück nach Schottwien, dort war unser Zuhause. Es begann dann ein Aufräumen um die Wohnung wieder halbwegs bewohnbar zu machen. Doch die Sorgen meiner Mutter wurden nicht weniger. Der Kampf ums tägliche Essen für mich und meine Schwester. Wird mein Vater, der ja zuletzt in Ostpreußen eingesetzt war, wieder zurückkommen? Die nächsten Jahre zu beschreiben würde den Rahmen dieses Buches sprengen. Wir sind durchgekommen, doch mein Vater ist nicht mehr zurückgekommen, er blieb vermisst."

Tagebuchaufzeichnungen der 14-jährigen **Hansi Waller** und der 16-jährigen **Hermine Wagner:** Mein Heimathaus war der Wallnerhof in Klamm am Semmering, Gemeinde Breitenstein, meine Freundin Hermine wohnte in der Nachbarschaft. Die Ortschaft Klamm liegt oberhalb des Marktes Schottwien, mit schöner Aussicht auf den gegenüber am Fuße des Sonnwendsteins gelegenen Wallfahrtsort Maria Schutz.

31. März 1945: Die Aufregungen werden immer größer, da die Russen schon bis Kirchberg vordringen konnten. Unendliche Kolonnen von Flüchtlingen ziehen durch Schottwien.

1. April 1945: Um die Mittagsstunden konnten die Russen über Kirchberg bis Gloggnitz vordringen. Kleine Kämpfe in Gloggnitz und Schlöglmühl. Wir warten den ganzen Nachmittag auf die Russen.

2. April 1945: Die Panzersperre in Schottwien wurde geschlossen, Schottwien geräumt. Die Russen rückten gegen Schottwien vor. Mittags 4 Russen in Schottwien gesehen. Ungarische Fahrzeuge konnten nicht mehr durch, mussten stehen bleiben und wurden von den Leuten ausgeräumt. Sie enthielten die besten Lebensmittel und die schönste Wäsche. Nach kurzem Kampf fiel Schottwien in die Hände der Russen. Unterhalb des Bahnhofes Klamm im Deininger Wald wurde ein deutsches Auto mit 350 l Benzin und Verpflegung für längere Zeit, als es nicht mehr weiter fahren konnte, mit einer Panzerfaust gesprengt. Großer Waldbrand in Gloggnitz am Silbersberg.

3. April 1945: Am Nachmittag besetzten Russen ohne Widerstand Klamm und die Ruine Klamm. Starker Waldbrand von Schottwien bei den Hirschstadeln bis zum Pfarrhof Klamm. Wir warten auf die Russen. SS Gebirgsjäger besetzen den Semmering, Breitenstein und den Kreuzberg, mit der höchsten Erhebung, dem Kobermannsberg, an dessen Fuß wir wohnen. Auch zu uns kommen SS Gebirgsjäger. In der Ortschaft Klamm wurde die Lehrerin von den Russen vergewaltigt.

4. April 1945: Um 11.00 Uhr kommen die ersten Russen in unser Haus. 1. Hausdurchsuchung nach deutschen Soldaten. Russen sind sehr liebenswürdig. Russische Flak beschoss einen deutschen Jäger.

5. April 1945: Haben von Schottwien von einem ungarischen LKW Öl. Die Russen durchsuchten mehrmals unser Haus.

6. April 1945: Schießerei in den Adlitzgräben. Zündholzausgabe am Bahnhof. Köstner wurde von einem betrunkenen Russen ausgeräumt. Erster Artilleriebeschuss auf die Felder von Wallner und Pollerroß. Die Russen erschossen bei Riegler Hühner und Deininger musste sie braten. Abermals Hausdurchsuchungen. Verbrachten eine sehr unruhige Nacht.

7. April 1945: Der Tag verlief ruhig. Artillerie beschoss die Umgebung. 15 Meter neben Mutter und Vater krepierte eine Granate. Leuchtkugeln zwischen Semmering und Maria Schutz. Schlief mit Gretl und Hansi bei Prosch.

8. April 1945: Starke Schießerei. 08.00 Uhr 4 Russen, darunter ein Leutnant, sehr liebenswürdig. Beschuss von Maria Schutz, Maierhof brannte. Bei Oberbauer ein Pferd geschlachtet. Schliefen die erste Nacht bei Neubauer im Keller, in unserer Wohnung wegen Artilleriebeschuss zu gefährlich. Es war eine sehr unruhige Nacht.

9. April 1945: Die Kämpfe in unserem Gebiet schon etwas stärker. Artilleriegeschosse über uns. Deutsche Artillerie beschoss Schottwien. Starker Waldbrand am Sonnwendstein. Am Abend Leuchtkugeln in Maria Schutz. Starke Waldbrände in Klamm, Semmering und Maria Schutz. Ab Abend viele Russen. Angriff am Kobermannsberg. Russen wollten Wallners Hund erschießen. Verbrachten die Nacht wieder bei Neubauer im Keller.

10. April 1945: Russische Einquartierung in unserem Haus. Telefon wurde bei Wallner eingerichtet. Am Tag starke Schießereien am Kobermannsberg, sodass wir das Haus nicht mehr verlassen durften. Gegen Abend kamen in unser Haus die ersten russischen Verwundeten. Heftige Kämpfe zwischen deutschen und russischen Truppen am Kobermannsberg. Am Abend starker Artilleriebeschuss. Zwei Russen untersuchten unsere Wohnung, der Offizier kontrollierte unsere Papiere. Verbrachten die Nacht wieder im Keller bei Neubauer. Artillerieeinschläge bei Halberstadt und Umgebung. Der Kobermannsberg ist bei uns schwerstes Kampfgebiet.

11. April 1945: Vormittag wurde ein russischer Schwerverwundeter gebracht. Zwei Russen verlangen Schnaps. Brände an den linken Felswänden von Schottwien und zwischen Semmering und Maria Schutz. Die Russen rissen alle Antennen und Lichtleitungen herunter. Suche nach geheimem Telefon. Sehr große Aufregung. Die Russen verließen

mit ihrem Telefon das Haus. Wir durften das Haus nicht mehr verlassen, wegen Spionageverdacht. Karli Wallner wurde von den Russen bewacht. 17.00 Uhr starkes Artilleriefeuer in nächster Nähe. 19.00 Uhr erneut Einquartierung. Nacht im Keller, verhältnismäßige Ruhe. 01.00 Uhr zogen sich die Russen mit Telefon zum Gifing zurück.

12. April 1945: Vormittags große Ruhe, unheimliche Ruhe. Gegen Mittag kommt Ukrainerin zu Wallner und ist sehr wild, wir wissen nicht warum. Um 15.15 Uhr begann bei uns der bis jetzt schwerste Kampf. Haus Wallner lag zwischen der deutschen SS und russischen Truppen. Vater und ich waren bei Wallner im Keller, Franzi im Stall und Mutter bei Neubauer im Keller. Die Kämpfe der Infanterie wurden von Werfern und Artillerie unterstützt. Beim Haus gingen alle Fenster kaputt. Das Dach wurde schwer beschädigt. Der Nachbarhof Halberstadt geriet, während ein erbitterter Nahkampf tobte, in Brand. Die im Keller befindlichen Zivilisten mussten ins Freie flüchten dabei wurde Frau Halberstadt von einer Kugel tödlich getroffen. So vergeht ein Tag wie der andere, immer starke Schießereien am Kobermannsberg, Artilleriebeschuss, dabei schossen die Russen sehr oft in ihre eigenen Stellungen, vermutlich waren ihre Kanoniere besoffen. Russen kommen und gehen. Immer auf der Suche nach Frauen, wir flüchten immer rechtzeitig in unser Versteck.

24. April 1945: Den Vormittag hindurch fast keine Schießereien, nur eine Granate explodierte beim Werner. Aber um 11.00 Uhr kamen drei Russen darunter ein Dolmetsch und sagten uns, dass wir binnen 2 Stunden das Haus verlassen und nach Gloggnitz gehen müssten. Wer nicht geht wird als Spion erschossen. Wallner richtete zwei Wagen, wo wir unsere wichtigen Sachen verstauten und um 12.30 Uhr verließen wir, nachdem wir schon 3 Wochen ununterbrochen in der Kampfzone lebten, Klamm. Wir mussten über den Eichberg nach Gloggnitz fahren. Bei Polleros kamen auch noch die zwei Kahoferbauern nach. Bei den Personalhäusern am Eichberg machten wir Rast, da uns erst die russischen Militärautos den Weg frei machen mussten. Vater ging einstweilen voraus nach Gloggnitz zum Stadtkommando. Dort wussten sie gar nicht das Klamm evakuiert wurde und dass wir nur in Hart in Villen oder am Eichberg Unterkunft bekommen könnten. Wir bekamen auch wirklich am Vordereichberg bei Frau Matascheck 2 Zimmer. Wir fürchteten uns sehr, da die Russen immer besoffen waren und mit den Frauen und Mädchen gewalttätig umgingen. Dennoch war die Nacht ruhig und es kamen keine Russen in das Haus.

25. April 1945: Am Eichberg keine Schießerei. Den ganzen Tag kommen Russen in das Haus, wir mussten uns ununterbrochen verstecken. Am Nachmittag kamen Familien die in Klamm im Werner Haus waren und erzählten uns, dass Herr und Frau Werner beim Einschlag einer Granate neben dem Haus, gerade beim Packen zum Flüchten ums Leben gekommen sind. Dorli ihr Pflichtmädchen wurde schwer verwundet. Der 4-jährige Junge und das 2-jährige Mädchen sind am Leben. Wir waren eigentlich im Nachbarhaus und merkten von alledem nichts. Am Abend gingen wir ins Schloss nach Gloggnitz schlafen, da wir dort geschützt waren. So verging die Zeit bis zum 8. Mai 1945.

1. Mai 1945: Am Vormittag sagte ein Russe, wir müssten vom Eichberg weg. Später kam wieder ein anderer Soldat und sagte, wir müssten nicht fort. Zu Mittag kam wieder ein anderer und sagte, wir müssten weg. Wir packten alles zusammen, Frau Neudecker, Frau Neubauer und wir packten alles auf unseren einzigen Wagen. Den anderen und das Pferd hatten uns ja die Russen weggenommen. Auf der Straße in Gloggnitz sahen wir besoffene Russen. Wir fuhren bis Wörth und bekamen bei Frau Ringhofer, wo auch schon unsere Großmutter war, eine Küche und zwei Zimmer. Von einer Bäuerin bekamen wir etwas Stroh, so schliefen 14 Personen in einem Zimmer auf den Boden

Toni Draht

8. Mai 1945: Um 10.15 Uhr kam ein Russe und sagte, ein Deutscher Sender um 10.00 Uhr hat gesagt:

„Alle deutschen Truppen, auch in Österreich" haben kapituliert. Von 05.00 Uhr bis 08.00 Uhr wurde mit der Artillerie, ganz furchtbar geschossen. 2 Stunden ununterbrochen. Zum ersten Mal sehen wir viele russische Panzer. Viele russische Soldaten mit Pferden fuhren Richtung Semmering. In der Nacht wurde mit allem geschossen. Wir hatten alle Angst, standen auf und gingen in die Küche, wo wir uns alle in einem Winkel zusammensetzten. Wir glaubten es sind versprengte Truppen, die jetzt noch kämpfen. Wir löschten das Licht und gingen in den Hof, da hörten wir auf der Straße jemanden auf einer Geige so wunderbar spielen.

10. Mai 1945: Auf der Straße fuhren unendliche Kolonnen von Pferden und Autos. Viele russische Flieger flogen ganz nieder über Wörth. Um 06.00 Uhr früh fuhren wir wieder nach Haus, nach Klamm. Zu Hause schaute es fürchterlich aus, wir konnten kaum bei der Tür herein. Herr und Frau Dollinger lagen noch immer unbeerdigt, so wie sie getroffen wurden, nur waren sie schon halb verwest.

11. Mai 1945: Herr Brix, Herr Kainz und Karl Wallner haben die Familie Dollinger an Ort und Stelle ohne Sarg begraben. Diese Tagebücher sind noch nicht zu Ende, doch es wiederholt sich alles, Gott sei Dank sind die Vergewaltigungen zurückgegangen, Plünderungen, Raub und Diebstahl leider weiter auf der Tagesordnung.

Toni Draht, Luftschutzmelder, 14 Jahre:„Ich habe mit meiner Mutter und Schwester in Schottwien im Erdgeschoss des Pfarrhofes gewohnt. Im ersten Stock wohnte Pfarrer Rudolf Kopf mit seiner Mutter.

Als Luftschutzmelder hatte ich auch die Luftschutzsirene im oberen Ort zu bedienen. Eines

Tages, im März 1945 bei Fliegeralarm, war ich im Ort unterwegs Richtung Luftschutzkeller. Als neben mir ein Auto stehen blieb, ein ungarischer Hauptmann heraussprang und mich fragte, wie er nach Maria Schutz komme, denn da sollte sich ein Teil der ungarischen Regierung aufhalten. Das war vor dem Gendarmerieposten, worauf der beim Fenster befindliche Gendarm uns aufforderte, sofort vor den Posten zu kommen. Am Posten stellte sich der Ungar als Hauptmann Szabo vor und erklärte, dass er auf schnellstem Weg zur ungarischen Exilregierung müsse. Der Gendarm erklärte ihm, dass ein Teil dieser Regierung in Maria Schutz im Kurhotel sei. Da der Hauptmann sich in der Gegend überhaupt nicht auskannte, erbot ich mich ihm den Weg zu zeigen und mit ihm mitzufahren. In Maria Schutz wurde der Hauptmann schon erwartet. Als Belohnung bekam ich einen Film von ihm für meinen Fotoapparat. Der Hauptmann ersuchte noch, ob er hier Tee bekommen könnte, worauf ich ihm anbot, dass er von uns Kräutertee bekommen könnte. Zwei Tage brachte ich ihm nun immer eine Kanne Tee. Als ich am dritten Tag nach Maria Schutz kam, war die gesamte Einheit verschwunden. Am Abend des 31. März 1945 Karsamstag, war es dann ganz still im Ort, da die untere Panzersperre bereits geschlossen war.

1. April 1945 Ostersonntag. Frau Bacher ersuchte mich, ob ich ihr helfen könnte den Kinderwagen mit ihrer einjähri-gen Tochter Gretl zum in der Einsicht gelegenen Gudenhof zu bringen, da sie ja Bekleidung und Essen tragen müsse. Ich brachte den Kinderwagen mit Kind gut hinauf auf den Berg.

Frau Bacher hatte Schottwien nicht mit dem um 10.00 Uhr Richtung Westen abfahrenden Bus, der nur Frauen und Kinder in Sicherheit brachte, verlassen.

Am Nachmittag des Ostersonntag fuhr ich mit dem Fahrrad zur unteren Panzersperre. Vor der Panzersperre standen 5–6 Luftwaffen-LKW, die Lebensmittel, Schokolade und Wein geladen hatten .Die Soldaten hatten die Fahrzeuge be-reits verlassen, so nahm ich mit, was ich tragen konnte. Als ich über die Sperre zurückkletterte, sah ich gerade noch einen Luftwaffensoldaten mit meinem Fahrrad davonfahren. Ich rief ihn an, worauf er mir das Rad zurückgab.

Dann hieß es noch, dass alle weiße Fahnen hinaushängen sollen, damit die Russen sehen, dass wir uns kampflos ergeben, worauf die meisten weiße Leintücher hinaushängten. Kurz darauf wurde erklärt, dass wir aus den Hakenkreuz-fahnen das Hakenkreuz heraustrennen sollten, da die Russen es lieber sehen, wenn rote Fahnen an den Häusern hängen.

Noch am Nachmittag verließen meine Mutter, meine Schwester und ich Schottwien und gingen zum Glaser Bauern nach Göstritz. Dann erfuhr ich, dass auf der Straße nach Maria Schutz ein herrenloser Autobus stehen soll, der mit Schmalz, Stelzen und anderen Lebensmitteln beladen sei. Mit dem Fuhrwerk fuhren Herr Glaser und ich hin und luden auf, was möglich war. Nun hatten wir einige Tage sehr gutes Essen. Als ich einmal vom Stall zur Wohnung ging, hörte ich einen Schuss und neben mir schlug eine Kugel ein. Der Schütze muss oberhalb auf einem Felsen gewesen sein. Da es uns bei Glaser zu unsicher war, zogen wir am Abend weiter nach Göstritz zum Pollerosbauern, wo wir einige Zeit blieben. Dort versteckte ich meinen Fotoapparat in der Waschküche unter dem Waschkessel.

Ein Soldat der Landesschützen, der bereits Zivil angezogen hatte, war auch dort. Der Soldat, ein Burgenländer namens Graf, wollte am nächsten Tag nach Schottwien gehen um nachzuschauen. So ging ich mit und als wir zum oberen Ortsanfang kamen, sahen wir im Göstritzbach zwei erschossene Landesschützen liegen. Ich erkannte einen, es war der Unteroffizier „Göschl", den anderen habe ich nicht gekannt.

In Schottwien sah es dann schon anders aus. Licht- und Telefonleitungen waren zum Teil abgerissen, die Fenster eingeschlagen. Auf der Straße lagen Matratzen, Geschirr und alle möglichen Gegenstände. Im Pfarrhof waren bei unserer Wohnung alle Türen eingeschlagen, alle Laden ausgeleert, die Kästen standen offen und in die Küche hatten sie hineingemacht. Uns wurde dann gesagt, dass wir nicht in den Wohnungen bleiben dürfen, das wäre zu gefährlich. Alle Zivilisten in der Ortschaft haben sich im oberen Luftschutzkeller einzufinden, worauf wir dort zwei Nächte ver-brachten. Es waren dort jede Menge Leute insgesamt an die 30 Personen.

In dieser Zeit hat Pfarrer Kopf noch jeden Morgen eine Messe gelesen, bei der ich meistens ministriert habe. Es ist dann ein russischer Offizier in den Keller gekommen und hat gesagt, wir können ruhig nach Hause gehen, es wird uns nichts geschehen. So gingen wir nach zwei Tagen wieder in den Pfarrhof. Dort glaubten wir dann in der Nacht unsere letzte Stunde hat geschlagen, denn auf Schottwien ging ein Trommelfeuer nieder. Gott sei Dank wurde die Ortschaft selbst nicht so oft getroffen. Dann habe ich mit dem Bestatter Herrn Wiesner den Stix-Kaufmann geholt, der schon einige Tage tot in seinem Keller gelegen war. Wegen dem starken Artilleriefeuer konnten wir ihn nicht gleich hinter der Kirche beerdigen, worauf wir ihn in der Kirche beim Aufgang zum Chor ablegten. Nach 8 Tagen sagte der Pfarrer Kopf zu Hans Hoffmann und mir, wir sollten hinter der Kirche ein Grab schaufeln und Stix beerdigen, da dies schon dringend notwendig sei. Leider hatten wir kein ordentliches Werkzeug, auch waren wir zu schwach zum Graben, sodass bei der Grube der Sarg nur zur Hälfte hineinging. Die andere Hälfte deckten wir mit Erde zu. Im Stix Keller hatten wir eine Dose Biomalz gefunden, davon nahmen wir während der Grabarbeiten immer einen Löffel voll, bis die Dose leer war.

Eines Tages stand ich gerade vor dem oberen Luftschutzkeller, als es beim Konsum einen gewaltigen Kracher gab. Ich lief sofort hin und auch der Konsumleiter kam gerade, als einige Russen aus dem Geschäft liefen und Nemetzky, Nemetzky schrien, worauf Herr Endler zu ihnen sagte, der Nemec ist schon lange weg. Die Russen hatten aber mit Nemetzky deutsche Soldaten gemeint. Sie hatten eine Kochfigur aus Pappe, die im hinteren Keller stand, als deutschen Soldaten angesehen und da er auf Anruf nicht herauskam, eine Handgranate hineingeworfen. Herr Endler zeigte den Russen dann mit Splittern durchsiebten Germanski, worauf die Russen auch in unser Gelächter einstimmten.

8. April 1945. Sonntag nach Ostern, die meiste Zeit waren wir im Pfarrhof, während die meisten Leute im Luftschutz-

keller waren. Zu diesem Zeitpunkt befanden sich in Schottwien selbst keine einquartierten sowjetischen Truppen. Auch hatten die Russen begonnen alles wegzuräumen, sodass man mit Pferdefuhrwerken bereits durchfahren konnte. Die Panzersperre zum Friedhof blieb aber zu. Einige in Schottwien gefallene russische Soldaten waren vor der Kirche beerdigt und jedes Mal wenn ein Russe vorbeiging, schoss er mit der MPi in die Luft.

An diesem Sonntag war der Ort voller Rauch, es brannten die Häuser Reinwetter und Putz-Fleischhauerei, worauf wir beschlossen, das Nötigste zusammenzupacken und mit den meisten Schottwienern den Ort Richtung Gloggnitz zu verlassen. Kurz bevor wir aufbrachen, sahen wir einen Flüchtlingszug aus Richtung Maria Schutz kommen, voraus eine weiße Fahne, dahinter der Rektor des Klosters Pater Peter Becker und die Maria Schutzer Bevölkerung. Dabei waren auch meine Schwester und ihr Sohn der Reidinger Josef, der sich gerade daheim auf Genesungsurlaub befunden hatte. Nachdem ihnen Pfarrer Kopf erklärte hatte, dass sie in Schottwien nicht bleiben können, da wir ja selbst weg müssen und bereits beim Packen sind, zogen sie Richtung Gloggnitz weiter.

Gegen 16.00 Uhr setzten wir uns Richtung Gloggnitz ab und bei der Panzersperre kam es noch zu einem Zwischenfall über den wir vielleicht lachen konnten. Herr Endler hatte sehr schöne fast neue Stiefel an, worauf ein russischer Soldat ihn bei der Panzersperre anhielt und aufforderte seine Stiefel auszuziehen. Nachdem dem Russen die Stiefel genau passten, warf er Endler seine schmutzigen Leinenstiefel zu und wir konnten weiterziehen. Herr Endler mit den dreckigen und verhatschten Russenstiefel.

Nachdem wir in Gloggnitz kein Quartier fanden zogen wir in die Furth, von dort nach Schlag, dann zum Lurfschmied., wo wir auf Heuböden nächtigten. Nach acht Tagen hatten wir nichts mehr zum Essen, worauf man Hans und mir sagte, wir sollten zu den Russen betteln gehen. Beim Ungarhof kamen wir gerade zurecht als ein russischer Soldat von einem Panjewagen aus Brot verteilte. Der junge Soldat war sehr freundlich zu uns und schenkte uns einen Stollen Brot. Nur war dieses Brot leider für 20 Leute viel zu wenig.

Dann durften nur einige wenige nach Schottwien zurück, wo sich immer noch Pfarrer Kopf mit seiner Mutter befand. Bei einem starken Artilleriebeschuss brannte dann gegenüber der Kirche das Weninger-Haus und neben dem Pfarrhof das Kastner-Haus ab. Pfarrer Kopf mit einem Studenten und einigen russischen Soldaten löschten mit Wasserkübeln, da auch schon der Holzschuppen des Pfarrhofes in Flammen stand. Gott sei Dank konnten sie das Feuer noch löschen bevor es den Pfarrhof erreichte. Als eines Nachts die Russen des Pfarrers Mutter vergewaltigen wollten, stellte sich Pfarrer Kopf vor sie, worauf sie von ihr abließen und gingen. Daraufhin packte auch Pfarrer Kopf seine Sachen und zog mit seiner Mutter nach Gloggnitz in das Schloss, wo sich bereits auch die Maria Schutzer mit Pater Peter befanden. Pfarrer Kopf ging aber dann fast jeden Tag nach Schottwien.

Die Russen hatten am unteren Ortseingang bei der Hirschkurve immer einen Posten stehen und nur mit einem Passierschein von der russischen Kommandantur in Gloggnitz durfte man Schottwien betreten. Dabei kam es noch darauf an, wer gerade bei den Russen als Dolmetsch Dienst hatte. Es waren dies zwei jüdische Dolmetscher, während bei einem immer zurückgeschickt wurde, war der andere, er hieß Rudolf Fischer, war blond, hatte blaue Augen, kam aus der Bukowina, hatte in Wien studiert, sprach fließend Deutsch, sehr freundlich und half allen wo er nur kannte, auch kam er später in den Pfarrhof. Fischer hatten wir auch unser tägliches Essen zu verdanken. Immer wenn am Abend die russische Feldküche kam, sie hatte ihren Standort im Posthof, kamen die Essensträger aus den Frontabschnitten am Eselstein und Maria Schutz um Essen zu holen. Anschließend erhielt ich immer einen Kübel voll warmes Essen, denn fast jeden Tag blieb was übrig. Er hatte noch zu mir gesagt, auch wenn er nicht dabei ist, soll ich jeden Tag kommen.

Fast jeden Tag brannte es im Ort. Wir hatten zwar richtige Feuerwehrschläuche, konnten sie jedoch bei den Hydranten nicht anschließen, da uns die Zwischenstücke fehlten. Zwei Landesschützen in Zivil halfen uns als wir beim Reinwetterhaus löschen wollten. Ich lag vorne mit dem Strahlrohr und als ich mich aufrichten wollte, wurde ich mit einem Karabiner beschossen, sodass ich mich nicht mehr aufstehen getraute und bis zum Einbruch der Dunkelheit dort liegen blieb.

Vor der Kirche hatten die Russen ein Pakgeschütz in Stellung gebracht. Bei diesem Geschütz waren Vater und Sohn beisammen. Der Vater war bereits im 1. Weltkrieg gewesen und konnte daher ein wenig Deutsch. Er kochte für die gesamte Mannschaft. Sein Sohn war bestimmt nicht älter als 16 Jahre. Die Geschützmannschaft hatte in der Sakristei ihr Quartier aufgeschlagen.

Eines Tages kam der russische Dolmetsch Fischer zu mir und sagte, ich soll mit ihm in alle Häuser gehen, denn alle Leute müssen Schottwien verlassen, da schwere Kämpfe zu erwarten sind. So klopfte ich auch bei der Frau Schöberl und als diese öffnet sah sie erst den russischen Dolmetsch, der ihr erklärte, dass auch sie Schottwien verlassen muss. Frau Schöberl war bis jetzt immer gut versteckt in Schottwien gewesen. Sie konnte mir das lange nicht verzeihen, denn dem Russen hätte sie nicht geöffnet. In Schottwien waren auch einige ältere Leute die das Bett nicht mehr verlassen konnten, so der alte Wagner und die alten Endler Leute, die wurden von der russischen Feldküche mit Essen versorgt, denn sonst wären sie verhungert.

Die ganze Schottwiener Gruppe ist dann nach Weißenbach, einem Ortsteil von Gloggnitz gezogen. Gleich nach Weißenbach auf der Bundesstraße 17 Richtung Schottwien hatten die Russen beiderseits der Straße Minenfelder angelegt. Da sahen wir einen Russen mit seinem Pferdewagen in das Kleefeld hineinfahren, als es schon krachte und dem Pferd ein Bein abgerissen wurde. Der Russe spannte das Pferd aus und erschoss es neben dem Bach. Ich lief sofort nach Weißenbach und holte Herrn Hoffmann, der ja ein gelernter Fleischhauer war und im Nu hatten wir das Pferd zerlegt und wir hatten einige Tage wieder etwas Fleisch zum Essen. Wir hatten dann in Erfahrung gebracht, dass meine Schwester aus Maria Schutz in Enzenreith sein soll. So gingen wir über Hart und wollten nach Enzenreith. In Hart oben liefen die Russen ganz aufgeregt hin und her und deuteten uns, dass wir in Deckung gehen sollen. Wir waren kaum in ein Kanalrohr gekrochen als ein ohrenbetäubender Lärm losging. Die Russen schossen von Hart aus mit allen Rohren, kurz darauf kam aber der Segen durch die deutsche Artillerie zurück. Hans und ich lagen ein gute halbe Stunde zitternd in diesem Rohr. In Enzenreith gab es ein freudiges Wiedersehen und da beim Schrammelteich ja niemand da war, nahmen wir Buben ein Boot und ruderte auf dem Teich herum, als wir vor Schreck fast ins Wasser gefallen wären. Ein ohrenbetäubender krach, eine riesige Wasserfontäne schoss hoch und wir hätten beinahe in die Hose gemacht. Ein Russe hatte mit Handgranaten zu Fischen begonnen, nun gab es nur eines, weg von hier. Da wir alle immer wieder Hunger litten, wollten der Raidinger Sepp und ich zum Glaser Bauernhof in Göstritz gehen, da wir wussten, dass dort im Keller noch Lebensmitteln versteckt waren. Am oberen Ortsende von Schottwien beim Hotel Waissnix war der letzte russische Gefechtsstand und dort war für uns Ende. Der russische Kommandant erlaubte uns aber, dass wir immer einer allein dorthin gingen, während der Zweite bei ihm am Gefechtsstand warten musste. So ging dann der Sepp zuerst los und zwar gedeckt durch das Bachbett des Göstritzbaches. Ich wartete und wartete, aber der Sepp kam nicht. Ich hatte einstweilen sogar mit den Russen zu Mittag gegessen. Auch hatte ich beim Durchsuchen des Hotels mehrere Dosen Milchpulver gefunden, die ich in einer Scheibtruhe mitnahm. Endlich tauchte der Sepp auf und erklärte mir, dass er nicht in den Keller gekommen sei, da sofort wenn er sich aus dem Bachbett erhob, auf ihn geschossen wurde. Mit meinen Schätzen verließen wir den Ort, wobei wir dann im unteren Ort noch einmal in Deckung gehen mussten, da die deutsche Artillerie mit eingestellten Zünder, der die Granaten bereits über den Boden explodieren ließ, Schottwien beschoss.

Eines Abends krachte es überall, sodass wir glaubten, der jüngste Tag sei gekommen, aber der Krieg war aus und das hatten die Russen auf ihre Art gefeiert.

Bereits am nächsten Tag gingen der Raidinger Sepp und ich nach Schottwien und weiter Richtung Göstritz, an den abgebrannten Bauernhof Auer Blasius (Andreas) vorbei zum Pollerushof der auch abgebrannt war. Aber der Wasch-kessel stand noch. Als ich jedoch das Heiztürl aufmachte, wo ich meinen Fotoapparat hineingegeben hatte, war nur mehr das Blechgerippe vorhanden. Wir gingen dann den Steig nach Maria Schutz hinauf, unterhalb der Schule sahen wir, dass über den Weg Drähte gespannt waren. Oh Schreck wir waren in ein Minenfeld geraten. Links und rechts sahen wir tote Russen liegen. Wir hatten Glück gehabt, dass wir gut durchgekommen sind. In Maria Schutz sah es ganz wüst aus. In der Wohnung meiner Schwester sah es aus, als hätte eine Granate eingeschlagen. Am Tisch stand noch das Essen mit den Löffeln drinnen und in der Tischlade fand ich einen Plan von einem deutschen Minenfeld, welches unterhalb der Häuser Waldhof und Magritzer angelegt war. Genau da wollten wir nach Schottwien hinunterlaufen, wieder hatten wir Glück gehabt. Beim Zurückgehen sah ich noch eine deutsche Soldatenbluse liegen. Wir kamen dann doch noch gut nach Schottwien und als wir beim Hotel Waissnix gingen, kamen uns russische Panzer entgegen und auf einem befand sich ein russischer Feldwebel, der auch öfters im Pfarrhof war. Der Panzer blieb stehen, der Feldwebel sprang herunter, umarmte und küsste mich zum Abschied, dann rollte der Panzer weiter.

Am nächsten Tag, ich hatte einen Overall an und einen Militärrucksack am Rücken, marschierte ich bereits in der Früh Richtung Schottwien. Als ich durch Weißenbach ging standen da einige Frauen, die mich bemitleideten und zueinan-der sagten:"Schau schon wieder ein Heimkehrer und so ein junger Bub noch!" Die erste Arbeit in Schottwien war, die Straße wieder frei zu machen. Dann mussten wir 22 Pferde eingraben, dafür haben wir drei Tage gebraucht. Zum Essen hatten wir nichts. Insgesamt lagen im Bereich von Schottwien 72 tote Pferde. Dann mussten wir zur Myrtenbrücke arbeiten gehen. Dazu wurden wir von den Russen bereits um 04.00 Uhr früh geholt, da diese ihre Uhren nicht auf unsere Zeit eingestellt hatten.

Die Leute, die bereits am Wiederaufbau arbeiteten, bekamen in der Woche ein halbes Kilogramm Pferdefleisch und ein viertel Kilogramm Brot. Die, die nicht arbeiteten, bekamen die Hälfte. Am Heiligen Abend 1945 sind wir auf den Eichberg gegangen, denn da war ein Feld mit gefrorenen Krautrüben. Dieses Feld war in der Nacht schwarz von Menschen, die alle großen Hunger hatten. So gab es am Heiligen Abend bei uns Krautrüben."

Friedrich Brettner: Am Eichberg arbeiteten bereits die Bauern bei der Feldbestellung. Russische Truppen waren am Wernhart- und Birklhof einquartiert. Am Reiterhof befanden sich 6 Mädchen und der alte Vater. Bei Tag mussten sie auf den Feldern arbeiten und in der Nacht versteckten sich die Mädchen am Heuboden. Aber etwas Furchtbares ereignete sich dann in der Nacht beim Reiterer Bauern, einige Häuser weiter. Zwei russische Soldaten hatten beim Birkl Bauern, den im Misthaufen versteckten Schnaps gefunden und sich damit restlos vollgesoffen. In diesem Zustand kamen sie gegen Abend zum Reitererhof, sie wussten, dass es dort Frauen gab. In einem Zimmer kam es dann zu dem tragischen Zwischenfall. Die beiden russischen Soldaten fuchtelten mit ihren Waffen herum und drohten allen mit dem Erschießen. Dann verlangte einer, dass Adele Reiterer mit ihm in ein anderes Zimmer gehen sollte. Eine Schwester war beim Erscheinen der beiden betrunkenen Russen aus dem Fenster gesprungen und geflüchtet. So stellte sich nun der Reiterer-Bauer vor seine Töchter Anna und Adelheid, um sie zu schützen.

Als der Russe dem alten Reiterer Bauern mit seiner Pistole auf den Schädel einen Schlag versetzen wollte, trat seine Tochter Adelheid eine raschen Schritt vor, um ihn daran zu hindern. In diesem Augenblick schoss der zweite Russe mit seiner MPi und traf Adelheid in die Oberschenkelbeuge, sodass die Beinschlagader zerschossen wurde und die Kugel im Gesäß heraustrat. Adelheid sank getroffen zu Boden und wurde von ihrem Vater und der Schwester Anna auf ein im Raum befindliches Bett gelegt. Die beiden waren jedoch nicht imstande die Blutung zu stillen. Als nun der Russe verlangte Anna sollte mit ihm gehen, erklärte ihm diese, dass er sie dann auch gleich erschießen soll, worauf er aus Wut eine MP-Garbe in den Fensterstock jagte. Anschließend nahm er die Hand der Verletzten, fühlte deren Puls, ließ die Hand fallen und sagte: „Kaputt!"

Die durch das Fenster geflüchtete Schwester hatte in der Zwischenzeit vom Wernharthof einen anständigen russischen Soldaten geholt, der mit ihr sofort mitgegangen war und die beiden betrunkenen Soldaten vom Hof jagte. Adelheid Reiterer verblutete langsam und verstarb gegen 02.00 Uhr des 25. April 1945 ohne dass ihr jemand helfen konnte. Machtlos standen die Angehörigen im Raum und das Schicksal nahm seinen Lauf.

Nach einigen Tagen musste der Reiterer Bauer auf die Kommandantur gehen. Der Stadtkommandant erklärte ihm, er solle jetzt den Täter identifizieren. Als er aber im Hof der GPU die angetretenen jungen Soldaten sah, erklärte er dem Kommandanten: „Auch ich war einmal Soldat, obwohl ich durch den Tod meiner Tochter einen großen Schmerz erlitten habe, bin ich nicht in der Lage einen dieser jungen Soldaten als Täter zu bezeichnen, überhaupt dann nicht, wenn ich daran denke, dass auch auf ihn zu Hause eine Mutter wartet!"

Nach diesen Worten ging der Reiterer Bauer nach Hause, obwohl er den Soldaten erkannt, dessen Angst gesehen und ihn der Kommandant beschworen hatte, den Soldaten doch zu zeigen, da er aus disziplinären Gründen hart durchgreifen müsste.

Maria Schutz, Wallfahrtsort am Fuße des Sonnwendstein, vor dem Semmeringpass. Die Wallfahrtskirche und das Kloster werden von den Passionsorden betreut. Rektor Pater Peter Becker schreibt in der Klosterchronik:

Li: Maria Schutz, re.: Ortseinfahrt Schottwien

7. April 1945. Samstag, nach langer schlafloser Nacht ein herrlicher Frühlingstag. So belebend schön ist die Natur – aber Kampfgebiet. Die ersten deutschen Mannschaften werden abgelöst. Die Mienen der neuen Soldaten geben uns wenig Mut. Das Schießen auf beiden Seiten war bereits am Vormittag arg. In unserem Kloster hatten sich 150 Flüchtlinge eingefunden. Am Nachmittag unterscheidet man deutlich das nahende MG-Feuer. Wir bereiten uns auf den Empfang der Russen vor. Gegen 16.00 Uhr ist das Schießen der Russen ganz nahe. Nur die Kranken bleiben mit ihren Pflegerinnen auf den Zimmern, alle anderen befanden sich im Keller. Ich gehe nochmals zu den Kranken nach oben, da kommt mir im Korridor die Pflegerin entgegen und bleibt in der Türe stehen. Ich rufe: „Hinter die Mauer!" und kaum ist sie gefolgt, da prasseln schon Geschosse durch alle Fenster und Türen.

Als ich dann zur Hoftür kam, sah ich zwei Russen mit hochgeschwungener Handgranate und sie fragten mich, ob deutsche Soldaten hier sind. Ich verneinte und so gingen sie wieder zurück. Ich ging in den Keller und berichtete. Oben werden Schritte laut, ich eile hinauf. Da stehen zwei Russen im Gang. Ein langer Unteroffizier bekreuzigt sich bei meinem Anblick und küsst mir die Hand. Dann sagt er: „Nix Angst! Wir streng Befehl – Stalin – Kirche Pope nicht tun!"

Im Hotel (Kirchenwirt) nebenan liegen zwei verwundete Russen, die anderen plündern. Nach einer Stunde wurde uns wegen heftigen deutschen Artilleriefeuer bang. Gegen 19.30 Uhr verabschiedet sich der russische Unteroffizier. Ich schaue mir die Kirche näher an, die Fenster beim Hochaltar waren durchschossen und die ganze Seite zum Hotel hin ohne Glas. Gegen 21.30 Uhr gingen zwei Mädchen nach oben und ein Schuss und Stimmengewirr! Ich eile nach oben und treffe einen deutschen Unteroffizier, der beinahe die Maria Salmhofer erschossen hätte, weil er in ihr einen Russen vermutete. Kurz darauf füllt sich der Speisesaal mit deutschen Soldaten. Sie sagten, dass keine Gefahr bestünde, denn vor 03.00 Uhr morgens würden die Russen nicht angreifen. Gegen 02.00 Uhr verließen uns die deutschen Soldaten. Todmüde waren sie.

8. April 1945, Sonntag, die ganze Nacht kein Auge geschlossen. Ich gehe durch die Pforte, da kommt ein russischer Leutnant mit mehreren Leuten. Beim Anblick der vielen Leute im Keller befiehlt er: „Alle raufkommen!", und ging mit uns nach draußen. Ein Major mit sympathischem Äußerem gab uns bekannt: „Wenn deutsche Soldaten wissen, dass wir hier sind schießen sie mit Artillerie und das wäre gefährlich für uns. Also in 15 Minuten fertig machen und Richtung Gloggnitz gehen."

Ich bin gleich fertig, da seit Freitag mein Rucksack mit dem Notwendigsten bereitsteht. Ich gehe nochmals die Leute durch und da steht Pater Paul Browers und sagt, ich gehe nicht mit, denn der Major möchte, dass wir bei der Schule einen verwundeten russischen Soldaten mitnehmen. Der traurige Zug setzt sich in Bewegung. Die Menschen sehen abgehärmt und unschlüssig aus. Die Kinder weinen, in unserem Garten liegt ein toter deutscher Soldat. Bei der Schule am Weg ein toter und ein verwundeter Russe. In Göstritz brennen die Bauernhäuser Polleros und Auer Andreas, den Verwundeten übergeben wir dem russischen Feldverbandsplatz im Krenthaler Hof. Wir zogen weiter durch Schottwien, voraus eine weiße Fahne, dann Rektor Pater Peter und viele Menschen die im Kloster Schutz gesucht hatten. Diesem Zug schlossen sich auch viele Schottwiener aus den Luftschutzbunkern an um im Raum Gloggnitz unterzukommen.

Bei der unteren Panzersperre in Schottwien hatten die Russen begonnen die Sperre wegzuräumen, sodass man bereits mit einem Pferdefuhrwerk durchfahren konnte. Der Flüchtlingszug setzte seinen Marsch nach Gloggnitz fort, wo dann alle im Schloss Gloggnitz und in Bauernhöfen der Umgebung untergebracht wurden".

Durch den Trubel der Ereignisse hatte man jedoch im Kloster zwei kranke Frauen mit ihren Pflegerinnen vergessen mitzunehmen. Nur Pater Paul blieb bei den Frauen zurück. Eine der Pflegerinnen, Hermine Stemeseder führte über diese Tage schriftliche Aufzeichnungen:

„Pater Peter kam die Treppe herunter. Den Rucksack am Buckel, den Hut schief auf dem Kopf. „Wir stehen in Gottes Hand!" und weg war er. Ich glaube er hat mich in der Aufregung gar nicht gesehen. Bis die Kranke auf den Rollstuhl gepackt und die notwendigsten Habseligkeiten verstaut waren, waren die anderen längst weg. Hilde, eine junge Arbeitskollegin blieb bei mir. Ich riet ihr eindringlich, mit den anderen zu gehen, da ja ohnehin ihre Eltern am Eichberg wohnten. Sie wollte trotzdem bei mir bleiben. Diese Treue war rührend. Draußen stand Pater Paul mit den Russen. Pater Paul bat die Russen, sie mögen ihn doch hier allein nicht allein lassen. Der Russe schob ihn vor sich her und befahl ihm zu gehen. Pater Paul ging ein paar Schritte, drehte sich um und sah zur Kirche hinauf, worauf der Russe mit der Maschinenpistole auf ihn zielte und mit scharfen Worten anwies zu gehen. Dann wandte sich der Russe zu mir und fragte freundlich, ob das auf dem Rollstuhl meine Mutter sei. Ich erklärte ihm, dass dies meine Schwester und diese sehr krank sei. Er schien Mitleid zu haben und bot mir an umzudrehen und in den Keller zu gehen, es würde bald geschossen werden und in zwei bis drei Tagen sei der Krieg aus. Pater Paul hatte aus einiger Entfernung die Szene beobachtet, er kam nochmals zurück und bat wieder bleiben zu dürfen. Mit einer unwirschen Handbewegung und wie ich annahm, mit bösen Schimpfworten deutete er ihn auch ins Kloster zurückzukehren. Es dauerte nicht lange, da setzte schweres Artilleriefeuer ein. Als erstes stürzte ein Teil des Kirchendaches ein. Der ganze Hof war in eine Staubwol- ke gehüllt. Bis in den Gang herein flogen die Ziegel- und Mörtelbrocken. Der schwere Beschuss dauerte etwa eine Stunde. Als es etwas ruhiger wurde rasselte ein Pferdefuhrwerk von der Straße in den Hof. Es war das Fuhrwerk vom Kirchenwirt und der Hausknecht. Auf dem Wagen lagen 2 Frauen und 2 verwundete Russen. Eine der Frauen war halbseitig gelähmt. Wir schafften die alten Frauen in den Keller. Der Knecht hatte beide Füße voll Splitter, aber er konnte gehen. Das Gefährt war von einer krepierenden Granate zur Umkehr gezwungen worden Die beiden verwun- deten Russen ließen wir am Wagen liegen. Vielleicht würden sie von ihren Kameraden abgeholt. Dem alten Knecht verband ich den Fuß, so gut ich konnte.

Den ganzen Tag blieb es ruhig. Zwar gab es keine schweren Artilleriefeuer mehr, aber Granatwerfer und Maschinenge- wehrgarben konnte man rund um das Kloster wahrnehmen. Die beiden Pferde spannte Pater Paul aus damit sie sich frei bewegen konnten. Ich holte einige Decken und deckte die beiden Russen zu, denn in der Nacht war es empfindlich kalt. Der eine hatte einen Kopfschuss, der andere einen??Bauchschuss. Beide waren sorgfältig verarztet worden. Am nächsten Tag kamen deutsche Soldaten und kontrollierten das Kloster. Nach einem Kontrollgang durch das ganze Haus verschwanden die Soldaten wieder.

Nachts hörten wir wieder verdächtige Tritte durch das Haus schleichen. Wir vermuten es waren Russen. Am Tag kam wieder eine deutsche Patrouille. Ein Rheinländer machte mir den Vorschlag die beiden Verwundeten ins Haus zu schaffen. Er half uns gleich den Vorschlag in die Tat umzusetzen. Wir legten die beiden Russen im Refektorium auf Matratzen auf den Fußboden. Jeden Tag kam eine deutsche Militärkontrolle. Nachts hörten wir oft heisere Stimmen russischer Herkunft. Anscheinend sprachen sie mit den Verwundeten. Da hoffte ich immer, man werde die beiden abholen um sie in ein Lazarett zu bringen. Doch am Morgen lagen sie noch immer da.

Die nächste deutsche Militärkontrolle versprach, uns um Mitternacht abzuholen. Pater Paul spannte den Wagen an, ich brachte den Verwundeten noch einen Krug frisches Wasser. Punkt Mitternacht waren die deutschen Soldaten hier und halfen die Kranken vom Keller heraufzutragen. Nun konnte es losgehen. Doch kaum waren wir durch das offene Tor getreten explodierte eine Leuchtrakete und beleuchtete den Platz vor dem Kloster taghell und eine wüste Schießerei ging los. Die Pferde machten kehrt und wir auch. Mit unserer Flucht war es wieder nichts, also wieder in den Keller. Wie lange würde das noch dauern? Tagsüber war es einigermaßen ruhig und wir hofften, dass der Krieg zu Ende gehen würde. Eines Tages bekamen wir Besuch von einer Krankenschwester aus dem Heereskur-Lazarett Semmering. Sie war durch den Wald heruntergeschlichen als sie erfuhr, dass wir und vor allem Pater Paul noch hier seien. Ich bat sie die beiden Verwundeten frisch zu verbinden, doch darauf ging sie nicht ein. Sie wollte Pater Paul mitnehmen, da er der Spionage verdächtig und sein Leben in höchster Gefahr sei. Sie sprach in einer slawischen Sprache auf ihn ein. Pater Paul schüttelte wiederholt den Kopf. Verstehen konnte ich nicht was die beiden sprachen. Dann sprach die Krankenschwester mich an. Sein Leben sei weit mehr gefährdet als das unsere und ich könnte es nicht verantworten, wenn Pater Paul als Spion hingerichtet würde. Das sah ich wohl ein, aber was würde dann aus uns werden, wenn man uns den einzigen Mann nahm. Dann war ich allein mit 5 hilflosen Menschen und meine Fantasie gaukelte mir alle möglichen Schreckensbilder vor. In dieser Stunde erkannte ich erst, welche große Hilfe und Stütze mir Pater Paul mit seiner immer gleichbleibenden Ruhe war. Diesen Schutz sollten wir nun verlieren. Ich konnte nicht anders, ich sagte: „Bitte Pater Paul, bleiben sie bei uns", er blieb. Die Krankenschwester bat noch, der Pater möge ihr den Segen spenden und kniete auf der Kellerstiege nieder. Hernach verabschiedete sie sich mit guten Wünschen für uns und ging. Die Nacht und der nächste Tag verliefen ziemlich ruhig, nur zeitig in der Früh der tägliche Schusswechsel.

Dann kam wieder der Leutnant, er ging mit seinen Männern durch das Haus und kam dann zurück in den Keller. Den Pater nehmen wir mit, den lasse ich nicht mehr hier! Seine beiden Begleiter führten Pater Paul weg. Nun waren wir doch allein. Was würde mit Pater Paul geschehen, würde man ihn erschießen? Zum ersten Mal hatte ich furchtbare Angst und schwere Gewissensbisse. Da hörten wir auf einmal eilige Schritte die Stiegen herunter kommen und „ich bin es Paulus", rufen. Gott sei Dank, es war doch alles gut geworden. Pater Paul war lange verhört und dann zurückgeschickt worden.

Nach einiger Zeit kam der Leutnant wieder und versprach, uns zu evakuieren. Er gab uns ein Losungswort mit dem wir die Wachen passieren konnten. In der nächsten Nacht war es soweit. Um Mitternacht kamen die Soldaten, wer gehen konnte sollte vorausgehen, die Kranken würden von den nachkommenden Gruppen abgeholt werden. Jeder schnappte seinen Koffer, Hilde und ich, Pater Paul hinterdrein. Beim Kurhaus (Kirchenwirt) war die erste Sperre, beim Peterhof die zweite Sperre. Im Waldhof warteten wir auf die Kranken. Nach einer halben Stunde kamen sie an. Gegen 02.00 Uhr früh kamen wir am Semmering an".

Maria Spreitzhofer, 31 Jahre: „Mein Elternhaus war der Alphons-Bauernhof, Hinterotter Nr. 34. Das Wirtshaus Kummerbauer-Stadl hatten meine Eltern gebaut und wurde im Juni 1929 eröffnet. Uns waren 7 Kinder, wir hatten noch einen

Kummerbauer Stadel, um 1945

russischen Ostarbeiter, sowie einige Knechte am Hof. Als die ersten sowjetischen Soldaten eine Woche nach Ostern auf den Hof gekommen sind, mussten wir uns alle aufstellen und einer fuchtelte vor uns mit seiner MPi herum und forderte andauernd: „Uhra, Uhra!" Worauf ihm mein Vater seine Uhr gab. Dann nahm er eine der Flüchtlingsfrauen, sie war aus Gloggnitz, und ging mit ihr weg. Wir weinten und schrien alle und hatten dann Ruhe. Auch im Gasthaus hatten sich die Russen einquartiert.

Eines Tages nahmen sie den Vater mit und erst am nächsten Tag kam er zurück. Wir getrauten uns dann nicht mehr zum Gasthaus. Die Russen waren noch nicht lange da, als uns ein Offizier erklärte wir müssen aus der unmittelbaren Kampfzone weg. Bei uns im Stall standen 25 Stück Vieh. Wir haben alle losgebunden und die Stallungen aufgemacht, bevor wir nach Kirchberg loszogen. Dort blieben wir bis zum Kriegsende am 8. Mai 1945. Noch am gleichen Tag kehrten wir zurück, überall lagen unsere Tiere tot herum. Durch den Beschuss waren sie zum größten Teil durch Splitter und Kugeln umgekommen. Das Haus war zum größten Teil ausgeräumt, gleichfalls das Gasthaus Kumerbauer Stadel am Göstritzsattel. Das Dach und die Fensterscheiben waren zerschossen. Mit einem jungen Ferkel, das er gegen Heu eingetauscht hatte, fing mein Vater die Landwirtschaft wieder an. Da wir nichts zum Essen hatten, gingen mein Sohn und ich nach Kirchberg um Essen betteln. Wir bekamen dann von guten Menschen ein junges Schaf. Mit diesem gingen wir glücklich nach Hause. Als wir zu Hause ankamen, mussten wir das Schaf gleich schlachten. Die Anstrengung durch den langen Marsch war zu groß gewesen. Bereits im August 1945 haben wir das Gasthaus wieder aufgesperrt.

Der Vater war immer im Gasthaus und die Mutter bei uns Kindern am Bauernhof. Wenn wir im Gasthaus gebraucht wurden, mussten wir oben arbeiten.

Der Teller Suppe hat 1,– Schilling gekostet, gleichfalls die Portion Schöberl. Später kamen dann schon Heimkehrer aus der Steiermark bei uns vorbei. Einmal hat sich einer sogar bei uns umgezogen, bevor er weiter nach Hause ging. Wenn sowjetische Soldaten gekommen sind, mussten wir uns immer verstecken um vor Vergewaltigungen sicher zu sein. Eines Tages als wieder sowjetische Soldaten kamen, rief uns die Mutter zu: „Mädchen, versteckt euch schnell!" Dabei dürfte sie sich so aufgeregt haben, dass sie einen Schlaganfall erlitt und kurz darauf verstarb. Um den Russen nicht zu gefallen, haben wir uns nicht gewaschen und auch die Haare nicht gekämmt. Die Russen sind immer zu Fuß zu uns gekommen."

Exkurs: Götterdämmerung im Schwarzatal / NÖ

In der Ortschaft Schwarzau im Gebirge, zwischen den höchsten Bergen Niederösterreichs, Schneeberg und Rax, gelegen, befand sich ein Reichs-Arbeitsdienst Lager, welches am 3. April von den letzten Einheiten verlassen wurde. In das verlassene Lager zog die Kreisleitung, die Volkssturmführung, sowie die Buben des Wehrertüchtigungslagers Neunkirchen, die Gendarmerie Führung, sowie alle Parteidienststellen, die am 1. April 1945 Neunkirchen vor den heranrückenden sowjetischen Truppen verlassen hatten, ein. Kreisleiter (Bezirksparteiobmann) BRAUN schlug seine Dienststelle im Gemeindeamt Schwarzau auf. Die Dienststelle führte der Kreisorganisationsleiter Roman GOSCH, der ja auch der Stellvertreter des Kreisleiters war.

Die Dienststelle des Landrates (Bezirkshauptmann) von Neunkirchen Dr. Constantin SIRETEAN und des Kreisbauern-führers wurden ebenfalls im Gemeindeamt untergebracht. Die Kreisstabsführung des Volkssturms mit SA Standarten-führer und Bürgermeister von Neunkirchen Josef WENINGER und Hitler-Jugend-Bannführer Johann WALLNER bezo-gen ihre Dienststellen im RAD-Lager. Dieses Lager war als Auffanglager gedacht, das alle Versprengten und am Rück-

Reichs-Arbeitsdienst-lager Schwarzau i. Gebirge

Li.: NSDAP-
Kreisleiter von
Neunkirchen,
Josef Braun, re.:
Personalbogen
Braun, erste und
letzte Seite

zug befindlichen Soldaten und Volkssturmmänner aufnehmen und zu neuen Einheiten zusammenstellen sollte.

Zum Kommandanten des Lagers wurde der Volkssturmbataillonsführer Georg NOWOTNY bestellt.

Innerhalb des Volksturmes, der im RAD-Lager untergebracht war, befand sich eine besondere Einheit, die aus 15–17-jährigen Burschen aus den Reihen der Hitler-Jugend zusammengestellt war. Diese Burschen waren erst in der letzten Märzwoche schriftlich mit einem Einberufungsbefehl des Bannes 526 Neunkirchen zum Volkssturm einberufen worden und nahmen an einer Infanterieausbildung teil, die aber am 31. März durch das Vordringen der sowjetischen Truppen abgebrochen werden musste. In Neunkirchen im Hotel Goldene Birne waren sie mit Wehrmachtsuniformen ohne Rangabzeichen, nur mit einer Armbinde mit der Aufschrift „Volkssturm" ausgestattet worden. Als Bewaffnung führten sie Panzerfäuste mit.

Am 1. April 1945 setzten sie sich unter Führung von Hitler-Jugend-Bannführer WALLNER über Willendorf, Puchberg, Gutenstein nach Hohenberg ab, wo nach einer kurzen Rast der HJ-Volkssturm in zwei Abteilungen aufgeteilt wurde. Die Jüngeren zogen weiter Richtung Westen. Die älteren und freiwilligen Burschen marschierten nach Schwarzau im Gebirge in das RAD-Lager. Dort erhielten sie die Bezeichnung **„Volkssturm Sonderkommando der Kreisleitung Neunkirchen."**

Ihr Kommandant war HJ-Bannführer WALLNER, sein Stellvertreter Hauptsturmführer Josef KAISER.

Dieses Sonderkommando bestand aus drei Gruppen, die von Franz HOFER, Rudolf SCHWARZER und Josef ROHRINGER geführt wurden.

Als Ausbilder waren die Unteroffiziere LANGEGGER, DIABL und Anton STEINMETZ eingesetzt.

Die Gruppe HOFER umfasste die älteren und verlässlicheren Burschen. Dieses Sonderkommando wurde teils zum Postenstehen, teils zum Streifendienst mit den im gleichen Lager befindlichen Gendarmen eingesetzt. Im RAD-Lager befanden sich ungefähr 35 Gendarmen, die unter dem Kommando des Abteilungsführers Gendarmerie Oberleutnant PAUSPERTL standen, der nach der Verwundung des Gendarmerie Kreisführers Hauptmann FURCH am 23. April 1945 dessen Agenden übernahm. Es wurden gemischte Streifen aufgestellt, die im Auftrag des Kreisleiters BRAUN alle Männer, die sich ohne Ausweis von ihrer Wehrmacht oder Volkssturmeinheit entfernt hatten, aufzugreifen, zu verhaften und ins Lager Schwarzau zu eskortieren.

Die Gendarmen hatten ihre normale Bewaffnung. Das Volkssturmbataillon unter dem Kommando NOWOTNYS, besaß fast keine Waffen. Es waren kaum Gewehre vorhanden, um die Posten damit zu beteilen. Dagegen war das HJ-Sonderkommando vollständig und schwer bewaffnet. Das erste Bestreben des Kreisleiters BRAUN und seines Stabes ging dahin, die Gegend von allen in ihren Augen unzuverlässigen Personen zu säubern. Da seiner Ansicht nach politisch unzuverlässige Personen im Kampfgebiet eine Gefahr für die kämpfende Truppe darstellen, habe er sich entschlossen, hart durchzugreifen.

Der Ortsgruppenleiter von Reichenau, Paul KLAMMER, der gleichzeitig Kreisamtsleiter war und als solcher zum Kreisstab BRAUNS gehörte, lieferte die Unterlagen, indem er eine Liste der zu verhaftenden Personen vorlegte.

Am 5. April wurde die Gruppe HOFER des HJ-Volkssturmes unter dem Kommando des Bannführers WALLNER nach Reichenau in Marsch gesetzt. Im Schloss Wartholz angetroffen, wurden in Gegenwart von Gendarmerie Oberleutnant PAUSPERTL und Bannführer WALLNER, von Kreisleiter KLAMMER an Hand der Verhaftungsliste die Adressen der zu verhaftenden Personen bekannt gegeben. Zur Durchführung der Verhaftung wurden Gruppen von 2–3 Mann, bestehend aus Gendarmerie Beamten, SS-Leuten und Angehörigen des HJ-Sonderkommandos gebildet, wobei jeder dieser Gruppen ein Ortskundiger beigegeben wurde.

A b s c h r i f t !

Der Gauleiter in Niederdonau

Wien IX/66, den 28. Oktober 1944
Wasagasse 10

S c h n e l l b r i e f

An
V e r t e i l e r !
==========================

V e r f ü g u n g

Mit Erlaß vom 25.9.1944 hat der Führer die Aufstellung des Deutschen
Volkssturmes befohlen. Aufbau und Führung des Deutschen Volkssturmes
sind kriegsentscheidende und geschichtliche Aufträge der Partei, deren Erfüllung unsere ganze nationalsozialistische Begeisterung und
Tatkraft erfordert. Es gilt, alle deutschen Männer des Gaues Niederdonau
zu einer nationalsozialistischen Kampfgemeinschaft zusammenzu-
fügen.

Mit Waffe und Spaten legen wir einen Wall um Heimat und Reich.

In Ausführung des Befehls des Führers ordne ich für den Gau
Niederdonau an:

1.) Die Anordnungen zur Bildung des Deutschen Volkssturmes
sind von allen Parteidienststellen vordringlich durchzuführen.

2.) Die bewährten Kriegshilfsmannschaften bilden den Grund-
stock der aufzustellenden Volkssturmbataillone und Volks-
sturmkompanien.

3.) Die Angehörigen der Jahrgänge 1884 bis 1928, die bisher
nicht Angehörige der Kriegshilfsmannschaften waren, werden unverzüglich durch die Ortsgruppen der NSDAP erfaßt
und für den Dienst im Deutschen Volkssturm gemustert.

4.) Angehörige der Jahrgänge 1883 und älter werden zum Dienst
im Deutschen Volkssturm aufgenommen, wenn sie sich bei ihrer zuständigen Ortsgruppe freiwillig melden.

Weitere Ausführungsbestimmungen ergehen von mir oder in meinem Auftrag vom Gaustabsführer des Deutschen Volkssturmes.

Heil Hitler!

gez.: Dr. Jury
Gauleiter

NATIONALSOZIALISTISCHE DEUTSCHE ARBEITERPARTEI

Gau Niederdonau

KREISLEITUNG WIENER-NEUSTADT

Der Kreisleiter.

An alle
Ortsgruppenleiter
der NSDAP
des Kreises Wr.Neustadt

Wiener-Neustadt, 1.Nov. 1944

Betrifft: Deutscher Volkssturm.

Mitfolgend erhalten die Ortsgruppen die Durchführungs-
bestimmungen für den Aufbau und den Dienst im Deutschen Volkssturm.
Soweit Punkte sind, die noch einer Klärung von Seiten des Gaues
bedürfen, werden dieselben in allernächster Zeit durchgeführt.

Die gleichzeitig mitfolgenden Erfassungsbögen für den
Deutschen Volkssturm sind in genügender Anzahl vorhanden und falls
mehr gebraucht werden auf der Kreisleitung anzufordern.

Die Erfassung der Volkssturmmänner ist in den Ortsgruppen
in engster Zusammenarbeit mit den Bürgermeistern sofort in Angriff
zu nehmen und muß bis 6. November 1944 beendet sein. Meldungstermin
an die Kreisleitung bis 7. November 1944 Vormittag.

Zur Erfassung kommen:

Ausnahmslos alle Angehörigen der Geburtsjahrgänge 1884
bis 1928 unbeschadet dessen, ob der Betreffende nun aus irgend-
welchen Gründen von der Wehrmacht bereits ausgeschieden ist, oder
sich in einer beruflichen oder öffentlichen Stellung befindet,
deren zu Folge er bisher zum Wehrdienst nicht herangezogen wurde.

Die Aufstellung in die verschiedenen Aufgebote kann,
soweit einwandfrei Klarheit besteht, zu welchem Aufgebot der Betreffende nach den bisher vorliegenden Bestimmungen gehört, gleich
in Angriff genommen werden. Die genau festgelegten Richtlinien für
die Einteilung in die Aufgebote folgen nach Eintreffen von der
Gauleitung.

Die in Farbdruck mitfolgenden Werbeplakate " Es geht um
alles - hinein in den Deutschen Volkssturm " sind links vom Aufruf des Kreisleiters zu kleben. Es ist zu beachten, daß die
Plakatierung in den Hauptverkehrsstraßen und Plätzen erfolgt,
nicht aber in Nebengassen.

Heil Hitler !
Der Kreisstabsführer :

i.A

(Egghart)
m.d.F.d.G.b.

Auf der Verhaftungsliste befanden sich:

REIFBÖCK Johann, Angestellter des Elektrizitätswerkes, der von KLAMMER der Zugehörigkeit zu einer sozialistischen Geheimorganisation bezichtigt wurde.

HOFMANN Wenzl, Gestütsbesitzer, ein bekannter Antifaschist, obwohl auf seinem Gut Haaberg die höchsten Partei-funktionäre immer umsonst gezecht hatten.

WAISNIX Elisabeth, seine Lebensgefährtin, eine Halbjüdin.

WAISNIX Olga deren Schwester, die wegen Wehrkraftzersetzung vorbestraft war, sowie

HJ Bannführer
Johann Wallner

WALLNER bestand darauf, den Wenzl Hofmann selbst zu verhaften, da er mit diesem noch etwas abzurechnen hätte. WALLNER begab sich in Begleitung eines SS-Unterscharführers, eines zweiten SS-Mannes und der HJ-Volkssturmmänner Walter LOIBL und Franz ZWICKL nach Haaberg, um die Festnahme durchzuführen. Nach der Verhaftung des Ehepaares REIFBÖCK und der Olga WAISNIX schickte WALLNER diese drei Personen mit einer Eskorte, bestehend aus einem SS-Mann und Franz ZWICKL, in das Schloss Wartholz.

WALLNER selbst begab sich mit dem SS-Unterscharführer, Spitzname „Winnetou", und Walter LOIBL auf das Gut Haaberg. Nach der Festnahme des Wenzl HOFMANN und der Elisabeth WAISNIX schickte er sofort die Frau in Begleitung des Walter LOIBL zum Schloss Wartholz. Der HJ-Bannführer WALLNER trug eine Wehrmachtsbluse mit schwarzen Kragenspiegeln und vier Sternen als Volkssturmbataillonskommandant, darum wurde er immer als SS-Führer angesehen. Am selben Tag, Donnerstag, den 5. April gegen 15.00 Uhr, ging der 15-jährige Friedrich Harmtod in Begleitung seines Vaters vom Volkssturmlager Salm, wo sie Verpflegung gefasst hatten, wieder Richtung Haaberg, da sie ja dort neben dem Friedhof wohnten. In der Nähe der Lokalbahnhaltestelle Haaberg wurden sie von einem vermeintlichen SS-Mann angerufen: „Halt und Hände aus den Taschen, wo geht ihr hin?" Worauf der alte Harmtod erklärte, dass sie da oben wohnen. Außerdem sei er beim Volkssturm eingesetzt und müsse am Friedhof die Gefallenen beerdigen. Anschließend fragte sie der Uniformierte, es war der HJ Bannführer WALLNER, wo denn dieser Fluss (Schwarza) hinfließe, sie erklärten ihm nach Reichenau, worauf er sie anschnauzte. Verschwindet und dass ich euch nicht mehr sehe! Kurz darauf sahen sie auch Wenzl HOFMANN, der gut aufgelegt war. Neben ihm stand ein SS-Unterscharführer mit rötlichen Haaren und Sommersprossen im Gesicht. Als die beiden Harmtods auf halber Höhe zu ihrem Haus waren, hörten sie kurz hintereinander zwei Pistolenschüsse. Sie blieben erschrocken stehen und es war ihnen klar, dass sie jetzt HOFMANN erschossen hatten. Als der alte Harmtod am nächsten Tag in der Früh wieder in das Volkssturmlager Salm ging, sah er in der Nähe der Haltestelle eine Blutlache und eine Schleifspur zur Schwarza. Nun musste sich sein Verdacht bestätigen. Nach einigen Tagen erhielt er den Befehl, aus der Wehranlage beim Kurpark eine Leiche zu holen. Es war der Wenzl HOFMANN, er hatte einen Kopfdurchschuss und einen Einschuss im Nacken.

Die auf Schloss Wartholz gebrachten Personen, wurden noch am Abend des gleichen Tages nach Schwarzau im Gebirge geführt und am nächsten Tag von BRAUN selbst verhört. Als Karoline SWOBODA fragte, was denn mit ihnen geschehen werde, antwortete BRAUN; „Kurzer Prozess!"

Alle verhafteten Personen wurden am 7. April nach St. Pölten überstellt und der Gestapo übergeben. Nur die 70-jährige Frau DWORAK hatte man schon in Schwarzau freigelassen. Als die sowjetischen Truppen am 14. April bereits vor St. Pölten standen wurden alle von der Gestapo freigelassen. Über Mariazell kehrten sie alle wieder nach Reichenau zurück, zu ihrem Unglück, wie sich später herausstellen wird.

Aber das Wüten der NSDAP Kreisparteiführung in Schwarzau ging weiter, wobei es vor allem darum ging persönliche Rache zu üben. So wurde am 12. April der Gendarmeriebeamte Oskar Wammerl, der auf Genesungsurlaub zu Hause in Prein war, verhaftet und nach Schwarzau gebracht, angeblich wegen Fahnenflucht. Auch der über 60 Jahre alte Landesgerichtsrat Dr. Thaler aus Reichenau, als Nazigegner bekannt, wurde verhaftet und in das Lager Schwarzau gebracht. Am 14. April wurde vom Standgericht der Fall Wammerl verhandelt.

Standgerichtsverhandlungen

Anwesend: Kreisleiter BRAUN (Leiter der Verhandlung), SA-Standartenführer WENINGER, HJ-Bannführer WALLNER und in der Uniform eines Leutnants ein unbekannter Schreiber.

Oskar Wammerl gehörte dem Gendarmerieposten Prein an der Rax an, stand jedoch seit Mitte Juni 1944 im Fronteinsatz und war am Balkan schwer verwundet worden. Im Februar 1945 trat er einen längeren Genesungsurlaub in seiner Heimat Prein an. Als Angehöriger einer Feldeinheit brauchte er sich nicht am heimatlichen Posten zu melden. Gelegentlich hatte er jedoch den Postenkommandanten von Prein IRSCHIK besucht und informiert.

Am 1. April 1945 wurde der Posten Prein wegen der Frontnähe aufgelassen und die Beamten zogen mit dem Postenkommandanten IRSCHIK nach Schwarzau im Gebirge. Wammerl blieb bei seiner Frau, sie war die Eigentümerin des Hotels „Kaiserhof" in Prein. Diesen hatte sie an einen gewissen Franz PLECHARD verpachtet. PLECHARD war der Propagandaleiter der NSDAP von Reichenau und hatte ein begehrliches Auge auf das Hotel geworfen. Um schneller an sein Ziel zu kommen, hatte er im Jänner 1945 Frau Wammerl angezeigt, dass sie mit Fremdarbeitern freundschaftlichen Verkehr unterhalte und abfällige Bemerkungen über Adolf Hitler gemacht habe.

Frau Wammerl wurde von Gendarmerie-Oberleutnant PAUSPERTL persönlich verhaftet und an die Gestapo in Wiener Neustadt überstellt. Als Oskar Wammerl auf Genesungsurlaub kam, gelang es ihm in kurzer Zeit seine Frau freizubekommen, da die Anzeige vollkommen haltlos war. Auf wessen Anregung Oskar Wammerl nun am 12. April von einer gemischten Streife unter Führung von Sonderführer LANGEGGER als Fahnenflüchtiger verhaftet und in das RAD-Lager Schwarzau gebracht worden war, ist nicht schwer zu erraten. Wammerl war ein tüchtiger Gendarmerie Beamter und gehörte nicht der NSDAP an. Haben Gendarmerie Oberleutnant PAUSPERTL und Postenkommandant IRSCHIK bereits bei der Verhaftung von Frau Wammerl eine merkwürdige Rolle gespielt, so war es jetzt augenscheinlich, dass sie der Familie Wammerl nicht besonders gesonnen waren.

BRAUN hielt Wammerl vor, dass Gendarmerie-Oberleutnant PAUSPERTL ihm gemeldet hat, dass Wammerl mit 1. April 1945 gesund geschrieben war und sich trotz mehrmaliger Aufforderung nicht beim Volkssturm gemeldet hatte. Nach der damaligen Gerichtsbarkeit unterstand der Meister der Gendarmerie Oskar Wammerl, nur den SS- und Polizei-gerichten. Darüber setzte sich das Standgericht jedoch hinweg und verurteilte Wammerl zum Tode. Seine Verantwor-tung, dass er als Angehöriger einer Gendarmerie-Feldeinheit nicht verpflichtet ist, sich am Posten zu melden und außerdem auf Genesungsurlaub sei, wurde ganz einfach nicht geprüft, obwohl im selben Lager das Gendarmerie-Kommando mit Oberleutnant PAUSPERTL war. Kreisleiter BRAUN bemerkte, dass er die Todesart nicht verkündigt habe und erklärte nun WENINGER, der mit der Exekution betraut worden war, dass Wammerl gehängt werden soll. WENINGER befahl nun WALLNER die Vollstreckung des Urteils. Dieser weigerte sich jedoch die Exekution durch Erhän-gen zu vollziehen und erklärte, dass ein Offizier wie er keinesfalls den Henker spielt, sondern er das Urteil durch Erschießen vollziehen lassen wird. WENINGER teilte dies Kreisleiter BRAUN mit, worauf er erklärte, also gut, erschießen und dann aufhängen. Dies sollte zur Verhütung weiterer Desertationen beitragen.

WALLNER ließ nun die Gruppe HOFER des Volkssturmsonderkommandos der Kreisleitung Neunkirchen auf der Wiese unterhalb des RAD-Lagers antreten. Wammerl wurde von seinen Bewachern auf die Wiese geführt und musste gegenüber dem Hinrichtungspeloton Aufstellung nehmen. Er lehnte es ab, sich die Augen verbinden zu lassen. HJ Bannführer WALLNER führte kurz aus, dass der Gendarmerie Meister Oskar Wammerl, wegen Desertation und Feigheit vor dem Feind vom Standgericht zum Tode verurteilt worden sei. Wammerl wollte noch eine Rechtfertigung vorbrin-gen, worauf er vom Gebietsführer der HJ KRACKER-SEMLER, angeschrien wurde:

„Schweigen Sie, Sie Schwein, Sie haben anständig zu sterben!" Worauf WALLNER Feuerbefehl erteilte und Wammerl von vielen Kugeln durchbohrt tot zusammenbrach.

Die Hitlerjungen des Sonderkommandos haben dann die Leiche zu einem Wegweiser neben der Straße gebracht und dort aufgehängt. Dem Leichnam wurde eine Tafel mit der Schmähschrift „Ich war ein fahnenflüchtiges Schwein", umgebunden. Die Hinrichtung von Wammerl löste unter den im RAD-Lager befindlichen Gendarmen eine ungeheure Erregung aus. Gendarmerie Rittmeister KRIVKA kostete es Mühe die Leute zu beruhigen. Er war zu jener Zeit nicht im Lager gewesen. Unter dem Druck der Beamten, verlangte nun Gendarmerie Oberleutnant PAUSPERTL von BRAUN eine schriftliche Urteilsausfertigung, die er erst nach mehreren Urgenzen erhielt. Das Urteil erhielt jedoch nur den Urteilsspruch und keinerlei Begründung, dabei musste die Gendarmerie erst die Personalien der Wammerl erheben.

Der HJ Ausbilder und Volkssturmzugsführer Anton STEINMETZ aus Ternitz traf im RAD-Lager Schwarzau im Gebirge ein und wurde dem Sonderkommando zugeteilt. Am Sonntag, dem 15. April wurde in den Vormittagsstunden der nächste Standgerichtsfall verhandelt. Von einer gemischten Streife aus Gendarmen und Volkssturmleuten war Ferdi-nand Schrams, aus Wiener Neustadt stammend, eingeliefert worden. Schrams hatte einen slawischen Akzent, daher beschuldigte man ihn sofort ein sowjetischer Spion zu sein. Er hatte ein deutsches Militärhemd an und im Rucksack ein Reservemagazin einer sowjetischen Maschinenpistole. Dadurch stand die Schuld des Angeklagten von vornherein fest, ohne dass es einer Beratung bedurfte. Kreisleiter BRAUN fällte ein zweites Todesurteil. WENINGER und WALLNER erhoben dagegen keinen Einspruch.

Schrams wurde noch am Vormittag von der Gruppe HOFER auf der Wiese unterhalb des RAD-Lagers erschossen. Auch die Leiche Schrams wurde mit einer Tafel um den Hals, die eine Schmähschrift trug, auf einer Linde beim Gasthaus Gruber aufgehängt. Schrams war vorher schwer misshandelt worden, sein Unterkiefer war zertrümmert und sein Gesicht mit Blut besudelt, außerdem war er fast nackt. Es ist dann der Strick gerissen und der Tote hockte noch drei Tage bei der Linde angelehnt vor dem Gasthaus.

Am selben Tag fand auch noch die Standgerichtsverhandlung gegen den Rauchfangkehrermeister Alfons Stärk aus Ternitz statt. Er war von einer Volkssturmstreife unter dem Kommando von Unteroffizier DIABL im Schneeberggebiet in einer Hütte aufgegriffen worden und nach Schwarzau gebracht worden. Dabei hatte DIABL den Stärk nicht als Deserteur gemeldet und ihm auch nicht die Papiere abgenommen. Dennoch wurde Stärk vor das Standgericht wegen Verdacht der Fahnenflucht gestellt. Stärk antwortete, dass er am Schneeberg auf Osterurlaub gewesen sei und nicht gewusst habe, dass er sich schon im Kampfgebiet befindet und bestimmt nicht Fahnenflucht begehen wollte, da sich in derselben Hütte ja auch eine SS Einheit befand.

BRAUN, WENINGER und WALLNER fanden die Verantwortung fadenscheinig und verurteilten Stärk zum Tode.

Als nächster Fall kam der des 16-jährigen Flaksoldaten Roman Kneissl aus Pottschach. Kneissl war dem Aussehen nach noch ein halbes Kind. Er machte in Mautern bei einer Flakbatterie Dienst. Er hatte gehofft zu Ostern Urlaub zu bekommen und als er den nicht erhielt, machte er sich eigenmächtig auf den Weg nach Hause zu seiner Mutter. Dabei wurde er von einer Streife aufgegriffen und als Fahnenflüchtiger in das RAD-Lager Schwarzau gebracht und dem Standgericht übergeben. BRAUN befragte Kneissl verschiedenes, worauf dieser weinend gestand, dass er schon mehr-mals vom Militärdienst weggelaufen sei. WENINGER war bei dieser Verhandlung nicht anwesend, dafür war der HJ-

Gebietsführer KRACKER SEMLER anwesend, der wendete sich an den Kreisleiter BRAUN und sagte, dieser Fall sei ganz klar, Kneissl gehöre als Deserteur aufgehängt. BRAUN fasste dies als Befehl auf und da auch WALLNER damit einverstanden war, fällte er ein Todesurteil. Worauf Kneissl in heftiges Weinen ausbrach und um sein Leben bettelte. Der Kreisstabsführer des Volkssturmes WENINGER, wurde von BRAUN wieder mit der Vollstreckung der Todesurteile betraut. WENINGER wollte wieder WALLNER die Durchführung der Exekutionen befehlen, doch dieser weigerte sich und erklärte BRAUN und WENINGER, dass er vor der Bevölkerung nicht immer als Sündenbock gelten wolle. Daraufhin bestimmte WENINGER den Volkssturmbataillonskommandanten NOWOTNY das Hinrichtungspeloton zu befehlen.

BRAUN, WENINGER und WALLNER war die empörte Stimmung im RAD-Lager nach der Justifizierung des Gendarmerie Meisters Wammerl und das Echo, das ihre Standgerichtsurteile in der Bevölkerung gefunden hatten, nicht verborgen geblieben. Sie befahlen daher, dass NOWOTNY dieses Hinrichtungspeloton befehligen und dieses aus zwei Gendarmen, vier erwachsenen Volkssturmmännern und vier HJ-Leuten bestehen müsse. NOWOTNY war als er diesen Befehl erhalten hatte, in einer furchtbaren seelischen Verfassung, er war mit dem Rauchfangkehrermeister Alfons Stärk aus Ternitz eng befreundet. In der Kanzlei der Kreisstabsführung ersuchte er WENINGER in Gegenwart von Kreisleiter BRAUN, ihn von diesem Kommando zu entheben. WENINGER lehnte dies glatt ab und als NOWOTNY eine Einwendung machte, drohte er mit den Worten: „Wenn Du es nicht machst stehst Du in einer Viertelstunde selbst dort."

In der Zwischenzeit war WALLNER mit einigen HJ-Jungen erschienen, die in ihrer Mitte Roman Kneissl führten. Das Hinrichtungspeloton hatte auf der Wiese Aufstellung genommen. Wallner verlas das Urteil, worauf Kneissl auf Wallner zulief und sich an diesem festklammerte. WALLNER jedoch stieß ihn weg und führte ihn wieder an seinen Platz zurück. Kaum hatte sich WALLNER entfernt lief ihm Kneissl weinend und Schutz suchend wieder nach. Dieses wiederholte sich dreimal, wobei Kneissl weinte, um Gnade bat und nach seiner Mutter rief. Als Kneissl sah, dass er bei WALLNER keinen Schutz fand, versuchte er davonzulaufen, dabei schoss ihm WALLNER eine Kugel in den Bauch. KNEISSL griff sich mit beiden Händen an den Bauch und sank mit einem Wehlaut zusammen, worauf WALLNER rief: „Schießen!" Daraufhin kommandierte NOWOTNY: „Feuer!" Das Hinrichtungspeloton gab nun auf den am Boden liegenden Kneissl eine Salve ab. Anschließend schoss WALLNER mit seiner Pistole Kneissl in den Kopf. Die Leiche des Roman Kneissl wurde zur Seite gelegt, da in der Zwischenzeit zwei HJ-Jungen Alfons Stärk herbeigebracht hatten. Stärk ging dann von selbst zu der angeführten Stelle, er ließ sich auch nicht fesseln oder die Augen verbinden, sondern sagte nur nachdem WALLNER das Urteil verlesen hatte: „Grüßen Sie mir meine Frau und die Kinder!" Nach der Salve war er auf der Stelle tot.

Die Hitlerjungen luden die Leichen von Kneissl und Stärk auf einen Schubkarren und führten sie zu der Ortstafel von Schwarzau, wo der erschossene Wammerl hing. Gleichzeitig war der Totengräber von Schwarzau, Franz Rossböck und der Gemeindediener Ottersböck erschienen, um die Leiche Wammerls abzunehmen. Dort wo Wammerl gehangen hatte, wurde nun Roman Kneissl und gegenüber an einer Bretterpyramide wurde Alfons Stärk aufgehängt.

Da Frau Wammerl in der Prein, einige Tage nichts von ihrem Mann gehört hatte, packte sie einige Esswaren zusammen und fuhr mit dem Fahrrad nach Schwarzau, um sie ihren Mann zu bringen. Im RAD-Lager musste sie mehrmals fragen, um endlich einen zuständigen Mann zu finden, der ihr erklärte, das sei ein trauriger Anlass, aber ihr Mann lebe nicht mehr. Mit den Nerven völlig am Ende, musste sie sich noch im RAD-Lager gleich beim Verlassen der Baracke ins Gras setzen, worauf sie von dem vorbeikommenden LANGEGGER angeschrien wurde: „Stehen Sie sofort auf, machen Sie hier kein Theater und verschwinden Sie!" Wie sie den weiten Weg zurück in die Prein geschafft hatte, ist ihr jetzt noch ein Rätsel, vermutlich war es die Sorge um ihre kleine Tochter.

Der HJ-Volkssturm unter dem Kommando von STEINMETZ, LANGEGGER oder DIABL unternahm im Gebiet von Schwarzau immer wieder Patrouillen nach Fahnenflüchtigen. Bei einer solchen Streife auf den Obersberg lieferten sie sich irrtümlich mit der Feldgendarmerie ein Feuergefecht. Dann griffen sie bei den Bauern der Umgebung zwei Mann in Zivil auf und lieferten sie im RAD-Lager Schwarzau ab. Bei einer solchen Streife stießen sie am 20. April am Hardlesberg auf 6 deutsche Soldaten, die dort bereits seit einem halben Jahr hausten und von der einheimischen Bevölkerung verpflegt wurden. Da sich die Soldaten nicht freiwillig ergaben, wurde bei der anschließenden Schießerei Franz Wind aus Wien getötet und der aus Schwarzau stammende Johann Ottersböck durch einen Bauchschuss schwer verletzt. Die vier anderen Soldaten konnten flüchten. Einer davon, Mathias Wagner aus Berndorf, schlich sich in der Nacht zum Bauernhof des Ottersböck und verständigte dessen Vater, dass sein Sohn schwer verletzt im Wald liege. Zusammen brachten sie Ottersböck aus dem Wald in sein Heimathaus. Da ihm aber von der Kreisleitung jede ärztliche Hilfe versagt wurde, verstarb er am nächsten Tag. In der Nacht vorher konnte der Ortspfarrer August Bribitzer unter Einsatz seines Lebens und im Dunkel der Nacht den Sterbenden erreichen und ihm die letzte Ölung geben.

In Prigglitz wurde von einem SS-Spähtrupp der Pecher Ignaz Sommer aufgegriffen. Kurz vorher hatte er von den vorrückenden sowjetischen Truppen eine rote Armbinde mit der russischen Aufschrift „Polizei" erhalten. Dies wurde ihm nun zum Verhängnis. Er wurde nach Schwarzau im Gebirge gebracht und im RAD-Lager eingesperrt.

Am 21. April 1945 fand die letzte Standgerichtsverhandlung statt. Da Sommer zugab von den Russen als Hilfspolizist verwendet worden zu sein, stand bei den Mitgliedern des Standgerichtes seine Schuld und das Todesurteil von vornherein fest, ohne dass es erst einer Beratung bedurfte. Kreisleiter BRAUN verkündete das Todesurteil und ordnete ohne Rücksicht darauf, dass es sich bei Sommer um einen Parteigenossen handelte, zum besonders abschreckenden Beispiel, die öffentliche Hinrichtung Sommers auf dem Hauptplatz von Schwarzau durch Erhängen an.

Am Nachmittag kommandierte der HJ-Ausbilder STEINMETZ vom RAD-Lager einen 15–20 Mann starken Zug, der

Sommer zum Hauptplatz eskortierte. Dort hatten bereits ca. 100 Mann Aufstellung genommen. Ein HJ-Volkssturm-mann errichtete durch Anbringen eines Querbalkens an einem A-Mast, einen Galgen. Ein Strick wurde befestigt, dann musste Sommer auf Befehl des Kreisorganisationsleiters Roman GOSCH, auf einen Sessel steigen, ein HJ-Junge wollte ihm die Schlinge über den Kopf geben. Da der Strick in der Gesichtshälfte hängenblieb, gab sich Sommer den Strick selbst in die Halsgegend hinunter. GOSCH verlas das Urteil, worauf Sommer antwortete: „Grüßt meine Frau und die Kinder, die allein wissen wie unschuldig ich bin!"

Dann befahl GOSCH einen HJ-Jungen den Sessel wegzuziehen. Da aber der Körper des Sommers mit den Fußspitzen den Boden berührte, nahm GOSCH seine Pistole aus der Tasche und schoss Sommer in das Genick. Anschließend wurde Sommer eine Tafel umgehängt mit der Aufschrift: „Dieses Schwein wurde wegen russischer Spionage gehängt!" Die Justifizierung hatte nicht länger als 20 Minuten gedauert, dann marschierten die HJ-Abteilungen wieder in das RAD-Lager zurück. Sommer wurde drei Tage an dem Mast hängen gelassen, erst dann durfte er beerdigt werden.

Die deutschen Kampftruppen, die durch den Ort kamen waren entsetzt über die Toten, so etwas hatten sie nur in Russland bei der Partisanenbekämpfung gesehen.

Anfang der letzten Aprilwoche übersiedelte die Kreisleitung nach Prein an der Rax, nun wurde es ruhiger in Schwarzau im Gebirge. Dafür setzte am 23. April in Prein an der Rax und in Reichenau eine neue Verhaftungswelle ein. Diese Verhaftungen wurden vermutlich vom Kreisamtsleiter und Ortsgruppenleiter der NSDAP von Reichenau Paul KLAM-MER und dem Organisationsleiter der NSDAP und Zellenleiter von Prein Franz PLECHARD verfügt. An Hand einer Liste, die KLAMMER dem Gendarmerie-Oberleutnant PAUSPERTL übergab, ließ dieser durch seine Gendarmen folgende Personen verhaften und nach Prein an der Rax schaffen:

Den 65-jährigen Elektriker Johann Reifböck, dessen 59-jährige Gattin Maria Reifböck, deren Schwiegersohn, den 40-jährigen Spenglermeister Franz Karasek, dessen 39-jährige Gattin Maria Karasek, den 60-jährigen Oberlandesgerichts-rat i. R. Dr. Josef Thaler, die 56-jährige Haus- und Kaffeehausbesitzerin Anna Fischer, die 39-jährige Hilfsarbeitergattin Maria Landskron, die 50-jährige Anstreicher Gattin Maria Czuba und die Schwestern Olga und Elisabeth Waisnix, 28- und 29-jährig. Alle aus Reichenau.

In Prein gab den Verhaftungsbefehl Gendarmerie-Oberleutnant PAUSBERTL mit folgendem als „Geheim" bezeichnet und vom 23. April 1945 datierten handschriftlichen Befehl weiter:

Gendarmerieposten Prein
Über Auftrag des Ortsgruppen- bzw. Kreisleiters sind folgende Personen sofort festzunehmen:
Frau Habietinek, Frau Eggl,
Frau Frindt (Edlach neben Kobold),
Frau Wammerl. Sie sind bis zu ihrer Abschiebung in der Tiefparterrewohnung der Eggl (Postgebäude) festzuhalten. Die Fenster sind auch bei Tag verdunkelt zu halten, damit niemand hinein- oder herausschauen kann. Jeder Verkehr von außen ist unter allen Umständen zu verhindern. Die Bewachung (1 Innen- und 2 Außenposten) ist von der Gendar-merie zu stellen.
Zu diesem Zweck verbleiben die Wachtmeister APPEL und KNABL bis zur Übernahme durch das Sonderkommando in Prein. Die Aktion muss vor Tagesanbruch beendet sein und es darf niemand wissen, wer festgenommen worden ist.
Bei Fluchtversuch ist über Befehl von der Waffe Gebrauch zu machen.
Gendarmerie-Oberleutnant PAUSPERTL, der die Funktion eines Gendarmerie-Kreisführers bekleidete, brauchte kei-nerlei Befehle eines Ortsgruppenleiters entgegennehmen, PAUSPERTL gehorchte jedoch blindlings und war ein willi-ges Werkzeug KLAMMERS. Eine Rückfrage bei BRAUN hätte genügt, um den Sachverhalt zu klären, aber wie bereits im Fall Wammerl, wusch er auch diesmal seine Hände in Unschuld.
Zumal gerade diese Personen bereits einmal verhaftet aber von der Gestapo in St. Pölten und von Kreisleiter BRAUN selbst wieder freigelassen worden waren. Woraus eindeutig hervorgeht, dass für diese Verhaftungen nur KLAMMER und PLECHARD verantwortlich sein konnten. Bei den in Prein verhafteten Personen handelte es sich um die 60-jährige Gattin des Vizepräsidenten des Landesgerichts für Strafsachen in Wien, Dr. Fritz Habietinek, der in Prein ein Haus besaß, um die Gattin des bereits in Schwarzau justifizierten Gendarmerie-Meisters Wammerl, Maria Wammerl, die auch die Besitzerin des Hotels „Kaiserhof" war, die 49-jährige Wirtschaftsbesitzerin Johanna Eggl, alle aus Prein und die 40-jährige Gärtnersgattin Anna Frindt aus Edlach. Da die Front beim Payerbacher Viadukt zum Stillstand gekommen war, wurde der am 1. April geräumte Gendarmerieposten Prein am 23. April wieder besetzt. Postenkommandant war Thomas IRSCHIK, ihm zugeteilt waren die Gendarmen HEIDERER, VOGT und BENESCH. Am 24. April waren die Frauen in der Prein verhaftet worden und gegen 08.00 Uhr langte der aus zwei Männern (Johann Reifböck war erkrankt) und 8 Frauen bestehende Gefangenentransport aus Reichenau ein und alle Personen wurden unter der Post in einen Raum eingesperrt. Vom Postenkommandant IRSCHIK wurde ein Kübel mit der Bemerkung hineingestellt: „Do scheißts eini!" Der Gendarm APPEL gestattete aus eigener Verantwortung, dass die Inhaftierten dann ihre Notdurft am Gang verrich-ten durften. Außerdem holte er einen Arzt als Frau Wammerl einen Herzanfall bekam, dafür zog er sich eine Rüge des Gendarmerie-Oberleutnant PAUSPERTL zu.
Am 25. April gegen 09.00 Uhr kam ein geschlossener LKW, dem Oberscharführer STEINMETZ und 10 HJ-Jungen des Sonderkommandos entstiegen. STEINMETZ ging in den Keller und nahm 6 Gefangene mit und zwar die Frauen REIFBÖCK,

FISCHER, CZUBA, KARASEK und Dr. THALER. Franz KARASEK ging auch mit, da er darauf bestand seine Gattin nicht allein zu lassen.

Frau Wammerl, die Steinmetz in die Augen gesehen hatte, wusste, dass diese Leute ihren letzten Gang gingen und trat daher zurück in den letzten Winkel. Draußen mussten die 6 Personen den LKW besteigen, 5 HJ Burschen stiegen auch auf die Ladefläche zu den Gefangenen, während die fünf anderen im Führerhaus und zwei je auf einem Kotschützer saßen. Während der Fahrt johlten und brüllten die auf den Kotschützern mitfahrenden, als wenn es die schönste Vergnügungsfahrt wäre.

Beim Schloss Wartholz mussten alle vom LKW absteigen, bis auf Anna Fischer, die mit zwei Mann HJ und STEINMETZ weiterfuhren. Vorher war der HJ-Oberscharführer STEINMETZ in das Haus gegangen, hatte dann dem HJ-Sonderkommando noch einen Befehl erteilt, worauf diese zwei Gruppen bildeten und die ersten Gefangenen und zwar Franz Karasek, seine Gattin Maria Karasek und Dr. Thaler vorausgehen mussten, ihnen folgten fünf mit Pistolen bewaffnete des HJ-Sonderkommandos. Maria Reifböck und Maria Czuba mussten am Waldrand, von drei HJ-Jungen bewacht, warten.

Als die erste Gruppe über die große Wiese der Kletschkerhöhe zuging, sagte Franz Karasek zu seiner Gattin: „Jetzt gehen wir unseren letzten gemeinsamen Weg!" Karasek war nicht gewillt sich so ohne weiteres abschlachten zu lassen. Dr. Thaler war jedoch zu keinem Widerstand mehr fähig. Karasek forderte sie nun alle auf in eine andere Richtung davonzulaufen und in der allgemeinen Verwirrung müsste es doch möglich sein, dass vielleicht einige durchkommen würden. Da hörte er die Sicherungsflügel der Pistolen knacken und seine Gattin brach von den ersten Schüssen schreiend zusammen. Auch Dr. Thaler war bereits getroffen worden, da drehte er sich um, stürzte sich auf die beiden ihm am nächsten stehenden HJ-Burschen, schlug auf sie ein, nützte die Gelegenheit der Verwirrung und lief im Zick-Zack der Höhe entgegen, nicht bemerkend, dass er bereits einen Oberschenkeldurchschuss erlitten hatte. Beim Laufen hinderte ihn sein Kleppermantel, sodass er diesen als er bei der Umzäunungshecke angekommen war, auszog, sich kurz umdrehte und in diesem Moment eine Kopfstreifschuss erhielt, der jedoch nur die Haut streifte. Da warf er den Mantel weg und sprang über die Hecke. Seine Verfolger waren der Meinung ihn getroffen zu haben und schossen mehrmals auf den Mantel. Dadurch gewann er einen größeren Vorsprung und lief auf den Kreuzberg, fast bis zur Speckbacher Hütte. Am Kreuzberg lag noch Schnee. Als er die Speckbacher Hütte bereits sah, bemerkte er 3 SS-Soldaten, die ihm entgegenkamen, worauf er sich geistesgegenwärtig in eine Bodenvertiefung fallen ließ. So war er wieder einmal davongekommen. Maria Reifböck und Maria Czuba, welche die Ermordung und Verfolgung mit ansehen mussten, wurden dann gleichfalls auf die Wiese geführt und erschossen. Anschließend wurden alle an Ort und Stelle notdürftig begraben.

Anna Fischer war mit ihren Bewachern bei ihrem Kaffeehaus in Reichenau, Hauptstraße Nr. 79 angelangt, wo sie in den Keller geführt und durch mehrere Pistolenschüsse getötet wurde. Die gerade vorbeikommende Gendarmeriestreife GEHRING und ZENZ wurde von den schwer bewaffneten HJ-Burschen gezwungen, die Leiche der Anna Fischer aus dem Keller herauszutragen und an einem Gartenpfeiler aufzuhängen. Als den beiden Gendarmerie Beamten beim Anblick der entstellten Leiche übel wurde, wurden sie von den HJ-Jungen als alte Schlappschwänze bezeichnet.

Anna Fischer war mit einem roten Fahnentuch umwickelt und trug um den Hals eine Tafel mit der Aufschrift. „Ich war eine Verräterin!"

Im Schloss Wartholz befand sich der Regimentsgefechtsstand des Gebirgsjäger-Regimentes 154, unter dem Kommandeur Oberstleutnant Swoboda. Als dieser von diesen Vorfällen erfuhr stellte er BRAUN, WENINGER und WALLNER zur Rede und erklärte ihnen klipp und klar, dass er in der Kampfzone allein zuständig sei und derartige Extratouren der Partei und des Volksturmes, wie diese Exekutionen, nicht dulden werde. Die drei nahmen dies hin, ohne auch nur die Behauptung zu wagen, sie hätten nichts gewusst. Am Vormittag des 26. April wurde durch die Intervention eines Volkssturmführers einer steirischen Volkssturmeinheit Frau Wammerl ohne Angabe von Gründen sofort freigelassen. Die anderen Frauen, Maria Habietinek, Johanna Eggl, Anna Frindt, Theresia Weitzbauer, Maria Landskorn, Olga und Elisabeth Waisnix wurden von den Burschen des HJ-Sonderkommandos heimlich über die Straße in den Keller des Hotel „Kaiserhof" geführt und dort durch Pistolenschüsse getötet. Um Mitternacht hatte dann der Zellenleiter PLECHARD die Leichen mit einem Fuhrwerk auf den Friedhof bringen lassen und gemeinsam mit dem Totengräber an der Friedhofsmauer in einer vorbereiteten Grube verscharrt.

In der Nacht vom 26. auf den 27. April wurde mit einem Pferdegespann der erkrankte Elektriker Johann Reifböck auf den Gendarmerieposten Prein gebracht. Am Morgen wurde Gendarmerie Oberleutnant PAUSPERTL gemeldet, dass die Frauen erschossen und Reifböck am Posten sei. Dann wurde noch Ladislaus Hrozek und am 2. Mai Perlja Koch auf den Gendarmerieposten Prein gebracht. Die drei sollten vom HJ-Sonderkommando abgeholt werden. Es kam tatsächlich ein HJ-Sonderkommando und holte die drei Personen ab, führte sie ca. 100 m auf die Sonnleiten und ermordete sie dort mit Pistolenschüssen. Anschließend wurden sie an Ort und Stelle nur mit Reisig notdürftig zugedeckt. Was hatten diese wehrlosen Frauen und alten Männer verbrochen: Sie waren nicht bei der NSDAP, die Karasek und die Reifböck waren Sozialdemokraten, Dr. Thaler soll in der Verbotszeit einen Nazi verurteilt haben, die Waisnix Schwestern weil sie angeblich Halbjuden waren, Maria Czuba war Hausmeisterin der Villa, die sich Ortsgruppenleiter KLAMMER angeeignet hatte, Wenzl Hofmann auf dessen Gut die Parteigrößen immer umsonst schmarotzt hatten, Perlja Koch wegen einer geringfügigen Bemerkung (Wehrkraftzersetzung), Johann Eggl, Anna Frindt, Maria Habietinek waren als Gegnerinnen des Nationalsozialismus bekannt.

Aber nun wieder zurück zu dem geflüchteten und verwundeten Franz Karasek. Dieser hatte sich auf die Breitensteiner Seite des Kreuzberges begeben und wanderte Richtung Payerbachgraben. Er hatte zu diesem Zeitpunkt bereits eine Menge Blut verloren. Dann kam ihm ein deutscher Unteroffizier entgegen und fragte ihn was er hier zu suchen habe, worauf er antwortete, dass er für den Volkssturm Vieh beschlagnahmen müsste. Der Unteroffizier hatte ihm vermutlich angesehen, dass er auf der Flucht war, so sagte er nur: „Schau dasd weiter kummst!" Da am Kreuzberg überall SS eingesetzt war, ging er in den Payerbachgraben hinunter zu einem bekannten Zimmermann. Kornthaler versteckte ihn am Heuboden. In der Nacht bekam er es mit Platzangst zu tun, verließ den Heuboden und ging im Payerbachgraben Richtung Ort bis zur Säge, dort wollte er durch den Bach zu den sowjetischen Linien kriechen. Im letzten Moment überdachte er seine Lage und kam zu den Entschluss, dass die Sowjets in der Nacht ihn bestimmt abschießen würden. So ging er wieder zurück auf den Heuboden. Am nächsten Tag kam Kornthaler zu ihm auf den Heuboden und sagte, dass sie vom Hof weg müssen, Karasek versprach in der nächsten Nacht zu verschwinden. Dann kam aber Frau Kornthaler und erklärte ihm, dass er mit seinem Wundfieber bestimmt nicht weit kommen würde. Am nächsten Tag mussten die Kornthaler ihren Hof verlassen. Sie beluden einen Wagen mit Heu und während Kornthaler im Haus war, schleppte seine Frau Karasek auf den Heuwagen, ohne dass ihr Mann etwas wusste oder bemerkte. Bei der anschließenden Fahrt über die Stoja-Höhe wurden sie von einer deutschen Patrouille angehalten und Kornthaler gefragt, ob er sonst noch etwas mitführe, was dieser wahrheitsgetreu verneinte. Er hatte ja wirklich nichts gewusst. Die Flucht ging über Edlach in die Kleinau, dort kamen die Kornthaler unter, es waren Verwandte von ihnen. Sie fuhren mit dem Heuwagen in den Hof und begannen sofort mit dem Abladen, bis Frau Kornthaler sagte, dass sie bereits einen großen Jausen Hunger hätte und die Fuhre ja sowieso nicht davonläuft. Als alle im Haus waren kam sie zurück, zog den patschnassen Karasek aus dem Heu und brachte ihn auf den Boden der Tenne, wo sie ihn in einem Strohhaufen versteckte. Karasek, der bereits starkes Wundfieber hatte, bekam es mit der Angst zu tun und wollte vom Heuboden flüchten, dabei kroch er bei einem kleinen Fenster hinaus und fiel direkt auf einen Gerümpelhaufen. Durch den Lärm wurden die Hausbewohner aufmerksam und wussten nun wer da noch am Hof war. Frau Kornthaler brachte Karasek am nächsten Tag zur Pension Marienhof, wo sich Ella Reifböck und Theresia Wimmer befanden. Die beiden Frauen gaben ihm zuerst einmal frische Unterwäsche, nachdem sie seine Wunden versorgt hatten. Er hatte auf seiner Flucht viel Blut verloren. Dann beratschlagten sie, wo sie ihn am besten verstecken könnten. Für die nächste Nacht hatten sie am Boden ein Bett aufgestellt. In der Nacht hielt er es wieder nicht mehr aus und versteckte sich im Wald. Als es grau wurde ging er in das Haus zurück. Den Tag und die Nacht verbrachte er in einem begehbaren Kamin. Dort hielt er es dann nicht mehr aus, da seine Schmerzen größer wurden und er noch keine ärztliche Versorgung hatte. In der nächsten Nacht gruben die beiden Frauen am Komposthaufen eine Grube, steckten zwei Fässer zusammen und legten ihn hinein. Anschließend schaufelten sie das Loch wieder zu. Für die Luftzufuhr hatten sie ein Rohr angeschlossen. Essen konnte er fast nichts, außerdem konnte er nur Wasser lassen. Das Schießen und die Einschläge der nahen Front hörte er in der Erde ganz genau. Lebend begraben 12 Tage und Nächte lang, bis eines Tages Theresia Wimmer, sie ist jetzt seine Frau, kam und ihm durch das Luftrohr erklärte, dass am nächsten Tag der Krieg aus sein würde. Worauf er in der Nacht gewaltsam aus seinem Versteck ausbrach und sich im angrenzenden Wald auf einer Fichte versteckte, trotz seiner Verletzung.

Als am 8. Mai der Krieg tatsächlich aus war und die beiden Frauen ihn ausgraben wollten, mussten sie feststellen, dass er nicht mehr in seinem Versteck war. Als er dann aber aus dem Wald herauskam, war die Freude groß. Zur Freude kam dann die große Sorge dazu. Karasek hatte einen Sohn, den 10-jährigen Norbert. Seit er und seine Frau verhaftet worden waren, hatten sie von ihrem Sohn nichts mehr gehört. Lebte er noch, war er auch dem Massaker zum Opfer gefallen oder gar verschleppt worden? Dann die große Überraschung, seine Tante die Ella Reifböck, hatte ihn gleichfalls am Marienhof unter dem Dach versteckt gehabt, ohne dass einer vom anderen wusste.

Jetzt war die Wiedersehensfreude groß, nur mit dem bitteren Wermutstropfen, dass die Mutter und Gattin nicht mehr am Leben war. Franz Karasek hatte die größten Schwierigkeiten mit seiner Gesundheit, musste mehrere Operationen über sich ergehen lassen und leidet an Rheuma.

Vergessen kann er dies auch heute noch nicht, oft träumt er nächtelang davon, dann hat er wieder längere Zeit Ruhe. Über dies alles hinweggeholfen hat ihm seine jetzige Frau Theresia. Begreifen kann er auch heute noch nicht, dass Menschen, die überhaupt nichts verbrochen haben, einfach über den Haufen geschossen wurden, nur weil sie nicht die gleiche Gesinnung hatten.

Da der von der sowjetischen Besatzungsmacht eingesetzte Bürgermeister und Gemeinderat nicht fähig war die Geschäfte ordentlich zum Wohle der Bewohner zu führen, so wurde in Anwesenheit des Bezirkshauptmannes Dr. Ulrich am 11. Jänner 1946 Franz Karasek der neue Bürgermeister. Durch das Schreckensregime des Kreisleiters BRAUN, WENINGER und WALLNER in Schwarzau im Gebirge wurde in Prein jene Atmosphäre geschaffen, in der Schandtaten eines Ortsgruppenleiters KLAMMER und eines Propagandaleiters PLECHARD möglich waren. Der Tod, der in Reichenau und Prein erschossenen Personen, ist allein auf ihre Veranlassung erfolgt. Die gesamte Kreisleitung setzte sich bei Beendigung des Krieges nach Westen ab. Sie konnte nach kurzer Zeit ausgeforscht, verhaftet und dem Gericht übergeben werden.

Kreisleiter Johann BRAUN, Standartenführer der SA Josef WENINGER und Hitlerjugend Bannführer Johann WALLNER wurden am 24. Mai 1947 vom Landgericht für Strafsachen Wien, wegen Bildung eines Standgerichtes ohne gesetzliche Grundlage und Fällung sowie Vollstreckung von 5 Todesurteilen, zum Tode durch den Strang verurteilt.

Die damalige reichsdeutsche Gesetzeslage lautete: *Die Standgerichte in feindbedrohten Reichsgebieten haben aus einem Strafrichter als Vorsitzenden, sowie einem politischen Leiter der NSDAP und einem Offizier der Wehrmacht, der Waffen-SS oder der Polizei als Beisitzer zu bestehen.*

Die Mitglieder des Standgerichtes waren vom Reichsverteidigungskommissar zu ernennen, der auch einen Staatsanwalt als Anklagevertreter zu bestimmen hat.

Die Urteile bedürfen der Bestätigung durch den Reichsverteidigungskommissar, der auch Ort, Zeit und Vollstreckung festzulegen hatte. Kreisleiter BRAUN hatte auch die Anweisung erhalten, ein ordnungsgemäß zusammengesetztes Standgericht zu bilden. Da er keinen Richter hatte, setzte er sich über diese Vorschriften einfach hinweg. So wären ihm zwei Möglichkeiten offen geblieben:
1. Die anfallenden Standgerichtsfälle an das ordentliche Standgericht der Gauleitung in St. Pölten, oder
2. an das Feldkriegsgericht des im Raum Amstetten-St. Pölten operierenden Panzerkorps zu überstellen.

Die Vollstreckung der Todesurteile erfolgte am 15. Mai 1948 im Landesgericht für Strafsachen in Wien in der Reihenfolge Josef WENINGER, Johann WALLNER und Josef BRAUN, Kreisamtsleiter Paul KLAMMER hatte Selbstmord verübt.

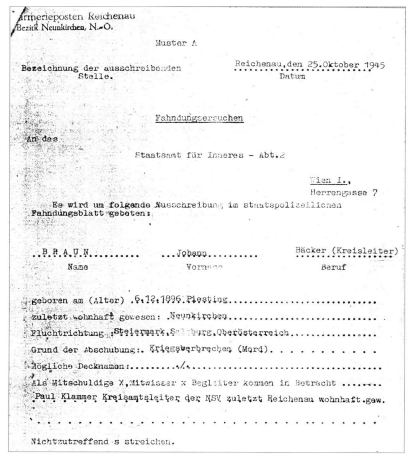

Beide:
Archiv Brettner

Drama am Drahtekogel 1.565 m

Der Drahtekogel befindet sich in der Mitte des Weges vom Preiner Gscheid nach Spital am Semmering an der steirisch-niederösterreichischen Grenze und ist die höchste Erhebung in diesem Gebiet, mit Hochwald bewachsen.

Bereits in der letzten Aprilhälfte wurde ein Zug des HJ-Volkssturmes, nicht das Sonderkommando, alarmiert und des Nachts mit unbekanntem Ziel in Marsch gesetzt. Der Zug hatte bis zu diesem Zeitpunkt am Preiner Gscheid Wachdienst versehen. Der Kommandant dieses Zuges war der HJ-Ausbilder Anton STEINMETZ, von seinen Freunden „Nessi" genannt. Die ganze Sache war sehr geheim und erst unterwegs erfuhren die Burschen, dass es zum 1.565 hohen Drahtekogel ging, um Partisanen zu bekämpfen, und dass auch von Mürzzuschlag und vom Semmering Züge unterwegs seien. Bereits in der Dunkelheit marschierten sie vom Peiner Gscheid weg, es war eine dieser stockdunklen Aprilnächte. Damit keiner verloren ging, mussten sie sich öfters am Koppel des Vordermannes festhalten und so stolperten sie dann den Berg hinauf. Sprechen war strengstens verboten.

Beim Erreichen der Anhöhe unterhalb des Gipfels wurden zwei HJ-Burschen mit einem MG zur Absicherung zurückgelassen. Gleich nach der Anhöhe befand sich eine Mulde, die mit einigen jungen Fichten bewachsen war. Es hatte bereits zu dämmern begonnen und der Morgen kündigte sich schon an, als die Sonne auftauchte, plötzlich eine MPi hart aufbellte und ein schauriger, durch das Mark gehender Schrei durch die Stille des Morgens hallte, der alle erstarren ließ. Der Wachposten der Partisanen war von einem hohen Baum heruntergeschossen worden. Er war durch die aufgehende Sonne, die seinen Schatten warf, verraten worden. Nun wurde das Feuer des gesamten Zuges auf die in der Mulde aufgestellten Zelte eröffnet. Es war ein furchtbares Gemetzel. Einige versuchten zu fliehen, wurden aber niedergestreckt. Dann wurden alle, ganz egal ob sie schon tot oder nur verwundet waren, auf eine Seite der Mulde geschliffen und nebeneinander aufgelegt. Der Anführer schoss dann mit seiner MPi auf die am Boden Liegenden, sodass sich die Körper der noch nicht getöteten nochmals aufbäumten. Anschließend zog er seine Pistole und schoss jedem noch eine Kugel in den Kopf. Einige der HJ-Burschen, die dies mitangesehen hatten, mussten sich übergeben und waren zu nichts mehr zu gebrauchen. Dann wurde den Leichen alles abgenommen, was sie bei sich hatten. Dabei wurde festgestellt, dass nur einige bewaffnet waren, wobei es sich um freigelassene jugoslawische Kriegsgefangene und russische Hilfswillige, Hiwi genannt, gehandelt hatte. Die meisten hatten deutsche Luftwaffen Uniformen ohne Rangabzeichen, es waren 27 Mann und eine Frau. Die Leichen wurden notdürftig mit Reisig und Erde zugedeckt. Nachdem diese makabre Arbeit getan war, setzte sich der ganze Zug zum Essen nieder, wobei jedoch die meisten jungen HJ-Burschen keinen Bissen hinunterbrachten.

Da vernahmen sie ein ganz leises Schluchzen und Wimmern. Sofort wurden alle in Alarmbereitschaft versetzt und die gesamte Umgebung nochmals genau abgesucht. Dabei fanden sie in den dichten Ästen einer Fichte zwei Männer in deutschen Uniformen und eine Frau. Diese Frau hatte durch ihr Schluchzen das Versteck verraten. Die Frau und die zwei Männer mussten dann alle Ausrüstungsgegenstände der Erschossenen nach Prein tragen. Die angeblichen Partisanen waren verraten worden, als sie bei den umliegenden Bauern etwas zum Essen geholt hatten. Der HJ-Zug wurde am nächsten Tag sofort zeitig in der Früh auf den Gahns zum Saurüssel, dem rechten Flügel der Kampfgruppe Semmering versetzt. Die drei Gefangenen, angeblich war einer der Soldaten ein Steirer, der desertiert war, wurden vor dem Hotel Kaiserhof in der Prein, angebunden und jeder der vorbeiging musste sie anspucken. Die meisten Leute wichen auf die gegenüberliegende Straßenseite aus. Nachdem sie einen Tag ohne Essen und Trinken dort gestanden waren, wurden sie zum Friedhof hinaufgeführt. Dabei mussten sie noch das Grabwerkzeug mittragen und anschließend oberhalb der Friedhofmauer ihr eigenes Grab schaufeln. Zuerst wurde den Männern, einer nach dem anderen, von einem Führer des Sonderkommandos mit der Pistole in den Kopf geschossen, sodass sie gleich in das Grab fielen. Dann musste sich die Frau am Grabrand aufstellen, sie hielt sich die Hände vor das Gesicht und weinte herzzerreißend. Da schoss ihr der HJ-Führer eine Kugel durch die Hand hindurch in das Gesicht, sodass sie gleich in das Grab stürzte. Während das Grab zugeschaufelt wurde, zuckten die Körper der Erschossenen noch.

Dieses blutige Gemetzel am Drahtekogel und die Erschießung der drei Gefangenen wurde niemals erwähnt, da bis jetzt alle geschwiegen hatten, die damals dabei sein mussten, zuerst aus Angst, dann aus Vergessenheit. Dieses Drama das 31 Personen das Leben gekostet hatte, ist bis heute ungesühnt geblieben und wird es auch bleiben. 26 Männer und eine Frau wurden zuerst in Mürzzuschlag beerdigt, dann exhumiert und am Grazer Soldatenfriedhof als unbekannte Soldaten beigesetzt.

Drahtekogel – Massengrab

III. Flucht vor der sowjetischen Gefangenschaft

Der Zweite Weltkrieg liegt in seinen letzten Zügen, bei einzelnen Truppen sind zum Teil schon Auflösungserscheinungen bemerkbar. Aus der Steiermark und Niederösterreich strebt alles zur Enns, um dort bei den amerikanischen Truppen in Gefangenschaft zu kommen. Alle Soldaten erhoffen sich bei den Amerikanern eine bessere Behandlung als bei den Sowjets, wo ihnen ja allgemein Sibirien droht.

So kommen aus dem Süden der Steiermark die Truppen der 6. Armee, aus Niederösterreich die Truppen der 6. Panzerarmee und der 8. Armee. Es ist ein Wettlauf mit der Zeit, denn angeblich darf der Fluss ENNS nur bis 12.00 Uhr des 09. Mai 1945 überschritten werden, wer später kommt geht bei den Sowjets in Gefangenschaft. Dies widersprach der Alliierten Abmachung.

Denn es sollten die deutschen Truppen bei dem Gegner in Gefangenschaft gehen, gegen den sie zuletzt gekämpft hatten. Dieses Datum konnten natürlich nur die Stäbe der Truppen und die motorisierten Einheiten einhalten, der Großteil der deutschen Truppen waren aber bespannte Einheiten und Fußtruppen.

Liezen – Schicksalsfluss Enns

Ungarische Truppen und Flüchtlinge ziehen in großen Trecks durch Liezen. Sie lagern mit ihren Pferden auf Wiesen und Feldern. Die Gendarmerie ist eifrig bemüht den Flüchtlingsstrom zu lenken, da die Flüchtlinge im Land hin und her ziehen. Die Sicherheitsverhältnisse verschlechtern sich von Tag zu Tag. Da Salzburg die ungarischen Flüchtlinge nicht aufnehmen will, kehren sie zurück und bringen so den Verkehr zum Stocken. Der Gendarmerie-Kreisführer, Bezirkshauptmann Vinzenz Weber wird auf Befehl des Gauleiters Uiberreither außer Dienst gestellt, weil er die Ungarntransporte an ihrer Rückkehr aus Salzburg nicht aufhalten kann. Der im Einsatz verwundete Bez. Hauptmann Hermann Göbel übernimmt die Kreisaußenstelle, kann aber auf den Fortgang der Ereignisse keinen wesentlichen Einfluss nehmen.

6. Mai 1945. Rauch steigt auf, die Schriften und Akten der Gauleitung gehen in Rauch und Asche auf. Auf der Straße aus Richtung Schober Pass und Ennstal zieht ununterbrochen Militär durch. Am Nachmittag verdichtet sich das Gerücht, dass ab 12 Uhr des 7. Mai 1945 ein allgemeiner Waffenstillstand eintreten werde.

7. Mai 1945. Um 13.45 Uhr war es dann soweit, Panzer und Jeeps einer Sondereinheit der amerikanischen 80. Infanterie-Division, geführt von Generalmajor G. M. Smythe, rückte vom Pyhrnpass kommend in Liezen ein.

8. Mai 1945. Es herrschte ein allgemeines Chaos. Zehntausend Soldaten zu Fuß und in Fahrzeugen füllten die Straßen. Die Straßenränder, Felder und Wiesen waren angesammelt mit Kriegsgerät und Munition, sowie Militärfahrzeugen, Stahlhelmen, Waffen aller Art, Gasmasken, Werkzeugen. Die örtliche Bevölkerung säumte die Straßen und sah diesem Schauspiel zu.

Der Kommandant der 3. Deutschen-Panzer-Division, Generalmajor Söth, hat sich den Amerikanern in Liezen ergeben.

9. Mai 1945. Amerikanische Truppen stehen bereits im Salzkammergut.

10. Mai 1945. 13.15 Uhr, die ersten amerikanischen Truppen des 2. Bataillons des 317. Infanterieregiments treffen in Liezen ein. Erste Kontakte mit den am rechten Ufer der Enns eintreffenden sowjetischen Soldaten der 21. Garde-Panzer-Brigade von der 6. Garde-Panzer-Armee. Den gemeinsam errungenen Sieg über den Hitlerfaschischmus feierten sowjetische und amerikanische Soldaten mit einer Parade vor den kommandierenden Generälen Mc Bridge und Woskrenensky, nördlich der Röthelbrücke am 11. Mai 1945.

Die RÖTHELBRÜCKE über die ENNS bildete die Grenze zwischen den sowjetischen und amerikanischen Truppen.

Am 8. Mai 1945, 24.00 Uhr, wurden die fünf im Bereich des XX. US Korps über die Enns führenden Brücken für alle weiteren aus dem Osten kommenden deutschen Soldaten gesperrt.

Die Gefangenenzählung ergab, dass die Truppe des XX. US-Korps vom 1. bis 8. Mai 323.840 deutsche Soldaten in Kriegsgefangenschaft genommen hatte. Der größte Teil stammte von der Heeresgruppe Ostmark.

8. Mai 1945, ADMONT, im Barackenlager verließen die Soldaten ihre Unterkünfte und damit war das Lager vogelfrei. Die dort lagernden Bestände an Lebensmitteln, Getränken und Gebrauchsgegenstände wurden geplündert. Eine örtliche Polizei gab es nicht. Die abreisenden und durchreisenden Soldaten und Flüchtlinge beherrschten das Ortsbild. Die meisten Menschen bemühten sich auf das linke Ennsufer zu gelangen um nicht den Sowjets in die Hände zu fallen.

General Hubert LANZ, Kommandeur der 1. Gebirgs-Division: Am 7. Mai 1945 erhält die 1. Gebirgs-Division Befehl, sich am 8. Mai bis 21.00 Uhr im Anschluss an die rechte Nachbardivision hinter die Enns abzusetzen. Pünktlich lösen sich die Truppen aus der Front, um auf verschiedenen Wegen das Mürztal zu erreichen. Von Bruck aus rückt die Division in mehreren Marschgruppen, zum Teil mit Bahn oder Kraftfahrzeugen, über die Linie HIEFLAU – LIEZEN hinter die amerikanische Demarkationslinie. Der Kampf ist aus. Der Divisionsstab leitet bei LIEZEN bis zum 12. Mai das Einschleusen aller noch vom Osten kommenden deutschen Verbände.

Oberstleutnant GROTH, Kommandeur des Gebirgsjäger-Regimentes 99:

Die Nacht vom 8. auf den 9. Mai 1945, Obstlt. GROTH trifft den, die Nachhut seines Bataillons II./98 führenden Hauptmann GÖLLER. Dieser weist einen ihm durch den Kommandeur des Geb. Jäg. Rgt.98 Oberstleutnant EISGRUBER übermittelten Befehl der Division folgenden Inhalts vor:

O. li.: Liezen

O. re.: Röthel-brücke über die Enns

U. (beide): Die Enns war ab Mai 1945 Grenzfluss der amerikanischen – und sowjeti-schen Truppen

Alle Bilder: Archiv der Stadt Liezen

„Die deutsche Wehrmacht ist aufgelöst. Wer bis 9. Mai 1945, vormittag 09.00 Uhr die Demarkationslinie zwischen den amerikanischen und russischen Truppen nicht überschritten hat, gerät in russische Gefangenschaft. Demarkationsli-nie ist der Lauf des Flusses ENNS. Es ist mit allen Mitteln, insbesondere unter Benützung der im MÜRZTAL verkehren-den Eisenbahnlinie zu versuchen, möglichst viele Truppen noch vor 09.00 Uhr des 9. Mai über die ENNS zu schaffen."

Es ist der 9. Mai 04.00 Uhr. Der Flusslauf der ENNS ist an der nächsten Stelle – HIEFLAU – rund 110 km entfernt. Für die zur Höhe „AUF DER SCHANZ" marschierenden Truppenteile ist die Einräumung der Möglichkeit, innerhalb fünf Stunden die Demarkationslinie zu erreichen reine Theorie, abgesehen davon, dass die Verbindung zur Truppe vorübergehend unterbrochen ist.

Der durch Hauptmann GÖLLER vorgewiesene Befehl ist das genaue Gegenteil des letzten Befehls, den das Regiment 99 erhalten hatte:

„Beziehen der Widerstandslinie auf der SCHANZ, halten bis neuer Befehl kommt."

Dieser neue Befehl bedeutete die Vernichtung des Regiments, jedenfalls seiner fußmarschierender Teile. Deren Spit-ze sich um 04.00 Uhr erst im Raum FISCHBACH befindet. Regimentskommandeur GROTH versucht Verbindung mit dem Divisionsstab der 1. Gebirgs-Division aufzunehmen, trifft aber im Mürztal im Raum Kapfenberg auf die russische Panzerspitze. Er gerät in Leoben vorübergehend in russische Gefangenschaft, kann aber flüchten und sich über EISEN-ERZ und ADMONT zur Enns absetzten. Abends trifft er den Divisionskommandeur Generalleutnant WITTMANN in LIEZEN in amerikanischer Gefangenschaft. Die fußmarschierenden Teile der 1. Geb.-Div. werden beim Abstieg in das Mürztal von den russischen Panzerverbänden abgefangen. Nur truppweise und unter Aufbietung der letzten körper-lichen Reserven gelingt Einzelnen die Flucht durchs Wasser der MÜRZ und durch die noch tiefverschneiten Berge der Mürz- und Murtaleralpen.

Flucht vor der sowjetischen Gefangenschaft

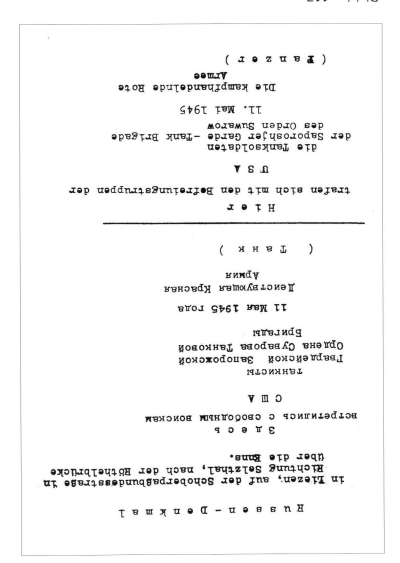

Husaren-Denkmal

in Titzen, auf der Schoberpaßbundesstraße in Richtung Salztal, nach der Büthelbrücke über die Enns.

Здесь
встретились с свободными войскам
США
танкисты
Гвардейской Запорожской
Ордена Суворова Танковой
Бригады
11 Мая 1945 года
Действующая Красная Армия

(Т а н к)

Hier
trafen sich mit den Befreiungstruppen der
USA
die Tanksoldaten
der Saporoshjer Garde-Tank Brigade
des Orden Suwarow
11. Mai 1945
Die kampfhandelnde Rote
Armee

(P a n z e r)

ZUM GEDENKEN AN
HUNDERTE FLÜCHTLINGE
UND SOLDATEN, DIE IN DEN
LETZTEN KRIEGSTAGEN
IN DEN FLUTEN DER
ENNS UMS LEBEN
GEKOMMEN SIND.
ERRICHTET IM 50. FRIEDENSJAHR
IN DANKBARKEIT 12. MAI 1995

Gedenksteine/Inschrift

Hans Kreppel, Generalmajor, Kommandeur der Jäger Division 117:

7. Mai 1945. Das Ende des Krieges zeichnet sich ab. Die Div. ist vom SS-Panzer-Korps noch ohne Befehle, obgleich der linke Nachbar bereits im Absetzen nach Westen begriffen ist. Die Div. befiehlt daher von sich aus, dass sofort alle Trosse und im Kampf nicht unbedingt notwendigen Teile nach Westen über Scheibbs nach Waidhofen in Marsch zu setzen sind. Erst um 15.00 Uhr kommt der Korpsbefehl für das Absetzen aus der derzeitigen Stellung, das um 22.00 Uhr beginnen soll, während sich die letzten Sicherungen am 8. Mai um 04.00 Uhr vom Feind zu lösen haben. Die bedingungslose Kapitulation der deutschen Wehrmacht wird bekannt gegeben.

Die Div. ist entschlossen möglichst alle Teile nach Westen hinter die Demarkationslinie zu den Amerikanern zurückzuführen. Nachdem die nötigen Befehle erteilt sind, u. a. die sofortige Entlassung aller Österreicher, die nicht freiwillig den bevorstehenden anstrengenden Marsch zur Enns mitmachen wollen, tritt die Div. in die amerikanische Gefangenschaft an. Marschweg zunächst über Frankenfels nach Scheibbs. Die engen Straßen in den Fahrzeuge und Panzer der SS verstopft. Vor Scheibbs Schießerei. Die Sowjets sind bereits im Ort. Die Div. weicht nach Süden aus und erreicht über Nebenwege – die Nacht zum 9. Mai durchmarschiert – über Ybbsitz, Waidhofen in den Morgenstunden Weyer. Die von dort nach Steyr führende Straße ist völlig verstopft. Auf die Meldung hin, dass vor Steyr auch bereits die Sowjets stehen, wird der Weitermarsch Richtung Süden fortgesetzt in Richtung Altenmarkt. Die dortige Ennsbrücke ist frei, so dass die Marschgruppen ungestört die Enns überschreiten können.

In UNTER LAUSSA (6 km westlich Altenmarkt) richtet die Div. nochmals einen Gefechtsstand als Sammelpunkt ein. Am Abend werden alle Befehle, Kriegstagebücher und Karten verbrannt.

10. Mai. Im Morgengrauen erfolgt der Weitermarsch nach Westen. Die noch immer wohl geordneten Marschgruppen der Jäger und Artillerie marschieren über den Laussa Pass nach Richtung Windischgarsten, wo der vorausgeeilte Div.-Führer die erste Verbindung mit den Amerikanern aufnimmt, die überrascht sind eine noch disziplinierte Truppe ankommen zu sehen. Kurz vor dem Ort stehen Panzer und Posten. Mit der Niederlegung der Waffen beginnt die Gefangenschaft. Den Offizieren werden vorerst die Waffen belassen. Auf den zahlreichen noch vorhandenen Lastkraftwagen der Division werden die Mannschaften zum Weitertransport verladen. Es geht in Richtung Inn. Die Division noch 7000 Mann, sammelt sich in den nächsten Tagen im großen Auffanglager bei Mauerkirchen der 6. Armee der Gefangenschaft. Im Laufe der Monate Juni und Juli wird von den Amerikanern die Masse der Offiziere und Soldaten mit Zug um Zug entlassen und mit LKW Kolonnen in die Heimatorte transportiert.

Franz Garhöfer, Major, Kommandant des I. Bataillon, Jäger-Regiment 737: Am 7. Mai haben wir den Befehl bekommen, dass der Krieg am 8. zu Ende ist. So haben wir alles zusammengepackt und sind noch in der Nacht von HOFSTETTEN den Rest der Nacht und den ganzen Tag Richtung STEYR 120 km marschiert. So konnte ich mein Bataillon geschlossen zum Ami bringen. Die Russen sind nicht sofort nachgestoßen.

Am 8. Mai abends haben uns die Amis nicht hinüber gelassen. Mitten auf der Ennsbrücke stand ein amerikanischer Panzer. Wir sind mit Sack und Pack am Ennsufer bei Steyr gestanden. Dann hieß es vom Major aufwärts sind alle Kriegsverbrecher. Am nächsten Tag durften wir doch hinüber, nur die Waffen mussten wir herüben ablegen. Wir hatten natürlich auch HIWIS Russen und Italiener. Auch einer meiner Pferdepfleger war ein russischer Hiwi, der fragte mich, was ist mit uns Herr Major? Worauf ich nur antworten konnte, geht hinüber und schaut, dass ihr nicht ausgeliefert werdet. So ließ ich mein Bataillon noch einmal an mir vorbeiziehen. Das Bataillon wurde noch von Generalmajor KREPPEL samt der Division in ein Gefangenenlager bei Christkindl geführt und von dort aber schon nach 14 Tagen in die Heimat entlassen. Auch bei uns ist die Parole gegangen, dass es mit dem Amerikaner gegen die Russen geht. Sogar die russischen Gefangenen die wir noch gemacht hatten erklärten uns immer: „Germansky gut, dann mit Amerikansky gegen Russky."

Ich blieb mit meinem Burschen Willi und einem Kradfahrer noch herüben. Ich habe das Ufer nach einer Möglichkeit hinüber zu kommen abgesucht, fand aber nichts. So klopften wir bei einem Haus an und fragten ob sie uns nicht hinüber bringen könnten. Wir wurden aber nur angeschrien, nein, da können ja alle kommen. Dann sahen wir ein Drahtseil über den Fluss auf diesem hängten wir uns an und handelten uns so über den Fluss. Unten stand dann aber ein Ami Posten, der uns die Uhren abnahm und uns wegjagte. Ohne in ein Lager zu gehen marschierte ich bis nach Salzburg wohin meine Frau geflüchtet war und kam auch gut bei ihr an.

Johann Ebner, Beschlag Unteroffizier 3. Batt./98: Am 8. Mai früh bekam ich noch den Befehl für den Tross in RATTEN Quartier zu suchen. Dort erfuhr ich das Ende des Krieges. Obwohl ich täglich ja stündlich auf diese Nachricht wartete, war es doch ein gewisser Schock. Die Frage, wie komme ich aus diesem Loch heraus ohne den Russen in die Hände zu fallen, stand im Raum. Keiner wollte in russische Kriegsgefangenschaft geraten. Dramatisch war diese Flucht. Unsere treuen vierbeinigen Kameraden mussten wir zum großen Teil stehen lassen. Niemand kümmerte sich um die angeschirrten und gesattelten Tiere. Sie wurden sicher eine Beute der russischen Armee. Mein treues und gutes Reitpferd, das ich sehr liebte und das mir schon etliche Male das Leben rettete, trug mich in einer Gewalttour von RATTEN über ST. KATHREIN bis BRUCK an der Mur. Mit nassen Augen verließ ich es, vom Sattel weg wurde ich von Kameraden auf einen LKW gezogen. Auf abenteuerlichen Wegen und mit allen möglichen Fahrzeugen erreichte ich am späten Nachmittag des 9. Mai die Brücke über die Enns bei LIEZEN. Über diese Brücke durften wir nicht mehr, aber wir fanden einen Steg und am Abend des 9. Mai 1945 war ich ein amerikanischer Kriegsgefangener. Am späten Nachmittag des nächsten Tages, 10. Mai 1945, ein strahlend schöner Tag (Christi Himmelfahrt) sind wir in MAUERKIRCHEN, OÖ., in das Lager eingewiesen worden.

Karl Simon, Waffen SS Oberjunker: In der Nacht vom 8. auf den 9. Mai 1945 erfolgte unser Herauslösen aus der Stellung bei Schwarzau im Gebirge unter Mitnahme aller Waffen und Geräte, vorläufig bekanntes Ziel Mariazell. Dort wurden wir vom Ende des Krieges informiert und Keitel habe mit den Amis verhandelt und vereinbart, dass wir, wenn wir bis 10. Mai 1945, 00.00 Uhr in Altenmarkt über der Enns seien, beim Ami bleiben können. Die Enns sei die Demarkationslinie. Ich bekam den Auftrag, vorauszueilen und die Reste der Kampfgruppe in Landl vor Altenmark zu sammeln um sie dann geschlossen den Amis übergeben zu können.

Als wir an die Demarkationslinie kamen und die ersten Amis sahen bestaunten wir ihre kurzen Gewehre, die Rifle, Zigaretten flogen im Tausch hin und her und der Empfang war eigentlich freundlich. Es waren Angehörige der Regenbogen-Division. Als ich so am Trittbrett der Zugmaschine stehend, langsam dahinfuhr, stürzte sich aus der Reihe der Amis plötzlich ein Neger zu mir und versuchte meinen Siegelring von meiner linken Hand zu ziehen. Da dies nicht gelang, griff er in seinen Stiefel um sein Messer. Das Erfassen und dem Fahrer „Vollgas" zuzurufen, war das Werk von Bruchteilen von Sekunden. Die Zugmaschine machte einen Satz und der Neger wurde vom Fahrzeug geschleudert, sonst wäre ich nicht nur meinen Ring sondern auch meinen Finger losgeworden. Am Zielpunkt konnte ich auftragsgemäß die Reste der Kampfgruppe KEITEL, stolze 148 Mann zusammentrommeln, die dann dem Ami, einem emigrierten ehemaligen Deutschen, jetzt Major übergeben wurden. Wir mussten dann einen im Bahnhof stehenden deutschen Lazarettzug ausräumen und wurden in 2-tägiger Fahrt in Mauerkirchen ausgeladen.

Franz Leidl, 2. Kompanie Geb. Jäg. Regiment 99: Erst um Mitternacht des 8. Mai 1945 haben wir unsere Stellung am Hochwechsel verlassen, nachdem wir bereits seit drei Tagen keine Verpflegung mehr bekommen hatten. Leider war dann im Mürztal bereits der Russe und nahm uns gefangen. Irgendwo im Raum Bruck an der Mur gelang mir mit zwei Kameraden die Flucht. Wir schlugen uns dann bis Schladming durch. Ohne nochmals in Gefangenschaft zu geraten kam ich nach einer Woche zu Hause in Ranshofen an.

Specht, Unteroffizier, 4./99: Auf keinen Fall wollten wir in russische Gefangenschaft geraten. Alle waren bereit bis zum Letzten sich zur Wehr zu setzen. Wir sind die ganze Nacht vom Hochwechsel Richtung MÜRZTAL in einem unheimlichen

Tempo ohne Pause durchmarschiert. In der Früh des 9. Mai 1945 gegen 09.00 Uhr konnten wir auf einer Anhöhe etwa 2 km vor uns eine in Gefechtsordnung marschierende Gruppe erkennen, aber kurz darauf verschwand sie auf der Anhöhe in einem Wald. Ob es Russen oder deutsche Truppen waren, konnte man nicht erkennen. Gegen 10.00 Uhr kamen wir auf die Stelle zu, wo wir eine Stunde zuvor die Soldaten im Wald verschwinden sahen. Wir gingen vorsichtig die Höhe an, da wurden wir angerufen und unsere Freude war groß, dass wir auf eine Nachschubtruppe stießen. Wir sahen uns an, nickten beide und es war beschlossene Sache, dass wir uns gemeinsam auf den Heimweg machten und zu den Amis durchschlagen wollten. Wir haben es geschafft und sind beide nach Pfingsten 1945 ohne Gefangenschaft glücklich zu Hause gelandet.

Rudolf Rieg, Unteroffizier, 1. GD, Geb. Art. Rg. 79 VB: Die letzten Tage verliefen in Feistritzwald recht ruhig und mit dem Funkgerät konnten die neuesten Nachrichten empfangen werden, was natürlich verboten war. Die Russen senden laufend:„Der Krieg ist aus, wer mit der Waffe angetroffen wird, wird erschossen." Meinen Funktrupp habe ich zur Feuerstellung zurückgeschickt und bevor es Nacht wurde setzte ich mich ab. Auf dem Rückmarsch traf ich meinen alten Kameraden von 3./79 Leutnant HINTERBERGER und er erklärte mir, dass ich zum Stab versetzt bin. Kurze Zeit später kam der Kübelwagen mit dem Abteilungs-Kommandeur Hauptmann JAHN. Als alter Bekannter aus der Schulzeit stieg ich schnell ein. Vor Birkfeld wurden wir gewarnt, dass der Ort bereits feindbesetzt sei. Der Rückweg führte über Fischbach nach Allerheiligen. Im Morgengrauen sahen wir, dass die Straße im Mürztal dicht mit russischen Panzern befahren wurde. In Gefangenschaft wollte ich nicht gehen. Auf Umwegen erreichten mein Kamerad Otto REBEL und ich am 12. Mai 1945 MAUTERN. Von einer bekannten Familie erhielten wir beide eine Steirer Tracht. Am 14. Mai 1945 wurde wir dann vom Komitee Freies Österreich gestellt und zur Straße im Tal geschickt. Bald darauf wurden wir von den Russen festgenommen und mussten am SCHOBERPASS Stellungen und Bunker bauen. Auf Bitten erhielten wir von einem russischen Major schriftlich die Erlaubnis heim zu gehen. An der Enns, der Demarkationslinie, wollte uns der Ami Posten nicht über die Brücke lassen. Nach vielen Bemühungen erklärte der Soldat, dass 4 Meilen weiter oben eine Brücke über die Enns führt, an der keine Posten stehen. Als wir über den Fluss waren, konnten wir als Zivilisten nach Westen marschieren und am 28. Mai 1945 war ich zu Hause.

Gottfried Hauser, Pz. Jäg. Abt. 44: Wir Panzer-Jäger wurden nach St. Lorenzen verlegt. Dort erhielten wir vom Gb. Jäg. Rgt. 99, die Meldung sofort nach Mönichwald. Dort bezogen wir am östlichen Ortsausgang Stellung. Soldaten aller Waffengattungen gingen zurück. Wir wussten nicht was los war, dann erfuhren wir KAPITULATION und wir mussten die Nachhut stellen. Gegen Mitternacht kam der Regiments-Führer Major GROTHE:„Männer, Deutschland musste bedingungslos kapitulieren, es ist heute der 8. Mai und in 5 Minuten der 9. Mai. Ich wünsche Euch ein gutes Heimkommen." Nach Mitternacht ging es anfangs rasch zurück, aber ab Birkfeld waren die Straßen teils verstopft. Wir mit unserem Kettenfahrzeug konnten auch neben der Straße fahren. Am 9. Mai waren wir in Selztal, aus ist die Fahrt, jetzt marschieren an die Enns. Tausende von Soldaten, Frauen mit Kindern, alten Männern. Alle warten, dass die Amerikaner die Brücke freigeben werden. Immer wieder wurde durch Lautsprecher durchgegeben:„In Viererreihen aufstellen, Ruhe bewahren, die Brücke wird demnächst zum Übertritt freigegeben." Pioniere bauten eine Fähre, das Fährseil riss und der Kahn trieb flussabwärts. Ich dachte mir, frag mal den Ami-Posten, ob er vielleicht mit mir Erbarmen hätte. Dieser sprach gut Deutsch. Nein, das gehe nicht, aber er würde mir einen Strick festmachen und über die Brücke führen, während ich schwimmen solle. Ich traute dem nicht und ging zu den anderen Soldaten zurück und sagte ihnen von dem Angebot. Mach das bloß nicht, denn dann wärst du der vierte mit dem er einen Spektakel aufführt. Eintauchen – Herausziehen bis du nimmer kannst und dann den Strick durchschneiden. So trennte ich mich von den anderen und ging flussaufwärts ca. 6–8 km. Kriegsmaterial lag in den Mooswiesen jede Menge herum. So nahm ich mir zwei leere Benzinkanister machte diese und meine Bergschuhe an meinem Koppel fest. Anschließend watete ich hinein bis ich schwimmen konnte, es trieb mich zwar mächtig ab, aber ich kam hinüber. Der nächste Tag kam mit Sonnenschein, so dass ich mich an einen Heustadl lehnte und von der Sonne trocknen ließ. Dann ging ich auf die Straße zu einer Ami-Streife, die mich nach Liezen mitnahm. Von dort kam ich mit den Angehörigen der 1. GD in das Gefangenenlager Mauerkirchen. Nach 8 Tagen erkrankte ich an Infektionsgelbsucht kam ins Ami-Lazarett und wurde nach 3 Wochen nach Hause entlassen.

Josef Sölkner, Feldwebel KG 27, 3. Staffel dann 9. GD: Ich glaube es war der 8. Mai 1945, kam ein Feldwebel vom Heer vorbei und sagte, wir sollten alles was wir nicht mehr brauchen liegen lassen und uns in Richtung Semmering absetzen. Am Semmering ging es schon drunter und drüber, von allen Seiten kamen Soldaten der verschiedensten Waffengattungen herbei. Kein Mensch kümmerte sich mehr um uns. Es hieß nur, geht weiter Richtung Mürzzuschlag. Dort stand ein Zug auf diesen bin ich dann noch aufgesprungen und bis St. Michael gefahren, dort war Endstation. Ich legte mich neben einen LKW zum Schlafen, auf einmal wurde der Wagen gestartet, ich fragte den Fahrer wohin er fahre, worauf er mir zur Antwort gab, ins Ennstal. Droben standen schon einige Soldaten, auch ich kletterte schnell hinauf und so ging es immer Rückweise bis zur Ennsbrücke zwischen Selzthal und Liezen. Dort kamen wir nicht mehr weiter, so mussten wir absteigen. Vor der Ennsbrücke standen amerikanische Soldaten und ließen nur langsam die deutschen Soldaten durch, denn dort wurden alle gezählt. Ich lernte dort einen Major und zwei Oberfeldwebel von der Fliegertruppe kennen. Wir vier hielten uns dann an den Koppeln fest und bildeten einen Keil. Wenn wir sahen, dass oben an der

Brücke wieder welche durchgelassen wurden, drückten wir uns nach vorne, denn der Russe war angeblich schon ziemlich nahe hinter uns. Gott sei Dank, dann kamen wir über die Brücke und mussten uns hinsetzen. Da lag alles mögliche an Marketenderwaren herum, ich nahm mir dann eine Dose Kondensmilch. Auf einmal hörte ich neben mir einen Lastwagen Richtung Liezen wegfahren. Ich kletterte noch schnell hinauf, er war schon voll mit Soldaten. So ging es weiter, ich hoffte noch, irgendwie wird er schon Richtung Westen fahren und ich komme immer näher nach Hause. Dann waren wir schon in Stainach-Trautenfels, da dachte ich mir, wenn er geradeaus fährt, Richtung Gröbming, dann springe ich ab und gehe zu Fuß nach Tauplitz, aber er bog ab Richtung Salzkammergut. In (Klosterau – Klachau) trommelte ich aufs LKW-Dach und ersuchte der Fahrer er möge stehen bleiben, ich wäre hier daheim. Am späten Abend war ich daheim, meine Mutter war gerade in der Maiandacht. Als sie dann heimkam erkannte sie mich zuerst gar nicht. Nach einigen Tagen kamen vier Ami, verhafteten mich und brachten mich in das Lager Mauerkirchen. Von dort wurde ich dann entlassen.

Arthur Adam, Flieger Obergefreiter, 9. GD:
8. Mai 45. Von Payerbach – Neuberg – Mürzsteg – Niederalpl – Wegscheid– Weichselboden.
9. Mai 45. Wildalpen bis Groß Reifling an der Enns, dort bekam ich eine Eisenbahnfahrkarte für zwei Personen, obwohl die Lokomotive unter Dampf stand, fuhr der Zug nicht ab. Statt dessen ging es zu Fuß der Bahn entlang über Hieflau – Selzthal, dort in der ehemaligen Frontleitstelle übernachtet.
10. Mai 45. Weiter über die Enns nach Liezen und ab hier mit LKW in amerikanische Gefangenschaft über Bad Ischl nach Mauerkirchen.

Roland Schmelz, Waffen SS-Gb. Jäg. Btl.13, 9. GD: Mit unserem Sanitäter Hannes Peger, der von der Wehrmacht zu uns gekommen war, machten wir uns auf den Weg. Jemand hatte gesagt Marschziel sei Mariazell. Als wir den Ortsrand von Breitenstein erreicht hatten, hielt ein PKW, indem unsere hohen Offiziere saßen und wir erhielten den Befehl uns neben der Straße einzugraben um den Rückzug zu decken. Mein Begleiter machte sich gleich an die Arbeit, während ich den PKW beobachtete, der eine Staubfahne hinter sich lassend davon fuhr. Als der Wagen verschwunden war setzten wir uns auch wieder in Bewegung. Bald waren wir im großen Rückzug mitten drin. Die Leute der Wehrmacht klärten uns auf, dass der Krieg zu Ende sei und es gelte die Enns zu erreichen, der Fluss sei Demarkationslinie. Eine Wirtin sagte uns, sie habe soeben im Radio gehört, die Russen seien bis gegen 01.00 Uhr nachts da. Wir von der SS müssten alle am Marktplatz antreten und dann würden wir schon sehen. Das motivierte uns beide derart, dass wir beschlossen sofort weiterzumarschieren bis Hieflau. Dort angekommen waren keine Amerikaner da. Wir waren sicher, dass die Russen die Demarkationslinie nicht respektieren und mit Sicherheit die Soldaten auf der anderen Seite einsammeln würden. Bald sprach sich herum es würde am Bahnhof ein Zug stehen der nach Selzthal fahren würde, dort seien die Amis. Dieser Zug war wirklich da. Die Waggons waren bereits übervoll mit Landsern, aber wir konnten noch in einen Wagen klettern. Die Türe ging zwar nicht mehr zu, aber man hielt uns am Koppel fest, so konnten wir nicht hinausfallen. Die Fahrt ging nach Selzthal und ohne Zwischenfall kamen wir dort an. Wir glaubten in Sicherheit zu sein, mussten uns aber belehren lassen, dass wir nach Liezen auf die andere Seite des Flusses müssten. Über eine Eisenbahnbrücke marschierten wir los. An der Enns angekommen versperrte uns ein Sergeant der Amerikaner den Weg, ein gepanzertes Fahrzeug hatte seine Maschinenwaffen auf die Brücke gerichtet. Es fand sich ein Leutnant ein, der angab des Englischen mächtig zu sein, er fand sich auch bereit zu dem Ami zu gehen um mit ihm zu sprechen. Er kam nach einem längeren Palaver zurück um uns zu erklären, nach Abmachung der Alliierten sei die Demarkationslinie gesperrt. Wir hätten uns in russische Gefangenschaft zu begeben. Unser Leutnant musste sich energisch Gehör verschaffen, damit er fortfahren konnte. Der Sergeant ließ uns aber wissen, er habe den Befehl niemanden über die Brücke zu lassen. Unser Leutnant war clever, er hatte ihn gefragt was unter der Brücke sei, worauf er die Antwort erhielt sein Befehl gelte nur auf der Brücke. Um es kurz zu machen wir gingen zurück an den Anfang der Brücke und kletterten in dem Eisengestell unter der Brücke auf die andere Seite. Der Sergeant lehnte sich über den Rand der Brücke und beobachtete das ganze Geschehen belustigt, er wartete vermutlich darauf, dass einer ins Wasser stürzen würde. Endlich hatten wir es geschafft. Auf einer großen Wiese lagerten Landser an Landser und wir reihten uns in das Heer der Geschlagenen ein. Von da ging es ab ins Lager Mauerkirchen. Dort wurde die Waffen-SS herausgelöst und in das Lager Altheim getrieben. Auf dem Marsch nach Altheim kann man die Gemeinheiten, die hier an wehrlosen Soldaten von den Siegern begangen wurden, nicht beschreiben. In Altheim fiel ich todmüde um und schlief unverzüglich vor Erschöpfung ein. Erst am nächsten Tag bemerkte ich, dass wir uns in einer Feuchtwiese niedergelegt hatten, so dass unsere Kleider vor Nässe trieften. Während dieser ganzen Zeit erhielten wir von der US-Armee keinerlei Nahrung. Dann gab es für 30 Mann ein Brot und einmal für jeden 6 Erbsen auf die Hand gezählt. Die Läuse fraßen uns fast auf. Weiter ging es mit der Bahn in das ehemalige KZ Ebensee, wo wir die Steine, die bei der Sprengung der Stollen angefallen waren, wegräumen mussten. Die Bewacher mussten uns vor den ehemaligen Häftlingen in Schutz nehmen, sonst wäre es uns übel ergangen. In diesem Lager wurden eines Tages alle Jugendlichen unter 18 Jahren, zu denen auch ich gehörte in einem Camp zusammengelegt. Nachdem uns ein Arzt visitiert hatte, bekamen wir endlich was zum Essen. Etwa alle 8 Tage wurden wir von dem Arzt kontrolliert. Hier mussten wir auch zum Verhör vor einen CIC Beamten, der vor allem wissen wollte wo ich am 13. Dezember 1944 gewesen sei. Da ich mein Soldbuch hatte, gab es keinerlei Schwierigkeiten nachzuweisen welche Einheit und welche Einsätze ich hinter mir hatte. Ein Teil der Kameraden kam dann nach Frankreich, ich hatte das Glück und landete in Heilbronn. Ein amerikanischer Offizier wollte dann von jedem die Einheit wissen, als er zu mir kam fragte er mich wie alt ich sei, worauf ich wahrheitsgetreu antwortete 17 Jahre. Diese Antwort machte ihn misstrauisch und er bombardierte mich mit den unmöglichsten Fragen. Erst als ich ihm genau erklärte, dass ich im Kreis Ravensburg, im Raum Bodensee geboren sei, kamen den amerikanischen Offizier, der auch aus dem Raum Bodensee stammte, Erinnerungen hoch, denn er habe bis 1934 hier gelebt und ich musste ihm davon erzählen. Er erklärte mir, dass er dafür sorgen werde, dass ich nach Hause käme, gab mir mein Soldbuch zurück und ging weg. Bereits am nächsten Tag bekam ich sogar meinen restlichen Sold ausbezahlt und wurde in die Freiheit entlassen, endlich am 5. Dezember 1945 war ich zu Hause.

Heinz Schlott, Gebirgsoberjäger 9. GD: 8. Mai 1945 Semmeringgebiet Maria Schutz, noch am Vortag war ich durch einen Granatsplitter am Rücken verletzt worden und nun sollte ich einen Spähtrupp führen. Sehr früh um 04.30 Uhr sollte es losgehen, doch der Posten weckte mich verspätet. Wir traten eine Stunde später an, waren auch schon hinter der HKL beim ersten Schützenloch der Nachbargruppe angelangt, als ein Melder nachkam und uns zurief:„Der Krieg ist aus!" Alles war perplex, diese Nachricht mussten wir erst verdauen. Wie wenn es der Himmel so wollte, wären wir pünktlich angetreten, niemand hätte uns zurückgeholt, wer sollte uns auch finden. Wieder in unserer Stellung ange-kommen, kam der zweite Melder an. Um 06.00 Uhr löste sich die Kompanie aus der Stellung, die Gruppe SCHLOTT bildete die Nachhut, die Stellung wird um 08.00 Uhr aufgegeben. „Verdammt, haben die den keinen weiteren als uns", kochte es in mir. Ich nahm Verbindung mit dem Zugführer des 2. Zuges auf, er hatte dieselbe Ehre und hatte Verantwortung im Kompaniebereich. Wir sprachen uns ab. Starkes Trommelfeuer der Sowjets setzte ein. Auf der anderen Seite beim Eselstein hörten wir Kampflärm. Für uns wurde es langsam brenzlich, die Gefahr abgeschnitten zu werden war zwin-gend. Immer in Deckung, sprangen wir von einem Baum zum anderen, dabei hatten wir noch einen Verwundeten durch Splitter. Gesammelt wurde am Kompaniegefechtsstand, da sah es wüst aus, die Telefonleitungen waren ge-kappt, Soldbücher und Ausrüstungsstücke lagen herum. Bis zum Semmeringpass gingen wir gefechtsmäßig vor und hatten Glück. Es ging schon auf Mittag zu und die Sonne brannte vom blauen Himmel herunter. Schweißgebadet, aber mit einmaligem Glücksgefühl der letzten Gefahr dieses Krieges entronnen zu sein. Es häuften sich Kriegsmaterial, Waffen, Munition, später Fahrzeuge und Gespanne. Auch Landser sahen wir wieder. Was mag wohl aus unseren Pferden und Mulis werden? Doch selber hatten wir nur eines im Sinn, Boden gewinnen nach Westen, dort wo der Amerikaner an der Demarkationslinie stand. Wir waren gar nicht weit gekommen, als wir einen Eisenbahnzug gewahr-ten, der haltend und dampfend auf dem Bahngleis zum Tunneleingang, der durch den Pass führte, stand. Mit freudiger Hoffnung sprang ich den Hang hinauf zur Lok, wo sich der Zugführer herausbeugte. Wo willst du hin Kamerad, zum Semmering, meine Order ist dahin, sagte er. Dann landest du beim Ivan, wir sind von der Nachhut und dürften die letzten Landser sein. Es gab noch einige Worte wo ich darauf hinwies, dass der Tunnel zur Sprengung vorbereitet ist und jederzeit in die Luft fliegen kann. Jetzt erst war er überzeugt und sagte:„Na dann muss ich wohl wieder zurück nach Bruck fahren." Bereitwillig gab er sein JA zum Aufsitzen. Ich winkte meinen Leuten und schon sprangen wir auf den erstbesten Güterwagen. Gott sei Dank, nun waren wir gerettet. Wir hielten noch einige Male um Soldaten aufzuneh-men, schließlich fuhren wir in Krieglach-Mitterdorf ein. Auf dem Vorplatz des Haltepunktes hielten sich einige hundert Soldaten auf. Ich stand an der offenen Tür des Güterwagens, als jemand meinen Namen schrie. Ich traute meinen Augen nicht, da stand mein guter Kamerad Johann JOUSTEN. Die Österreicher aus seiner Gruppe waren längst weiter-gezogen. Vollgestopft mit Soldaten fuhren wir bis Bruck. Zu Fuß ging es weiter bis Leoben, hier war mein Obergefreiter PRAGER schon in seinem Heimatort angelangt. Nun war es soweit, Abschied von den Kameraden zu nehmen. Ihr Weg war nicht so weit nach Kärnten, in der Steiermark waren wir ja schon. Mein MG-Schütze, ein Steirer, schleppte sein MG noch immer, wie auch wir anderen unsere Waffen. Schon im Gehen rief ich ihm nach, wo willst denn mit dem MG hin? Er drehte sich nochmals um, dös ging koana, dös geht mit hoam. Und dabei war er erst 18 Jahre alt. Zu dritt trabten wir weiter, Richtung Judenburg, Tamsweg, Obertauern. Über den Pass bis Radstadt konnten wir sogar mit einem LKW fahren. In St. Johann i. Pongau empfing uns der Amerikaner. Kurz vorher hatten wir unsere Waffen der Salzach anver-traut. Durchlebte die Lager Au bei Bad Aibling und Cham. Am 20. Juni 1945 hatte ich das Glück schon zu Hause zu sein.

Helmut Pulko, Gebirgsjäger Leutnant 9. GD: Um den 5. Mai begannen bereits „Absetzbewegungen" vereinzelter Leute in den Trosstellungen von Steinhaus und Spital. Der Zahlmeister dürfte darunter gewesen sein. Im Allge-meinen blieben die Mannschaften bis zum 8. Mai 1945 in den Stellungen. In der Nacht zum 8. Mai 1945 kam durch, dass der Krieg am nächsten Tag zu Ende sein werde, dass alle Stellungen und Gefechtsstände in den Morgenstunden zu verlassen seien und dass Geschütze und Gerät nicht beschädigt oder gesprengt werden dürften. In den Morgenstun-den am 8. Mai 1945 sahen wir dann, dass sich eine endlose Kolonne auf der Straße gegen Mürzzuschlag bewegte. Am Anfang geschlossen, dann immer mehr den Zusammenhang verlierend, bewegten wir uns auf LKWs und Fahrzeugen aller Art am Vormittag des 8. Mai in Richtung Bruck. Der Russe drängte nicht stark nach, sowjetische Aufklärung aus der Luft. Das Marschtempo bis Bruck war flüssig und bestimmt. Die Russen konnten über Graz bereits nach Bruck gelangt sein. Alles versuchte nun, die Demarkationslinie über die Enns bei Liezen zu erreichen. Das ging glatt vor sich. Auf einem Schloss bei Rottenmann sah ich das erste Mal nach Jahren wieder die rot-weiß-rote Fahne. Nach Liezen gab es keine Schwierigkeiten mehr. Die Amerikaner ließen uns ungeschoren. Viele der Offiziere und Unteroffiziere haben sich in den nächsten Tagen wieder in der Gebirgsartillerieschule Dachstein Obertraun getroffen.

Sie machten hier kurzen Halt, um dann über Salzburg nach Deutschland zu gelangen, so kam auch der Kommandeur der 9. GD Obst. RAITHEL kurz hier vorbei. Ich blieb einige Tage in der Artillerieschule, es war jetzt ein Lazarett darin einquartiert, und vernichtete, bevor die Amerikaner reichlich spät hierher kamen, die geheimen Kommandosachen und geheimen Filme und Fotografien. Dann begab ich mich in das Berglager Krippenbrunn, auf halber Höhe zum Dachstein Hochplateau gelegen. Blieb dort bis Pfingsten und konnte aus dem reichlichen Verpflegungslager aus dem Vollen schöpfen und ungehindert Skilaufen. Ab und zu kamen Soldaten vorbei, die über das Dachsteinplateau in die Raumsau absteigen wollten. Ich gab ihnen Karten zur Orientierung und Verpflegung mit. Obwohl der Kommandeur nie eine Andeutung darüber machte, konnte ich mich des Eindruckes nicht erwehren, dass die Gebirgsartillerieschule in der Planung „Alpenfestung" eine gewisse Rolle gespielt hat. Die reichhaltige Bevorratung an Verpflegung im Berglager der Artillerieschule bestärkte mich in dieser Ansicht. Zu Pfingsten stieg ich wieder herunter und begab mich in die Hand der Amerikaner zur Entlassung nach Mauerkirchen. Hierauf war ich wieder einige Zeit in Obertraun und gelangte dann im Fußmarsch über die Niederen Tauern nach Judenburg, wo ich solange wartete, bis die Russen in meinem Heimatort Leibnitz von den Engländern abgelöst wurden.

Andreas Luger, Oberleutnant, 9. GD Gebirgsartillerie: 7. auf den 8. Mai 1945 – Unteroffizier Schöngrundner meldet um 00.30 Uhr, VB etwa 400 m links von mir auf dem Sonnwendstein, dass die Beobachter des Granatwerferzuges und die Gebirgsjäger abrücken. Gegen 02.30 Uhr werde ich von der Div. angerufen, dass ich den Befehl zum Zerstören der Funk- und Messgeräte geben soll. Kurz vor 05.30 Uhr werde ich vom Stab angerufen, ich soll mich mit der Infanterie wegen der Absetzbewegung in Verbindung setzen. Der Kompaniechef wundert sich, dass ich noch da bin. Nun geht es zu Fuß den Sonnwendstein hinunter. Kurz vor dem Abt. Gefechtsstand traf ich den Regimentskommandeur und bat um Orientierung, worauf er mir erklärte, dass der Divisionsstab schon abgefahren sei und alle Offiziere jetzt nur die Aufgabe hätten, möglichst viele Leute über die russisch-amerikanische Demarkationslinie bei Selzthal (ca. 160 km westlich von uns) zurückzubringen. Ich eilte in die Trossstellung, alles war weg bis auf einzelne Maultiere. Das Gepäck des Batterietrupps war am Vormittag verladen worden und mit den Fahrzeugen weg. Aus den Feuerstellungen kamen die Kanoniere, die Geschütze hatte ich sprengen lassen, und schlossen sich unseren Leuten an. Ich hielt ein Krad an und ließ mich zum Semmering fahren um meine Leute von den B-Stellen zu holen. Alle meine Leute hatte ich in die Trossstellung verwiesen und als alle da waren, ließ ich Brot fassen und marschierte mit 21 Mann auf der Straße Richtung Mürzzuschlag. Kurz vor dem Abmarsch gegen 07.45 Uhr lag ein russischer Feuerüberfall dicht um die Trossstellung. Nach 08.00 Uhr trat Waffenruhe ein. Gesprengte Flakgeschütze lagen am Weg, Soldaten aller Waffengattungen marschierten westwärts, ratlose Zivilisten standen vor den Häusern oder schlossen sich uns an. Mit meinen Männern hatte ich vereinbart, dass wir auf alle Fälle über die Demarkationslinie zurück wollten, nötigenfalls über die Berge zum Toten Gebirge und nach Obertraun, unserem Standort. Wir hatten Glück! Nach einer Stunde hielt ein LKW der 1. Gebirgsdivision und fragte mich, ob ich mit meinen Leuten mitfahren wolle. Alle brachte ich unter, auch etliche Jäger und weil der Wagen überfüllt war, marschierte ich los, bis mich ein PKW der gleichen Kolonne mitnahm. Endlos war die Kolonne von Kraftfahrzeugen, die sich nach Westen bewegte. Bis 01.00 Uhr nachts mussten wir in Selzthal sein. Vom Divisionsstab sah ich immer wieder unseren Kommandeur Oberst RAITHEL mit Hauptmann Hartmut WALLRAPP Verkehrsstockungen beseitigen. Wagen fielen aus und wurden von der Straße gekippt. So verlor ich auch die vor mir fahrenden Leute meiner Einheit aus den Augen. Die Abzugsfrist wurde Gott sei Dank bis 09.00 Uhr früh verlängert und um 08.00 Uhr kam ich glücklich bei Liezen über die Ennsbrücke, die Demarkationslinie. Der Heereswurm zog weiter über Stainach-Irdning nach Radstadt, wo ein Auffanglager sein sollte. Ich stieg vorher aus, marschierte 2 Stunden die Kolonne entlang, die ohne Bewegung zwischen Liezen und Radstadt Wagen an Wagen stand. Mit einem Obergefreiten der Luftwaffe, der sich mir anschloss, marschierte ich durch den „Stein" ein enges Gebirgstal westlich des Grimmings nach Mitterndorf. Auf dem Trittbrett eines LKW konnte ich bis zum Bahnhof Aussee fahren, dort sprang ich ab und begab mich an Streifen der „Freiheitsbewegung" vorbei über das Gleis auf den Weg in die Koppenschlucht. 4 Landser in einem geländegängigen Wehrmachtsfahrzeug holten mich ein und nahmen mich mit. Sie wollten nach Hallstadt, woher der Fahrer stammte. In einer halsbrecherischen Fahrt in stockdunkler Nacht ging es auf dem steilen, schmalen Karrenweg durch die Schlucht in den Koppenwinkel und nach Obertraun. Der Abteilungskommandeur Hauptmann Weigmann ist schon da. Am 11. Mai 1945 gehe ich zu Oberst Raithel und melde ihm, dass meine Leute über die Demarkationslinie gekommen sind. Es fehlt von meiner Einheit nur Obergefreiter FRIESENBICHLER, den ich mit einem Marschbefehl auf einem Verpflegwagen nach Rettenegg geschickt hatte. Der Ort war in letzter Zeit bald von den Russen, bald von unseren Jägern der 1. GD besetzt und dort wohnten Friesenbichlers Eltern, um die er sich Sorgen machte. Auf fernmündliches Ersuchen des in seinem Elternhaus liegenden Abt. Kdrs. Hauptmann KONRAD verlängerte ich Friesenbichlers Urlaub bis 8. Mai 1945. So war er beim Zusammenbruch bereits zu Hause.

Geb. Jg. Oberleutnant Andreas Luger

Walter Vogt, Leutnant 9. GD: Die Nacht vom 7. auf den 8. Mai 1945, es war 01.00 Uhr als ich mich von meinem 2. Nachtkontrollgang in meinem Gefechtsstand zurückbegab. Ich wollte mich gerade eine Stunde ausruhen, da wurde ich vom Eintreten eines Melders der Kompanie aufgeschreckt und vernahm dessen Meldung, dass ich meinen Zug an Oberfeldwebel LUX zu übergeben hätte und sofort den beim Kompaniegefechtsstand stationierten Reservezug übernehmen sollte. Hauptmann ROLOFF eröffnete mir, dass ich mich mit dem Reservezug beim Bataillonsgefechtsstand melden sollte und dort nähere Befehle erhalte. Dort wurde ich bereits von Leutnant FISCHER erwartet und der flüsterte mir zu, dass der Krieg beendet sei und die deutsche Armee bedingungslos vor den Alliierten kapituliert hätte. Mir lief es dabei eiskalt über den Rücken hinunter, meine Leute ahnten noch nichts. Am Gefechtsstand begrüßte mich Hauptmann BECKER mit den Worten: „Herr VOGT, der Krieg ist aus." Nun hieß es zu handeln um auf irgendeine Art der russischen Kriegsgefangenschaft auf schnellstem Weg zu entgehen. Mit gemischten Gefühlen begab ich mich zu meinem Zug und eröffnete meinen Kameraden das Ende des Krieges. Ich gab ihnen auch zu verstehen, dass angesichts der bedingungslosen Kapitulation Befehle zu einem fragwürdigen Begriff geworden waren. Meine Leute, besser meine Kameraden, antworteten mir darauf aber etwa so: „Herr Leutnant, wir vertrauen Ihnen, führen Sie uns hier heraus. Sie werden schon als alter, fronterfahrener Infanterist das Richtige tun und anordnen." Dem mittels Flugblättern abgeworfenen Aufruf des sowjetischen Marschall TOLBUCHIN mit der Zusicherung einer ehrenhaften Behandlung der deutschen Soldaten in russischer Gefangenschaft wollte von uns keiner Glauben schenken. Nachdem wir uns aller hinderlich und nun unnötig gewordenen Gegenstände, wie Stahlhelm und Gasmaske entledigt hatten, wir nahmen unsere Waffen und Munition mit, traten wir den letzten Marsch dieses Krieges in eine ungewisse Zukunft an.

*Leutnant
Walter Vogt*

Es war noch dunkel, als wir geordnet bergab in Richtung Steinhaus-Spital marschierten, manchmal stolpernd und rutschend. Die Russen hatten von allem offensichtlich nichts bemerkt. Die Stimmung unter uns war sehr gedrückt und wir befürchteten, dass irgendetwas noch schief gehen könnte. Im Spital am Semmering stand unser sehr beliebter Kommandeur Oberst Heribert RAITHEL an der Straßenkreuzung, drahtig wie immer, aber doch sichtlich niedergeschlagen. Wie er, wie immer meinen Zug in tadelloser Disziplin anmarschieren sah und ich ihm meine letzte Meldung erstattete, leuchteten seine Augen auf und er dankte mir mit einem herzlichen Händedruck und wünschte meinem Zug und mir alles erdenklich Gute. Wir marschierten weiter mit dem Ziel, uns den nach Süden vordringenden Amerikanern zu ergeben, um auf jeden Fall der russischen Gefangenschaft zu entgehen. Nach ca. 25 km Eilmarsch hatte ich riesiges Glück für meinen Zug zwischen Mürzzuschlag und Krieglach noch einen Lastkraftwagen aufzutreiben, worauf ich meinen Zug unterbringen konnte. In der nächsten Ortschaft wartete auf uns noch ein Ereignis ganz besonderer Art. Bei einem unmittelbar an der Straße gelegenen Haus kauerten an der Hauswand fünf junge RAD-Mädchen. Schlotternd vor Kälte und vor allem verständlicher panischer Angst vor den Russen, machten sie einen völlig entervten und demoralisierten Eindruck. Ich ließ unseren zwangsläufig im Schritttempo fahrenden LKW anhalten und begab mich zu den Mädchen. Es war für mich eine selbstverständliche Pflicht, diesen Mädchen zu helfen. Obwohl unser kleiner LKW mit meinen 27 Kameraden schon überladen war, wollte ich sie unter allen Umständen mitnehmen, um die Mädchen von ihren Ängsten zu befreien. Ich gab ihnen zu verstehen, dass sie nun die schon bestehende Enge auf dem LKW mit uns vielen Männern teilen müssten. Dies nahmen sie aber gerne in Kauf. Sie fühlten sich bei uns geborgen und waren sich unseres Schutzes sicher. In der Gewissheit eines für sie mit Recht angenommenen guten Schutzes tauten sie sehr rasch auf und berichteten uns über ihr Schicksal. Sie waren von einer Einheit, die sich schon einen Tag vorher absetzte, vergessen worden, was bei den chaotischen Verhältnissen in jener schlimmen Zeit an der Tagesordnung und nicht verwunderlich war. Rückblickend kann ich mit großer Freude feststellen, dass sich meine alten Krieger gegenüber den jungen Damen in jeder Hinsicht als echte und fürsorgliche Kavaliere erwiesen haben. In den Morgenstunden des 9. Mai 1945 kamen uns dann die ersten amerikanischen Truppenverbände entgegen. Ein Panzerspähwagen hielt neben unserem LKW. Ein Sergeant stellte an mich die Frage, ob wir noch bewaffnet wären, was ich verneinte, da wir kaum eine Stunde vorher unsere Waffen in ihre Einzelteile zerlegt und unbrauchbar gemacht hatten. Der amerikanische Sergeant verließ sich auf mein ihm gegebenes Wort, dankte mit einer Ehrenbezeugung und wir konnten unbehelligt weiter in Richtung Salzburg fahren. Die an uns vorüberziehenden Amis nahmen von uns kaum Notiz. Wie wohlgenährt und bestens ausgerüstet präsentierten sich uns diese Amis, alle motorisiert und wie sahen wir dagegen aus, ausgemergelt, abgerissen, abgerissen und vollständig abgekämpft. Kurz vor Salzburg wurden wir von amerikanischen Posten angehalten. Mit Panzerspähwagen bewacht, brachte man uns in der Nacht in eine zum Gefangenenlager umgewandelte Kaserne. Nun kam die Trennung von den Mädchen und meinen Kameraden. Dann attackierte mich ein amerikanischer Major mit deutschem Nazi-Offiziersschwein und anderen scheußlichen Ausdrücken. Von Salzburg wurden wir nach Ulm in ein Offizierslager mit 5000 Offizieren gebracht. Auf einem großen Kartoffelfeld umgeben mit elektrisch gesicherten Stacheldraht. Bis zur Entlassung am 12. August 1945 war dort die Hölle.

Franz Wingert, 9. GD., Luftwaffe KG 27: 7. Mai 1945 Abfahrt mit LKW von Steinhaus nach Prein und Edlach an der Rax. Am 8. Mai kamen deutsche Soldaten einzeln und ganze Einheiten zurück mit der Behauptung: „Der Krieg ist aus!" Rette sich wer kann. Unser Kompanieführer Lt. WINTER hat das verneint und versichert, die Front wird zurückgenommen und wir, die 3. Kompanie geht als Sicherung vor. Ein tolles Durcheinander. Lt. WINTER hat später in Kapellen angerufen und von den Russen Antwort erhalten. Darauf seine Empfehlung: „Nach Westen durchschlagen!"

9. Mai in einer Hütte zwischen Rax und Schneealpe übernachtet, Winter kam auch dazu. Habe ihn seit dem Tag nicht mehr gesehen. Zielfernrohr getauscht gegen Brot und Kartoffeln. Mit 7 Mann weitergezogen, Hunger wie die Affen, nach Mürzsteg – Wegscheid – Gußwerk. Beim Überqueren der Straße wilde Schießerei der Russen.

4 Mann geraten in russische Gefangenschaft. Zu dritt weiter über Ramsau – Weichselboden – Wildalpen – Gams zur Enns, das Wasser schoss im wilden Sturz durch die Felsen. 20. Mai 1945. Es war morgens um 05.30 Uhr, über die Enns führte ein kleiner Steg, wir waren sehr froh und plötzlich standen zwei Amerikaner vor uns. Mein bescheidenes Englisch ließ mich: „Good morning Sir", sagen, hat Wunder gewirkt. Wir bekamen sofort Zigaretten, beim Anzünden derselben und Wehrpass vorzeigen kamen 3 Russen an. Hatten ihre Quartiere auf der Westseite der Enns. Mein Puls ging bis zum Hals. Die Amerikaner schickten uns in Richtung Liezen ohne mit den Russen zu diskutieren, es war der Muttertag 1945. Den schwierigsten Teil hatten wir hinter uns. In Windisch-Garsten am Bahnhof hat ein amerikanischer Offizier in Deutsch erklärt, wir müssten in ein Lager und erhielten dort Verpflegung und Entlassungsschein. Wir fuhren mit der Bahn über Linz nach Mauerkirchen bei

Braunau am Inn. Dort warteten bereits einige tausend Soldaten auf freiem Feld, sich selbst überlassen. Vor lauter Hunger war mir oft schwarz vor den Augen und nach 3 Wochen wurde ich nach Hause entlassen. Wo ich zu Fuß am 23. Juni 1945 ankam.

Dr. Walther Herz, Luftwaffen-Leutnant, 9. GD., KG 27: In der Nacht vom 7. auf den 8. April bekam ich einen Anruf vom Regiment: „Ihr Bataillon setzt sich nach Westen ab." Ich brüllte ins Telefon: „Das kann jeder sagen. Hängen Sie ein, ich rufe zurück und vergewissere mich, dass der Regimentsadjutant am Apparat ist und nicht irgendein Russe." Ich rief zurück, es stimmte: „Stellung bis Morgendämmerung räumen. Möglichst lautlos." Ich verständigte die in den Stellungen liegenden Kompanieführer. Mein Rucksack war schon gepackt, 1/4 Brot, warmes Zeug, eine Flasche Schnaps. Unten trafen wir den Rest unseres stolzen Bataillons. Unser Tross, die LKW waren noch nicht da. Es kam, außer 1 LKW, nichts mehr. Wir mussten versuchen uns zu Fuß durchzuschlagen. Die meisten zogen die Talstraße vor. Ich beschloss nicht im Tal zu marschieren, dort massierte sich die Masse der rückflutenden Truppen, die scheinbar aus der Ebene geflüchtet waren. Ich meinte, wenn der Russe hier aktiv wird, kommt er mit Panzern ins Tal. Ich will mich nicht überrollen lassen. Also blieb ich auf halber Bergeshöhe, wenigstens zuerst einmal. Der Spieß der IV. schloss sich mir an. Wir fanden einen ebenen Waldweg am Berg, beim ersten Ausruhen schlug ich meine Schnapsflasche an einen Baum. Nur jetzt keine Mattscheibe. Unten auf der Talstraße fluteten die Truppenmassen zurück, immer dichter. Der Russe musste plötzlich aufgewacht sein und ein Granatsegen ergoss sich irgendwo im Hinterland. Einmal mussten wir vom Berg hinunter. Unten war es schrecklich. Es war kein Absetzen, sondern heillose Flucht. Eine ganze Armee. In der Masse wurden der Hauptfeldwebel und ich voneinander getrennt, wir wurden einfach mitgetrieben. Ich versuchte mich immer an der Seite zu halten, um nach vorne durchzukommen. Ich kam wieder an einen Passübergang zur Waffen-SS. Sie waren in prachtvoller Ordnung und luden mich ein an ihre Gulaschkanone. Es gab Erbsensuppe und Tee. Das war gegen Mittag des 8. Mai 1945. Ich marschierte weiter den Pass hinab zur Straße, dort musste ich einen Halt einlegen. Meine Füße waren total wund und schmerzten scheußlich. Vor einem Gasthaus an der Straße versuchte ich, meine Stiefel auszuziehen. Zum Glück kam gerade ein Oberleutnant der Gebirgsjäger vorbei. Er setzte sich zu mir. „Herr Kamerad, lassen Sie die Stiefel an, Sie bekommen sie nachher nicht wieder an." Wir machten uns miteinander wieder auf die Socken und bekamen Anschluss an einen anderen Fluchthaufen. Später verloren wir uns. Ich latschte weiter an überfüllten Fahrzeugen, Pferdewagen, Zivilautos, LKW vorbei, die in langsamsten Schritt westwärts strebten. Zu Fuß kam ich schneller voran. Langsam wurde es dunkel. Die Fahrzeuge wurden immer langsamer, bis sie völlig zum Stillstand kamen, plötzlich schlief alles. Ich ging weiter, vor mir Lagerfeuer. Es war mal wieder Waffen-SS. Mein Gedanke, hier kann nichts passieren, die passen schon auf. Es ging durch eine enge Schlucht, ich kam an eine Talerweiterung an ein Berggasthaus, ich glaube es hieß Wildalpe. Ich musste schlafen und Hunger hatte ich auch. Ich ging in das Gasthaus. Versuchen kann man es ja. Ich traf dort im Eingang einen Mann in Zivil, er zeigte mir ein Zimmer, das noch nicht ganz voll war. Dort traf ich unseren Regimentskommandeur. Der lachte mich an: „Ja Herz, wo kommen Sie denn her?" Saudumme Frage, sie hatten mich wohl schon abgeschrieben. In dem Raum stand nur ein Tisch und ein Sofa. Ich bekam das Sofa offeriert, wehrte mich erst dagegen, da der Regimentskommandeur als Ranghöchster nach meiner

Meinung den Vortritt hatte. Ich konnte auch auf dem Boden schlafen. Dann nahm ich aber doch dankend an. Der Nachrichtenoffizier, ein Panzerleutnant mit steifem Bein, brachte mir eine Verpflegungspackung. Ich erinnere mich noch, dass eine halbe Flasche französischer Rotwein darin war. Hier erfuhr ich erstmals von der Kapitulation. Ich konnte nichts zu mir nehmen und knallte mich auf das Sofa. Irgendeiner zog mir die Stiefel aus, während ich schlief. Am nächsten Tag bot mir der Nachrichtenoffizier einen Platz in seinem alten Opel Rekord an. Eine Weile kam ich so gut vorwärts, traf unterwegs ab zu auf unsere Männer, die den Tross noch erreicht hatten. Ich verlor sie wieder, ich zählte nur. Schaute wer da war und was man so tut in diesem Desaster. Unterwegs traf ich auch meinen Geschwader Kommandore mit einem großen Wagen mit Fahrer und kam so an die Enns. Die Enns war Gerüchten zufolge die Demarkationslinie zwischen Russen und Amerikaner. Es ging auch das Gerücht, dass die Amerikaner deutsche Soldaten an die Russen auslieferten. So musste ich eine Übergangsstelle über die Enns in die amerikanische Zone finden, die frei war von noch feindlichen Amerikanern, vielleicht gab es so etwas. Dreimal pendelte ich hin und her. Unsere Truppen waren in völliger Auflösung. Sie warfen zum Teil die Waffen weg, soweit sie noch solche hatten. Ich fand eine feindfreie Brücke und traf auf der anderen Seite wieder unseren Nachrichtenoffizier. Nahm einen Platz neben dem Fahrer ein und schlief sofort ein. Halt vor dem Durrnpass. Stau. Alles verstopft. Dann sah ich zum ersten Mal amerikanische Truppen, die zur Demarkationslinie, der Enns fuhren. Ein Fahrzeug wie das andere, die Truppen sauber rasiert, rosig und wohlgenährt. Auf der anderen Ennsseite hörten wir russische Panzer rollen. Ein amerikanischer Sergeant grinste mich an, deutete mit dem Daumen und quetschte zwischen Zähnen „Russkis". Wir kamen in amerikanische Gefangenschaft am 12. Mai 1945. 160.000 Mann lagerten dort bei Braunau in Oberösterreich. Die Amis ließen uns in Ruhe. Es gab keine Übergriffe. Anfang Juli 1945 wurde ich mit Entlassungspapieren entlassen.

Walter Goriup, Waffen-SS Obersturmführer: Am 8. Mai 1945 um 08.00 Uhr kam der Befehl in unser Hauptquartier „Jagdverband SÜDOST" in Langenwang zum Absetzen per Funk und ich setzte mich mit den mir zugeteilten Männern über Bruck, Leoben nach St. Michael ab, wo wir uns auf dem Gelände des später erbauten Rasthauses sammelten. Ich schrieb in jedes Soldbuch „Entlassen aus der deutschen Wehrmacht", meiner Männer ein und empfahl den Steirern und Kärntnern den kürzesten Weg nach Hause zu nehmen und wir verabschiedeten uns mit guten Wünschen für die Zukunft.

Ich selbst fuhr nach Liezen, wo uns die Amerikaner jedoch nicht mehr über die Brücke ließen und uns den Russen überlassen wollten. Dies war nicht nach unserem Geschmack. Vor Blahberg rissen wir aus einem Stadl, jeder für sich einige Bretter heraus, verbanden diese mit einem Riemen und setzten uns bei Hochwasser und einer Wassertemperatur von 8 Grad über die Enns an das andere Ufer ab. Von den 5 Mann, die wir waren kamen nur drei am anderen Ufer an und ich glaube von einem zumindest zu wissen, dass er in Hieflau auf dem Soldatenfriedhof liegt. Sein Sterbedatum ist der 8. Mai 1945. Wir gingen in amerikanische Gefangenschaft von wo ich erst im Herbst 1947 entlassen wurde.

Wolfgang Haupner, Waffen-SS Sturmmann, Führerbewerber: 8. Mai 1945 in Langenwang herrscht überall reges Treiben in Erwartung des Kriegsendes. Über den Rundfunk erfahren wir die Kapitulation. SS-Obersturmführer PONGRATZ lässt antreten. Einige fehlen schon. Seine Frau und der Sportwagen stehen bereit. Für uns gibt es knappe Abschiedsworte und zwei Omnibusse, die uns nach Leoben bringen. Mit dem Zug erreiche ich gegen Mitternacht Selzthal.

9. Mai, ein Funkwagen nimmt mich mit. 5 km vor Liezen das totale Chaos. Ein Jeep kommt über die Felder und nimmt Verwundete auf. So komme ich noch über die Ennsbrücke in Liezen. Viele russische Gefangene und HIWIS flüchten mit uns vor ihrer kämpfenden Truppe zu den Amerikanern, die sie natürlich zurückweisen. Wir sehen viele ertrinkende Russen in den Hochwasserfluten der Enns. Vom 10. bis 27. Mai 1945 im Gefangenenlager Utendorf. Dann vom 28. Mai bis 8. Juli 1945 im SS-Lager Altheim, insgesamt 25.000 deutsche Soldaten, viele sterben oder verhungern.

Ernst Christl, Waffen-SS Sturmmann, 1. Panzer-Division: Am 8. Mai 1945, zeitig in der Früh, setzten wir uns ab, Richtung Westen. Entbehrliches Gerät, auch Fahrzeuge, was bislang für uns überlebensnotwendig war, blieb zurück. Zunächst führte uns der Weg in Richtung Türnitz. Weiter ging es über Scheibbs, der Eisenwurzen (ein Höhenzug) entlang nach Ybbsitz und von Waidhofen nach Großraming. Dieser Ort lag bereits an der Enns, gemäß Abkommen zwischen Amerikanern und Russen die Demarkationslinie in Österreich. Schon bald begegneten wir Fahrzeugen, die wegen Treibstoffmangels oder sonstigem Defekt in Gräben oder an Steilhängen zurückblieben. Die Nacht vom 8. zum 9. Mai wurde durchgefahren, oder was man wegen der andauernden Staus, so nennen konnte. Wer diese Kolonnenfahrten kennt, dazu ohne Licht, weiß wie viel Kilometer man pro Stunde bewältigen konnte. Von der Belastung der Kraftfahrer ganz zu schweigen. So brauchten wir für diese etwa 120 km rund 1 1/2 Tage, um überhaupt an die Enns zu kommen. Das letzte Stück, ab Maria Neustift, gingen wir ohnehin zu Fuß. Gelegentlich nahm uns ein Lkw mit, bis auch dieser nicht mehr weiter konnte, alles flüchtete auf schmalen Straßen zur Enns. An Treibstoff hätte es unserem FIAT Diesel nicht gemangelt, aber die Staus. So kamen wir im forschen Fußmarsch rascher vorwärts, zumal der Russe bedrohlich nachdrängte. In Großraming angekommen, nächtigten wir einige Stunden. Nun galt es sich rasch auf das westliche Ufer zu retten. Mich selbst beruhigte schon dieses, wenn auch reißende Wasser. Einem guten Schwimmer konnte nun nichts mehr passieren. So glaubte ich jedenfalls. Die Enns, ein Gebirgsbach, war durch die Schneeschmelze stark angeschwollen. Einladend zum Baden war die grünbraune Strömung nun gerade nicht. Trübe und reißend schoss die Enns, im ausgespülten Bett nach Norden. Das Tal hier sehr eng, die eingleisige Bahnlinie verlief beim Ami, am westlichen Ufer, etwa 15 bis 20 m über der Talsohle und die Straße nach Steyr, noch beim Russen, in gleicher Höhe am Ostufer. Mehr Raum gab das Tal hier nicht her. Viele von uns überquerten die Eisenbahnbrücke bei Großraming, um den Russen möglichst rasch zu entkommen. Diese Kameraden strebten dann unmittelbar weiter nach Westen, ihr Marsch endete bei Braunau. Sie landeten auf einer Wiese bei Altheim, ebenfalls einem Auffanglager. Wie wir später erfuhren, glaubten sie so einer Auslieferung an den Russen entgehen zu können. Ich selbst schloss mich unbewusst anderen Kameraden auf der Straße nach Steyr an, immer noch am ostwärtigen Ufer. Es war bereits der 10. Mai. Zwischenzeitlich machten Parolen die Runde. Einmal plötzlich ein Hasten, weil angeblich der Russe sehr nahe war, um uns noch schnell zu kassieren, zum anderen hörte man, beim Ami erhalten wir anstandslos einen Stempel ins Soldbuch und können gleich weiterziehen, immer Richtung Heimat. Dies klang mir doch etwas zu schön um wahr zu sein. Zwischen Waffen-SS und Wehrmacht würde nicht unterschieden, denn es seien ja alle nur Frontsoldaten gewesen. Solche und ähnliche Gerüchte gingen von Mund zu Mund. Auch ich wollte gerne glauben, aber so wohlklingende Parolen erschienen mir doch zu wundersam, wenn auch noch während der Kampfhandlungen – wie man so hörte –

Gefangennahme durch Amerikaner / Bildbeschriftung: „ein KZ der US-Armee" in Aigen/Schlägl (OÖ)

gefangene Kameraden in Amerika gut verpflegt und behandelt wurden. So war doch die Kriegführung der Amis bei weitem nicht sauber. Die hemmungslose Bombardierung der Zivilbevölkerung passte nicht in dieses Bild. Nun, ich war noch heil und ganz, konnte außerdem gut schwimmen. Ein schwacher Trost, aber immerhin! Leider hatte die Enns hier nur wenig Übergänge. Endlich, bei Losenstein eine gediegene Holzbrücke. Sie ächzte und stöhnte unter dieser Masse, besonders als ein Schützenpanzer noch mit hinüber wollte. Eine deutliche Warnung! Erst nachdem die verängstigten Landser vorsichtiger wurden, der Panzer zurückblieb, und wir nur mehr in aufgelockerten Reihen die einsame Brücke überquerten, blieb sie wieder friedlich. Drüben die Bahnlinie nach Steyr. Von Schwelle zu Schwelle stolperten wir nun weiter, immer talabwärts. Die Maisonne brannte erbarmungslos auf diese geschlagene Truppe. Wir schwitzten, hatten Blasen an den geschwollen Füßen und trugen ohnehin nur mehr das Allernotwendigste an uns, dann noch der ungewohnte Trott über Schotter und Eisenbahnschwellen. Irgendein Kamerad schien durchzudrehen. Auf einer hohen Eisenbahnbrücke, sie überspannte einen kleinen Zufluss zur Enns, schwang er sich übers Geländer in die Tiefe, bevor ihm jemand beistehen

Kriegsgefangenen-Todeslager Aigen-Schlägl
v. 9.5. – 7.7.1945 im Böhmerwald – ein KZ- der US-Armee

konnte. Viele zerrissen die ihnen noch verbliebenen Fotos, auch die ihrer Angehörigen, um mögliche Fahndungen die Grundlage zu entziehen. Nach Steyr waren noch etwa 44 km, aber von Schwelle zu Schwelle in dieser prallen Sonne, die unbarmherzig auf den Nacken brannte, das machte mürbe. Dann endlich weg von diesen Schwellentrott auf ein schmales Sträßchen. Nach kurzer Wegstrecke empfingen uns 4 Polen in amerikanischer Feld-uniform mit: "Pistole, groß Mássr, alles abgääbän", war nun die erste Begegnung mit unseren Befreiern. Einen Kilometer weiter, standen wieder 4 Uniformierte, auch wieder Polen und bevorzugten Wertgegenstände. Einem deutschen Sol-daten hätte für solche Räubereien das Standgericht geblüht. Auf ähnliche Plünderung waren wir bereits vorbereitet und hatten vorsorglich Uhren und Gegenstände die überhaupt noch einen Wert hatten, in der Kleidung versteckt, so gut es eben ging. Ein noch sehr junger, etwas klein geratener Kamerad trug noch einen Feldstecher um seinen Hals. Die polnischen Wegelagerer wollten ihm das Glas abnehmen, unseren Kleinen hatten wir schon vorsorglich in unserer Mitte, zudem maulten wir deutlich. Sie gaben auf, obwohl an uns keine Waffe mehr zu sehen war. Diese lagen längst in der Enns, aber man konnte ja nicht wissen. Vielleicht fanden die polnischen Helden später willigere Opfer. Noch am gleichen Tage erreichten wir ein großes Auffanglager bei Durnbach auf freiem Feld, am Unterlauf der Enns. Wehrmacht und Waffen-SS sammelten sich hier so nach und nach an. Die Stimmung war allgemein sehr bedrückt. Schon am nächsten Tage trennte man die Waffen-SS nach dem benachbarten Ternberg.

Klaus Wildhagen, Feldunterarzt 1. Gebirgs-Division: Am 8. Mai setzten wir uns unter Führung unseres tüchtigen Chirurgen Stabsarzt Dr. ZIMEK aus Graz, über Leopersdorf, Bruck an der Mur, Hochalm, Kreuzsattel, Speickkogel, Gaberl, St. Wolfgang, Perchauer Sattel und Mariahilf ab und marschierten mit den restlichen 10 Muli über St. Lam-precht, Murau, Seeberg nach Tamsweg in englische Gefangenschaft. Wir waren die einzige Einheit der 1. GD die nach Kärnten zum Engländer ausgewichen ist.

Franz Achathaller, Sanitätsfahrer in der 12. SS-Pz.-Div.: Im Auto des Kameraden Hans Ninaus fuhr ich mit und wir machten uns selbstständig. An diesem Tag heißt es der Führer sei gefallen. Wir fuhren bis Waidhofen an der Ybbs. Wehrmachtseinheiten fuhren in entgegengesetzte Richtung. In Waidhofen standen bei der Burg etwa 20 amerikanische Sherrmann-Panzer, dessen Besatzung in den Händen der Waffen-SS waren. Es war in der früh (Tag unbekannt) gegen 06.00 Uhr als Hans und ich dies erlebten. Ein Bäckermeister, den ich fragte wie wir auf einer Neben-straße nach Steyr fahren könnten, erklärte uns den Weg und sagte, die amerik. Panzer seien auch diesen Weg nach Waidhofen gekommen. Auf Grund der vorgefundenen Panzerkettenspuren waren des Bäckermeisters Angaben rich-tig. Nach kurzer Strecke war durch eine defekte Bachbrücke unsere Weiterfahrt zu Ende. Wir machten uns zu Fuß auf und ich humpelte mit Hilfe von Hans über das Berggelände Spadenberg – Unterdammbach – Sand an der Enns bei Steyr. Im Berggelände trieben sich teils bewaffnete junge Ausländer herum. Hans und ich waren infanteriemäßig ausgerüstet. Im Ortsbereich Sand wurden Hans und ich von etwa 20 männlichen und weiblichen Fremdarbeitern und zwei amerikanischen Soldaten umringt und mit dem Tode bedroht. Nach der Entwaffnung trieb uns diese Meute zur Einsbrücke bei Garsten. Dort wurden wir beide einem schwarzen amerikanischen Pionieroffizier übergeben. Seine Einheit reparierte die zerstörte Enns Holzbrücke. Deutsche gefangene Soldaten waren zur Arbeit eingesetzt. Bei unse-rer Übergabe an den amerikanischen schwarzen Offizier ereignete sich folgendes: Ein, im Steirertrachtenanzug beklei-deter, österr. Dialekt sprechender, etwa 40-jähriger Mann sagte zum Offizier, und deutete mit der Hand auf mich und Hans, dass er uns erschießen solle, weil wir SS-Männer seien. Zu den Fremdarbeitern sagte der Mann: "Legt sie um." Der Offizier verjagte alle und uns teilte er zur Brückenarbeit ein. Ich zeigte dem Amerikaner meine Verwundung und ich durfte mich am Brückenrand niederlegen. Einen weißen amerikanischen Soldaten schickte der Offizier um ein Essen für mich. Auch ein Getränk erhielt ich. Hans arbeitete fleißig. Schwere Holzpfosten musste er mit noch anderen Gefan-genen auf die defekte Brücke schleppen. Dabei hatten sie auf den Brückenträgern ohne Sicherung zu gehen. Am Abend war ein Übergang in einer Breite von etwa 3 Meter fertig. Nun gingen Zivilisten westwärts über die Enns. Männer mit Melkerhut und Mistgabeln, sicher waren ehemalige Soldaten darunter. Hans und ich schlossen uns an und wir entkamen auch dem amerik. Posten auf der Westseite der Brücke. Einige hundert Meter nach der Enns kamen wir zu einem Bauernhof. Schon von Weitem roch es nach Bauernkrapfen. Wie sich aber herausstellte waren die Krapfen nicht für uns, sondern für die Amerikaner, die im Haus waren. Rasch hauten wir ab. Wir wurden später, als wir auf einer Nebenstraße durch einen Wald gingen, von einer amerikanischen Jeep Streife angehalten. Wir sagten, Angehörige des Volkssturmes gewesen zu sein. Die Amis wiesen uns ein nach Steyr in die Gefangenschaft zu gehen (es war abends und beinahe dunkel). Wir gingen und als wir aus ihrer Sichtweite waren, liefen wir in den Wald und kamen bis zur Ortschaft Sierning. Zufälligerweise traf ich auf einen Bauernhof, dessen Besitzer mir namentlich bekannt war (Hans Staudinger). Vor dem Bauernhof waren "KZ-ler" und amerikanische Soldaten mit Jeeps. Sie brachten Österreicher herbei, die sie auch schlugen. Ich konnte mit Hans Staudinger (weitläufig verwandt) Kontakt aufnehmen. Wir durften uns im Heu-stock verstecken. Staudinger erzählte, dass er auch schon von den "KZ-lern" geschlagen wurde. Um etwa 01.00 Uhr brachte uns Staudinger ins Versteck eine große Schüssel mit Brotsuppe und Zivilkleidung. Bevor es hell wurde, verlie-ßen wir den Staudingerhof. Als Landarbeiter verkleidet gingen Hans Ninaus und ich auf Schleichwegen in mein Hei-matdorf Schlierbach, denn die Straßen waren mit amerikanischen Panzern vollgestopft. Nach zwei Wochen kamen Hans und ich als ehemalige Waffen-SS Soldaten automatisch in die Internierungs-Straflager Mauerkirchen, Altheim, Ebensee und Hals. Der Krieg war aber aus Leiden und Hungern ging weiter und schien kein Ende zu nehmen. Über diese Erlebnisse in der Gefangenschaft wird separat berichtet. Es ist alles wahr was ich hier schreibe, denn ich habe es selber miterlebt.

Sepp Schneider, Gebirgsjägerunteroffizier: Letzter Einsatzort Maria Schutz, Zugführer mit Gefechtsstand in der Volksschule unterhalb des Marien Hofes. Noch in der Nacht vom 8. auf den 9. Mai 1945 kam der Befehl durch: „Absetzen Richtung Westen, wer um Mitternacht noch herüber der Enns ist geht beim Russen in Gefangenschaft. So marschierten wir erst einmal Richtung Semmering bis Spital. Dort war gerade ein Landser dabei einen Holzgaser-LKW in Betrieb zu nehmen und tatsächlich es gelang ihm auch. In der Zwischenzeit kamen immer mehr Soldaten und in Kürze war der LKW bis auf den letzten Platz belegt. Dann ging die Fahrt los, durch das Mürztal, in Kapfenberg dort war bereits die Straße verstopft, mit Mühe weiter, in Bruck und in Leoben das gleiche Bild. Eine ganze Armee auf dem Rückzug, keiner wollte dem Russen in die Hände fallen. Als es bereits Richtung Schoberpass ging, gab unser Holzgaser-LKW in Kalwang seinen Geist auf. Zu Fuß ging es weiter und tatsächlich ich war um Mitternacht über der Enns in Liezen.

In Liezen wollten die Amerikaner alle in Lager umleiten. Mit einem Kärntner beschloss ich, nicht in das Lager zu gehen. Da meine Eltern aus Osttirol, Obertilliach stammten, wollte ich mich dorthin durchschlagen. Nach Gutenberg in der Steiermark wo meine Eltern wohnten, konnte ich ja nicht, denn dort waren vermutlich bereits die Russen. Nun begann ein Fußmarsch über Radstadt, Schwarzach, Dorfgastein, Hofgastein, Bad Gastein bis Böckstein. Unterwegs hatte ich noch meine Pistole in die Salzach geworfen. Bei den Bauern fanden wir meistens am Heuboden einen Platz zum Übernachten. So gelangten wir bis Böckstein, aber jetzt standen wir an. Es gibt von dort nur einen Weg nach Kärnten, durch den Eisenbahntunnel.

Über das Gebirge – die Hohen Tauern, alles Höhen von 2600 bis 2800 m – war es um diese Jahreszeit zu gefährlich, auch wegen der Schneelage und den Lawinen ist es im Mai noch zu gefährlich. Die einzige Möglichkeit ist die Eisenbahn. Als wir am Bahnhof nachfragten, wann ein Zug nach Kärnten fährt, wurde uns erklärt, dass es derzeit keinen Personenverkehr gibt. Ein Eisenbahner sagte uns dann, dass die Engländer von den Amerikanern eine E-Lok angefordert haben, die wird irgendwann überstellt. Dann sahen wir die E-Lok, wir sofort zu dem Lokführer und ihn bitten uns doch mitzunehmen. Worauf er uns sagte: „Ja ihr Buben wie stellt ihr Euch das denn vor, ich habe ja keinen Platz auf der Lok, außerdem ist es streng verboten. Wenn sie mich erwischen bin ich dran!" Doch dann überlegte er kurz und sagte: „In das Ölkammerl werde ich euch einsperren." So kamen wir durch den Tauerntunnel nach Kärnten zu den Engländern. Dort hieß es, alle deutschen Soldaten nach Spital an der Drau in das Sammellager. Dort wurden von den Engländern Arbeitsbataillone zusammengestellt. Uns wurde erklärt, der Krieg geht weiter und die Amerikaner brauchen eine Verbindung nach Italien. Wir müssen daher die Straße über den Plöckenpass ausbauen. Als Forstmann war ich zuerst beim Vermessungstrupp. Als dann Freiwillige für die Lagerpolizei gesucht wurden, habe ich mich sofort gemeldet. Das war dann die schönste Zeit. Gegenüber dem Plöckenhotel haben wir ein Zeltlager aufgestellt. Wir waren so an die 30 bis 40 Mann alle mit englischen Maschinenpistolen bewaffnet, einem Ausweis und einer Armbinde als MP erkenntlich, so sollten wir alle Landser die über die Grenze kommen in das Lager bringen und die Kameraden der Arbeitsbataillone bewachen. Es war ein herrliches Leben, wir besuchten auf den Almen die alten Stellungen des Ersten Weltkrieges, hatten Milch und Butter und wenn Kameraden auf dem Weg in die Heimat waren, erklärten wir ihnen wo die Engländer ihre Sperren hatten.

Doch dann ließ es mir keine Ruhe, ich hatte doch meine Verwandtschaft in Osttirol in Obertilliach. Ich war doch frei. So fragte ich in Kötschach Mauthen bei einer Bäckerei, es war die Schwester des späteren Bundeskanzlers Klaus, ob sie nicht für mich Zivilkleidung hätte. Ich stamme aus der Gegend und möchte meine Verwandten in Obertilliach besuchen. Ich bekam von der guten Frau ein Hemd und eine kurze Hose. Meine Uniform und die MPi ließ ich bei ihr. So machte ich mich auf den Weg, öffentlichen Verkehr gab es ja noch nicht, aber ein alter Kastenwagen nahm mich mit. Meinen Kameraden hatte ich noch eingeschärft, sie sollten mich unbedingt verständigen, wenn unsere Einheit verlegt wird. Nach eine Woche bekam ich die Nachricht, sofort einrücken die Einheit wird verlegt. Was mache ich jetzt, wie komme ich so schnell zurück. Meine Verwandten besorgten mir ein Damenfahrrad. Leider hatte ich nach einiger Zeit bei Maria Lungau einen Reifenschaden, aber kein Material um den Schaden zu beheben. So fragte ich im Kloster nach und tatsächlich, man hatte dort Pickzeug und auch alles andere um den Schaden zu beheben. Wieder auf das Rad und weiter, in Kötschach stand schon unsere Marschkolonne, schnell in die Bäckerei umziehen und aufsitzen und weiter ging es nach Ferndorf in ein großes Lager. Erst dort schauten die Engländer jeden deutschen Soldaten genau unter die Achselhöhle und trennten Wehrmacht und Waffen-SS. Die Soldaten der Waffen-SS wurden alle nach Italien gebracht. Während ich diese Woche bei meinem Cousin in Obertilliach war, hatte ich mir vom Bürgermeister und dem Bauernbund eine Bestätigung besorgt, dass ich dort gearbeitet habe. Im Lager kam ich zu einem alten österreichischen Offizier, der sah sich meine Bestätigung an und sagte zu mir, das machen wir schon und gab mir einen Ausweis, so war ich entlassen und konnte mit der Bahn zuerst bis Lienz fahren. Weiter getraute ich mich nicht, denn die Engländer hatten noch Sperren eingerichtet. In Lienz fragte ich zwei Mädchen, ob ich nicht bei ihnen zu Hause schlafen könnte. Worauf die Mädchen sagten, der Vater ist vom Krieg noch nicht zu Hause und die Mutter wird nichts dagegen haben. Nun wurde aufgenommen, bekam reichlich zu essen und ein schönes Bett. Am nächsten Tag marschierte ich, die Idee war mir am Vorabend gekommen, über die Lienzer Dolomiten nach Oberdrillach zu meinem Cousin.

In Osttirol hatte sich die Lage bereits normalisiert aber mein Zuhause war ja in der Steiermark. So schrieb ich eines Tages an meinen ehemaligen Dienstgeber, den Grafen Stubenberg. Und tatsächlich, nach kurzer Zeit bekam ich die Antwort: „Sie können ihre Forstlaufbahn mit 1. Oktober 1945 bei mir fortsetzten." Mit meinem ganzen Besitz, das waren 100 Zigaretten und ein Paar gute Bergschuhe machte ich mich auf den Weg und im September war ich bereits zu Hause. Gott sei Dank hatten die Sowjets die Steiermark bereits im Sommer verlassen. Aber immer wieder plagte mich mein Gewissen und ich musste an ein Ereignis denken. Ich konnte es nicht vergessen, manchmal träumte ich sogar davon. Ich hatte einen Kameraden schwer verletzt und das kam so:

Am Kompaniegefechtsstand in Maria Schutz erklärte ich eines Tages unseren drei jungen Meldern das MG 42, sie sollten unterhalb des Waldhofes im Wald gegen Schottwien als Sicherungsposten eingesetzt werden. Ich zeigte ihnen wie der Patronengurt eingeführt wird. Dabei hatte ich das MG auf dem Schoß liegen. Als ich den Deckel zuschlug gingen mehrere Schüsse los und trafen den mir gegenüber sitzenden Kompanie-Truppführer in die Brust. Er wurde dabei schwer verwundet. Für diesen Vorfall erhielt ich vom Kriegsgericht Frontbewährung, obwohl sich nachher her-ausgestellt hat, dass das MG schadhaft war. Nach dem Krieg versuchte ich immer wieder in Erfahrung zu bringen, ob mein Kamerad den Unfall überlebt hat, mein Gewissen ließ mich nicht zur Ruhe kommen. Eines Tages rief mich unser Förster aus Kapfenberg an und sagte mir das ein Magister Dr. Bruno Widowitz aus Bruck an der Mur, ihn gefragt hat, ob er einen großen schlanken Förster kennt, der bei den Gebirgsjägern am Semmering war. Ein Treffen wurde vereinbart und ich fragte ihn: „Bist du mir nicht böse?" „Aber warum, es war doch ein Unfall", sagte er zu mir. Er war damals im Krankenhaus Leoben operiert und danach nach Hause entlassen worden. Mir ist ein Stein vom Herzen gefallen, habe ich mir doch immer wieder Vorwürfe gemacht. Wir haben uns dann noch mehrmals getroffen. Er ist nach Jahren bei einem Schikurs mit seinen Schülern an einem Herzschlag verstorben.

Rudolf Dorn, 16 Jahre, Hitlerjugend Volkssturmbataillon Wien: „Nach den Kämpfen um Wien waren wir noch heraus-gekommen und nach Donnersbachwald verlegt worden. Am Dienstag, den 9. Mai 1945, teilte uns ein Unterführer in unserem Lager mit, dass Deutschland kapituliert hatte. Wir waren nun frei und könnten nach Hause gehen. Mit Waren aus unserem Verpflegungslager füllte noch jeder seinen Rucksack. Ich fand dazu noch zwei Brotbeuteln die ich auch anfüllte. Bereits am frühen Nachmittag waren wir, jeder schwer bepackt in Steinach. Wir behielten auch unsere Decke und Zeltplane, man wusste ja nicht wie es weitergehen würde. Nun war jeder auf sich allein gestellt. Wilde Gerüchte machten dort die Runde. Die Russen seien schon in Rottenmann, sammeln alle Soldaten und männlichen Zivilisten bis 60 Jahre. Diese kommen nach Russland um alle zerstörten Häuser aufzubauen. Amerikaner kommen von Westen und nehmen alle Soldaten in Kriegsgefangenschaft um sie nach einer Registrierung heimzuschicken. Dann gab es noch Ähnliches in verschiedenen Varianten. Um den Russen zu entgehen beschloss ich spontan, sofort nach Westen zu gehen. Die Reichsstraße teilte sich beim Schloss Trautenfels am Fuße des Grimming, die Straße geradeaus führte nach Radstadt, nach rechts ging es in das Salzkammergut. An dieser Straßengabelung stand ein einsamer, relativ kleiner amerikanischer Soldat. An beiden Oberarmen und auf einem weißen Helm waren die Buchstaben MP. Mit der linken Hand hielt er krampfhaft den Gurt eines geschulterten Gewehres. Dieses war besonders klein und ähnelte unserem Sturmgewehr. An seinem Koppel, nicht Leder sondern Leinen, hing an seiner rechten Seite eine riesige Pistole und links hatte er einige kleine farbige Pakete, diese waren mit einer Schnur zusammengebunden. So sah ich meinen ersten amerikanischen Soldaten inmitten hunderter unbewaffneter deutschen Soldaten. Eine Menge stand um ihn herum und deckte ihn mit allen möglichen Fragen in englischer oder deutscher Sprache ein. Er trachtete stets Abstand zu den Fragern zu halten und wiederholte, mit der rechten Hand nach Westen deutend, ständig dabei lachend: „Go to Salzborg, go to Mama und Papa, go home". Ein deutscher Dolmetsch bekräftigte dieses und ersetzte noch, dass nachts streng-ste Ausgangssperre herrscht. Wenn Amerikaner kommen, so wird während der Nacht auf jede Bewegung geschossen. Ein Kamerad und ich, wir überlegten ob Radstadt oder Salzkammergut und entschlossen uns für die Richtung Salz-kammergut. Nach meiner Meinung erwarteten uns dort die schönsten Berge. Sodann setzten wir uns in Bewegung. Als es zu dämmern begann, es war schon in Tauplitz, verkrochen wir uns abseits der Straße in einem Heuschober. Unbekümmert schliefen wir ohne zu erwachen bis in den Morgen hinein. Nachts schlief ich fast immer so fest, dass ich um mich herum überhaupt nichts wahrnahm. Auf der Straße marschierten bereits, in einer fast geschlossenen Kolon-ne deutsche, unbewaffnete Soldaten Richtung Westen. Nach der Morgentoilette reihten wir uns ein und marschierten über Bad Aussee Richtung Pötschenpass. Bevor wir diesen erreichten kamen amerikanische Autos und drängten uns von der Straße. Die Amis sprangen ab und riegelten eine Gruppe von uns ab. Jetzt zeigte es sich, dass viele unbewaff-nete in unseren Reihen noch in der Kleidung oder im Rucksack Fausteuerwaffen mit Munition trugen. Die amerikani-schen Soldaten nahmen uns Pistolen, Feldstecher, Uhren und Ringe ab und warfen diese Gegenstände in bereitgehal-tene Decken. Danach nahmen sie ihre voll gefüllten Decken und verschwanden. Kurze Zeit später kamen viele Amis und teilten uns in Blöcke von etwa 100 Mann. In diesen Gruppen, vorne und rückwärts je ein amerikanischer Soldat, mussten wir zurück nach Bad Aussee zum Bahnhof marschieren. Dort standen an einer Mauer die etwa 8 Amis, die uns abräumten, unter strenger Bewachung von amerikanischen Schwarzen wieder mit der Bezeichnung MP, also Militärpolizisten. Die Bewachten Amis stützten sich mit den Händen an einer Mauer und hatten die Beine weit von der Mauer gespreizt. Als einer seine gespreizten Beine näher zur Mauer bewegte, trat ihm ein Bewacher mit voller Wucht von hinten in seinen Schritt, sodass dieser sich wimmernd am Boden krümmte. Der Bewacher sagte nur ein Wort und der Ami stand wieder wie vorher. Neben der Gruppe waren einige aufgeschlagene Decken mit dem Diebesgut. Wir wurden in Güterwaggons verfrachtet, dabei verlor ich meinen Kameraden und war nun allein unter fremden Soldaten. Es lief das Gerücht, dass uns die Amerikaner an die Russen überstellen werden, durch die Waggons. Noch bei Tageslicht fuhren wir aber Gott sei Dank Richtung Salzburg. Die ganze Nacht waren wir unterwegs, der Zug stand allerdings mehr als er fuhr. Am nächsten Tag wurden wir in der Gegend von Braunau entladen und in einen Wald geführt, wobei die Amis aber nur bis zum Waldrand mitgingen. In diesem Waldstück waren schon Tausende, angeblich 20.000 deutsche Soldaten. In Gruppen suchten wir uns Lagerplätze. Offiziere hatten bereits begonnen den Tagesablauf zu organisieren, es wurde eine Latrine errichtet. Aber es gab weder Essen noch Wasser. Ich hatte noch für einige Tage etwas Essen in meinem Rucksack. Den ganzen Tag hungerte ich und aß nur nachts einige Bissen. Für Essen wurden Zigaretten, Ringe und alle möglichen Sachen angeboten, aber kaum einer gab zu, dass er noch etwas Essbares besaß. Wasser war besonders kostbar. Das ganze Waldstück war von den Amis umstellt. Nachts fielen immer wieder Schüsse. Angeblich wurde auf Gefangene die über die Felder flüchteten geschossen. Täglich holten Amis mit LKW Hundertergruppen ab, es hieß zur Entlassung. Endlich nach 8 Tagen, ich glaubte wie viele andere auch nahe am Verhungern zu sein, kam auch ich an die Reihe. Man brachte uns in ein abgeschlossenes Areal eines Ziegelwerkes. In einem dort abgestellten Personenzugwaggon kam ich zu einem Verhör. Im ersten Abteil musste ich mich nackt ausziehen. Mehrere Male untersuchte man meine Achselhöhlen nach einer Tätowierung der Waffen-SS. Da ich keine hatte, empfand ich es nur als Formsache. Man bestäubte mich noch am ganzen Körper mit einem nach Drogerie riechenden weißen Puder bevor ich wieder mein Gewand anzog. Als nächstes musste ich meinen Rucksack ausräumen. Zwei Amis sahen mir lächelnd zu bis ich fertig war, worauf ich alles wieder einräumen durfte. Dann führte man mich in das nächste Abteil. Hier gab man mir ein Blatt Papier, es war eine „Instruktion für Kriegsgefangene vor der Entlassung". Darin wurde ich belehrt über meine Person nur die Wahrheit auszusagen, widrigenfalls mich die ganze Härte der amerikanischen Gesetze treffen würde. In dem Formular mit der Überschrift „CERTIFICATE OF DISCHARGE" wurden die von mir angegebenen Personendaten, deren Richtigkeit ich mit meiner Unterschrift bestätigen musste, eingetragen.

Auf dieses, sowie auf mehrere Kopien kam dann noch mein Daumenabdruck. Im nächsten Abteil erwarteten mich wieder zwei Amis. Einer hatte auf seinem Ärmel einen Aufnäher mit einer Äsculapschlange. Also nahm ich an, er sei ein Arzt. Ich musste mich wieder nackt ausziehen und der Arzt untersuchte mich kurz. Lediglich unter dem Arm besah er sich die Haut besonders genau, wobei er immer wieder drüber wischte. Schließlich bestätigte er auf dem mich begleitenden Entlassungspapier meine Gesundheit, worauf man mich wieder in ein anderes Abteil brachte. Hier durfte ich mich setzen und bekam in einem Papierbecher ein Fruchtgetränk. Ich empfand die Behandlung als Kriegsgefangener als besonders freundlich. So etwas hatte ich nicht erwartet. Ein Capitain der US-Army der perfekt deutsch sprach befragte mich. Mit Taufschein und HJ-Ausweis wies ich mich aus und erzählte, dass ich bei Kriegsende auf der Planerhütte in einem Wehrertüchtigungslager war. Er lachte und meinte auch er stammt aus Wien und ich sei noch ein dummer Bub. Dann sagte er zu mir auf seine Unterlagen blickend, genau bei welcher Einheit ich von Wien bis Donnersbachwald marschiert sei. Er fragte um meine Wohnadresse in Wien. Als ich sagte Reschgasse, fragte er, ob und wo ein Markt in der Nähe sei. Ich antwortete am Beginn der Meidlinger Markt. Dann fragte er wo die Resch Gasse aufhört, bei der Meidlinger Hauptstraße antwortete ich. Nach einigen weiteren Fragen erhielt ich einen Entlassungsschein. Dann wurde ich in eine Gruppe von etwa 40 Mann eingeteilt, worauf wir mit einem LKW in ein etwa 5 km entferntes kleineres Lager kamen. Dort sagte man mir, wir müssten als Fachleute in den nächsten Wochen das Fernmeldenetz und alle elektrischen Einrichtungen der Wehrmacht abmontieren. Ich hatte als Beruf Elektromechaniker Lehrling angegeben. Am nächsten Morgen schlug ein Kamerad folgendes vor: Wir sollten zu Fuß in das Lager zurückgehen und einen anderen Beruf angeben. Er spricht gut englisch und wird alles arrangieren sagte er. Inzwischen erkannte ich, dass nur Soldaten die in Oberösterreich oder Salzburg ihren Wohnort hatten, zur endgültigen Entlassung kamen. Auf meinem Entlassungsschein stand aber meine Wiener Adresse. Guter Rat war teuer. Mein Gedanke war Frechheit siegt. Kurze Zeit später standen zwölf Mann, darunter ich, in einer Zweierreihe an der Innenseite des Lagertores zum Abmarsch bereit. Der Anführer hatte sich ein weißes Band um seinen Oberarm gebunden und verhandelte in englischer Sprache mit dem Wachtposten. Das Tor wurde nach einigen Minuten geöffnet und wir durften hinaus. Vor dem Waggon stand der Capitain der mich verhörte in Reithose und braunen Stiefeln mit einer Reitgerte in der Hand und lachte als ich mich ihm näherte und eine Bitte vorbrachte. Ich erzählte ihm, dass mein richtiger Wohnort wohl Wien sei. Meine Mutter wäre aber mit meinem kleineren Bruder wegen der Bombenangriffe nach Schärding evakuiert worden, nun möchte ich auch zu ihr. Er nahm meinen Entlassungsschein und ging mit mir in einen Waggon und ließ mir einen neuen Entlassungsschein ausstellen. Darauf war mein Beruf nun Landwirtschaftlicher Arbeiter und meine Heimatadresse Schärding. Dann wies er mich in eine Gruppe die entlassen werden sollten. Meinen Dank wehrte er ab und meinte nur, ich soll sehen, dass ich zu meiner Mutter komme. Wenn der gewusst hätte, dass meine Mutter schon vor dreieinhalb Jahren gestorben war. Ein LKW brachte uns kurz darauf in ein nahes anderes Areal mit einer noch größeren Ziegelfabrik. Am späten Vormittag trafen wir dort ein. Kurz darauf fuhren mehrere LKW in das Areal und blieben an verschiedenen Plätzen stehen. Von diesen wurde an jeden Mann ein so genanntes „Rationspaket" abgegeben. Ich holte mir, so wie auch mehrere andere, von einigen Ausgabestellen je ein Paket. Es waren Pakete für je eine Mahlzeit wie es für die US-

Army im Kampfgebiet üblich war. Solche hatte auch mein erster Amerikaner in Trautenfels an seinem Gurt hängen. Eine Warenzusammenstellung wie wir es noch nie gesehen hatten, war ihr Inhalt. Eine kleine Fleischkonserve, Trockenmilchpulver, Kaffeepulver, in Zellophan verpackte Brotschnitten, Kekse, Schokolade, Zigaretten und noch mehr. Endlich konnte ich meinen Hunger stillen. Den Inhalt von zwei Paketen aß ich ausgehungert in einem Aufwaschen. Abends waren die Amis schlauer. Die ganze Mannschaft musste außerhalb des Lagers antreten, beim hereingehen erhielt jeder beim Tor sein Paket. Ich hatte aber von der vorigen Ausgabe noch einige Pakete, in einem Handtuch eingewickelt waren sie in meinem Rucksack verstaut. Diesen trug ich seit der Kapitulation, sogar bei jedem Latrinenbesuch stets bei mir, nachts schlief ich mit dem Kopf darauf. Diese Nacht aber ging es mir schlecht. Ein plötzlich einsetzendes menschliches Rühren trieb mich zur Latrine, die ich gerade noch erreichte. Es war kein gewöhnlicher Durchfall, sondern eine richtige Ruhr mit Fieber worauf ich bewusstlos wurde.

Am nächsten Morgen erwachte ich in einem Nebenraum der Lagerleitung auf einem Feldbett. Ein Sanitäter oder ein Arzt flößte mir stündlich ein weißes dickliches Getränk ein. Nachmittags durfte ich mich aufsetzen und bekam abends warmes Essen, welches ich aber sofort erbrach. Die Amis gaben mit nun Weißbrot und Tee. Dieses konnte ich behalten und schlief ein. Nachts wurde ich immer wieder geweckt und musste dieses weiße Getränk zu mir nehmen. Nachdem man mir am nächsten Morgen wieder Weißbrot und Tee gegeben hatte, fühlte ich mich wohler. Doch immer wieder musste ich meinen Darm entleeren, obwohl ich es fast nicht mehr zustande brachte. Da wieder ein Transport zur Entlassung zusammengestellt wurde, drängte ich mitzudürfen. Endlich fand ich auf einem Wehrmachtslastwagen Platz und die Tour begann. 15 LKW setzten sich in Bewegung. Voran und am Ende ein Jeep mit amerikanischen Soldaten. Die LKW-Lenker waren deutsche Soldaten aber neben jedem saß ein Ami bewaffnet mit einem kurzen Karabiner, jetzt wusste ich auch schon die Type, es war ein M1. Wir fuhren stets durch Gebiete die von den Amerikanern besetzt waren. Nur auf freiem Gebiet wurden einige kurze Pausen gemacht, sodass man rasch seine Notdurft verrichten konnte. Nur in den folgenden Städten durften die Gefangenen die am Zielort waren aussteigen. Ried, Wels, Linz, Freistadt, Budweis, Winterberg, Passau und Schärding. Ab Linz waren es nur noch 8 LKW, die anderen fuhren leer zurück. Nach Freistadt erreichten wir tschechisches Gebiet. Auf jedem Haus war eine tschechische Fahne. Immer wieder bewarfen uns Zivilisten mit Steinen und Prügeln wobei sie schimpften und spuckten. Auch Aufhängen und Erschießen riefen sie dauernd. Mehrmals mussten die Amis zur Schusswaffe greifen und Warnschüsse in die Luft abgeben um die Tschechen zu vertreiben. Als wir endlich wieder auf österreichisches Gebiet kamen, war uns wohler. So kam ich am 22. Mai 1945, es war ein Montag, endlich in Schärding an, wo ich mich umgehend am Gemeindeamt meldete. Hier erhielt ich eine Lebensmittelkarte und eine Reichskleiderkarte. Eine Schlafstelle in der örtlichen Schule wurde mir zugewiesen. In diesem Schulgebäude wurde uns warmes Essen gereicht. In mehreren Klassenzimmern waren Stockbetten aufgestellt. Etwa 20 Männer fanden in einem Raum Platz. Ich überlegte wie es weitergehen sollte, denn in der Tasche hatte ich nur 2 Mark und 70 Pfennig. So beschloss ich Arbeit zu suchen um zu Geld zu kommen. Am Stadtrand fand ich einen Baumeister, diesen fragte ich, ob er mich zu irgendetwas brauchen könne. Ich sagte ihm aber, wenn ich etwas Geld für die Heimfahrt habe, werde ich versuchen wieder nach Wien zu kommen. So begann am nächsten Morgen in einem kleinen mit Baugeräten angefüllten Hof meine Tätigkeit als Bauhilfsarbeiter. Der schon etwas ältere Baumeister wartete, obwohl ich vor der vereinbarten Zeit kam, mit einer Scheibtruhe in der neben einigen Eimern noch verschiedenes Werkzeug war, bereits auf mich. Ich fuhr mit der Scheibtruhe hinter ihm zu einem nahe gelegenen Grundstück mit einer Villa. Dort war in einem gemauerten Schuppen eine Zwischenmauer einzubauen. Ich lernte nun wie man Mörtel anrührte, Ziegel reichte und noch mehr. Die Mauer wurde aufgestellt, ein Türstock eingesetzt und schließlich der Verputz aufgezogen. So war ich mit dem Meister noch auf einigen kleinen Baustellen tätig. Mittags hielten wir immer eine Stunde Pause und ich konnte in das Schulgebäude gehen wo es täglich warmen Eintopf gab. Als ich meinen ersten Wochenlohn erhielt, es waren über 48 Mark, beendete ich wie vereinbart meine kurze Maurertätigkeit. Ich hatte die feste Absicht ehest heimzufahren. Bei meinen Erkundigungen am Bahnhof teilte man mir mit, dass man in die russische Zone, also Niederösterreich nur mit einer besonderen Genehmigung einreisen dürfe. Außerdem müssten alle Männer in russische Gefangenschaft. Nun überlegte ich mir wieder abzuwarten und mir eine andere Beschäftigung zu suchen. Vom verdienten Geld versuchte ich so wenig wie möglich auszugeben. Ab und zu kaufte ich mir mit Lebensmittelmarken Brot, Margarine und Kunsthonig. Die Zuteilungen waren sehr karg bemessen. Eines Morgens auf dem Weg zum Hauptplatz, kam ich am leeren Sparkassengebäude vorbei. Ein einzelner Ami lud große schwere Kartons ab und ersuchte mich ihm zu helfen. Nun bewährten sich meine paar Brocken Englisch die ich in der Schule gelernt hatte. Ich legte meinen Rucksack in einem Raum ab und half mit, den LKW zu entladen. Kurz darauf kamen noch mehrere LKW und eine Menge Amis, die diese entluden. Ich wollte wieder gehen. Ein Sergeant sagte mir, es findet eine Einquartierung einer Kompanie statt. Wenn ich wolle, könnte ich hier in der Küche als „Civilian Worker" Beschäftigung finden. Ein wahrer Glücksfall dachte ich mir. Nun half ich mit, Feldbetten und eine Menge anderer Gegenstände abzuladen und in das Haus zu tragen. Dann wurde eine komplette Küche aufgestellt. Die Gasöfen mit je vier Brennern und Backrohr sowie die dazugehörenden Arbeitstische und Kühlschränke wurden aufgestellt. So arbeitete ich bis spät nachts. Das morgens noch leer stehende Gebäude war nun mit Leben angefüllt. Ein Redegewirr von dem ich nur manche einzelne Wörter verstand, schwirrte durch das Haus. Ein Speisesaal mit Tischen und Sesseln war im Erdgeschoss eingerichtet. Bald war eine Küche, in der bereits für die anwesenden Soldaten gekocht wurde, in Betrieb. Die oberen Geschosse des Hauses waren von Amis bewohnt. Es war schon stockdunkel als man mich, nachdem ich mit gutem Essen versorgt wurde, heimgehen ließ. Vorher schärfte mir der Sergeant noch ein, am nächsten Morgen pünktlich zu erscheinen. Nun ging ich heim. Mein Heim war ein Stockbett mit einer Decke. Mein Besitz ein alter Wehrmachtsrucksack mit ein paar Habseligkeiten. Ich war jedoch frohen Mutes, denn es ging wieder weiter. Am nächsten Tag hatte ich folgende Diensteinteilung: Beginn 11.00 Uhr vormittags bis zum Ende der Arbeiten nach dem Abendessen und am folgenden Tag von 06.00 Uhr früh bis 11.00 Uhr vormittags. Dann hatte ich 24 Stunden frei. So setzte sich die Diensteinteilung in den nächsten Wochen fort. Ein Wiener, etwa in meinem Alter hatte mit mir gemeinsam Dienst. Die US-Army hatte eine Verpflegung wie man es sich als ehemaliger Angehöriger der deutschen Wehrmacht gar nicht vorstellen konnte. Ich hatte vieles was hier gegessen wurde noch nie vorher gesehen. Auch viele Zubereitungsarten waren mir fremd. In einer Hotelküche könnte man nicht feiner kochen dachte ich mir immer wieder. Man gab mir zwei weiße Overalls die ich bei meiner Arbeit abwechselnd trug. Im Keller des Gebäudes gab es eine Waschküche. So konnte ich auch meine Wäsche waschen. Den ganzen Tag hatte ich zu tun. Nach jeder Mahlzeit mussten wir den Speisesaal und das Kochgeschirr, wie Pfannen und Töpfe, säubern. Sobald die Soldaten ihr Essen gefasst hatten und nur mehr einzelne kamen, erhielten wir dasselbe Essen wie diese. Ich empfand es als Schlaraffenland. Meine Freischichten verbrachte ich, da ich sozusagen Gratisverpflegung genoss, bei den Amis. Überraschend erhielt die Truppe Marschbefehl in die Staaten. Ein Freudentaumel herrschte ab diesem Zeitpunkt. In kurzer Zeit war alles bewegliche eingepackt und der Abzug begann. Captain Williams stellte mir ein Arbeitszeugnis aus. Von der Küche erhielt ich noch Verpflegung, vorwiegend in Form von Konserven. Nach einem eher rührenden Abschied war ich um einige Erfahrungen reicher und das Gebäude war wieder leer. Bei einem Spaziergang durch Schärding traf ich einen Schulfreund, der mir erzählte, dass er meine Schwester Fini in Bischofshofen, wo sie in einer Fleischerei beschäftigt sei, getroffen habe. Am nächsten Tag war ich mit Sack und Pack unterwegs nach Bischofshofen zu dem Fleischer. Dieser sagte mir aber, meine Schwester sei jetzt in Radstadt mit anderen Schottwienern im Schloss Tandalier. Am nächsten Tag fuhr ich mit dem ersten Zug nach Radstadt. In einem Abteil setzte ich mich gegenüber von zwei Frauen mit einem Kleinkind. Während der Fahrt erfuhr ich, dass sie auch im Schloss Tandalier wohnten. Auf meine Frage ob sie die Dorn Fini kennen, antwortete die Frau mit dem kleinen Buben: „Als ich Dich sah, dachte ich mir gleich, dass Du der Dorn Rudi bist, ich bin die Frau Vogl!" Im Schloss traf ich nicht nur meine Schwester, sondern auch meinen Cousin Franz wohlbehalten an. Man hatte schon Kontakt mit Schottwien, alle hatten den Krieg wohlbehalten über-standen. Aber das Wohnhaus bei der Lederfabrik wäre abgebrannt und alle hätten ihr ganzes Hab und Gut verloren. Im Nachbarort Altenmarkt war eine US-Einheit stationiert. Dort fand ich auf Grund meines Zeugnisses aus Schärding, für die nächsten fünf Wochen als Küchenhilfe Beschäftigung. Jeder von uns wollte so bald als möglich wieder in seinen Heimatort zurück. Anfang September kam mein Cousin nach Radstadt und bat mich, ihm bei der Suche nach seinem Vater zu helfen, der angeblich in Appersbergen bei Linz sein sollte. Nun wir fanden den Gesuchten nicht in einem Gefangenenlager, sondern bei einer verwitweten Bäuerin, wo er schon seit vier Monaten lebte. Nach einigen Wochen konnte ihn sein Sohn doch zur Rückkehr überreden.

Am 21. September traten wir die Heimreise an. Mit der Eisenbahn bis Mandling an die Amerikanisch-Englische Zonengrenze. Nach der langen und aufwändigen Personen- und Gepäckkontrolle durch englische Soldaten und öster-reichische Gendarmen, fuhren wir erst nach Stunden weiter. Durch das Ennstal, Rottenmann, St. Michael, Leoben, Bruck und durch das Mürztal, kamen wir nachts nach Spital am Semmering. In Spital am Semmering verbrachten wir in einer überfüllten Gaststube den Rest der Nacht. Schon im Morgengrauen brachen wir auf. Die russische Zonengrenze an der Reichsstraße, die zwischen Steinhaus und Semmering verlief, erreichten wir nach einem einstündigen Fußmarsch. Nun befanden wir uns schon in unserer näheren Heimat. Die Entfernung in Luftlinie, zu meinem Geburtshaus betrug nur mehr 5 km. Über die Zustände an der russischen Zonengrenze liefen hier die wildesten Gerüchte. Von nächtlichen Diebstählen, Vergewaltigungen bis zu Verschleppungen Unschuldiger nach Sibirien sollte alles vorkommen. Die Grenzbalken wurden von beiden Besatzungsmächten bewacht. Ein Passieren war nur mit Erlaubnisschein möglich. Da wir keinen hatten, mussten wir versuchen die Zonengrenze illegal zu überschreiten. Dieses Vorhaben war aber lebensgefährlich.

Durch Zivilisten sandte Onkel Franz eine Nachricht an eine am Semmering wohnhafte Verwandte. Diese brachte in einer Stofftasche drei Flaschen Schnaps und nahm nach einem langen Gespräch mit meinem Cousin Franz unsere Rucksäcke Stück für Stück mit. Wir sahen noch, dass ihr, als sie vom Grenzbalken schon weiter weg war, ein russischer Offizier beim Tragen half. In der russischen Zone nicht weit vom Grenzbalken weg hatte die Verwandte ein Haus. Das Grundstück grenzte mit der Vorderfront an die alte Reichsstraße. Vom Schranken bis hinunter wo der Dürrbach fließt ging immer ein russischer Grenzposten auf einer Strecke von ca. 200 Meter. Beim Dürrgraben, im Flussbett geduckt, warteten wir bis der patrouillierende Wachtposten im unteren Drittel der Wiese kehrt macht und wieder hinauf zum Schranken ging. Dann lief Franz als Erster, mit einer Schnapsflasche bewaffnet bis zum Garten der Verwandten. Auf diese Art passierten wir alle drei die Zonengrenze und übernachteten bei der Verwandten. Hätte uns ein Wachtposten erwischt, so hätten wir ihn mit den Worten: „Semmering roboti", die Schnapsflasche übergeben. Am frühen Morgen kam dieser russische, deutsch-sprechende Offizier und begleitete uns durch den Ort, wobei er uns eindringlich warnte nicht nochmals eine illegale Überschreitung der Zonengrenze zu versuchen. Die Soldaten hätten Schießbefehl. Frohen Mutes kamen wir beim Bärenwirt in Greis vorbei. Auf einem Feldweg gehend sahen wir schon Schottwien. Aber plötzlich stand ein russischer Soldat mit einer Maschinenpistole im Anschlag vor uns rief: „Stoj!" Geistesgegenwärtig rief Franz zurück: „Schottwien roboti, Dowarisch".Er konnte sich mit seinen Kenntnissen der russischen Sprache eine Weile mit dem Rotarmisten unterhalten. Der Russe lächelte danach und hieß uns mit einem „dawei" weitergehen. Wir hatten aber den Schrecken noch bis Schottwien in den Knochen. Freude und Tränen wechselten bei unseren Angehörigen als wir endlich wieder daheim waren. Mein Ziel war nun so bald als möglich wieder heim nach Wien zu kommen. So nahm ich dann am Donnerstag, den 27. September Abschied von den Großeltern und den anderen Verwandten. In einem LKW der Gemeinde konnte ich zum Bahnhof Gloggnitz mitfahren. Mit meinem Entlassungsschein erhielt ich eine Fahrkarte nach Wien. Unterwegs gab es im Zug Kontrollen durch Gendarmerie Beamte und russische Soldaten. Am Abend war ich in Meidling in der englischen Zone und konnte endlich Tante, Onkel und Cousine in die Arme schließen.

Exkurs: Die Rettung der Semmering-Gebirgsbahn

Die Sprengung der vielen im Abschnitt der 9. Gebirgsdivision befindlichen Semmeringbahn-Viadukte und Tunnels war auf höchsten Befehl vorbereitet, wurde aber vom Kommandanten der 9. Gebirgsdivision Oberst Heribert REITHEL nach Rücksprache mit seinem Waffenoffizier Hauptmann GOLD in den letzten Tagen auf eigene Verantwortung abgebaut. Um ein schnelles Nachstoßen der Russen entlang der Semmeringbahn zu verhindern, wurden in einem Tunnel in Breitenstein die Gleise gelockert und vom Semmering mehrere Loks und Waggons hinuntergerollt, die dann im Tunnel entgleisten und die Semmeringbahn gänzlich blockierten. Sowjetische Eisenbahnpioniere, Einheimische und österreichische Eisenbahner arbeiteten 1.920 Arbeitsstunden mit Schweißbrennern um die verkeilten Loks und Waggons zu zerschneiden und die Gleisanlage freizubekommen. Am 19. Juni 1945 wurde der zweigleisige Eisenbahnverkehr über den Semmering wieder aufgenommen. Auch die Sprengung der Rax Seilbahn war bereits vorbereitet, wurde aber gleichfalls auf Befehl von Oberst REITHEL nicht durchgeführt. Da er die Sinnlosigkeit dieser Sprengungen eingesehen und auf seine Verantwortung verhindert hatte.

Altes Foto der Semmeringbahn: Viadukt über die Kalte Rinne

Oberst Heribert Raithel Kommandeur der 9. Gebirgsdivision

IV. Zonengrenzen in Österreich

9. Mai 1945, die Amerikaner errichten beim Liezener Hirschenwirt eine Militärkommandantur.

10. Mai 1945, 13.15 Uhr, als der erste Kontakt zwischen den amerikanischen Soldaten des 2. Bataillons des 317. Infanterieregiments und sowjetischen Soldaten der 21. Garde-Panzerbrigade der 6. Garde-Panzerarmee hergestellt wurde, erfolgte die Sperre der Röthelbrücke. Den gemeinsam errungenen Sieg über den Hitlerfaschismus feierten amerikanische und sowjetische Soldaten mit einer Parade vor den kommandierenden Generälen Mc Bridge und Woskrenensky nördlich der Röthelbrücke am 11. Mai 1945. Der sowjetische Gedenkstein am rechten Ennsufer trägt zu Recht dieses Datum. Die militärische Absicherung des amerikanischen Gebietes wurde bis zum 10. Juni 1945 von den Regimentern 317, 318 und 319 der 80 Infanterie-Division durchgeführt.

7. Juni 1945, die 80. Amerikanische Infanterie-Division wurde von der 11. Panzer-Division abgelöst. Die jedoch am 9. Juli 1945 von einer britischen Militärregierungseinheit der 17./21. Lancers abgelöst wurde.

9. Juli 1945, im Bezirk Liezen waren immer noch 20 Gemeinden in britischer, 7 in amerikanischer und 20 in sowjetischer Hand.

21. Juli 1945, durch das Übereinkommen der Alliierten in Jalta, ziehen sich die Truppen der Roten Armee, die das jenseitige Ufer der Enns besetzt hatten, aus der Steiermark zurück. Bei der Röthelbrücke errichteten sie ein Kriegerdenkmal. Gleichzeitig ziehen die USA Truppen aus Liezen ab und wird die Steiermark von britischen Truppen besetzt.

23. und 24. Juli 1945, die Briten übernehmen die Besatzungsverantwortung für alle bisher von den Sowjets und Amerikaner besetzten Bezirke der Steiermark.

27. Juli 1945, die Amerikaner verließen die letzten, von ihnen besetzten steirischen Teile der Bezirke Admont und Altenmarkt. Dabei wurde festgestellt, dass die ehemals von den Sowjets besetzten Teile des Bezirkes Liezen, schon weit besser organisiert waren, da die Sowjets der politischen Arbeit der Parteien keine Beschränkung auferlegte.

Niederösterreich an den Zonengrenzen (Tauchen – Steirisch Tauchen – Eisenbahnkontrolle)

Maria Kerschbaumer, 17 Jahre:„Am Nachmittag des 6. April 1945 sind die ersten sowjetischen Soldaten in unser Dorf gekommen. Das waren Kampftruppen, die sind nur durchgezogen. Dann kam der Nachschub und die blieben im Dorf bis zum Kriegsende. Dann errichteten sie außerhalb des Dorfes mehrere Baracken. Unser Ort Tauchen wird durch einen Bach, der die Landesgrenze zwischen Niederösterreich und der Steiermark bildet, getrennt. Der Ortsteil der sich auf der anderen Seite des Baches befindet heißt Steirisch-Tauchen. So befand sich auch das sowjetische Barackenlager auf der steirischen Seite. In den Wohnungen befanden sich jetzt keine Soldaten mehr, außerdem hatten sie sowieso schon alles was sie brauchen konnten gestohlen.

Sowjetisch-englische Zonengrenze Tauchen, Eisenbahnkontrolle

Jetzt gingen sie meisten in der Nacht Frauen suchen und Lebensmittel stehlen. Den Bauern im Ort und aus der Umgebung trieben sie fast das gesamte Vieh weg. Das änderte sich, denn am 6. August 1945 mussten die Russen die Steiermark verlassen und so auch ihr Barackenlager. Sie zogen sich aber auch aus dem ganzen Ort zurück.

Jetzt kamen die Engländer, die feierten dann ihre Partys, zu diesen war auch die Bevölkerung eingeladen. Vermutlich waren die Alliierten über den genauen Grenzverlauf in unserem Ort nicht informiert. Erst nach einiger Zeit mussten sich die Engländer über den Bach zurückziehen und in unseren Ort kamen im Oktober 1946 wieder die Russen. Im Haus meiner Tante, die eine Tabaktrafik hatte, quartierten sie sich ein und davor wurde der Grenzschranken errichtet, bei dem immer ein Posten stand und alles kontrollierte, was in die Steiermark wollte oder von dort gekommen ist. Es waren immer zwischen 10 und 15 Soldaten hier, die abwechselnd an der Grenze Wache standen. In gewissen Abständen wurde das Wachkommando durch neue Truppen abgelöst. Meine Tante hat die Trafik in unser Haus auf die steirische Seite gegenüber ihrem Haus in Niederösterreich verlegt, bekam dann sogar für ihr Haus eine Miete, die musste sie sich aber in Neunkirchen von der Bezirkskommandantur abholen. Wenn sie keine Zeit hatte, so musste ich nach Neunkirchen fahren, die Angst die ich dabei hatte kann sich ja heute niemand vorstellen. Wenn die sowjetischen Grenzposten schlecht aufgelegt waren kontrollierten sie auch die Dorfbewohner, sonst winkten sie einen nur durch. Wollten die auf der steirischen Seite in das Dorfgasthaus gehen, oder die Niederösterreicher in die Trafik, so mussten sie zur Sicherheit immer den Identitätsausweis mithaben. Nachdem mein Heimathaus auf der steirischen Seite stand und ich im Gasthaus auf der niederösterreichischen Seite beschäftigt war, musste ich täglich oft mehrmals die Grenze überqueren. Da in unserem Ort ja kein Durchzugsverkehr war, hatten die Grenzpo-

Armbinde
Dolmetsch

Gendarm

Polizei

sten ja nichts zu kontrollieren und langweilten sich die Stunden, die sie hier zu stehen hatten. Die jungen Burschen gingen oft ohne Grund immer wieder zwischen den Grenzen hin und her, bis es den sowjetischen Soldaten zu bunt wurde und sie alle, die keinen Ausweis mit hatten, einsperrten. Sie mussten im Keller des Kommandantur-Hauses, oft einen Tag oder eine Nacht lang, Brennholz schneiden.

Die Besatzungstruppen bestanden meistens aus sehr jungen Soldaten, die immer Hunger hatten, da ihre Truppen-verpflegung nicht ausreichend war. So fragte mich die Wirtin, als wieder einmal aus der Speisekammer Butter fehlte, wo ich diesen hingegeben hatte. Wie überhaupt schon seit längerer Zeit immer wieder verschiedene Lebensmittel fehlten, nicht viel, einmal eine Stange Wurst, dann ein Striezel Butter, Mehlspeise, 5 Flaschen Bier und Schlagobers, den ich zwischen die Fenster gestellt hatte. So hatte die Wirtin den Verdacht, dass die Angestellten die Sachen genommen hätten. Bis das Fehlen aufgeklärt wurde, denn mein Bruder hatte in den frühen Morgenstunden, als er von seinem Mädchen nach Hause ging, einige Russen beobachtet, die vom Gasthaus mit verschiedenen Sachen in ihr Quartier gingen. Die Russen hatten bei einem Fenster den Kitt herausgekratzt und konnten die Glasscheibe herausnehmen und nachher wieder einsetzen, so konnten sie bequem das Fenster öffnen und aus und einsteigen, ohne dass jemand Einbruchsspuren bemerkte. Nachdem die Wirtin das dem Kommandanten gemeldet hatte, wurde auch in der Ort-schaft nichts mehr gestohlen. Das Gasthaus befand sich neben der Aspangbahn. Der Bahnhof TAUCHEN befand sich auf der steirischen Seite, wo die Engländer kontrollierten und vor dem Bahnhof gegenüber dem Gasthaus kontrollier-ten die Sowjets, wobei sie die Züge oft willkürlich lange aufhielten. Die sowjetischen Soldaten hatten auf einer Wiese Turnanlagen errichtet, wo sie jeden Morgen ihren Morgensport und auch sonst mehrmals ihr Training hatten. Mit der Zeit haben wir die Besatzer akzeptiert und sie uns. Für uns Mädchen war es natürlich noch immer eine gewisse Gefahr abends allein wegzugehen. So gingen auch wir niemals allein, sondern immer in Gruppen zum Tanzen in der Umgebung. Die Engländer haben dann den Ort verlassen und sind nur fallweise mit einem Spähpanzerwagen gekommen, worauf die Russen am Anfang sofort in Stellung gegangen sind. Man hatte sich gegenseitig nicht vertraut. Die Engländer haben dann sogar diese Kontrollen eingestellt. Nachdem die Engländer dann schon weg waren, hat die Jugend bei den Baracken am Sonntag oft mit der Ziehharmonika gespielt und getanzt. Einmal sind auch die Russen, zum Teil in Zivil gekommen, worauf die meisten aus Angst sofort nach Hause gelaufen sind. Aber es hat auch Österreicherinnen gegeben, die mit sowjetischen Offizieren Verhältnisse hatten. Ein sowjetischer Offizier der bei einem Bauern oberhalb unseres Ortes ein Zimmer hatte bekam immer Besuch von einer österreichischen, attraktiven Frau. Im August 1955 haben uns die Russen dann verlassen. Das Haus meiner Tante haben sie mit langen Nägeln zugenagelt. Erst nach der Unterzeichnung des Staatsvertrages hat sie ihr Haus zurückbekommen."

Josef Kerschbaumer, 14 Jahre: „Ich war damals beim Allabauer Lorenz in Angern, Gemeinde Schäffern. Es war ein großer Einschichthof. Ich musste die Kühe hüten und auch sonst die verschiedensten Arbeiten machen. Wir hatten 15 Kühe, 6 Ochsen und verschiedenes anderes Kleinvieh. Als die Russen auf den Hof gekommen sind, haben sie bis auf eine Kuh und zwei Ochsen alle Tiere weggetrieben bzw. musste ich dabei auch mitgehen. Auf einer großen Wiese im Tal haben sie alle Tiere von der ganzen Umgebung zusammengetrieben. Dann mussten alle Tiere nach Ungarn getrieben werden. Dabei war auch der Vater meiner jetzigen Frau, der bis Sopron gekommen ist. Ich musste auch mit, unterwegs sagte ein Mann zu mir: „Geh zurück Bub!" So schlich ich mich auf die Seite und ging zurück. Als ich auf dem Hof ankam, waren wieder Russen da. Ich musste unsere letzten Ochsen einspannen und mit den Russen von einem Bauernhof zum anderen fahren und die dort beschlagnahmten Schweine aufladen und in das Barackenlager der Russen in Steirisch-Tauchen bringen. Dort musste ich mit dem Ochsengespann zwei Wochen bleiben und für die Russen die geschlachteten Schweine und Lebensmittel zum Lager fahren. Geschlafen habe ich in den Baracken bei den Soldaten und Essen bekam ich dasselbe wie die sowjetischen Soldaten. Nach zwei Wochen durfte ich mit den Ochsen nach Hause fahren. Die Bäuerin war froh, dass ich wieder da war. Unsere einzige Kuh hatte leider die Maul- und Klauenseuche, die von den Russen aus Ungarn eingeschleppt wurde. Damals wurden die kranken Tiere nicht geschlachtet, sondern gesund gepflegt. Der Kuh wurde das Maul mit Lysol ausgewaschen und auch beim Hufrand wurde immer das Eiter abgewaschen und die Füße verbunden. Nur die Milch konnten wir während der Krankheit nicht verwerten. Aber die Tiere wurden damals wieder gesund. Nach der Besatzungszeit haben wir Tiere aus der Obersteiermark geholt. Ich konnte dann das Wagnerhandwerk erlernen.

2. Mai 1946 an der Demarkationslinie in Ausschlag Zöbern, Bezirk Neunkirchen, wurde der Hilfsgendarm Karl Berkelan des Posten Edlitz, weil er keinen alliierten Reisepass hatte, von den Russen festgenommen, entwaffnet und nach Mönichkirchen abtransportiert. Berkelan hatte einen UNRA Zug zur steirischen Grenze begleitet.

Mönichkirchen - Wechselpass

Friedrich Weninger, 12 Jahre: „Die ersten sowjetischen Soldaten sind aus Richtung Steiermark gekommen, mit Zugmaschinen die Geschütze zogen. Wir sind oberhalb von Mönichkirchen in den Wald geflüchtet. Nach einiger Zeit ging ich als 10-jähriger Bub in den Ort schauen. Dabei kam mir eine Kolonne von Zugmaschinen mit angehängten Kanonen entgegen. Da sie auf dem Weg nicht weiter konnten, hängten sie die Kanonen ab und wollten sie umdrehen. Sie zeigten mir ich sollte mich auf das Geschützrohr setzen, damit das Gleichgewicht gleich bleibt. Dabei habe ich meinen Rock zerrissen. Als die Russen das sahen, waren sie gleich ganz bestürzt und sagten, ich sollte warten. Worauf einer der Soldaten in das Haus der Bäckerei ging und nach einiger Zeit mit einem guten Steirerrock zurückkam und diesen mir überreichte.

Nach dem 8. Mai 1945 wurde vom Pfarrer eine Dankesfeier zum Kriegsende im Pfarrsaal abgehalten. Auch die Sowjets hielten eine große Siegesfeier ab, auf einer Wiese hatten sie ein Podium errichtet und einige hundert Soldaten waren davor angetreten, während verschiedene sowjetische Offiziere Ansprachen hielten. Dann gab es bei uns in Mönichkirchen noch etwas Besonderes. Der Bürgermeister der Nazizeit wurde auch von den Sowjets als Bürgermeister eingesetzt. Er hatte sich gegenüber den Ostarbeitern und Kriegsgefangenen im Lager, sehr anständig verhalten, sodass diesen nichts abgegangen ist und sie sich für ihn eingesetzt haben. Das Sagen hatte ja der sowjetische Kommissar und der Bürgermeister war der Verbindungsmann zu der Bevölkerung. Von den Sowjets waren die Hotels Märzendorfer, Binder und Lang besetzt. Später sind dann die Russen auch öfters in unsere Tischlerwerkstätte gekommen. Nur einmal hatte ich Glück. Als ein betrunkener Russe in das Haus wollte und ganz wild gegen die Eingangstür schlug, war ich gerade im Gang zur Eingangstür, als der Russe auf das Türschloss schoss und die Kugel knapp neben mir vorbeiflog und in die Mauer hinter mir einschlug. Wenn die Russen Brennholz benötigten, hielten sie bei der Zonengrenze dann Männer auf und diese mussten für sie Brennholz machen. Erst dann durften sie ihre Reise fortsetzen. Wenn die Russen durch das Dorf marschierten sang zuerst ein Soldat das Lied an, worauf dann der ganze Trupp in das Lied einstimmte. Meistens sangen sie, wenn sie zu dem außerhalb befindlichen Schießplatz marschierten oder von dort kamen. Wir Buben hatten ja auch jede Menge Waffen, Karabiner, Maschinenpistolen und Maschinengewehre die wir gefunden und mitgenommen hatten. Natürlich auch jede Menge Munition. Auch schossen wir öfters damit. Einmal hat mich dabei der Bürgermeister erwischt, der natürlich meine Eltern verständigte, was für mich nicht besonders gut ausging. Bis uns der sowjetische Kommissar einmal ins Gebet nahm. Nun zu guter Letzt waren es zwei Ladungen

Waffen, die wir auf einem kleinen Wagerl den sowjetischen Offizieren übergaben. Einmal sprach mich am Kirchenplatz ein junger sowjetischer Soldat an und übergab mir eine große Anzahl Teller, die musste ich eins nach dem anderen auf eine Baumgabel stecken und der Russe schoss einen Teller nach dem anderen herunter.

Der englische Schranken befand sich bei der Abzweigung nach Tauchen. Der sowjetische Schranken befand sich zuerst beim Schauregger Berg auf der steirischen Seite. Erst im Juli 1945 mussten sie den Schranken auf die niederösterreichische Seite zurückverlegen und zwar in die Nähe der Giselle Villa. Dort hatten sie beim Dach ein Viereck ausgeschnitten um von da die Demarkationslinie zu beobachten. Durch den Ort wurden auch öfters deutsche Kriegsgefangene durchgetrieben. Wenn die dann außerhalb der Ortschaft eine Rast einlegten, war es ratsam sofort zu verschwinden. Denn wenn die Kopfzahl nicht stimmte, dann nahmen die Begleitposten den nächsten den sie erwischen konnten mit. Einmal hatte ich ein Erlebnis, ich ging ja in Aspang in die Schule und nach dem Unterricht, um den weiten Weg nach Mönichkirchen zu ersparen, stoppten wir immer Autos. So blieb einmal ein englischer Militärlastwagen stehen und nahm uns mit. Vom Fahrer bekamen wir noch Zuckerl geschenkt. Am sowjetischen Grenzschranken ließ ihn der sowjetische Posten nicht durch. Als der Russe abgelenkt war, startete der Engländer und fuhr gegen den Schranken mit Vollgas, sodass dieser zersplitterte und durch war er. Der Posten konnte ihm nur mehr nachfluchen.

Mein Vater war bei der Luftwaffe und in Russland im Einsatz. So war er auch in Brest Litovks einquartiert. Von der Gefangenschaft kam er bereits 1946 heim. Als er einmal in Tauchen zu tun hatte, wurde er dort von den sowjetischen Posten angehalten. Dabei kam er mit diesem ins Gespräch und ein großer Zufall, er war bei dessen Eltern in Brest Litovks einquartiert gewesen. Nachdem er von seinen Quartiergebern nur gelobt wurde, gab es natürlich in Tauchen ein großes Gelage und mein Vater kam mit einer fürchterlichen Wodkafahne nach Hause".

Josef Weninger, 15 Jahre: „Die Hotels Lang, Binder, Märzendorfer waren 1945 von sowjetischen Soldaten besetzt. Ein Lazarett befand sich in der Pension Windbichler. Ein Feldlazarett befand sich in einem Zelt. Von dort hörten wir immer die schwer verwundeten Soldaten jammern. Die Garage beim Kirchenplatz war Totenkammer , obwohl dort auch Kartoffeln gelagert waren. Die Gefallenen wurden dann links und rechts des Kriegerdenkmals begraben. In späteren Jahren dann exhumiert. Nach Kriegsende wurde das Feldlazarett abgebaut. Dann wurden von den Sowjets 10 bis 12 Männer geholt, darunter auch ich, und wir mussten das Feldlazarett abbauen. Mit Ochsengespannen mussten wir das Zelt samt der Einrichtung nach Gloggnitz führen. Dabei waren wir zwei Tage unterwegs, in Otterthal haben wir mit den Gespannen übernachtet. Im Jahr 1947 haben die meisten sowjetischen Soldaten Mönichkirchen verlassen und die Hotels der Gemeinde bzw. den Besitzern übergeben. Vom Hotel Binder wurden 14 Fuhren Schutt weggeführt, gleichfalls vom Hotel Lang. Die Grenzposten haben sich in der Villa Gisella, neben dem Grenzschranken einquartiert. Es blieben nur ca. 10 bis 20 Soldaten zurück. Einmal hat ein Kleinlastwagen auf der Fahrt in die Steiermark den Grenzschranken beschädigt. Erst als er den Schaden bezahlt hatte durfte er die Fahrt fortsetzen. In Mönichkirchen lag der Ortsfriedhof ca. 80 m im Niemandsland zwischen den Zonengrenzen, sodass für den Friedhofsbesuch der Identitätsausweis erforderlich war. Bezüglich der Begräbnisse konnte nichts Nachteiliges in Erfahrung gebracht werden. Einzelbesucher mussten sich jedoch ausweisen.

So schreibt der Ortspfarrer in der Kirchenchronik: Das religiöse Leben nimmt zu. Das Jahr 1947 bringt etwas Erleich-

U. (beide): Sowjetische Zonengrenze Mönichkirchen

terung. Die Besatzung zieht sich außerhalb des Ortes zurück, auch das Rauben und Plündern nimmt ein Ende. Die Häuser werden wieder gereinigt und renoviert. Im März 1954 haben die Besatzungstruppen den Ort für immer verlassen und man konnte ohne Ausweis in Ruhe den Friedhof betreten."

Trattenbach – Feistritzsattel

Bezirk Neunkirchen, der Übergang von Niederösterreich in die Steiermark führte von Trattenbach über den 1200 m hohen Feistritzsattel in das steirische Rettenegg. Da am Feistritzsattel nur ein unbewohntes Haus war, verlegten die sowjetischen Truppen im Winter den Schranken vom Sattel zu dem unterhalb befindlichen Dissauer Bauern. Hans Dissauer kann sich noch erinnern: Wir durften uns nur in einem Raum aufhalten und dort auch schlafen. In den anderen Räumen befanden sich die sowjetischen Wachmannschaften. Im März 1946 wurden sie auf 18 Mann verstärkt. Diese Soldaten waren so stur, dass wir nicht einmal hinter das Haus gehen durften. Sie selbst raubten sogar in der englischen Zone in der Steiermark das Vieh und trieben es herüber, um etwas zum Essen zu haben.

Zuletzt verlegten sie den Zonenschranken in den Ort Trattenbach bei der Gemischtwarenhandlung Scheibenbauer, die sie natürlich gänzlich ausplünderten. Die alten Scheibenbauergeschwister Oswald und Maria waren verschwunden, als die Sowjets am 28. Dezember 1948 auf der Gemeinde dem Sekretär Michael Brenner erklärten, dass sie das Scheibenbauer Haus, das bis dato sowjetische Kommandantur war, übergeben möchten. Wegen seiner Kriegsverletzung konnte der Sekretär Brenner zur Übergabe des Hauses nicht mitgehen, so ging in seiner Vertretung Lehrer Berger. Dieser musste mit seiner Unterschrift bestätigen, dass alles in bester Ordnung übergeben worden sei. Leider sah die Wahrheit jedoch anders aus. Gleichzeitig räumten sie den vor dem Haus befindlichen Schranken weg. Die Russen hatten auf die Frage, wo den Maria und Oswald Scheibenbauer geblieben sind, nur den Kopf geschüttelt. In der Bevölkerung kursierten die tollsten Gerüchte, die einen hatten sie in Kirchberg gesehen, die anderen zum selben

Li. (alle drei): Sowjetische Soldaten der Zonen-grenzwache

Re.: Das Häuschen der Grenzposten (Sowjetische Zonengrenze Mönichkirchen) heute

Zeitpunkt wieder wo anders. Dann hieß es, sie seien neben der Kapelle erschossen und begraben worden. Als der Sohn Johann dort aufgrub kam nur der alte rote Teppich der Kapelle zum Vorschein. In den 50er Jahren hatte der Sohn Johann das Geschäft wieder aufgesperrt und im Jahr 1952 bauten sie zur Gemischtwarenhandlung einen Trakt dazu.

Als bereits sein Sohn Horst ein größeres Bienenhaus aufstellen wollte, machte er eine furchtbare Entdeckung, auf der Böschung neben dem Haus kamen zwei Skelette zum Vorschein.

Es waren Oswald Scheibenbauer, er war durch einen Schuss in die rechte Schläfe ums Leben gekommen und seine Schwester Maria Scheibenbauer sie war durch einen Genickschuss getötet worden. Wie die beiden alten Leute ums Leben gekommen sind, wird wohl ewig ein Mysterium bleiben, wurden sie erschossen, war es Selbstmord oder Mord? Johann Scheibenbauer kann sich noch erinnern als er zu Weihnachten 1943 Fronturlaub hatte und als seine Mutter zum Abschied mit ihm hinausging und sagte. „Pfüti Gott, aber sehen werden wir uns nimmer!" Worauf er seiner Mutter erklärte, dass er schon auf sich aufpassen wird. Sie aber sagte ganz ernst zu ihm: „Du wirst zurückkommen, aber uns wird es dann nicht mehr geben." Sein Onkel litt schon immer darunter, einmal von zu Hause weggehen zu müssen und ganz arm zu sein. Die Russen dürften seinen Onkel durch ihre andauernden Forderungen nach Lebensmittel zur Verzweiflung getrieben haben, sodass er zuerst seine Schwester und dann sich selbst erschoss. Johann Scheibenbauer war Jäger und hatte mehrere Gewehre und Pistolen zu Hause aufbewahrt. Was aber wirklich genau vor sich gegangen ist, wird man nie erfahren, sie haben ihr Geheimnis mit ins Grab genommen.

Zonengrenze und Kommandantur in Trattenbach beim Haus Scheibenbauer

Semmeringpass – Straßen- und Eisenbahnkontrolle

Im Bereich der Demarkationslinie an der steirisch-niederösterreichischen Grenze spielten sich Dramen ab. Am Hirschenkogel wurde Karl Steif aus Pottschach beim Überschreiten der Zonengrenze von sowjetischen Soldaten angeschossen und schwer verletzt.

Am Bahnhof Semmering gab es eine gemischte Bahnpolizei aus Russen und Österreichern. Dieser war der kurz vorher aus der deutschen Wehrmacht heimgekehrte Semmeringer Wilfried Gläser beigetreten. Zur Personenkontrolle gehörte auch die Patrouillentätigkeit bis zum Wolfsbergkogel. Die Russen nahmen diesen Dienst nicht ernst und legten sich lieber in die Sonne.

Karl Siller, Gendarmerie Beamter am Semmering: „Gewohnt haben wir alle am Gendarmerieposten, so 6 bis 7 Gendarmen. Die meisten erst vom Militär zurückgekommen und jetzt schon wieder kaserniert. Aber Arbeit gab es in unserer Gegend ja fast keine. Am Abend bekamen wir im Hotel Panhans gegen Bezahlung ein warmes Essen. Als wir eines Abends nach dem Essen zum Posten gingen, bemerkten wir am Sonnwendstein Feuer. Worauf mein Kamerad Wurm und ich noch in der Nacht zum Sonnwendstein hinaufstiegen. Oben klopften wir zuerst den Hartberger Wirt heraus. Der ging mit uns mit zum Kircherl hinauf, denn von dort kam der Feuerschein. Da sahen wir um ein Feuer mehrere Burschen sitzen. Mit Hurra stürmten wir die Runde. Aber es war alles harmlos. Aber damals ging es zu jeden Einsatz meistens im Fußmarsch. So mussten wir einmal vom Semmering in die Prein, über den Talhof, denn in einem kleinen Haus war eine Familie von Unbekannten in sowjetischen Uniformen ermordet worden. Wir mussten natürlich auch für die sowjetische Kommandantur verschiedene Dienste verrichten. Die sowjetische Kommandantur befand

O. li.: Kommandantur, Besatzung

O. re: Kommandant Oberstleutnant Elia Arogrov mit Adjudanten

U.: Bei Grabarbeiten wurden im Garten des Scheibenbauer-Hauses wurden die Gebeine der seit 1945 vermissten Scheibenbauer-Geschwister gefunden. Ihr Tod ist ungeklärt.

Zonenkontroll-stelle ab 1. August 1945 auf der steirischen Seite der Semmering-Passhöhe, v. li. o. n. re. u.: Erste sowjetische Zonen-kontroll-Mann-schaft / Spätere Kontrollstelle direkt auf der Semmering Passhöhe / Sowjetischer Posten mit Gendarm Eggenberger (li.) und Briefträger

sich im Hotel Post auf der Passhöhe. Einmal, es war bereits im Spätherbst, musste ich mit einem sowjetischen Soldaten von der Demarkationslinie einen Zivilisten nach Neunkirchen zur Bezirkskommandantur überstellen. Beim Rückweg haben wir Auto gestoppt. Tatsächlich hat uns ein englischer Armeelastwagen mitgenommen. Wir durften auf der Ladefläche, zwischen Gerümpel und vielen leeren Säcken sitzen. Gegen Schottwien zu wurde die Straße immer rutschiger und in der Hirschkurve ist es dann geschehen. Der LKW kam ins Schleudern, prallte gegen die am Straßenrand befindlichen Randsteine und stürzte um. Da ich am LKW weiter hinten saß, kam ich gleich auf die Füße und auf die Straße. Da der Motor zu brennen anfing half ich dem Lenker aus dem Führerhaus. Dann hörten wir schon den sowjetische Soldat schreien, er ist ganz vorne gesessen und wurde von dem Gerümpel und den leeren Säcken begraben, nur seine Hand mit der MPi sah heraus. Wir zogen ihn heraus und Gott sei Dank war keiner verletzt worden. Wir sind dann weiter, leider ist mir der sowjetische Soldat in kein Auto mehr eingestiegen, soviel Angst hatte er, so mussten wir zu Fuß auf den Semmering gehen. Das Interessante dabei war, dass ich kein Wort Russisch und er kein Wort Deutsch konnte. Wir hatten mit den sowjetischen Besatzungssoldaten ein gutes Verhältnis. So wurden wir zu jeder Feier eingeladen. Ihre größte Freude hatten sie, wenn wir beim Wodka trinken mit ihnen nicht mithalten konnten.

Einmal hatte ich dienstfrei und wollte nach Wien. Natürlich mit Autostopp, da musste ich an der Demarkationslinie über eine Stunde warten bis ein Auto aus der Steiermark gekommen ist und mich mitnahm. Auch die Russen haben uns mitgenommen. Einmal von Wiener Neustadt zum Semmering, da stand ich beim geschlossenen Bahnschranken in Wiener Neustadt als ein PKW mit sowjetischen Offizieren anhielt. Ich fragte sie ob sie zum Semmering fahren, worauf sie mir sofort einen Platz rückwärts anboten und mich bis zum Südbahn Hotel brachten. Die Russen sind ins Südbahn Kino gegangen, dort wurden von den Sowjets regelmäßig Filme vorgeführt. Diese Veranstaltungen konnten auch wir kostenlos besuchen."

*Sowjetische
Kontrollstelle
von Steiermark
aus gesehen
(Foto ÖNB Bild-
archiv)*

*U.: Mannschaf-
ten der Kom-
mandantur
Semmering, re.
u.: Offiziere*

Sowj. Unteroffizier Peter Girenkov (rechts), der am Semmering Vater wurde.

Re.: Sowj. Offizier im Hotel Panhans am Semmering

Sowj. Offiziere mit österr. Politikern (Figl, Körner, Helmer u. a.) im Hotel Panhans

Wilfried Gläser , Gemeindesekretär erzählte: „Der Vorteil war, dass ich als Angehöriger dieser Bahnpolizei auch eine alliierte Reiseerlaubnis bekam und dadurch ohne Probleme zu meiner Schwester in die Steiermark, nach Spital am Semmering fahren konnte. Diese kochte in Spital für die englischen Soldaten und dabei lernte ich dann Ronny kennen, einen englischen Soldaten, der den Auftrag hatte mit seinem Kranwagen die Strecke bis nach Wien zur englischen Zone abzufahren, um eventuell englische Fahrzeuge abzuschleppen. Ronny war ein mit allen Wassern gewaschener Landser, der sofort mit mir zu schachern begann. Zuerst nur mit Zigaretten, dann mit Benzin, was natürlich einträglicher war. Gab es doch in der sowjetischen Zone fast keinen Tropfen Treibstoff. Nun Ronny lieferte auf Bestellung jede Menge Benzin in 20 Liter Kanistern. Die Übernahme erfolgte in der letzten Kurve vor der Passhöhe. Die Abnehmer Taxifahrer, kleine Gewerbetreibende und die Schottwiener Gipswerke, lauerten hinter dem Wagner Haus. Meistens in der Früh oder am späten Abend. Dann kam der Kranwagen, stellte die Kanister ab, Gläser bezahlte und Ronny fuhr rasch weiter. Nach der Bezahlung durch Abnehmer verpackten sie ihre Kanister und weg waren sie. So hatten wir bereits einige hundert Liter verkauft und da das Geschäft so gut ging wollten wir es weiter ausbauen und mit dem Menschenschmuggel beginnen. Der englische Kranwagen hatte rückwärts eine große eiserne Werkzeugkiste. In dieser konnte eine Person mitfahren, da der englische LKW nicht kontrolliert wurde. Die Leute wurden auf der sowjetischen Seite am Semmering beim Klecker-Haus aufgenommen. Einmal eine Frau mit einem kostbaren Pelzmantel, dann ein Tscheche, der aus lauter Angst furchtbar schwitzte. Der Transport kostete 1000 Schilling. Daran haben wir sehr gut verdient. Doch eines Tages wurde Ronny von der englischen Militärpolizei verhaftet, der Benzinhandel war aufgeflogen. Die Sicherheitsverhältnisse wurden teilweise etwas besser, dann verschlechterten sie sich wieder. Was zum Teil mit dem hohen Stand der sowjetischen Besatzungstruppen zusammenhing, da auch Truppen zur Gebirgsausbildung herangebracht wurden. Dadurch wurde die Wohnungsnot noch verschärft, die wirtschaftliche Lage war trostlos und die Bevölkerung allgemein unterernährt. Der Schleichhandel nahm ständig zu und wurde zu einem eigenen Ernährungszweig.

An der Demarkationslinie wurde Johanna Schabreiter ermordet aufgefunden. Sie war vollkommen entkleidet und durch mehrere Messerstiche getötet worden. Der Mord war jedoch am Dachboden der Villa Krikel erfolgt und die Leiche danach erst an den Auffindungsort gebracht worden. Es dürfte sich um eine Eifersuchtstragödie gehandelt haben. Dann wurde wieder eine Frau von zwei Männern in sowjetischer Uniform vergewaltigt. Diese Täter konnten von der sowjetischen Militärpolizei ausgeforscht und verhaftet werden.

Durch den Adlitzgraben fuhr jeden Abend ein sowjetisches Pferdefuhrwerk bis auf den Semmering. Es wurde von den Einheimischen „SABRALIEXPRESS" genannt. Man hörte es schon von weitem daherrattern, dann war es eine Zeit lang still, wenn die beiden Kutscher gerade beim Stehlen waren. Es wurde immer ärger, die Hungerrationen waren zum Sterben zu viel, zum Leben zu wenig. So schaute jeder ob er eine Möglichkeit hatte in der Steiermark Lebensmittel zu bekommen. Um bei einer Kontrolle nicht gefasst zu werden, übergab man in der Bahnstation Steinhaus am Semmering den Rucksack dem Lokführer, der diesen zum Bahnhof Semmering mitnahm und dort abgab. So konnte man die sowjetischen Kontrollen umgehen.

Am 17. Juni 1947 wurde statt der Notbrücke über den Myrtengraben eine englische Pionierbrücke (Baile Eisenkonstruktion) errichtet. Diese Brücke musste von der Gendarmerie rund um die Uhr bewacht werden. Zu diesem Zweck wurde ein Postenhäuschen am oberen Ende der Brücke aufgestellt und die Brücke mit zwei Scheinwerfern beleuchtet. Am 11. Jänner 1951 wurde die aus Stein und Beton gebaute Myrtenbrücke dem Verkehr übergeben.

1950 wurden am 11., 21. und 28. Jänner, am 11. und 25. Februar, sowie am 8., 16. und 30. Juni jüdische Auswanderertransporte über den Semmering geführt. Die Züge mussten von der Bahngendarmerie und am Bahnhof bzw. bei der Demarkationslinie zusätzlich von Beamten des Gendarmeriepostens Semmering bewacht werden, um das Aussteigen der Flüchtlinge zu verhindern. Die Auswanderer wurden von Polen nach Italien und von dort nach Israel gebracht.

1952, immer wenn ein Minister oder ein anderes Regierungsmitglied im Auto den Semmering überquerte, wurde der Gendarmerieposten vorher telefonisch in Kenntnis gesetzt und ein Beamter hatte zum sowjetischen Grenzschranken zu gehen, um eine schnelle Durchreise zu ermöglichen.

Die sowjetischen Grenzposten verzögerten oft die Kontrolle, obwohl zwischen Gendarmen und Soldaten ein gutes Einvernehmen bestand. So stand dann ein Gendarm beim geschlossenen Schranken und konnte auch nicht helfen, während die sowjetischen Posten im gut geheizten Wachraum palaver-

Österr. Gendarmerie bewacht die von den Briten errichtete Pionierbrücke über den Myrtengraben

ten. Besonders Vizekanzler Schärf machten sie Schwierigkeiten und ließen ihn immer lange warten. Vielleicht war sein Titel im Russischen unbekannt. Da stand dann einmal der jüngste Gendarm Siegfried Eggenberger und wartete. Bis es ihm zu bunt wurde und er einen bekannten sowjetischen Soldaten fragte, ob denn diese Kontrollen nicht schneller gehen könnten, worauf der Soldat antwortete: „Was Du mir geben?" Eggenberger war mit 16 Jahren zur Gendarmerie eingerückt und natürlich auch nicht mit Reichtum gesegnet. Was sollte er dem Russen geben? Als der Russe sah, wie er sich den Kopf zerbrach, sagte er: „Du mir bringen Foto Natura!" Nun war guter Rat teuer, was war denn ein „Foto Natura?" In dieser Zeit dachten doch alle nur ans Essen. Bis es bei Siegfried funkte, als er den Russen mit den Händen die tollsten Kurven deuten sah. Diese Kerle wollten Aktfotos, aber woher nehmen? Als junger Gendarm, der am Posten sein Zuhause hatte, schnüffelt man natürlich auch in der Freizeit immer herum. Nun konnte er sich erinnern am Dachboden eine Schachtel mit Material eines Fotografen gesehen zu haben. Wieder am Posten schaute er am Dachboden nach und tatsächlich fand er eine Schachtel mit einer ganzen Sammlung von Aktfotos. Als der nächste Minister zur Durchfahrt angesagt war, steckte er dem Posten ein „Foto Natura" zu und als der Minister kam, war der Schranken hochgezogen und er konnte ohne anzuhalten durchfahren. Aber nun begann der Ansturm der sowjetischen Soldaten. Jeder wollte natürlich ein „Foto Natura" haben. Worauf er ihnen erklärte, dass sie jeden Monat eines bekommen werden, wenn sie die Abmachung einhielten. Er hatte ja nicht mehr allzu viele Aktfotos. Die sowjetischen Soldaten hielten sich an die Abmachung und eines Tages konnte sogar der hohe Gendarmerie General diese Begünstigung in Anspruch nehmen, die er eigentlich nur der Initiative eines kleinen „Ein Sterne Inspektors" zu verdanken hatte.

Am 12. Februar 1953 ordnete der sowjetische Bezirkskommandant in NEUNKIRCHEN an, dass ausländische Kraftfahrzeuge nur die Bundesstraße 17 über den Semmering auf der Fahrt nach Wien passieren dürfen. Die Bundesstraße 54 über Mönichkirchen, sowie alle Landes- und Bezirksstraßen dürfen von ihnen nicht befahren werden. Mit 13. Juni 1953 Aufhebung der sowjetischen Demarkationslinie für österreichische Staatsbürger. Die Zonenkontrollen wurden eingestellt und die Grenzübergänge für den Verkehr freigegeben.

Mit Beschluss des alliierten Rates vom 14. August 1953 wurde in Österreich mit 15. August 1953 sämtliche alliierte Zensur aufgehoben und die Zensurstellen aufgelöst. Nun ist in Österreich wieder jeder Brief-, Telefon und Telegrammverkehr in das Ausland und umgekehrt unkontrolliert möglich und das Briefgeheimnis im Sinne unserer Verfassung gewahrt.

30. September 1953. Infolge Verminderung der britischen Besatzungstruppen in Österreich verfügte das britische Oberkommando in Wien die Auflassung ihrer Kontrollposten an der Demarkationslinie am Semmering.

Beim Eintreffen des Stellvertreters des britischen Militärbefehlshabers an der Demarkationslinie, nahm um 09.30 Uhr die Wachmannschaft des Kontrollpostens vor der Wachhütte Aufstellung, wobei unter präsentiertem Gewehr vom Flaggenmast die „Union Jack" eingeholt und der Straßenschranken abmontiert wurden.

Hierauf verabschiedeten sich die englischen Offiziere von den Russen. Nach diesem Festakt rückten die englischen Truppen in ihre Garnison nach Graz ab. Die österreichische Bundesgendarmerie übernahm den Grenzposten in der britischen Zone."

Englische Zonenkontrolle in Steinhaus

Ennsdorf, der Übergang in die amerikanische Zone

Ennsdorf, am 5. Oktober 1945 wurden die amerikanischen Truppen durch sowjetische Truppen abgelöst. Nun wurden von den Sowjets sämtliche Häuser besetzt und innerhalb einer Woche die Grenze zu Oberösterreich hermetisch abgeriegelt.

Die Amerikaner hatten das KZ Mauthausen geöffnet, worauf die Insassen in der gesamten Umgebung plünderten. Anschließend hielten sich in Ennsdorf zahlreiche Ausländer auf, welche an der Ennsbrücke zwischen den Besatzungsmächten ausgetauscht wurden. Diese plünderten die Häuser gleichfalls aus. Besondere Schwierigkeiten entstanden bei Leichenbestattungen, da der Ort selbst keinen Friedhof hatte und die Toten aber am Friedhof in Enns, amerikanische Zone, beerdigt werden mussten. Größere Menschenansammlungen waren an der Demarkationslinie aber verboten.

Sowjetischer Kontrollposten an der Ennsbrücke, Gendarmen Rudolf Schlatter und Friedrich Hofegger.

Die Haupttätigkeit des Gendarmeriepostens Ennsdorf erstreckte sich hauptsächlich zur Überwachung der beiden Ennsbrücken, wo von der sowjetischen Besatzungsmacht eingehende Kontrollen durchgeführt wurden. Dabei ergaben sich immer Schwierigkeiten, da von den Sowjets nicht gestattet wurde, dass die Dienst habenden Gendarmen sich auch bei den beiden Brücken aufhielten. Dabei wurden die Gendarmen von den sowjetischen Soldaten beschimpft und bedroht, auch wurden sie als Spione bezeichnet.

Rudolf Schlatter, ab 7. Mai 1949 am Gendarmerieposten Ennsdorf, erinnerte sich: „Im Laufe meiner Dienstverrichtung an der Ennsbrücke wurde mir bekannt, dass sämtliche von den Sowjets hier festgenommenen, falls sie in die sowjetischen Gefängnisse nach Baden oder Wiener Neustadt überstellt wurden, kaum eine Chance hatten, freigelassen zu werden.

O., u. li.: Am 30. September 1953 verabschiedeten sich die Engländer am Semmering von den Sowjets

U. re.: Die Zonenkontrolle am englischen Kontrollpunkt wird gerade der österreichischen Gendarmerie übergeben

An einen Vorfall mit Bundeskanzler Figl kann ich mich noch gut erinnern. Der damals den Bundeskanzler begleitende Kriminalbeamte benahm sich gegenüber den sowjetischen Soldaten herausfordernd. Daher wurde der Bundeskanzler länger an der Demarkationslinie angehalten. Mir war auch bekannt, dass es zu derartigen Ausfällen der Sowjets wiederholt gekommen ist. Dies mit sämtlichen Regierungsmitgliedern an der Ennsbrücke, besonders aber mit Bundeskanzler Figl. Die sowjetischen Soldaten schauten in den PKW hinein und sagten dem Sinn nach: „AH DU FIGL", worauf der Bundeskanzler mit dem Russen schrie und als er bemerkte, dass es uns peinlich war, sagte er: „Herr Inspektor, machen's Ihnen nichts daraus!"

Am 22. Dezember 1945 wurden die noch gültigen Reichsmark in Schilling der österreichischen Nationalbank umgewechselt. Damit war die Schillingwährung in Österreich wieder eingeführt.

Mit Erlass des Ernährungsamtes der Niederösterreichischen Landesregierung wurde die endgültige Auflassung sämtlicher Lebensmittelkarten mit 1. Juli 1953, welche mit Beginn des Zweiten Weltkrieges eingeführt wurden, verfügt."

Grenzübergang Enns-Brücke in die Amerikanische Zone

U. li.: Amerikanische Zone, Oberösterreich

U. re.: Sowjetischer Kontrollposten

Sowjetische
Grenzbesatzung

Grenzstelle Mitterbach-Mariazell

Am 7. März 1953 wurde an der Demarkationslinie der Dienst habende sowjetische Soldat von einem politischen Offizier an Ort und Stelle erschossen. Angeblich hatte er zwei LKW mit tschechischem Kennzeichen ohne Kontrolle in die englische Zone passieren lassen.

Sowjetische
Zonengrenze
Mitterbach

V. Grundlage der Vertreibung – das Potsdamer Abkommen

In diesem Abkommen, am 2. August 1945 für die Siegermächte von Josef Stalin (UdSSR), Harry Truman (USA) und Winston Churchill (Großbritannien) abgeschlossen, wurde über die Behandlung des besiegten Deutschland folgendes verfügt:

1. Völlige Abrüstung und Entmilitarisierung Deutschlands.

2. Auflösung der NSDP und Entfernung aller ihrer Mitglieder aus öffentlichen Ämtern und Aburteilung der Kriegsverbrecher.

3. Demokratisierung.

4. Dezentralisierung der deutschen Verwaltung (Verbot der Rüstungsproduktion).

5. Wiederaufbau.

6. Behandlung Deutschlands als wirtschaftliche Einheit.

7. Reparations-Leistungen – Grenzziehung.

   1a Übergabe von Ostpreußen an die UdSSR

   2a Gebiete östlich der Oder-Neiße-Linie an Polen.

   3a Ausweisung der deutschsprachigen Bevölkerung aus Osteuropa und den deutschen Ostgebieten: Die drei Regierungen haben die Frage unter allen Gesichtspunkten beraten und erkennen an, dass die Überführung der deutschen Bevölkerung oder Bestandteile derselben, die in POLEN, der TSCHECHOSLOWAKEI und UNGARN zu rückgeblieben sind, nach Deutschland durchgeführt werden muss. Sie stimmen darin überein, dass derartige Überführung, die stattfinden wird, in ordnungsgemäßer und humaner Weise erfolgen soll.

Dieser Artikel 7/3a diente Polen, der Tschechoslowakei, Ungarn (und Jugoslawien) als Grundlage für die Vertreibung der gesamten deutschsprachigen bzw. deutsch-stämmigen Bevölkerung. Dabei spielte es in diesen Staaten keine Rolle, dass sie damit auch die meisten „deutschen" Altösterreicher, die über Jahrhunderte auf deren nach 1918 eigenständig gewordenen Staatsgebieten lebten und wesentliche wirtschaftliche und kulturelle Beiträge in diesen Ländern leisteten, vertrieben. Viele von ihnen fanden in der jungen Republik Österreich Aufnahme und eine neue Heimat.

Entgegen der Vereinbarung von Potsdam lief die Vertreibung auch keineswegs so „ordnungsgemäß" und „human" ab, wie das vorgesehen war. Vor allem in der Tschechoslowakei und in Jugoslawien wurden die Volksdeutschen wie „Freiwild" behandelt – es geschahen furchtbare Verbrechen. Viele unschuldige Menschen wurden erschlagen, gehängt, zu Tode geprügelt, in Sammellagern dem Hungertod ausgeliefert u.a.m. Es soll im Folgenden an Hand einiger persönlicher Schicksale dokumentiert werden, wie diese Umsiedelung und Vertreibung in der Praxis ausgesehen hat.

VI. Vertreibung aus der Tschechoslowakei

Zu den Sudetendeutschen zählt man auch die 180.000 Südmährer, die aber Altösterreicher sind und in Böhmen, Mähren, Schlesien lebten. Die Siegermächte des Ersten Weltkrieges geben das Sudetenland ohne Selbstbestimmung seiner Bewohner und gegen ihren Willen der neu gegründeten Tschechoslowakei.

Bei Kriegsende beschloss der tschechische Präsident BENESCH die totale Enteignung der Sudetendeutschen und deren Vertreibung aus ihrer Heimat. Bereits im Mai 1945 begannen die wilden Vertreibungen, die in unmenschlicher Weise durchgeführt wurden. Spezialisten und Facharbeiter wurden in Lagern zurückgehalten und in der Industrie als billige Arbeitskräfte eingesetzt.

KUNDMACHUNG

Der Nationalausschuss in Brünn ordnete aufgrund seines Beschlusses vom 29. Mai 1945 mit Erlass vom gleichen Tage Nr. 78/1945 folgendes an:

„Deutsche die im Bereich der Stadt Brünn wohnen und zwar alle Frauen und Kinder, ferner Männer unter 14 und über 60 Jahre sowie arbeitsunfähige Männer werden aus der Stadt geführt. Diese Personen können mit sich nehmen, was sie tragen können, jedoch keinesfalls Juwelen und Sparbücher. Die übrigen Deutschen Männer werden zu Reinigungsarbeiten sowie zur Beseitigung von Schäden in der Stadt Brünn zusammengezogen und mit einem großen „N" bezeichnet. Nach Ausführung dieser Arbeiten werden auch diese Deutschen aus Brünn herausgeführt.

Infolgedessen ordnete der Nationalausschuss für Groß-Brünn an: Hauseigentümer, bzw. Hausverwalter oder

Hauswachen, fordern sämtliche Frauen und Kinder bis zu 14 Jahren sowie Männer über 60 Jahre und arbeitsunfähige Männer auf, sich für heute, das ist der 30. Mai 1945 um 21.00 bis 22.00 Uhr zum Verlassen der Stadt Gross-Brünn vorzubereiten. Diese Personen können alles mitnehmen, was sie tragen können, vor allem Nahrungsmitteln, Decken, warme Wäsche, warme Kleidung, Wasserkübel u. ä. Sie dürfen Juwelen und Sparbücher nicht mit sich nehmen. Deutsche Männer die älter als 14 und jünger als 60 Jahre sind, werden in das Sammellager in Malomerice zusammengeführt. Der örtliche Nationalausschuss veranlasst im Einvernehmen mit den Polizeirevieren und den Blockkommandeuren das Versiegeln der von den Deutschen verlassenen Wohnungen und bestellt einen vorläufigen Verwalter für deren Eigentum im Sinne des Dekretes des Herrn Präsidenten der Republik vom 19. V. 1945.

Die Blockkommandeure und Verwalter, eventuell die Hausmeister in den einzelnen Häusern garantieren dafür, dass von dem Eigentum der weggeführten Deutschen bis zur Übernahme durch den Nationalausschuss nichts verloren geht. Das gleiche gilt für die vorläufigen Eigentumsverwalter.

Als Deutscher gilt ein jeder, der auf der Stammkarte für Lebensmittelkarten das Zeichen RD oder D hatte. Für die Richtigkeit der Bezeichnung als Deutscher garantierte der Hausmeister und die gesamten Bewohner des Hauses. Eine Ausnahme gilt nur für die Personen, die bereits eine Bestätigung der Feststellungskommission des Nationalausschusses haben, dass sich auf sie Anordnungen für Deutsche nicht beziehen. Jedoch auch diese Personen müssen antreten und ihr Dokument wird von den Polizeiorganen überprüft.

Nationalausschuss für Gross-Brünn

Gez. Matula e. h. Vorsitzender
LS: Polizeidirektion Brünn

22. Mai 1945: Die Rote Armee rückte in Nikolsburg ein. Das Schloss brannte und die eingelagerten Kunstschätze und Utensilien der Wiener Oper verbrannten. Die Grenzen von 1919 wurden wieder hergestellt. Dann kamen tschechische Neusiedler. Sie suchten sich Häuser deutsch sprechende Bewohner und teilten diesen mit, dass dies jetzt ihr Eigentum sei. Die deutschsprachige Bevölkerung müsse froh sein, dass man sie nicht als Hochverräter einsperre. So mussten die deutschsprachigen Mährer ihre Heimat verlassen. Grund und Boden, Vieh und Maschinen, Wohnungseinrichtungen, ohne Entschädigung zurücklassen. Viele gingen über die Grenze nach Drasenhofen und in die anderen Grenzorte. Der größte Teil kam in das Barackenlager Nikolsburg bei der Kaserne und ins Lager auf dem Muschelberg. Von dort ging es in Gruppen zum Bahnhof und in Lastwaggons verladen nach Deutschland.

Brünner Todesmarsch

1. Tag, 31. Mai 1945: Bis Pohrlitz, dort wurde im Meierhof, in den Stallungen und auf dem bloßen Boden übernachtet.

2. Tag, 1. Juni 1945, zur österreichische Grenze bis vor Drasenhofen, wo im Straßengraben und auf freiem Feld übernachtet wurde.

3. Tag, 2. Juni 1945, bis Poysdorf, Niederösterreich, wo man in der Schule übernachtete.

4. Tag, 3. Juni 1945, bis Ketzelsdorf, wo man in Scheunen übernachtete.

5. Tag, 4. Juni 1945, bis Eibesthal, wo man ebenfalls in Scheunen übernachtet. Hier gab es auch den ersten längeren Aufenthalt. Viele Mödritzer bleiben sogar in Eibesthal und seiner näheren Umgebung, bis sie diesen Ort im August 1945 verlassen mussten und sich über ganz Niederösterreich verstreuten.

Jänner 1946 ging von Mistelbach aus ein Transport nach Melk, wo ein Sammellager für die Vertriebenen zur Registrierung und Weiterleitung nach Deutschland eingerichtet worden war.

Am 26. Februar 1946 ging ein zweiter Transport aus dem niederösterreichischen Raum mit dem gleichen Zweck nach Melk. In Güterwägen, jeder mit 40 Personen belegt und mit einem eisernen Herd ausgestattet, erfolgte von Melk aus der Weitertransport nach Westdeutschland. Auch von Wien Hütteldorf gingen Transporte nach Westdeutschland. In Viehwaggons ging es von Hütteldorf nach Königsbronn bei Aalen in Württemberg.

30. Mai 1945. **Paul Lochmann**, 14 Jahre alt, ein Überlebender dieses Marsches erinnert sich: „Am Abend kam die Nachricht aus Brünn, alle Deutschen sollen sich beim Augustinerkloster sammeln und in Richtung Wiener Straße am Zentralfriedhof vorbei Aufstellung nehmen. Es durfte nur mitgenommen werden, was man selbst tragen konnte. Organisiert wurde dieser Exodus von Narodny Vybor. Bewacht wurde die Ansammlung von jungen Tschechen, die ihren Zorn an den unschuldigen, Frauen und alten Männern einmal so richtig auslassen konnten, dem aufgebrachten Pöbel waren keine Grenzen gesetzt. Wir Deutschsprachigen wurden wie eine Viehherde behandelt. Mein Vater und unser Nachbar, Herr Ulbricht, hatten wohl schon eine Vorahnung, dass auch uns Schreckliches bevorstand. Meine Eltern verbrachten sicherlich schlaflose Nächte. Um 04.00 Uhr morgens wurden wir durch einen Trommelwirbel aus dem Schlaf gerissen. Ein bewaffneter Tscheche schrie mit lauter Stimme:

„Alle Deutschen müssen sofort ihre Häuser verlassen und sich am Marktplatz versammeln. Es darf nur Handgepäck oder ein Handwagen mit dem Notdürftigsten mitgenommen werden. Bargeld und Sparbücher müssen im Rathaus abgeliefert werden. Auf Geheiß meines Vaters musste ich das Handwagerl richten. Mutter holte Decken und Kleidungsstücke. Plötzlich standen schon zwei bekannte Tschechen mit Gummiknüppeln vor uns. Mit einem lauten „honem – honem" wurden wir auf die Straße gejagt. Da kam auch schon meine 83-jährige Großmutter aus dem oberen Ortsteil zu uns, nur mit einer Tasche in der Hand. Das Haus wurde mit unserem Haustorschlüssel versperrt, ein Zurück gab es nicht mehr. Auf der Reichsstraße nach Wien wälzte sich schon die ganze Nacht hindurch, eine unüberschaubare Menschenmenge Richtung Pohrlitz. Wir aus den deutschen Sprachinselorten Mödritz, Schöllschitz, Morbes, Priesenitz, Ober- und Unter-Gerspitz, die Nenowitzer, die Gärtner aus Krumowitz und Maxdorf, mit einem Wort alle Deutschen, die gehen konnten, mussten sich dem Menschenzug anschließen. Wer nicht mehr gehen konnte wurde, soweit dies möglich war, von den noch rüstigen Verwandten und Freunden getragen oder auf dem Handwagen bzw. auf einem Schubkarren geführt. Kartons, leere Koffer und zerfetzte Kleidungsstücke lagen überall verstreut in den Straßengräben. Es war ein trüber, regnerischer Tag, dieser 31. Mai 1945, schmerzgebeugtes Gejammer war zu vernehmen. Nicht zu überhören war das Geschrei der bewaffneten jungen tschechischen Begleitpersonen. Hasserfüllt und emotionsgeladen gegen alles Deutsche, sausten sie mit Motorrädern ständig an uns vorbei und schrien. „Rychle, jedeme" (oder Deutsche Schweine) und dergleichen. Wenn jemand eine Rast im Straßengraben wagte, wurde er mit Gummiknüppeln zum

Li.: Brünner Todesmarsch, 31. Mai 1945, alte Menschen und Kinder, bewacht von Partisanen

Re.: Vertreibung aus Mähren, vermutlich Brünn

Aufnahme aus dem Landkreis Deutsch-Gabel (Böhmen)

Weitergehen gezwungen. Wahllos wurden Fußtritte ausgeteilt und mit Gewehrkolben immer wieder und wieder zugeschlagen. Für viele war der Todesmarsch schon hier zu Ende. Auf brutalste Weise wurden sie durch einen Genickschuss liquidiert, danach mit dem eigenen Rock oder der Jacke zugedeckt und einfach liegen gelassen. Ich erinnere mich noch gut an einen alten Lindenbaum.

Dort hatte sich ein älterer Mann mit dem Hosenriemen erhängt. Ein grausamer Anblick, der für mich unvergesslich bleiben wird. Immer wieder hörte man das ängstliche Geschrei der Kinder. Am Straßenrand standen vereinzelt Tschechen, die uns auslachten, demütigten und uns Deutschen noch das Letzte raubten, das wir noch hatten.

Bei starkem Regen und völlig durchnässt kamen wir gegen Abend in Pohrlitz an. Im leer stehenden Meierhof, wo Tage zuvor nach Kühe gestanden hatten, mussten wir übernachten. Ein unerträglicher Gestank von Kuhmist und Ammoniak. Ich legte mich neben dem Handwagen zwischen Mutter und Großmutter hin und schlief vor Müdigkeit sofort ein. Gegen Morgen bemerkte ich wie einige Männer in Fetzen gewickelte Körper aus den Stallungen trugen. Meine Mutter sagte mir, dass in dieser Nacht einige verstorben wären. Das Gebrüll des Begleitpersonals setzte wieder ein und wir mussten weiter. Viele konnten nicht mehr und blieben im Meierhof zurück, wo ein provisorisches Lager eingerichtet wurde. Durch Muschau ging es weiter Richtung Nikolsburg. Gegen 22.00 Uhr kamen wir schließlich ins Grenzgebiet von Nikolsburg, wo man uns unserem Schicksal überließ. Mit einigen Schimpfwörtern und Fußtritten hieß es: „Nun geht in euer Deutsches Reich!"

Aus den Aufzeichnungen seines Vaters über die nächste Zeit: 3. Juni 1945. Beim Abmarsch vom Lager Poysdorf in der Schule trennte ich mich mit meiner Frau und unserem Sohn Paul vom Treck meiner Landsleute, in der Hoffnung, möglichst bald eine Beschäftigung zu finden. Meine Schwiegermutter, damals über 80 Jahre alt, war ebenfalls bei uns. Bereits in Eibesthal konnte ich drei Tage gegen Verköstigung für uns alle aushelfen, was augenblicklich die Hauptsache war. Ich hatte es mir zum Ziel gesetzt, eine ständige Arbeitsstelle oder einen Fachbetrieb zu finden.

7. Juni 1945. In Paasdorf wurden wir vom Bürgermeister als Landarbeiter gedungen. Unsere Schlafstelle war im Stall. Ich selbst ging oder fuhr mit Russen auf weitere Arbeitssuche und gelangte nach einigen Irrfahrten nach Wolkersdorf. Instinktiv sagte mir diese Marktgemeinde, die größer als unser Mödritz war, vom ersten Augenblick an zu. Nach einer Vorsprache im Gemeindeamt wurden wir akzeptiert.

15. Juni 1945. Ich holte meine Frau, Sohn und Schwiegermutter von Paasdorf nach Wolkersdorf. Spät am Abend

kamen wir in Wolkersdorf an und fanden kein Nachtlager. Es war inzwischen spät geworden und wir durften schließlich bei Bürgermeister Traindl auf dem Boden im duftenden Heu schlafen. So wurde Wolkersdorf unsere zweite Heimat.

31. Mai 1945, Fronleichnamstag, setzt der Strom der aus Brünn und Südmähren vertriebenen deutschsprachigen 25000 Frauen, Kinder und alte Männer Richtung österreichische Grenze ein. Diese Menschen, Alte, Kranke und Schwache werden von tschechischen Partisanen durch Schreie und Schläge angetrieben. Viele blieben aus Erschöpfung und Misshandlungen im Straßengraben liegen und starben an Erschöpfung.

Paul Lochmann in seinem Buch „50 Jahre danach" : Es war am Fronleichnamstag eine Prozession, wie es sie noch nie gegeben hatte, zog Richtung österreichische Grenze, 65.000 Deutsche aus Brünn und seiner Umgebung von Haus und Hof vertrieben. Dann mussten sich alle Männer auf der gegenüberliegenden Straßenseite aufstellen. Die begleitenden Partisanen traten nun an sie heran und nahmen ihnen alles ab, was sie noch bei sich hatten, Ringe, Uhren, Taschenmesser usw. So ging es 23 km nach Pohrlitz. Dort wurde in ausgeraubten Stallungen, Schulen und Baracken genächtigt. Das Schlimmste aber geschah in den Baracken, als gegen 03.00 Uhr eine Horde Russen einbrach und sich auf die Frauen stürzte. Sie wurden, gleichgültig ob jung oder alt, brutal vergewaltigt.

Um 10.00 Uhr begann der Weitermarsch. Viele aber mussten zurückbleiben, da sie einfach nicht mehr weiter konnten. 1.600 von ihnen starben in den folgenden zwei Wochen. Unser Zug ging in Richtung Nikolsburg. Menschenleer schien Mariahilf zu sein, da sich die Bewohner wahrscheinlich auf Befehl in die Häuser zurückgezogen hatten. Als einmal eine Bäuerin mit einem Kübel Wasser aus dem Haus trat, glaubten manche nun ihren brennenden Durst bei der herrschenden großen Hitze löschen zu können. Zur Strafe dafür musste sie eine halbe Stunde lang auf der geschotterten Straße knien.

An der Kreuzung der Straße Bergen – Unter Tannowitz angelangt, wurde ein Teil des Zuges nach links, der andere nach rechts und der dritte schließlich geradeaus weiter nach Nikolsburg geleitet. Erbarmungslos wurden hier manchmal Familien auseinander gerissen. Es half kein Bitten und Betteln.

So wurde die Familie Langer getrennt. Die Tochter Fanni Mansbart musste mit den Kindern nach einer Seite, die Großmutter mit dem schwer kranken Kleinsten im Arm auf die andere Seite. Als Fanni Mansbart ihn nach Tagen wieder gefunden hatte, war er fast verhungert, die Großmutter inzwischen gestorben. Nun waren wir im Niemandsland in der Nähe der ehemaligen österreichischen Grenze angelangt. Wer Österreich an diesem Tag nicht erreicht hatte, musste in der Zone bleiben, wo die schlechtesten Zustände herrschten. Schlafen in Schulen oder Ställen auf dem bloßen harten Boden, jeden Morgen zur Arbeit melden, wobei man mit Ausdrücken beschimpft wurde, die man vorher im Leben noch nie gehört hatte. Wer Arbeit bei einem Bauern bekam, konnte froh sein, denn er hatte wenigstens zu essen.

Von Tannowitz aus unternahmen wir dann doch den Versuch, weiterzukommen. Ein Tscheche, der schon einen deutschen Hof übernommen hatte, hat uns geraten doch schwarz über die österreichische Grenze zu gehen. Er sagte, es werde hier für uns noch schlimmer kommen. Mit einer Flasche Schnaps glaubten wir, den Fahrer eines russischen Militärautos bestechen zu können, dass er uns nach Österreich bringe. Zu dritt standen wir beim Neuen Wirtshaus auf der Straße und hoben jedem Auto unsere Flasche entgegen. Alle fuhren weiter, bis endlich der zwanzigste stehenblieb und uns mitnahm. Rasch fuhr er der Grenze zu, plötzlich rief der Fahrer laut „kryt", was zudecken, verstecken bedeutete und raste knapp hinter einem Voranfahrenden, für den der Schlagbaum an der Grenze geöffnet worden war, über die Grenze hinüber nach Österreich. Wir fassten es noch nicht ganz, jetzt so plötzlich in der Freiheit zu sein. Auch wenn wir noch gut die Hälfte unserer spärlichen Habe zurückgelassen hatten, das Leben hatten wir so gerettet." Therese Tomschick aus Mödritz.

Bezirk Mistelbach

Der Zuzug von Sudetendeutschen nimmt weiterhin zu. Allein im Bezirk sind bisher 20.000 Südmährer und Sudetendeutsche eingetroffen, wodurch die ohnedies ungünstige Ernährungslage noch verschlechtert wird. Gegen Ende Mai wurde ein Ansteigen der deutschsprachigen Heimatvertriebenen festgestellt, unter anderem fand auch der berüchtigte „Brünner Todesmarsch", statt. Die Überstellung erfolgte in dieser Gegend in der Weise, dass die Betroffenen auf landesüblichen Fuhrwerken an die Grenze gebracht und dort, nachdem sie auch ihrer letzten Habe beraubt, einfach abgeladen wurden. Viele dieser Personen sind in einem derartigen Zustand, dass sie nicht einmal mehr im Stande sind, in den Ort Drasenhofen hineinzugehen und einfach am Wege liegen bleiben. So wurden erst vor einigen Tagen sieben halbverweste Leichen, die auf der Straße gefunden wurden, begraben.

In letzter Zeit mehren sich die Überfälle von Tschechen auf österreichisches Gebiet und zwar sind sie zum Teil in sowjetischen Uniformen gekleidet und teilweise agieren sie als Partisanen. Es wurden junge Tschechen dabei erwischt, wie sie sowjetische Uniformen anlegten. Die Ortschaften werden ständig von bewaffneten Plünderern, die von der nahen tschechischen Grenze kommen, heimgesucht um von der Bevölkerung das bewegliche Gut wegzuschleppen, hauptsächlich Lebensmittel und Vieh und wenn sich der Besitzer diesen Banden gegenüber zur Wehr setzt, kann es vorkommen, dass er über den Haufen geschossen wird, was schon geschehen ist. Besonders betroffen von diesen Plünderungen wurden die Orte Drasenhofen, Poysdorf, Schützenhofen, Gutenbrunn, Ottental, darüber hinaus noch eine große Anzahl weiterer Ortschaften.

Die Tschechen gehen soweit, den Bauern die Fuhrwerke auf den Feldern zu nehmen, sie rauben Wein, Getreide,

Mikolov, früher Nikolsburg

Kartoffeln, Vieh, Fässer, Geld und Gebrauchsgegenstände. Drei Burschen aus Nikolsburg erzählten mir die Geschichte ihrer Jugendzeit, so wie sie es damals erlebt haben:

Josef Straka, 18 Jahre: „Meine Eltern haben in Nikolsburg eine Landwirtschaft mit Gärtnerei gehabt. Dort bin ich auch aufgewachsen. In den letzten Maitagen wälzte sich ein endloser Strom von 20.000 Menschen zur österreichischen Grenze. Die ausgemergelten und kranken Brünner meist ältere Frauen mit Kindern. Immer wieder brutal mit den Gewehrkolben geschlagen und von den hasserfüllten tschechischen Partisanen schimpfend und fluchend angetrieben. Dieser Elendszug war mehrere Kilometer lang. Wer nicht weiter konnte wurde in den Straßengraben geworfen. So lagen die gesamte Straße entlang unzählige Tote und Sterbende. Dann musste mein Vater mit seinem Muligespann, die Toten und noch Lebenden aufladen und bei der österreichischen Grenze abladen. Jedes Mal wenn er dann nach Hause kam, zitterten seine Hände und er war mit den Nerven völlig fertig.
Dann sind immer wieder mehrere Tschechen die Straße entlang gegangen und haben sich die Häuser ausgesucht. Dann wurde am Tor ein Schreiben befestigt, sodass die anderen Tschechen wussten dieses Haus ist bereits vergeben. Auch in unser Haus kam ein Geschwisterpaar und machte es sich gemütlich. Im September sagten sie dann zu uns wir sind eine große Familie und jagten uns aus unserem eigenem Haus. Geht ins Lager oder sucht euch irgend was. Wir sind dann über die Grenze nach Poysbrunn in Österreich gegangen. Zurücklassen mussten wir, außer unseren Besitz noch 2 Muli, 10 Kühe, 15 Schweine und jede Menge Kleinvieh, wie Gänse, Enten und Hühner."

Anton Nepp, 20 Jahre: „Am Sonntag, den 22. April 1945 war für mich der Krieg zu Ende. Nach riskanten Tagen, immer die Gefahr einer standrechtlichen Exekution, kam ich gegen 09.00 Uhr in meiner Heimatstadt Nikolsburg an. Die Straßen waren leergefegt, da und dort brannte ein Haus, eine Halle und das Lagerhaus. Die Eltern waren im Hauskeller, denn von überall hörte man Kanonendonner. Die meisten Zivilisten suchten in ihren Kellern Zuflucht vor den Kampfhandlungen.
Gegen 18.00 Uhr rief unser Pole, er war uns als Ostarbeiter zugeteilt: „Vota, Vota es brennt!" Durch Leuchtspurgeschosse dürfte der Band entstanden sein. Wir konnten unser Haus retten, das Nachbarhaus brannte völlig aus. Während wir den Brand löschten kamen zwei sowjetische Soldaten von der Gartenseite in das Haus. Ein auf einem Karren montiertes Maschinengewehr hatten sie bei sich. Sie verlangten nur Wasser und verließen wieder den Hof. Anderen Stadtbewohnern ging es nicht so gut. Raub, Diebstahl und Vergewaltigungen mussten sie mitmachen. Die Sowjets nahmen sich was sie haben wollten. Der viele Wein verschärfte noch die Lage. Wir hatten das Glück, dass sich in unserem Haus zwei Offiziere und zwei einfache Soldaten einquartierten. Von da an durfte kein anderer Russe mehr unser Haus betreten und wir blieben vor Plünderungen verschont. Am Tag nach dem Einmarsch der Sowjets wurde unser Pole verhört, ob er von uns gut behandelt worden sei. Da er beschwor, dass es ihm immer gut gegangen sei, blieben meine Eltern unbehelligt. An diesem Tag wurden unsere Pferde beschlagnahmt. Die Eltern, sowie 10–12 Nachbarn, die bei uns Schutz suchten, hielten sich im hofseitigen Zimmer bzw. in der Küche auf. Haben auch dort geschlafen. Weil ich bei der Waffen SS war, hielt ich mich am Dachboden, hinter Stroh versteckt. Nach 8 Tagen fanden mich die Russen. Da ich glaubwürdig erklärte, dass ich desertiert war, sagte der sowjetische Major. „Deserteur karascho (gut), Du

waschen, rasieren und bei Mama bleiben!" Ich war damals 18 Jahre alt. Solange diese Gruppe bei uns wohnte, musste ich keinen Schutt wegräumen, keinen Kadaver entfernen oder Herden von gestohlenem Vieh gegen Osten treiben. Einmal hatte ich ein besonderes Erlebnis, am 1. Mai hatten die Offiziere eine kleine Feier. Den Korporal konnten sie dabei nicht brauchen. Kurzerhand legte er sich zu mir ins Bett und wir schliefen gemeinsam und friedlich. Es war eigenartig, vor 10 Tagen waren wir noch Feinde und hatten den Auftrag uns gegenseitig zu erschießen. Diese ruhige Zeit änderte sich, als am 8. Mai 1945 die sowjetischen Truppen die Quartiere verließen und die Tschechen die Verwaltung übernahmen. Jugendliche mit denen man jahrelang gemeinsam die Schulbank drückte, kannten die deutschen Mitschüler nicht mehr, beschimpften sie Nazigesindel und brachen oft einen Streit vom Zaun. Arbeiter spielten sich als Chef auf und warfen ihre Arbeitgeber auf die Straße. Knechte waren plötzlich Herren und wenn sie gut gesinnt waren, durfte der Bauer am Hof bleiben und die Dreckarbeit machen. Unser Mieter vom Ausnahmehäuschen nahm sich vom Hof alles was er brauchen konnte, Milch, Eier, Mehl, Kartoffeln bis zu Junggänsen. Ein tschechischer Kaplan predigte im resoluten Tone, dass er keine deutschen Schäfchen in seiner Kirche sehen wolle! Plötzlich waren alle jungen Tschechen Partisanen und hatten eine Waffe. Jeden Tag wurden Personen, bei denen man nur vermutete, dass sie bei der Partei oder einer ihrer Organisationen, oder bei der Wehrmacht waren, festgenommen und misshandelt. Auf SS-Leute waren sie besonders scharf. Die Misshandlungen waren oft so schwer, dass sie ein Leben lang gezeichnet waren oder daran starben.

Ende Mai wurden Beamte und Pensionisten zwecks Gehaltsregelung zum Amt beordert. Dort wurden sie zusammengefasst und wie Vieh über die 3 km entfernte österreichische Grenze getrieben. Diese Bedauernswerten waren die ersten vertriebenen Südmährer. Um solchen willkürlichen Misshandlungen zu entgehen, verließ ich Ende Mai die Heimat. Über einen Feldweg ging ich mit einer Hacke zu unserem grenznahen Feld, denn so genannte Partisanen bewachten die Wege und nahmen verdächtige Personen fest. Ein an unserem Feld vorbeiführender Bach bildete die Grenze. Nach dem Überschreiten des Baches hatte ich nur ca. 2 km bis nach Pottenhofen, wo mich ein Bauer, der jahrelang bei uns Ferkel und Sämereien kaufte, als Knecht aufnahm. Mehr als zwei Monate arbeitete ich bei ihm und war froh der tschechischen Willkür entronnen zu sein. Das Durchtreiben der ausgemergelten Brünner durch die Stadt am 31. Mai 1945 habe ich nicht erlebt.

Auch war ich nicht mehr zu Hause, als ein Tscheche aus Nordmähren im Auftrag der tschechischen Verwaltung unseren Hof übernahm und meine Eltern nun Dienstboten ohne Bezahlung wurden. Von Tag zu Tag verschlechterte sich die Lage der Deutschen. Sie mussten eine Armbinde mit einem großen N tragen, bekamen keine Lebensmittelkarten, die Jungen wurden im Barackenlager der Kaserne interniert und mussten unmenschliche schwere Arbeit leisten. Bei geringfügigen Vergehen mussten sie sich gegenseitig schlagen. Bei Fluchtversuchen wurden sie sofort erschossen. Die Peiniger scheuten kein Mittel, um den Gefangenen Qualen zuzufügen. Meine Eltern waren noch bis August zu Hause und mussten blitzartig fliehen, als die Tschechen ein Lager mit Lederwaren gefunden hatten. Mein Cousin, der in Brünn eine Lederwarenerzeugung hatte, lagerte 1944 über Auftrag der Behörde, seine Erzeugnisse bei uns ein. Die Tschechen behaupteten, wir hätten die Waren gestohlen. Dies hätten wir aber nicht widerlegen können. Später erfuhren wir, dass die Tschechen noch tagelang nach meinen Eltern gefahndet hatten. Sie kamen ebenfalls bei einem Bauern in Pottenbrunn unter, wo sie bis Weihnachten bleiben konnten. Später trafen wir uns alle in Wien, mein Vater fand eine Anstellung beim Stift Klosterneuburg und ich bei der Wiener Polizei."

Kurz vor Porlitz standen sich plötzlich zwei Personen, eine todkranke Frau und ein ca. 20-jähriger, hasserfüllter Mann gegenüber. Starr vor Schreck und sprachlos sahen sie sich an. Nur kurz, dann fanden sie die Sprache wieder. Die Frau sagte nur: „Bub, auch Du ein Antreiber?" Und der Partisan fragte: „Mutter Du? Wieso musst Du mitgehen?" Mutter und Sohn, zwei nahe Verwandte und doch in ihrem Wesen so grundverschieden, standen sich gegenüber. Die kurze Begegnung zeigt die besondere Dramatik dieser Zeit.

Diese Begebenheit erzählte ein Brünner, der den Todesmarsch überlebt hatte. Ob die Frau im Straßengraben elend zugrunde ging, oder ob sie die österreichische Grenze noch erreichen konnte, ist nicht bekannt."

Rudolf Kefeder, 16 Jahre: „Ich bin in Nikolsburg geboren und zur Schule gegangen. Mit noch drei Kameraden war ich beim Volkssturm als Meldefahrer eingesetzt. Zuerst hatten wir noch ein Motorrad, dann nur noch Fahrräder. Am 22. April 1945 haben die sowjetischen Truppen die Stadt eingenommen dabei wurde das Schloss in Brand geschossen. Bei meinem Gang durch die Stadt hörte ich immer wieder aus verschiedenen Häusern die Schreie und Hilferufe der vergewaltigten Frauen. Nach einiger Zeit wurde ich von den Sowjets mit noch einigen Burschen gefangen und wir mussten eine Kuhherde nach Dürnholz treiben. Auch in Dürnholz wieder dasselbe, die Schreie der Frauen. Da wir schon zu müde waren, schickten uns die Russen zurück und andere mussten die Herde weiter treiben. Ich hatte damals eine Windjacke an, mit einer gedrehten Schnur in den Farben, rot, weiß, blau. In der Stadt wurde ich von tschechischen Partisanen aufgehalten und sollte sagen, die Farben sind rot, gold, schwarz. Nachdem ich das verweigerte, erhielt ich zwei Schläge in das Gesicht, dann durfte ich weiter gehen. Nach einiger Zeit verkündete der Trommler in der Stadt, das sich die deutschsprachigen Männer und Burschen, bestimmter Jahrgänge an einer bestimmten Stelle melden müssen. Dort erhielt ich dann auch eine Karte und musste bei einem Schlosser arbeiten. Dort mussten wir Verriegelungen für die Lagertüren anfertigen, in denen dann die Leute des Brünner Todesmarsches über Nacht eingesperrt wurden. In den Lagern waren auch alte Leute und Frauen mit Kindern interniert. Diese Leute bekamen nichts zum Essen und litten Hunger. Vor den Baracken waren viele Marillenbäume und wir rissen uns die Früchte ab. Die Gefangenen getrauten sich nicht einmal die am Boden liegenden Früchte aufzuheben, denn da wurden sie schon bestraft und geschlagen. Dann bat mich eine Frau ich möchte ihr doch etwas Salz mitbringen, sie gibt mir dafür ihren Ehering, was ich natürlich ablehnte. Das Lager befand sich beim Buschberg und am nächsten Tag, rissen wir auf einem Kartoffelfeld einige Stauden aus und brachten den Gefangenen diese Kartoffeln, worüber sich diese armen Leute überschwänglich bedankten. Da der Muschelberg ja zur Verteidigung ausgebaut war, befanden sich dort viele Schützengräben in diese wurden die im Lager Verhungerten oder durch Misshandlungen Getöteten hineingeworfen und notdürftig mit Erde zugedeckt.

Eines Abends, meine Mutter hatte mir gerade etwas zum Essen gerichtet, klopfte es an der Tür und zwei tschechische Polizisten erklärten, dass ich und meine Schwester Helli mitkommen müssten. Da aber meine Schwester noch nicht da war, müsste halt meine Mutter mitgehen. Gerade als wir gehen wollten kam meine Schwester, nun wurde wir beide in die Baracken in das Arbeitslager gebracht. Die ersten drei Tage habe ich nicht arbeiten müssen. Ich war mit meinen 16 Jahren der Ältere unter lauter Buben. Nach drei Tagen kam meine Schwester und verabschiedete sich, da sie mit einem Transport nach Mährisch Ostrau kommt. Nach einem Jahr gelang es ihr nach Wien zu kommen. Ich hatte in der Lebensmittelbranche gelernt und wir hatten einen tschechischen Fahrer und Beifahrer. Der sagte mir, dass wir entlassen werden. So versuchte ich in der Früh bei der Einteilung für die Arbeitskommando immer einen Schritt nach rückwärts zu gehen. Als mir ein tschechischer Partisan auf die Schulter klopfte und sagte, um 10 Uhr bist du in der Baracke. Nun versuchte ich so schnell als möglich doch zu einem Arbeitskommando zu kommen, was mir auch gelang. Denn Baracke bedeutete nichts Gutes. Beim Marsch zur Arbeit waren wir nicht bewacht, nur ein Landwirt war dabei. Als mir ein Freund begegnete und mich fragte, warum ich nicht bei seiner Gruppe sei. Meine Gruppe war in der Zwischenzeit weitermarschiert und bereits außer Blickweite. So ging ich nach Hause, wo ich noch drei Nächte blieb. Im Morgengrauen ging ich über die Grenze nach Drasenhofen, so ging das dreimal. In Drasenhofen befanden sich bereits mehrere Nikolsburger. So bat mich eine Frau einen Brief zu übergeben und einem Mann sollte ich seinen Wintermantel rüber bringen. Doch beim vierten Mal hatte ich Pech, zwei tschechische Grenzer nahmen mich fest und brachten mich zum Zollhaus. Dort wurde ich durchsucht und wurde windelweich geschlagen. Dann wurde ich der Polizei übergeben und auf ein Polizeiwachzimmer gebracht. Jetzt ging das Martyrium erst richtig los, zuerst links und rechts zwei Schläge in das Gesicht, dann am ganzen Körper. Als ich ersuchte auf ein WC zu gehen, hörte ich nur: „Scheiß dich doch an du deutsche Sau." Dann wurde ich mit einem Lastwagen in das Barackenlager gebracht und der tschechischen Wachmannschaft übergeben. Die mich gleich in eine Baracke brachten, dort musste ich die Schuhe ausziehen und mich mit dem Bauch auf einen Tisch legen. Worauf ein Partisan mit einer Reitpeitsche meine Fußsohlen blutig schlug, sodass ich keine Schuhe anziehen konnte. Dann warfen sie mich in eine Zelle, wo nichts drinnen war, nur von einer Wasserleitung tropfte regelmäßig ein Tropfen herunter. Als die Bewachung dann das tschechische Militär übernommen hatte, sah ich einen bekannten Soldaten, den bat ich um eine Semmel, da ich ja schon drei Tage nichts gegessen hatte. Worauf er mir erklärte, das könne er nicht machen, wenn das bekannt wird, erschießen sie uns beide. Aber auf mein inniges Bitten brachte er mir doch dann zwei Semmeln. Die erste habe ich mit Heißhunger gegessen, doch bei der zweiten Semmel blieb mir jeder Bissen im Hals stecken. Dann wurde ich mit anderen, unter Bewachung zum Bahnhof und mit dem Zug nach Lundenburg gebracht, wo wir die gesprengte Eisenbahnbrücke mit Schweißbrennern zerschneiden und die Trümmer wegräumen mussten. Nach drei Tagen hatte ich genug. Als wir am dritten Tag in das Lager marschierten, vorne und rückwärts je ein Posten mit MPi. Den Berg hinauf zog sich dieser Zug immer mehr auseinander, sodass ich die Gelegenheit ergriff und in einer Seitengasse verschwand und wieder bergab lief. Dann kamen mir plötzlich zwei tschechische Soldaten entgegen, ich schlenderte langsam an ihnen vorbei, doch die nahmen Gott sei Dank keine Notiz von mir. Seelenruhig ging ich nach Hause und verbrachte auch die Nacht daheim, dabei hatte ich eine Hacke als Waffe zu meinem Bett gestellt. In der Nacht ging ich dann über die Grenze nach Drasenhofen.

In Drasenhofen hatte man mir in der Zwischenzeit, mein Fahrrad und alle Bekleidung gestohlen. Am nächsten Tag machte ich mich auf den Weg nach Wien, mit nichts, außer dem was ich am Körper hatte."

Drasenhofen

In der Zeit vom 4. Juni bis 9. August 1945 sind im österreichischen Zollgebäude und Umgebung 6 ältere Frauen aus Brünn an Erschöpfung gestorben. Eine ältere Frau wurde beim Fassler Marterl begraben. Es waren meist ältere Leute, da ja die Arbeitsfähigen von den Tschechen in Arbeitslager zurückgehalten wurden, die an die Grenze gebracht wurden, während die Marschfähigen zu Fuß gehen mussten. Zwei ältere Frauen brachte man an die Grenze und überließ sie dort ihrem Schicksal. Ein Ortsbewohner fragte sie, warum sie nicht zum Zollhaus gingen. Eine hatte beide Beine gebrochen, die andere konnte wegen der Gicht die Beine nicht mehr bewegen. Auch eine junge Frau mit zwei Kindern lag dort. Sie wollte nicht weitergehen weil sie im Verkehr mit den Soldaten für sich und ihre Kinder zu essen bekam. Die beiden alten Frauen lagen schon 6 Tage hilflos, von Mückenstichen und Eiterbeulen übersät bis sie endlich der Tod erlöste. Fünf Personen erhängten sich beim Zollhaus.

Ein Südmährer aus Saitz, **Monsignore Josef Koch:** „Zu dieser Zeit als die Brünner Deutschen 65.000 bis 70.000, vertrieben wurden, war ich Pfarradministrator in Muschau, an der Brünner Straße, etwa 10 Kilometer nördlich Nikolsburg. Es war Fronleichnamstag, da hörte ich schon weithin gellende Schreie. Sie klangen wie Kommandos. Ich habe aber nicht gewusst, was das sein könnte. Durch die Büsche habe ich dann hinüber gesehen zur Straße, Partisanen, einige

Russen dazwischen. Ein Geschrei, ein Gejammer. Das war ein fürchterlicher Anblick, verhungerte Menschen, die sich kaum weiterschleppen konnten, die weitergetrieben wurden von den Partisanen, die rechts und links den traurigen Zug flankierten. So hab ich den Zug zuerst einmal erlebt. Ich bin sofort hinein in die Pfarre und hab mir gedacht, da wirst du helfen müssen, und hab Wasser herbeigebracht. Ich wurde zurückgetrieben und durfte das Wasser nicht verabreichen. Dann ging der Zug weiter.

Aber an der österreichischen Grenze dürfte es dann Schwierigkeiten gegeben haben, sodass man einige Gruppen, es waren glaube ich 300 bis 600 Leute, im Dorf einquartiert hat. Die Pfarre war selber Quartier für 50 Leute. Nicht alle finden ein Dach über den Kopf und kaum jemand findet etwas zum Essen. Viele haben auch nur mit, was sie am Körper tragen. Die meisten Kinder kommen durch. Es sind die alten die es nicht schaffen. Die alten Leute lagen im Straßengraben, da und dort. Da bin ich mit dem Schubkarren gefahren und hab sie aufgeklaubt und in Häuser gebracht, wo ich geglaubt habe, sie werden dort aufgenommen werden. Eine Frau die an der Kirchenmauer in Muschau gelehnt ist, die hat gesagt: „Der Herrgott hat mich bis hierher geführt, er wird auch weiter sorgen", die hab ich dann auch gut unterbringen können. Sie konnte im Bett sterben."

Der Brünner Elendszug bricht wie ein Elementarereignis über die österreichischen Dörfer an der Grenze herein. Es sind tausend Menschen krank und schwach, sie lagern auf den Wiesen und wissen nicht wohin. Österreich hat selbst nichts zum Essen, so teilt man das wenige was von der Besatzungsmacht übrig geblieben ist.

Gisela Wiesmann eine Landwirtin aus Drasenhofen: „Und dann sind die Brünner gekommen. Das war eine Völkerwanderung auf der Straße, so was möchte ich nicht mehr erleben. Mit Kinderwagen und Schubkarren, zu Fuß und die Kinder haben geschrien. Ich hab in dem Schupfen Stroh liegen gehabt, da sind dauernd Flüchtlinge gelegen. Einmal in der Früh habe ich 40 hinausgelassen. Immer wieder sind Flüchtling gekommen, einmal so ein altes Mutterl, der habe ich Brot und Milch gegeben, da hat sie wollen den Ehering herunterziehen und mir geben. Ich hab zu ihr gesagt, lassen Sie ihn oben, den werden Sie noch notwendiger brauchen." 186 kamen zwar noch über die Grenze, aber sie kamen über Drasenhofen nicht hinaus. Sie starben beim Zollhaus an der Grenze. Es gab weder Medikamente noch Ärzte, auch keine Transportmittel. Ihr Ende war das Massengrab, sie starben aus Schwäche. In Wirklichkeit starben sie so wie Millionen anderer Opfer am Hass der Verhetzten.

Steinebrunn

Hier hatte man die Vertriebenen in der Schule und im Gemeindegasthaus untergebracht. Einige Verzweifelte erhängten sich am Vorgartengitter der Schule. Am Friedhof wurden 55 heimatvertriebene Brünner begraben, die beim Todesmarsch elend zu Grunde gegangen sind.

Poysdorf

Am 26. Juli 1945 wurde am östlichen Ortsausgang von Poysdorf eine unbekannte weibliche Leiche von ca. 45 Jahren und am gleichen Tag am westlichen Ortsausgang im Wolf Teich eine männliche Leiche aufgefunden. In beiden Fällen dürfte es sich um Vertriebene aus der Tschechei handeln, welche vermutlich Selbstmord verübten.

Klein Hadersdorf

Am 31. August 1945 wurde im Gemeindegebiet auf einem Nussbaum erhängt eine männliche Leiche gefunden. Die genaue Identität dieses ca. 65 Jahre alten Mannes konnte nicht festgestellt werden.

Bezirk Horn

Durch die Vertreibung der Sudetendeutschen war auch in Horn und im gesamten Bezirk ein starkes Ansteigen des Flüchtlingsstromes zu bemerken. Flüchtlingsunterkünfte mussten errichtet werden. Ein Problem war die Versorgung der Flüchtlinge mit Lebensmittel, da die allgemeine Versorgungslage im Land auch sehr im Argen war. Auch die Österreicher hungerten.

Dann kam noch dazu, dass zahlreiche Flüchtlingsfrauen von den Russen aus ihren Quartieren herausgeholt und vergewaltigt wurden. Dazu kam noch, dass sich in dieser Zeit schwerbewaffnete politische Flüchtlinge aus Polen, der Ukraine und Tschechoslowakei, von den Sowjets „Bender-Banden" bezeichnet, in kleineren Gruppen von der Tschechoslowakei durch das sowjetisch besetzte Niederösterreich zu den Amerikanern in Oberösterreich durchschlagen wollten und dabei Raubüberfälle und Einbrüche verübten. Von der Gendarmerie mit der sowjetischen Besatzungsmacht durchgeführte größere Einsätze brachten jedoch keinen Erfolg.

1. Dezember 1949. In letzter Zeit schlagen sich schwer bewaffnete politische Flüchtlinge aus Polen und der Ukraine, von der sowjetischen Besatzungsmacht als „BENDER-BANDITEN" bezeichnet, in kleineren Gruppen über die CSR und das sowjetisch besetzte Niederösterreich und Mühlviertel in den amerikanisch besetzten Teil von Oberösterreich durch. Hierbei wurden von den Flüchtlingen, meist zwecks erlangen von Lebensmitteln, strafbare Handlungen wie Raub und Diebstahl begangen. Sodass von der Gendarmerie große Streifungen gegen diese Banditen organisiert werden mussten, die teilweise in großem Umfange unter Beteiligung der Besatzungsmacht durchgeführt wurden, die jedoch immer ohne Erfolg verliefen.

Durch das Eindringen dieser schwer bewaffneten Banden kam es im Bezirk Horn zu einer Reihe von Raubüberfällen, was zur Folge hatte, dass die Bevölkerung von einer regelrechten Angstpsychose ergriffen wurde. Um die im nördlichen und westlichen Niederösterreich gefährdete Sicherheit wieder herzustellen, wurden am 1. Dezember 1949 in ganz Niederösterreich gleichzeitig Landesstreifen nach verdächtigen Personen durchgeführt, an der sich neben allen zur Verfügung stehenden Gendarmen auch die Jägerschaft, Feuerwehr und sonstige Privatpersonen beteiligten. Es wurden auf allen Straßen, Bahnhöfen, in Gasthäusern und anderen öffentlichen Orten genaue Fremdenkontrollen durchgeführt, das gesamte Terrain planmäßig abgesucht. Hierbei Strohschober, verlassene Hütten und sonstige Schlupfwinkel, besonders in den Wäldern genau abgesucht, wobei verschiedene verdächtige Personen aufgegriffen und ihre Identität überprüft wurde.

Es war natürlich nicht möglich, die Täter zu eruieren, da der Zweck dieser allgemeinen Streifen sich mehr auf Abschreckung Krimineller vor neueren Straftaten richten sollte. Die meisten Raubüberfälle dürften zweifellos von BENDA-BANDITEN verübt worden sein.

Bezirk Waidhofen a. d. Thaya

Im Monat Juni und Juli 1945 kamen die ersten Transporte der zwangsweise ausgesiedelten deutschen Bevölkerung aus der Tschechoslowakei hier an. Wobei einige hier blieben, während andere Teile weiterzogen. Im Jahr 1946 wurden aus der Tschechoslowakei große Transporte aufgenommen und in das Sammellager Melk an der Donau transportiert. Von dort wurden sie nach Deutschland weitergeleitet. Doch ein Teil blieb in Österreich und wurde hier sesshaft.

Alle drei Bilder: Flüchtlinge, Ort unbekannt (o.: BA 146-1985-021-09) Für Alte und Kinder war die „Umsiedlung" eine besondere Tortur

Auch diese eindrucksvollen Momentaufnahmen zeigen das ganze Elend der Vertreibung von Menschen, die auch noch Jahre von Krieg und Entbehrung hinter sich hatten. Eine Minderheit hatte die Möglichkeit, den Weg nach Westen in (Vieh-) Waggons zurückzulegen (siehe je ein Bild auf dieser und der vorigen Seite). (li.: BA 175-13223, u.: BA 183-R77448)

Die Sammellager in Melk

Auszug aus der vom Forstmeister des Stiftes Melk, Dipl. Ing. Johann Ebner geführten Privatchronik:

29. 10. 1944: In der Kaiblingerstraße und Babenbergerstraße stehen die Gespanne der Flüchtlinge aus dem Osten.

05. 11. 1944: Diese Woche ziehen noch immer Flüchtlinge aus dem Osten durch Melk. Sie lagern auf dem Sportplatz.

10. 11. 1944: Die Flüchtlinge ziehen noch immer durch Melk.

12. 11. 1944: Flüchtlinge aus Siebenbürgen stehen in der Feldstraße.

02. 01. 1945: Viele Flüchtlinge aus Ungarn treffen in Melk ein.

01. 04. 1945: Aus dem Gebiet Wiener Neustadt und Mödling kommen Flüchtlinge, weil den Russen Durchbruch gelungen ist. Heute werden die Städte Pöchlarn und Ybbs bombardiert, hierbei wurde die Ybbsbrücke getroffen, sodass die Flüchtlinge nicht weiter kommen. Am Bahnhof Melk steht schon 2 Tage ein Zug mit Flüchtlingsfrauen und

ihren Kindern. Sie finden im Stift Melk Unterkunft und waschen ihre Windeln im Springbrunnen.

In diesen Tagen fliehen viele Melker mit Autos gegen Westen oder in das Waldviertel. In den Räumen der Oberschule wurde ein Lazarett eingerichtet. Die Flucht wird immer schwieriger, da die zurückflutenden Truppen der deutschen Wehrmacht auch die kleinsten Brücken sprengen.

15.04.1945: Die Keller des Stiftes Melk, wo die Menschen Zuflucht suchen, sind überfüllt. Die Häuser werden leer, Melk entvölkert sich.

18.04.1955: Auf Befehl des Kreisleiters müssen die Melker, die im Stift Schutz suchten, in ihre Wohnungen zurückkehren. Die Anordnung wurde zum Großteil nicht befolgt.

08. 05. 1945: Noch vor dem Einmarsch der Russen fliehen die Parteigrößen.

Vermutlich waren im Jahr 1945 ca. 3 Millionen Menschen in Österreich, die nicht hierher gehörten, davon sind 360.000 im Land verblieben. Die Flüchtlinge waren Alte und Kranke, Frauen mit Kindern. Die Männer waren alle beim Militär. Mit Pferdewagen kamen die ersten aus Schlesien, die nächsten aus der Tschechoslowakei, die hatten nur das Handgepäck und was sie am Leib hatten. Nach Zwischenlagern kamen sie am 27. Juni in Melk an, wo sie über Anordnung der Besatzungsmacht in das Stift eingewiesen wurden. Das Stift musste Räume und Gänge zur Unterbringung der vorerst zu Internierten erklärten Flüchtlinge überlassen. Zur Verfügung standen die Klassen und Gänge des Gymnasialtraktes. Es waren rund 800 bis 1000 Personen untergebracht worden. Für die Übernachtungen wurden auf den Steinfußböden der Gänge Decken ausgebreitet. In den Klassen wurden Wäscheregale zu Liegestätten umgewandelt. Später wurden primitive Stockbetten aufgestellt.

Die Flüchtlinge hatten nun wenigstens ein Dach über den Kopf.

Eine Küche im Wirtschaftshof diente zur Bereitung heißen Wassers, dem ersten heißen Getränk seit Beginn der Flucht. Es gab täglich bis zu einem halben Liter Pferdesuppe (aus gekochten Pferdeinnereien) und einen halben Liter heißes Wasser. Der Hunger quälte die ausgemergelten Gestalten und der Tod hielt unten den Kindern und alten Menschen reiche Ernte.

Am 2. Juli 1945 wurde von sowjetischen Kommandanten die Erlaubnis erteilt, Passierschein für eine bestimmte Personenzahl und für die Dauer von 6 Stunden pro Tag auszugeben. Bevorzugt wurden Frauen und Kinder. So konnten sie den beim Stiftsportal eingerichteten Militärposten passieren und im Ort und Umgebung betteln gehen, wo sie fast überall ein Stück Brot, eine Hand voll Getreide oder Mehl, ein Ei, Obst oder ein paar Kartoffeln erhielten. Arbeiten durften sie während des Ausganges nicht. Auf dem Melker Sportplatz befand sich eine sowjetische Verpflegestelle, die von den Flüchtlingskindern rasch ausgeforscht wurde. Die Russen gaben den Kindern in eine ausgediente Konservendose, an der ein Drahtbügel befestig war, von der Truppenverpflegung. Das erbettelte Brot reichte aber für die vielen hungernden Menschen, die das Stift nicht verlassen durften nicht aus. Krankheiten brachen aus, die medizinische Betreuung durch Ärzte und Sanitäter war unzureichend. Es fehlte auch an Medikamenten. Die Infektionskranken, es gab viele, die an Hungertyphus litten, wurden aus Raummangel nicht isoliert, sondern in demselben Saal, in dem sich auch die anderen Internierten befanden, in einer Ecke zusammengelegt. Die auf Leichenwagen verladenen Toten wurden in Massengräbern auf dem Friedhof bestattet. Viele Menschen sind dem leidvollen Leben auch durch Freitod entgangen. Die Benediktiner im Stift taten ihr möglichstes, um die Not zu lindern.

Ab 31. Juli 1945 gab es offiziell neben der täglichen Pferdesuppe und dem heißen Wasser zusätzlich für 14 Personen ein Brot. Trockenes Brot und heißes Wasser empfanden die Hungernden als höchsten kulinarischen Genuss.

Am 22. August wurde das im Stift untergebrachte erste Flüchtlingslager in Melk aufgelöst. Etwa 300 Personen wurden über die Donau an das nördliche Ufer übersetzt und warteten dort auf den Weitertransport. Nahezu die Hälfte von ihnen ist an Hunger, Krankheit und Selbstmord gestorben. Die anderen wurden auf kleinere Orte aufgeteilt. Die ersten Wochen lebten sie von Almosen. Später bekamen sie Arbeit bei den Bauern und verdienten zumindest ihr Essen.

Anfang 1946 wurde in Melk im Einvernehmen mit der sowjetischen Besatzungsmacht in der Birago Kaserne Melk die Dienststelle:

„Republik Österreich, Bundesministerium für Inneres, Lagerverwaltung Melk" geschaffen. Die sich später „Sammellager für Umsiedler, Melk Pionierkaserne" bezeichnete. Leitende Beamte dieser Dienststelle waren Offiziere der ehemaligen Wehrmacht, die nicht der NSDAP angehört hatten

Lagerleitung Oberst Johann Kubasta, Adjutant Major Karl Kohaut, Wirtschaftsreferat Oberst Hubert Freimüller und Major Wehrl, Transportreferat Oberst Helfried Colerus-Geldern, Registrierungsabteilung Oberst Karl Schrems. Im Bundesministerium für Inneres übte die Abteilung 12 U unter Ministerialrat Dr. Just die Aufsicht über das Sammellager Melk aus.

Sowjetische Lagerkommandant Major Kosomzow mit seinem Offiziersstab unterstand dem UdSSR-Militärkommando für Österreich Marschall Konjew, der seinen Sitz in Wien, Hotel Imperial hatte.

Polizeikommando. Für die Aufrechterhaltung der Ruhe und Ordnung im Sammellager wurde von der Polizeidirektion Wien ein Polizeikommando gestellt. Diesem gehörten bis zu 80 Mann teils in Uniform teils in Zivil an. Kommandant war Stabsrittmeister Plachy.

Vertriebenes alte Ehepaar mit Handwagen (Archiv Süddeutsche Zeitung, München, G-0305)

Vertreibung aus der CSR (Sinku CTK 68068)

Diese Seite und nächste Seite: Volksdeutsches Flüchtlingsdorf bzw. -lager in Österreich (Haus der Heimat, G-0173a-c)

O. li.: Lager-schule (G-0172)

O. re.: Bundes-kanzler Figl mit Flüchtlings-vertretern (G-0178a)

Li.: Waschtag im Lager (G-0173d) / Sude-tendeutscher mit weisser Armbinde (Snimku CTK 86068)

Aufstellung im Lager (Snimku CTK 68062)

Sanitätsstation. Zur Überwachung, damit keine Infektionskrankheiten eingeschleppt werden, und überhaupt zur allgemeinen Überwachung des Gesundheitszustandes der Flüchtlinge, wurde eine Sanitätsstation eingerichtet, in der bis zu 20 Ärzte und 6 Krankenschwestern beschäftigt waren.

Außerdem hatte ein sowjetischer Lagerarzt mit einigen Offizieren seinen Sitz in der Station. 10 Krankenbetten standen zur Verfügung und bis zu 15 Fälle wurden täglich behandelt. Schwere Krankheitsfälle wurden in das a. ö. Krankenhaus Melk eingewiesen.

Auch eine Apotheke war eingerichtet, deren Bestand an Medikamenten infolge Zulieferung durch amerikanische Stellen besser als der der Apotheke Melk war. Die Apotheke wurde von Dipl. Ing. Mag. Pharm. Adolf Graf geführt.

Nach den Bestimmungen des Potsdamer Abkommens durften im Lager nur Volksdeutsche aus der Tschechoslowakei und Ungarn aufgenommen werden. Sie waren für die Umsiedlung nach Deutschland bestimmt. Volksdeutsche aus Jugoslawien, Rumänien und Polen durfte vorerst keine Unterkunft gegeben werden, doch wurde diese Verfügung bald unterbrochen. Abtransportiert durften die letztangeführten Gruppen aber nicht werden. Auch dies hat sich geändert, weil diesen Flüchtlingen, die vielfach ohne Papiere ankamen, geraten wurde, dass sie aus Ungarn kommen. Vornehmlich waren die Lagerinsassen Sudentendeutsche und Volksdeutsche aus Ungarn, die mit Lastwagen, Pferdewagen und Bahn hergebracht wurden, oder zu Fuß ankamen. Hier wurde von der österreichischen Lagerverwaltung versucht, die Einschleppung von Infektionskrankheiten zu verhindern. Mit dem Registrierschein wurde ihnen von dem für jeden Mannschaftsblock eingeteilten Blockaufseher die Lagerstätte zugewiesen. In der kalten Jahreszeit erhielten sie gleich am Eingang heißen Tee, fallweise auch heiße Milch. Die ersten Flüchtlinge hatten Anfang 1946, da keine Einrichtungsgegenstände vorhanden waren, auf ausgebreitetem Stroh und teilweise auf Strohsäcken zu schlafen. Bis zu 60 Personen, manchmal auch mehr, waren in einem großen Raum untergebracht. Die Familien wurden nicht getrennt, auch wurde eine Trennung von Männern und Frauen nicht vorgenommen. In kleineren Räumen wurden mehrköpfige Familien untergebracht. Die Räume waren anfänglich schmutzig, voll Ungeziefer und mangelhaft beleuchtet. Die elektrischen Leitungen, die Wasserleitungen und die Kanalisation waren zum großen Teil schadhaft. Die sanitären Anlagen waren total verdreckt. Als Ersatz dienten zuerst notdürftig aufgestellte Latrinen. Es fehlte an allen Ecken und Enden am notwendigen Material. Dem eingesetzten Gebäudeaufseher ist es erst im Laufe von Monaten gelungen, mit seinem Arbeitsteam die Unterkünfte einigermaßen menschenwürdig zu gestalten. Aus Wehrmachtsbeständen kamen Betten, Decken und Spinde. Die Installationen wurden in Ordnung gebracht, Duschen wurden installiert. Die Reinigung der Räume mussten die Flüchtlinge selbst besorgen. Die Beheizung der Räume war in der kalten Jahreszeit mangels Brennmaterial dürftig. So manche Barackenteile wurden verfeuert. Erst später wurde Brennholz geliefert.

Verpflegung: Es wurde für alle Lagerinsassen in der Lagerküche gekocht. Zum Frühstück gab es Kaffee und Brot; mittags einen Eintopf und abends kaltes Essen (aufgeschnittenes Brot und ein Stück Wurst oder Käse). Für die Kinder wurde auch Milch ausgegeben. Der Küchenchef hatte täglich zwischen 1000 und 2000 Personen zu verpflegen. Wenn sich die angekommenen und abzutransportierenden Flüchtlinge kreuzten, so waren bis zu 8000 Personen zu verpflegen. Die Kalorienzuteilung war gleich wie für die Zivilbevölkerung. Sie betrug im Herbst 1945 – 800 Kalorien, 1946 – zuerst 1200 dann 1500 Kalorien pro Kopf und Tag. Aufgebessert wurde die Verpflegungsration durch die UNRRA-Hilfe, der es insbesondere die Kinder verdanken, dicke süße Kondensmilch zu erhalten. Für sie war ein Brotaufstrich mit dieser Milch ein Leckerbissen und zu Weihnachten gab es sogar Bäckerei.

Behandlung der Flüchtlinge: Die Blockaufseher hatten für Ruhe und Ordnung zu sorgen. Dass es unter den Lagerinsassen zu Auseinandersetzungen kam, war nicht zu vermeiden. Die sowjetische Lagerverwaltung griff nicht ein .Die verjagten Volksdeutschen waren durch die grausame Vertreibung und die Nachkriegseinwirkungen körperlich und seelisch vollkommen gebrochen als sie in Melk eintrafen. Der Leiter des Sammellagers Oberst Johann Kubasta der schon verstorben ist, wird von befragten Lagerinsassen und von seinen Mitarbeitern als ein äußerst gerechter, charaktervoller, seelenguter und gefühlvoller Mann beschrieben, der jedem gegenüber entgegenkommend war und niemanden etwas zu Leide getan hat.

Festlegung der Quote der zum Abtransport zugelassenen Flüchtlinge: Das Landesarbeitsamt Niederösterreich musste periodisch den Bedarf an Arbeitskräften melden. Dieser Bedarf war ziemlich hoch. Aus einer Aufstellung mit Stand vom 1. 5. 1946 ist zu ersehen, dass ein Erfordernis von 37.845 Arbeitskräften bestanden hat, das in 23.351 Kräfte für die Landwirtschaft und 14.494 für die Gewerbe- und Industriebetriebe unterteilt wurde.

Marschall Konjew bestimmte nun, aus der Zahl der gemeldeten Flüchtlinge die Quote der vom Transport zurückgestellten Arbeitskräfte. Es kann angenommen werden, dass durch diese Quote die Hälfte des Arbeitskraftbedarfes gedeckt werden konnte.

In der Lagerverwaltung wurden die Transportlisten zusammengestellt. 3.701 wurden als reiseunfähig und 21.379 als entbehrliche Flüchtlinge bezeichnet. Es musste genau darauf geachtet werden, dass nicht gegen die Potsdamer Übereinkommen gehandelt wird. Die Listen wurden in vierfacher Ausfertigung erstellt und von einer Dolmetscherin in kyrillischer Schrift übersetzt.

Die Transporte: Alle 2–3 Tage wurden Transporte abgefertigt. Des Öfteren wurde vom russischen Lagerkommandanten am Bahnhof Melk die Richtigkeit der Listen an Hand einer großen Landkarte überprüft, auf der die Flüchtlinge zeigen mussten, aus welcher Gegend sie stammen. Waren sie nicht aus der CSR oder Ungarn wurden sie zurückgewiesen.

Bei den Transportzügen, die meist aus 40 Waggons bestanden, wurde für jeden Waggon ein Waggonältester bestimmt, der dafür verantwortlich war, dass keiner den Wagen verließ bzw. dass keiner zustieg. In einem Wagen waren 25–30 Personen untergebracht. Aus ihren Reihen wurden 4 Essenholer bestimmt, die für den ganzen Wagen das Essen fassten und dann austeilten. Das Essen bestand aus einem halben kg Wurst (Kranzldürre), etwas Fett und 1 kg Brot je Person. Diese Verpflegung war für 3 Tage bestimmt. Einige Flüchtlinge waren so ausgehungert, dass sie die Dreitagerration innerhalb weniger Stunden verzehrten. Die mit Flüchtlingen beladenen Eisenbahnwaggons standen vorerst 2–3 Tage lang, bis eine Lok zugeteilt wurde. Dies führte naturgemäß zu sanitären Übelständen. Um diese zu mildern, wurde auf dem Platz bei der Rübenabladerampe eine Latrine aufgestellt.

Die Transporte wurden von einem österreichischen Offizier als Transportleiter, dem drei Polizisten zur Seite standen, begleitet. Außerdem war ein Krankenwagen mit einem Arzt und meist zwei Rotkreuzschwestern angeschlossen. Die Aufsicht führte ein sowjetischer Offizier als Transportchef mit zwei Mann. Die Transportlisten mussten zahlenmäßig mit den einzelnen Waggons übereinstimmen. Wenn diese Zahl in den Bahnhöfen St. Valentin oder Enns nicht übereinstimmte, wurde der betreffende Waggon abgekoppelt, auf einem Nebengleis abgestellt, manchmal einige Tage stehen gelassen und dann nach Melk zurücktransportiert. Es kam aber auch vor, dass der Flüchtlingszug an der Demarkationslinie von den Amerikanern nicht übernommen und hier einige Tage lang stehen gelassen wurde. In diesem Fall musste von Melk Verpflegung nachgeholt werden.

Das genaue Ziel wurde nicht bekannt gegeben. Man wusste nur, dass es in die amerikanische Zone Deutschlands geht. In Linz wurde der erste Zielpunkt genannt. Die Städte in Deutschland bestimmten die Amerikaner. Bei Ankunft der Transporte wurden die Flüchtlinge vom Deutschen Roten Kreuz und von Amerikanern sofort verpflegt. Meist standen Milchkannen und Gulaschkanonen bereit.

Der Transportleiter hatte die Aufgabe, die ganze Zuggarnitur, die als russisches Territorium angesehen wurde, wieder nach Melk zurückzubringen und sich beim Lagerleiter zu melden, einen Transportbericht mit allen Vorkommnissen in vierfacher Ausfertigung zu verfassen und diesen an den Sowjetkommandanten zu übergeben.

Kein Zwang zum Transport. Die Flüchtlinge wurden nicht gezwungen, an einem bestimmten Transport teilzunehmen. Mit Rücksicht auf die besonders in den ersten Monaten nach der Inbetriebnahme des Sammellagers aus der Notlage heraus herrschenden katastrophalen Zustände haben sich bis zu 80 % der Lagerinsassen freiwillig zum Abtransport gemeldet. Manche wollten im Lager auf weitere Angehörige warten, andere wieder warteten auf Nachricht von bereits umgesiedelten Angehörigen. So kam es, dass manche Flüchtlinge monatelang im Lager waren. Einige Familien haben sich in Melk und Umgebung angesiedelt und hier eine Heimat und Existenz gefunden.

Aus einem Lagerbericht des Lagers vom 14. 06. 1946 ist ersichtlich, dass bis zu diesem Tag 54 Transporte durchgeführt wurden.

Der 54.Transport umfasste 911 Flüchtlinge, 347 blieben im Lager zurück. Der sowjetische Lagerkommandant überreichte dem Lagerleiter eine Liste, laut welcher aus nachstehenden Orten noch Flüchtlinge in folgender Zahl abzutransportieren sind:

St. Pölten 1.800, Kirchberg 260, Waidhofen a. d. Ybbs. 50, Ybbs 300, St. Peter 321, Urfahr 500, Freistadt 800, Rohrbach 950, Stockerau 250, Herzogenburg 370, Ebenfurth 100, Wiener Neustadt 450, Neulengbach 100, Bruck a. d. Leitha 700, Waidhofen a. d.Thaya 100, Pöggstall 200, Gmünd 1.700, Melk 1.200, Hollabrunn 1.000, insgesamt 11.252 Personen.

Einstellung der Abtransporte. Der Großteil des Personals des Sammellagers wurde Mitte 1947 und danach gekündigt, da die großen Transporte eingestellt wurden.

Die im Sammellager zurückgebliebenen Flüchtlinge erhielten Lebensmittelkarten und verpflegten sich dann selbst. Sie arbeiteten tagsüber außerhalb des Lagers und bekamen von der Lagerleitung einen Dauerpassierschein der sie jederzeit zum Verlassen und Betreten des Sammellagers berechtigte. Wenn die Lagerinsassen aus dem Sammellager endgültig ausgezogen sind, erhielten sie eine Bescheinigung. Ende 1948 wurde dann das Sammellager endgültig liquidiert.

Bezirk Gmünd

Am 25. Mai 1945 wurde die ehemalige Grenze nach dem Stand von 1937 wieder errichtet. Damit war der Stadtteil GMÜND III, sowie 13 niederösterreichische Gemeinden und die 1938 zu Niederösterreich gefallenen deutsch besiedelten Gebiete im Süden der Tschechoslowakei, tschechisch geworden. Durch tschechische Partisanen werden alle Personen deutscher Volkszugehörigkeit (Reichsdeutsche, Volksdeutsche, Österreicher) nur mit dem Handgepäck über die Grenze nach Österreich getrieben. Allein im Bezirk Gmünd waren es an die Tausende. Die Mehrzahl der Reichs- und Volksdeutschen wurden im Frühjahr 1946 in mehreren Transporten nach Deutschland gebracht. Ohne Rücksicht auf ihre Herkunft wurden 3 Millionen Sudetendeutsche aus ihrer jahrhundertealten angestammten Heimat vertrieben. Ihr privates und öffentliches Vermögen im Wert von 265 Millionen DM wurde entschädigungslos enteignet.

240.000 Sudetendeutsche wurden zu Vertreibungsopfern, in Massakern ermordet oder starben an Erschöpfung bei den Todesmärschen oder in den Lagern. Das Land Niederösterreich stand vor einer fast unlösbaren Aufgabe, selbst von den sowjetischen Truppen besetzt, ein nicht endender Zustrom von Flüchtlingen und Vertriebenen und dann noch der Einfall von kriminellen Banden, sodass vom Gendarmerie Zentralkommando Juli 1945 die Aufstellung von Assistenzzügen durch folgenden Erlass beschlossen wurde:

„Der Flüchtlingszuzug aus der Tschechoslowakei, der Einfall von Banden aus der Slowakei, wie überhaupt die ungünstigen Sicherheitsverhältnisse im nördlichen und östlichen Niederösterreich bedingen einen verstärkten Sicherheits- und Grenzüberwachungsdienst in den erwähnten Gebieten des Landes Niederösterreich, da mit den örtlichen Sicherheitsorganen nicht das Auslangen gefunden werden kann. Zu diesem Zwecke werden aus den in Wien stationierten österreichischen Freiheitsbataillonen 9 Züge in der Stärke von je 2 Offizieren und 28 Mann gebildet, die als Assistenz für die Verstärkung des Grenzschutzes oder Sicherheitsdienstes den Bezirkshauptmannschaften zugewiesen werden. Die Aufstellung und die Aufteilung der Assistenzzüge auf die einzelnen Bezirkshauptmannschaften ist besonders geregelt. Die Bezirkshauptmannschaften, denen Assistenzzüge für ihren Bereich zugewiesen werden, haben in den Orten der voraussichtlichen Verwendung der Assistenzzüge Quartiere bereitzustellen und für Verpflegung zu sorgen. Rückt eine solche Assistenzformation aus einem bestimmten Anlass aus, so ist dieser mindestens ein Berufsgendarm mitzugeben, der mit der eigentlichen Amtshandlung zu betrauen ist und dem die ausrückende Einheit Assistenz zu leisten hat."

Diese und nächste Seite: Weitere drei Bilder aus dem Bundesarchiv Berlin (u.: BA-146-1977-124-30, groß, BA 183-2003-0703-500, klein)

*Flucht in Vieh-
waggons (Haus
der Heimat,
G-2555c)*

*Vertriebene
(BA-146-2004-
0128)*

*Für viele Ver-
triebene aus der
Tschechoslowa-
kei war das
Flüchtlinglager
„Waldfriedhof"
in München das
erste Quartier
in ihrem neuen
Leben (BA-183-
R91685); ähn-
lich lebten die
Flüchtlinge im
bayerischen
Lager Moschen-
dorf (kleines
Bild, Foto:
Berg, Erik R., BA
183-2004-
0100)*

VII. Vertreibung aus Ungarn

Während in Teilen von Ungarn noch gekämpft wurde stellten die Sowjets mit den ungarischen Behörden die ersten Deportierten Transporte zusammen, die natürlich meistens ungarische Staatsbürger mit deutscher Muttersprache waren. Sie wurden verschiedener Verbrechen bezichtigt, die sie natürlich nie begangen hatten, und zur Zwangsarbeit verurteilt. Die wenigen, die es überlebt haben, waren nach ihrer Rückkehr nach Ungarn staatenlos und wurden in die deutsche Ostzone abgeschoben.

Der Befehl zur Verschleppung

Am 22. Dezember 1944 wird, im Einvernehmen mit der provisorischen ungarischen Regierung, von der sowjetischen Militärkommandantur der Geheimbefehl Nr. 0060 herausgegeben, der besagt:

Aus den Reihen der ungarischen Staatsbürger werden Männer zwischen 16,5 und 45 Jahren und Frauen zwischen 17,5 und 35 Jahren zur Wiedergutmachung in die Sowjetunion gebracht.

Man hat ausschließlich deutsche Mädchen, Frauen, Burschen und Männer den Russen ausgeliefert.

Am 20. Jänner 1945 wurde in Moskau der Waffenstillstand zwischen der Sowjetunion und Ungarn unterzeichnet.

Die offizielle ungarische Note an die Sowjetunion, worin die Vertreibung der „Untreuen" gefordert wird, wurde am 26. Mai 1945 dem Sowjetbotschafter übergeben.

Darin heißt es: „Es wäre nötig, aus Ungarn jene Deutschen abzuschieben, welche ergebene Diener des Hitlerismus waren und die Ungarns Sache verraten hatten, da nur so die Garantie gegeben wäre, dass deutscher Geist und Unterdrückung das Land nicht beherrschen werden."

Die Zahl der Auszuweisenden gab Außenminister Gyöngyösi schon am 16. Mai 1945 mit 300.000 an. Doch dürfte die genaue Zahl eher bei 500.000 liegen.

Im Buch „Der vergessene Heideboden" von Rudolf Kleiner schilderte **Hansi Lakatos**: „Die Fahrt dauerte vier Wochen als wir in Grosny ankamen. Nach zwei Wochen mussten wir bei den Erdölanlagen arbeiten. Für Rohrleitungen Gräben ausheben. Bei einer Frosttiefe von einem Meter war die Tagesnorm: 2,5 m lang, 80 cm breit und 2,8 m tief. Die Arbeit war sehr schwer. Bei der schlechten Verpflegung sind wir bald von Kräften gekommen. Der Hunger plagte uns, so mancher ist vor lauter Erschöpfung eingeschlafen und nicht mehr aufgewacht. Die Toten wurden auf Autos geworfen, irgendwo ein Loch gegraben wo sie hineingeworfen wurden. Auch ich war beim Todeskommando, wir haben die Toten entkleidet und die nackten Leichen zugescharrt.

Nach etwa einem Jahr hat man uns am 10. März 1946 wieder einwaggoniert, man sagte uns es geht nach Hause, wir sind dann aber in einem anderen Lager im Ural am 10. April, bei einer Kälte von minus 40 Grad angekommen. In Zelten aus amerikanischen Heeresbeständen haben wir gehaust, bis wir für uns die Baracken aufgestellt hatten. Wir mussten uns beeilen, weil schon im September alles verschneit war. In einem Raum waren 40 bis 50 Personen untergebracht, in der Mitte stand ein großer Gasofen zum Wärmen und auch zum Kochen. Im Vorraum gab es Wasser zum Waschen. Die Bettgestelle waren aus einfachen Brettern, Schlafunterlagen oder Bettwäsche gab es nicht. Zwei Jahre habe ich als Maurer gearbeitet und durfte an den Wochenenden auch private Arbeit annehmen, gegen Bezahlung. Ab 1948 konnten wir uns das Nötigste kaufen oder erschachern. Vorher gingen wir oft betteln, auch vor Diebstahl schreckten wir nicht zurück. Man muss aber sagen, dass die Russen sehr gutherzige Menschen sind. So ist es oft passiert, dass uns beim Bettelgang ein Maiskolben oder auch mal ein paar Karotten zugesteckt wurden. Sie hatten ja auch nicht viel mehr als wir.

Im Mai 1948 habe ich als erster Nachricht bekommen aus Magocs und erfahren, dass meine Eltern in Deutschland sind. Wir wollten auch nach Deutschland, aber man sagte uns, wer sich meldet muss weiter in Russland bleiben. Auch ohne Meldung waren wir dann noch bis Ende 1949 in Russland. Die Heimfahrt war auch im Viehwaggon, aber komfortabler als auf der Hinfahrt. Die Türen waren nicht mehr zugenagelt, es gab Pritschen und die Versorgung war auch einigermaßen. Einen vollen Monat waren wir unterwegs über Moskau nach Maramarossziget. In Debrecen trafen wir einige Landsleute, mit denen wir gemeinsam die Heimreise nach Magocs angetreten haben. Auf dem Bahnhof hat uns mein Vetter abgeholt." Insgesamt sollen 65.000 Ungarn-deutsche verschleppt worden sein. Ein Drittel davon ist infolge von Epidemien und den unmenschlichen Umständen ums Leben gekommen.

Die Vertreibung aus Ungarn fand unter dem Mantel der Aussiedelung statt, wobei in einer Durchführungsverordnung folgendes festgehalten ist:

§ 14 Die Umsiedlungspflichtigen können, mit Ausnahme ausländischer Währung, ihr Bargeld und ihre Wertgegenstände (Schmuck) mit sich nehmen. Des weiteren können sie pro Person 7 kg Mehl oder Teigwaren (Brot), 1 kg Fett, 2 kg Fleischwaren, 2 kg Hülsenfrüchte, 8 kg Kartoffeln mit sich führen.

Auch die notwendigste Haushaltsausrüstung (Bettzeug, Kleider, Handwerkzeug) mitnehmen. Das zur Mitnahme zugelassene Gepäck darf mit den 20 kg. Lebensmitteln pro Person nicht schwerer sein als 100 kg.

§ 18 Jeder Zug besteht aus 40 Viehwaggons, jeder Waggon kann nur mit 30 Personen belegt werden.

Die Vertriebenen wurden zu je 30 Personen samt 30 kg Habseligkeiten in einen Viehwaggon gepfercht.

Die Vertreibung

Und so sah die Wirklichkeit aus: Nach dem Abschluss der Potsdamer Konferenz wurde der Ort ZANEGG (Mosonszolnok) Sammellager für die deutschsprachige Bevölkerung des Komitats Wieselburg, wohin man alle Bewohner der deutschsprachigen Ortschaften gebracht hatte. Willkürliche Misshandlungen waren an der Tagesordnung, sodass die Menschen froh waren als endlich die Deportationen begannen.

1. Transport am Freitag, den 12. April 1946 nachmittags von Zanegg ab. Er war von den vier Transporten der einzige, der die Grenze Hegyshalom – Nickelsdorf benützte. Dieser Transport war am 18. April in Neckarzimmern, Kreis Mossbach in Westdeutschland. Hier erfolgte die Aufteilung in die um-liegenden Dörfer. Am 20. Jänner 1945 wurde in Moskau der Waffenstillstand zwischen der Sowjetunion und Ungarn unterzeichnet. Der Transportzug war bis zur Zielstation von 10 ungarischen Polizisten begleitet. Arzt gab es keinen.

2. Transport Sonntag, den 14. April 1946 Abfahrt gegen 02.00 Uhr nachts. Der Transport passierte bei Ödenburg die österreichische Grenze über Salzburg nach Freilassing, dort wurden alle entlaust. Über München, Ulm wurde das Endziel Herrenberg in Westdeutschland erreicht. Hier erfolgte die Verteilung auf den ganzen Kreis. Begleitet war dieser Transport wieder von ungarischen Polizisten und ab Salzburg von amerikanischen Soldaten.

3. Transport am 17. April 1946 von Zanegg nach Ulm, hier wird ein Drittel ausgeladen. Der Rest kommt im Kreis Crailsheim und Blaufelden zu den Bauern. Am 1. Mai 1946 fanden die letzten Vertriebenen Unterkunft. Auch dieser Transport war von ungarischen Polizisten begleitet, später von zwei Amerikanern.

Ungarische Flüchtlinge b. Zirc.

4. Transport am 19. April 1946 Abfahrt von Zanegg gegen 01.00 Uhr nachts nach Westdeutschland. In Schwäbisch Alb mussten die Vertriebenen aus dem Zug und kamen in eine große Halle. Erst nach einigen Tagen ging es weiter nach Heilbronn. Am 29. April wurden die Vertriebenen in verschmutzten Baracken untergebracht. Am 2. Mai wurden sie dann in die umliegenden Dörfer gebracht und auf die Häuser aufgeteilt.

5. Transport am 20. April 1946 von St. Johann nach Kreis Ludwigsburg.

6. Transport am 23. April 1946 von St. Johann nach Kreis Sinsheim.

7. Transport am 24. April 1946 von St. Johann nach Kreis Esslingen

8. Transport am 25. April 1946 von St. Johann nach Kreis Tauberbischofsheim.

9. Transport am 15. Mai 1946 von Strasssommerein (Hegyeshalom) nach Kreis Karlstatt, Schwalbach, Hünfelden.

10. Transport am 20. Mai 1946 von Wieselburg nach Kreis Eschwege. Ein Teil der Heideboden Deutschen flüchtete in das angrenzende Burgenland in Österreich.

Da die ungarischen Behörden die amerikanischen Bedingungen bezüglich der ordnungsgemäßer Versorgung der Transporte nicht erfüllten, stellten die Amerikaner im November 1946 die Aufnahme der Transporte ein.

Im Mai 1948 gingen die Transporte in die sowjetische Zone von Deutschland, wo insgesamt 1.800 Personen hingebracht wurden.

Resi Inhof berichtet: „Im Jänner 1949 brachte man uns unter Bewachung an die österreichische Grenze bei Hegyeshalom, zeigte uns die Richtung nach Nickelsdorf, ließ uns mit der Bemerkung frei: „Gehen Sie, aber schauen Sie nicht zurück, weil wir schießen!" So kamen wir zu Fuß über die Grenze nach Österreich."

Eine Frau aus St. Peter berichtet:

Verhör September 1945, zum Vorsitzenden: ich bin eine Ungarische Kriegerwitwe aus dem Ersten Weltkrieg, nicht beim Volksbund, haben uns bei der Volkszählung zu Ungarn bekannt, die Kinder haben ungarische Mittelschulen besucht. Die Akten sind schon weg, Muttersprache deutsch, betreibe einen kleine Gemischtwarenhandlung in St. Peter.

14. Dezember 1945 kommt der Kommunistenführer mit einer Schar Polizisten und Siedlern und sagt zu mir, nehmen Sie zur Kenntnis, in einer Stunde packen und ihr Haus verlassen. Ich rang die Hände und sagte, das ist ja Himmelschreiend was sie mit uns machen, fürchten sie sich nicht vor dem Herrgott? Er sagte, das hängt nicht von mir ab und geht mit seinem Polizei Leutnant mit ca. 15 Polizisten und einer Schar Siedlern. Der Leutnant kam ins Vorzimmer mit einem lumpigen Siedler, er fragte mich: Haben Sie schon gepackt? Ich zeigte ihm das Schriftstück, welches ich beim zweiten Verhör bekommen hatte, wo mir erlaubt wurde, das Geschäft weiterzuführen und sagte, wir gehen nicht, wir haben ja nichts begangen. Der Leutnant fragte den Siedler, wollen wir sie aussiedeln? Der sagte, jawohl hinaus! Auf dieses Urteil mussten wir hinaus, der Leutnant schlägt mir das Schriftstück aus der Hand. Dann sagt er: „Faschista, Faschista hinaus".

Wir Frauen stehen und weinen, meine Tochter mit drei Kindern, die Kleine 10 Monate alt. In einem Sack hatten wir noch Weizenmehl, ich sagte, das sollten wir mitnehmen. Meiner Tochter hatte ein Paket mit ca. 15 kg Kinderwäsche zum Wagen hinausgetragen, da reißt der Leutnant es ihr aus der Hand, sagt das sind gestohlene Sachen. Später hören wir, dass der Leutnant den Kindersportwagen, ein Kinderbett und Matratzen von uns, und von der Nachbarfrau eine Nähmaschine nach Ungarisch-Altenburg mitgenommen hat.

Um 07.00 Uhr führten sie uns, mit noch 14 Familien mit Polizeibegleitung nach Mosonszolnok (Zanegg) in das Ghetto, dort waren schon 4000 Ausgewiesene. Mein Bruder nahm uns bis zur Ausreise nach Deutschland zu sich, denn sonst wären wir verhungert.

HUSZ Anna: „Die ersten Tage der Vertreibung, 20. April 1946 in einem Viehwaggon sind 5 Familien, 26 Personen und das gesamte Gepäck. Wir konnten nur abwechselnd liegen. Über die Osterfeiertage wurden wir in Wiener Neustadt auf ein Abstellgleis gestellt, wo wir dann zu Mittag eine Erbsensuppe bekamen. Irgendwann waren wir dann in Linz, wo es wieder warmes Essen gab, bis wir dann in Deutschland in Bietingheim landeten und auf die umliegenden Ortschaften verteilt wurden."

BACHKÖNIG Wolfgang: „Seit Kriegsende war ein Jahr vergangen und die wirtschaftlichen und politischen Verhältnisse im Land waren triste. Man hatte die Hoffnung auf ÖDENBURG als Hauptstadt noch nicht aufgegeben. Auch die Bevölkerung rund um Ödenburg wollte größtenteils zu Österreich. Da man aber von ungarischer Seite wieder Unruhe befürchtete, die eventuell zu einer Volksabstimmung hätten führen können, begann man die Bewohner einfach auszusiedeln. Jeder, der keine ungarische Abstammung oder Verwandtschaft (auch durch Verehelichung) nachweisen konnte, musste das Land verlassen. Für meine Großeltern und meine Mutter begann das Leid nach dem Krieg von neuem.

Am 5. Mai 1946 mussten wir unseren Heimatort (Balf ca. 7 km von Sopron entfernt) verlassen. Wir durften 50 kg Gepäck mitnehmen. Einen Tag vor der Abreise schlachtete mein Großvater noch ein Schwein und versteckte das Fleisch in der Bettdecke. Haus und Hof mussten wir zurücklassen. Wir wurden nach Deutschland, in die Gegend von Nürnberg, gebracht. „Ungarische Zigeuner" wurden wir genannt und mussten in einem fremden Land von neuem beginnen. Heute erinnert an die schreckliche Zeit und an das große Unrecht nur mehr das in Frauenkirchen 1983 errichtete Vertriebenenkreuz."

VIII. Vertreibung aus Jugoslawien

Dokumentation Arbeitskreis Donauschwäbischer Kulturstiftung: Opfer des Verbrechens des Völkermordes wurden die Angehörigen der in Jugoslawien lebenden Volksgruppen deutscher Muttersprache: Untersteirer, Donauschwaben und Gottscheer.

UNTERSTEIRER 20.000. Die Geflüchteten fanden zu 90 % eine neue Heimat in Österreich. In Vernichtungslagern oder von Partisanen ermordet wurden ca. 6.000 Personen.

DONAUSCHWABEN Bevölkerungsstand 1944 – 510.000. Die Geflüchteten fanden in Deutschland und Österreich eine neue Heimat. In Vernichtungs- und Arbeitslagern fanden 60.000 Zivilpersonen den Tod.

GOTTSCHEER 13.000 Bevölkerungsstand 1939, ca. 1.000 Zivil- und Militärpersonen fanden in Lagern den Tod.

Ende 1944 bis Anfang 1945 begann in den von den sowjetischen Truppen besetzten Ländern die von Moskau angeordnete Deportation von deutschsprachigen Frauen und Männern zur Zwangsarbeit in die Sowjetunion. Frauen von 17–35 Jahren, Männer von 15–45 Jahren. Dezember 1944 zu den Weihnachtsfeiertagen wurden im Banat und Syrmien 30.000 Volksdeutsche Frauen zusammengetrieben und in die Sowjetunion deportiert. Die Männer wurden erschossen. Die nicht in die Sowjetunion deportierten wurden in Lager gebracht, wo die meisten an Hunger, Epidemien und Misshandlungen ums Leben kamen. Die noch Arbeitsfähigen wurden an die Bauern zur Zwangsarbeit vergeben. Der gesamte Besitz wurde beschlagnahmt. Die ethnische Säuberung Jugoslawiens erließ der AVNOJ (Antifaschistische Rat der Volksbefreiung Jugoslawiens) am 21. November 1944 in Belgrad. Wo alle Bürger deutscher Abstammung in einem außergerichtlichen Verfahren zu Volksfeinden erklärt und alle ihre Rechte verloren. Worauf für diese als „vogelfrei" erklärten Menschen Internierungslager gefordert wurden. Aber bereits im Oktober begannen eigene Partisanenkommandos mit den Folterungen und Erschießungen von Menschen deutscher Abstammung im Alter von 16 bis 60 Jahren. Dabei sind von Oktober 1944 bis Juni 1945 dem Völkermord 9.500 Zivilisten zum Opfer gefallen.

Von den Kommunisten wurden drei Arten von Lagern für die Eliminierung der deutschsprachigen Bevölkerung eingerichtet:

ARBEITSLAGER in Orten mit mehr als 200–300 Einwohnern.

ZENTRALE ZIVILLAGER: in den politischen Bezirken

LAGER mit SONDERSTATUS – Vernichtungslager gab es 10.

In Ihrer Heimat verblieben damals 200.000 deutschsprachige Zivilisten, davon kamen 170.000 in Lager. 64.000 Zivilpersonen verloren bei diesem Völkermord ihr Leben. Dazu kommen 92.000 Soldaten, sodass die Gesamtzahl der bei diesem Völkermord ums Leben gekommenen mit 156.000 als Unterzahl angenommen wird.

Historische Untersuchungen sprechen bei dieser Vertreibung und Vernichtung von sieben Ursachen:
1. Die Bestrebungen großserbischer, nationalistischer Kreise.
2. Kommunistische Ideologie – Kollektivwirtschaft.
3. Stabilisierung der Macht der Kommunisten.
4. Belohnung der Partisanenkämpfer.
5. Der Neid
6. Die Hass- und Rachegefühle.
7. Die Beispielwirkung – Polen, Tschechoslowakei, Ungarn.

Tagebuchauszüge aus dem Tagebuch von Christian März aus Krtschedin, einem deutschsprachigen Dorf an der Donau unterhalb von Novi Sad in Jugoslawien :

„Seit Sommer 1944 lag im Tresor der Gemeinde ein versiegelter Briefumschlag. Man wusste, dass der Brief nur auf gesonderte Anordnung geöffnet werden durfte. Das Herannahen der Russen über Rumänien wurde für unser Gebiet immer bedrohlicher. Die Absicht und Planung der deutschen Heimatwachtleitung liefen für den Evakuierungsfall darauf hinaus, dass jede deutsche Familie im Ort ein Pferdegespann mit Bauernwagen erhalten sollte. Fehlende Gespanne sollten von Serben gestellt werden.

O. li.: Abgestellte Fluchtwagen vor Barackenlager in Tulln

O.: Gesprengte Donaubrücke in Tulln

Flüchtlinge aus Krtschedin, einer Stadt im Raum Novisad, Jugoslawien

105

*O. li.: Flücht-
lingsarbeiter an
der Baustelle
Donaubrücke*

*O. re.: Flücht-
lingskinder,
gewandet in
Bekleidungs-
spenden aus der
Bevölkerung*

6. Oktober 1944: In den frühen Morgenstunden kam dann der Befehl zum Öffnen des Umschlages. Darin stand, dass die Evakuierung sofort zu erfolgen habe und die Flüchtlingskolonne um 16.00 Uhr auf der Autostraße abmarschbereit auf weitere Weisungen warten sollte. Fahrt bis Beschka, dort genächtigt.

7. Oktober 1944: Um 07.00 Uhr Abfahrt nach Maradnik. Partisanenüberfall abgewehrt.

8. Oktober 1944: Abfahrt nach Ruma. Zwei Töchter mit der Eisenbahn weiter. Habe nun drei Fahrzeuge ohne Fahrer. Nehme den Kroaten Ivan Babic mit drei Kindern auf, damit wir weiter können.

9. Oktober 1944: Weiterfahrt bis Kukujevice.

10. Oktober 1944: Kukujevice erreicht. Bei einem Serben, der uns nicht hasst, im weißen Bett geschlafen.

11. Oktober 1944: Fahrt nach Vukovar und Borovo. Der Hausherr, ein Deutscher wollte uns nicht hineinlassen. Ortspolizei muss eingreifen.

12. Oktober 1944: Fahrt nach Sawarsch und Sotin. Der kroatische Kutscher ist an einen Straßenstein gefahren und das Fahrgestell ist gebrochen. Mein Bruder und ich haben den ganzen Tag gearbeitet um den Wagen flott zu machen.

13. Oktober 1944: Esseg. Die Serben können nicht weiter, da ihnen die Ungarn die Einreise verwehren. Sie müssen zurück obwohl sie keine Kommunisten sind. Berament erreicht, Rast, Futter besorgen und Pferde beschlagen.

Oktober 1944: Fahrt bis Nemetbakony. Die Pferde mussten im Hof an Bäume angebunden übernachten.

16. Oktober 1944: Fünfkirchen. Großes Durcheinander. Einige Gespanne werden auf Eisenbahn verladen. Der Großteil fährt im Treck weiter. Im Gebirge verlieren wir die Verbindung. Jeder übernachtet, wo es ihm gefällt.

17. Oktober 1944: Die Verbindung ist wieder hergestellt. Es heißt langsamer fahren. Hier bleiben wir zwei Tage. Wilhelm Leibesberger ist verstorben und muss beerdigt werden.

20. Oktober 1944: Kaposfö.

21. Oktober 1944: Marczali.

22. Oktober 1944: Sümeg. In einem großen Hof genächtigt. Drei große Heutristen werden bewacht, damit unsere Pferde keines holen können. Die Pferde sind so hungrig, dass sie jeden beißen, der in ihre Nähe kommt. Meine Frau wird gebissen. Die Wagenstange ist gebrochen.

23. Oktober 1944: Fahrt nach Kald. Den ganzen Tag Regen, ein Tag Rast.

25. Oktober 1944: Zsedamy.

26. Oktober 1944: Kövesd.

27. Oktober 1944: Über Ödenburg um 12.30 Uhr die deutsche Grenze überschritten. Fahrt bis Neufeld. Ein Tag Rast.

29. Oktober 1944: Um 07.00 Uhr Weiterfahrt. Reifenbruch. Musste die Kolonne verlassen. Das Rad 3 Kilometer tragen. Der Schmied hat es kalt aufgezogen. Wir fuhren mit drei Wagen der Kolonne nach und holten diese in Berndorf ein. Inzwischen ist der Reifen wieder geplatzt. Notschleife aus Holz verhilft uns, einen Bauernhof in Altenmarkt zu erreichen, wo wir übernachten.

30. Oktober 1944: Bei der Fassungsstelle bekomme ich einen Reparaturschein um das Rad herstellen zu können. Musste das Rad wieder weit tragen. In Kaumberg suchte ich auch Quartier. Das Rad wurde spät fertig und ich musste zurückbleiben, da der Treck am 31. Oktober um 07.00 Uhr weiterfuhr.

1. November 1944: Weiterfahrt nach St. Pölten. In der Traberbahn genächtigt. Die Frau musste wegen des Pferdebisses zum Arzt.

2. November 1944: Weiterfahrt nach Melk an der Donau. Erstmals ein Mittagessen gefasst. Geldumtausch 1000 Kuna für 1 Mark. Wegen Fliegergefahr gleich weitergefahren nach Pöchlarn. Bei Leonhartsberger im Zimmer auf Stroh übernachtet.

3. November 1944: Im Bauernhof Ramsauer im Stall genächtigt.

4. November 1944: Enns. Nächtigung in der Mädchenschule. Pferde in der Reitschule.

5. November 1944: Linz an der Donau. In Urfahr musste Frau zum Arzt, um den Pferdebiss nochmals zu behandeln. Wollte in Linz wegen Fliegergefahr nicht bleiben und wollte zu einem Bauern. Über einen Berg fiel mein zweijähriges Pferd aus Überanstrengung, zum Glück war ein Bauern in der Nähe. Elmer Karl der uns in seiner Armut gut untergebracht hat.

6. November 1944: Das Pferd kann nicht mehr weiter und muss dort bleiben. Mit vier Pferden und drei Wagen geht es weiter bis Leonfelden. Meine Landsleute treffe ich beim Essen. Der Ortsbauernführer sorgt für Heu und Futter. Dann werden wir aufgeteilt ich komme nach Reichenthal und werde bei Anton Breuer untergebracht. Die Pferde kommen beim zweiten Nachbarn in den Stall. Eine große Sorge wo sind unsere Kinder, die ja in die Eisenbahn gebracht wurden. Meine Frau und ich finden keine Ruhe.

13. November 1944: Nach Linz zur Volksdeutschen Mittelstelle, dort wurden wir abgewiesen. In Braunau heißt es, dass der Transport nach Koburg umgeleitet wurde. Koburg negativ. Endlich in Scheuersfeld finden wir die Kinder und meine Schwiegermutter. Glücklich treten wir die Rückreise an.

18. November 1944: Wegen Futtermangels müssen wir die Pferde verkaufen. Besser gesagt verschenken. Die Kommission hat diese so geschätzt, dass die Käufer gut abgeschnitten haben. Das Geld musste wir in der Gemeinde abgeben. Alles war weg! Wir lebten nur noch von der Unterstützung.

2. März 1945: Ein notgelandeter Flieger musste bewacht werden. Ich komme auch an die Reihe Wache zu schieben.

15. März 1945: Als Fahrer für das Militär eingezogen. Fahre von Linz nach Krumau. Muss dazu zwei eigene Wagen stellen. Wir sollen Lebensmittel fahren. Habe eine Einladung nach Graz bekommen, aber keine Reisegenehmigung. Nachdem ich aus Graz die Papiere bekommen habe, ist der Feind schon so nahe, dass die Fahrt entfällt.

9. April 1945: Flüchtlinge, kroatisches und ungarisches Militär mit Wagen und Autos kommen durch Reichenthal.

14. April 1945: Es sind auch volksdeutsche Flüchtlinge darunter. Aus dem rumänischen Banat.

16. April 1945: Einberufung zum Volkssturm. Vier Landsleute sind dabei.

18. April 1945: Mehr als 600 Kriegsgefangene werden in Nieder-Reinthal einquartiert, Italiener, Serben und Russen

2. Mai 1945: Hitler tot.

6. Mai 1945: Alles weiß beflaggt. 11.45 Uhr Panzerspitzen in Richtung Freistadt.

9. Mai 1945: Amerikanische Panzer angekommen. Das deutsche Militär wird entwaffnet und zum Teil auch ausgeplündert. Uhren und Schmuck sind gefragt, Fahrzeuge und Pferde, ich fange auf Befehl des Bürgermeisters einige Pferde ein.

28. Juli 1945: Die Amerikaner ziehen ab und die Russen kommen. Einige unserer Landsleute packen am 18. August 1945 und begeben sich auf die Reise zurück nach Krtschedin. Auch wir beabsichtigen zurückzufahren.

22. August 1945: Aufbruch. Bis Standorf. Übernachtung.

23. August 1945: Perg.

24. August 1945: Krain.

25. August 1945: Pöchlarn. Wollen die Fähre benützen. Der Verkehr ist jedoch von den Russen in Anspruch genommen und wir kommen nicht dran. Fahren zur Marbacher Fähre. 19.30 Uhr die Fähre passiert. 80 Fahrzeuge. Es sickert das Gerücht durch, dass die Ungarn uns nicht die Grenze passieren lassen werden. Es wurde sodann beraten, dass vier Mann nach Wien fahren, um dort um Rat und Hilfe zu bitten. Sie kommen zurück und bringen die Nachricht bestätigt. Es wird sogar dringend abgeraten, nach Jugoslawien zu fahren.

29. August 1945: Es fahren drei Mann nach Tulln und werden dort vom Arbeitsamt aufgenommen.

30. August 1945: Abfahrt über St. Pölten bis Mitterndorf.

31. August 1945: Tulln angekommen, an Ing. Hans Gindl verwiesen. Er benötigt Arbeiter für Räumungsarbeiten und Brückenbau.

1. September 1945: Pferde an die Bauern leihweise übergeben.

15. September 1945: Schwiegersohn aus der Gefangenschaft zurück. Wir liegen alle auf einer Wiese im Freien, bis eine Baracke aufgestellt wird.

29. September 1945: In die Baracken eingezogen. Alles, was sich bewegen kann geht zur Arbeit. Sehr schlechte Verköstigung.

6. Oktober 1945: Jakob Haug, geb. 1922, an der Brücke tödlich verunglückt.

14. Dezember 1945: Mark in Schilling umgetauscht. 150 Schilling pro Person, der Rest bleibt für ewig gesperrt.

25. Jänner 1946: Mein Sohn Jakob aus der Kriegsgefangenschaft zurück, Heinrich fehlt aber noch immer.

27. April 1946: Ich muss die Besorgung der Lebensmittelkarten für alle in den Baracken übernehmen. Jetzt sind wir 223 Personen.

19. September 1946: Arbeitsunfall an der rechten Hand. Krankenstand.

11. November 1945: Wieder in der Arbeit. Nun als Heizer, kann aber die Finger der rechten Hand noch immer nicht bewegen.

18. November 1946: Pfarrer Harth, Verbindung zu unserer Kirche hergestellt.

15. März 1947: Arbeitsurlaub wegen Materialmangels.

22. Dezember 1947: Geldumtausch, schon wieder 3:1. Es ist uns nun zu Bewusstsein gekommen, dass wir nicht nach

Hause können. Ein Großteil geht nach Deutschland (schwarz) andere trachten Baugründe zu erhalten, um aus den Baracken herauszukommen. Heute wohnen nur noch 84 Personen in den Baracken. 22 Krtschediner haben in Tulln schon ein Eigenheim, der Rest ist bestrebt, in kürzester Zeit mit dem Bau zu beginnen.

Ich sah dort beim Betonieren 17 Landsleute, die mitgeholfen haben. Wir brauchen keinen Kredit und Siedlungsgenossenschaften, die sich mit unserem Schweiß die Säckel füllen wollen. Wir brauchen nur unsere Arbeitskraft und alles andere machen und schaffen wir uns selbst. Wir haben es bewiesen. Mehr als 40 Siedlungshäuser unserer Landsleute stehen!"

Donauschwäbische Kulturstiftung: Maria Nadaschti aus Werschitz konnte vom Fenster aus Erschießungen auf der Straße beobachten: „ Ich wohnte in der Dreilaufgasse, war dreizehneinhalb Jahre alt. Meine Mutter und mein Bruder mussten Arbeitsdienst mit Pferd und Wagen leisten, da blieb ich mit meiner Oma zu Hause.

Am 14. Oktober 1944 gegen halb elf Uhr hörten wir mehrere Schüsse. Ich lief zum Fenster und sah, wie man Männer, immer zwei sich an der Hand haltend aus dem Hause der Familie Bless und Maler aus der Einfahrt herausführte. Sie mussten sich niederknien und wurden mit Kopfschüssen von hinten erschossen. Erst glaubte ich, es wären Rumänen, da fast alle in Unterhosen und ohne Schuhe waren. Dann als die Schießerei nachließ, gingen die Leute näher heran, um zu sehen was geschehen war.

Auch ich ging mit und musste feststellen, dass mein Onkel Johann Rittchen aus der Urbanigasse dabei war. Dann wurde mir klar, dass es lauter deutsche Männer waren, nur Frau Geringer als einzige Frau.

Am 13. Jänner 1946 werden 90 jugoslawische Staatsangehörige deutscher Abstammung über die Grenze am Seebergsattel nach Österreich überstellt. Sie waren wegen ihrer deutschen Abstammung ausgewiesen worden und mussten alles zurücklassen.

Die 1947 an Österreich über die Grenze abgeschobenen waren in Viehwaggons zusammengepfercht und hatten nur das mit, dass sie am Leib hatten."

Prof. Robert Hammerstil, Ternitz, 25. Nov. 2004, erzählt: „Nach dem ersten Weltkrieg wurde der Banat aufgeteilt. Rumänien erhielt den größten Teil. Der Rest ging an Jugoslawien und Ungarn. Meine Eltern haben in Werschetz (heute Vra'c) eine Bäckerei gehabt. In dieser Stadt gab es ein großes deutsches Viertel, das sich über die Hälfte der Stadt erstreckte, dann ein ungarisches und ein serbisches Viertel. Unsere Bäckerei befand sich im serbischen Viertel. Wir hatten mit allen Nachbarn ein sehr gutes Verhältnis. Ich hatte bis zum Jahr 1944 eine sorglose Kindheit verbracht. 1944 war ich gerade 12 Jahre alt geworden und mein jüngerer Bruder war 8 Jahre. Mein Vater ist 1941 zum deutschen Militär eingerückt. Dann kommt der November 1944, eines Tages hören wir in der Stadt lautes Gewehrfeuer. Als dann eine Frau gelaufen kommt und schreit, im deutschen Viertel erschießen sie alle Männer. Auch 200 deutsche Mädchen im Alter von 18 bis 20 Jahren sollen erschossen werden. Wir flüchten mit Bekannten in die Weinberge. Da wir nichts mehr zu Essen haben gehen wir zurück. Dann kommen auch schon Männer in unser Haus und nehmen unsere Mutter und die Nachbarin mit. Nun sind wir Kinder allein und uns selbst überlassen. Die Tochter der Nachbarin Helene ist 20 Jahre alt und kümmert sich um uns, muss sich aber immer wieder verstecken, denn die Serben suchen sie schon überall. Am Abend kommen unsere Mütter zurück, wir sind glücklich. Am nächsten Tag schlachten wir unser Schwein. Als die Nachbarin hereinstürzt und schreit, sie Treiben alle Deutschen aus den Häusern. Als auch bereits bei unserem Haustor laute Stimmen fremder Männer erklingen. Sie durchsuchen unsere Wohnung und sagen zu meiner Mutter, dass sie in 10 Minuten gepackt haben muss. Ein Serbe hilft ihr beim Packen und sagt sie soll auch eine Tuchent mitnehmen. Dann werden wir in einem langen Zug zu den Fliegerhallen vor der Stadt getrieben. In den leeren Baracken werden wir zusammengepfercht und verbringen so die Nacht.

Der nächste Tag, der 19. November 1944 ist sehr schön, wir müssen uns aufstellen. Die Frauen und Kinder schreien, weinen und beten. Namen werden aufgerufen und wenn die Aufgerufenen nicht heraustreten werden sie herausgezerrt und vor die Baracke gebracht. Schüsse fallen und die Aufgerufenen kommen nicht wieder. Wir Kinder klammern uns an die Mütter und lassen es aus Angst in die Hose rinnen. Dann wird eine Mutter neben uns aufgerufen, deren Kinder klammern sich in Todesangst an sie. Sie rührt sich nicht und als die Uniformierten schreien, wenn du nicht kommst schießen wir in die Reihe. Da wird sie von den anderen vorgestoßen. Sie reißen die Kinder von ihr los, die Kinder wälzen sich am Boden und die Mutter kommt nicht wieder. Nach ca. 3 Stunden werden wir von dort durch die Stadt getrieben, es ist Nacht geworden und wir marschieren noch immer. Mütter und Kinder fallen vor Erschöpfung nieder und werden noch geschlagen. Meine Mutter trägt meinen 8-jährigen Bruder Alfred. Wir sind an der rumänischen Grenze. Hier werden keine Leute mehr geschlagen und wir dürfen rasten. Alle hoffen, dass wir nach Rumänien kommen denn dort wird niemand vertrieben.

Doch dann rufen die Posten, alles aufstehen es geht zurück. Die Menschen hoffen, wir kommen wieder zurück in unsere Häuser. Doch dann bleibt die Kolonne stehen, die Frauen schreien, wir werden alle erschossen oder im Sumpf ertränkt, denn wir müssen über einen Steg durch den Sumpf, es ist der Moorsteg nach Vatina, einer rumänischen Ortschaft auf jugoslawischen Gebiet. Dann geht es durch diese Ortschaft und auf den außerhalb befindlichen Friedhof müssen wir die Nacht verbringen. Am nächsten Tag geht es weiter bis nach Zichydorf, auch ein deutsches Dorf. Dort wird noch friedlich auf den Feldern gearbeitet. Dann werden wir gewaltsam auf die einzelnen Höfe verteilt. Wir kommen in einen Bauernhof, dort ist nur die alte Bäuerin und ihre Schwiegertochter mit ihrem 5 Jahre alten Kind. Wir

Hab keine Angst mein Täubchen, es geht ganz schnell!

bekommen in der Stube endlich wieder einmal ein warmes Essen und schlafen in einem Bett. Im Stall gibt es eine Kuh und einer Ziege. Wir suchen jetzt täglich auf den Feldern ob wir noch Rüben, Kartoffeln oder anderes Gemüse finden. Dann kommen wieder die Serben und nehmen die Mutter meines Freundes Michi mit, da meine Mutter und die Schwester von Michi, Helene, nicht da sind gehen sie wieder. Aber am nächsten Tag muss auch meine Mutter mitgehen. Sie wollen auch Helene mitnehmen, doch die zeigt ihnen ihren verletzten Fuß bis zum Oberschenkel. Daraufhin jagen sie uns aus der Stube und vergewaltigen Helene. Dann kommen sie heraus und knöpfen sich die Hosen zu. Auch die junge Bäuerin nehmen sie mit. Nun sind wir mit Helene allein. Helene muss sich immer wieder verstecken. Dann holen sie auch noch die alte Bäuerin mit dem 5-jährigen Kind. Immer wieder suchen sie nach Helene, die sich aber immer wieder gut verstecken kann. Angeblich sind alle Frauen mit der Bahn nach Russland gebracht worden. Doch dann erwischen sie auch Helene, wir laufen auch noch zum Bahnhof und sehen wie die Frauen in Viehwaggons gebracht werden. Nun sind wir vier Buben ganz allein auf dem Hof, Michi und ich 12 Jahre und Alfred 8 Jahre und Wastl 5 Jahre alt. Wir haben die Kuh und die Ziege die wir versorgen müssen. Heute ist Heiliger Abend und als es bereits

ganz finster ist hören wir Schritte im Haus, wir trauen uns nicht einmal aufzuschauen. Doch dann hören wir eine Stimme, wo sind den meine Täubchen, es ist kein Traum, es ist unsere Mutter. Es ist das schönste Weihnachtsgeschenk. Mutter schlachtet ein Huhn und wir haben wieder etwas zu Essen. Dann sind Weihnachten vorbei und die alte Bäuerin mit dem kleinen Jungen kommt auch wieder zurück. Doch noch vor dem neuen Jahr holen sie unsere Mutter wieder. Auch die Kuh wird fortgetrieben. Dann kommt die Mutter meines Freundes Michi zurück, aber sie ist schwer krank.

Dann eines Tages ist auch unsere Mutter wieder zurück. So vergeht das Frühjahr und am 19. März 1945 sollen alle die auf ihren Weingarten in Werschetz arbeiten wollen zurückgebracht werden. So packen wir unsere Sachen und gehen zum Bahnhof. Doch dort werden wir wieder gewaltsam von den Müttern getrennt. Alles ist von Militär umzingelt und sie treiben die Frauen aus dem Dorf. Wir Kinder bleiben allein zurück.

Eine alte Frau, die Krämerin kümmert sich um uns und nach einiger Zeit gibt es am Dorfplatz eine Küche und wir bekommen eine Küchenkarte, mit der können wir einmal am Tag eine dünne Suppe holen. Nach Ostern am 18. April 1945 kommt wieder Militär und treibt alle Menschen auf die Hutweide. Dort verbringen wir eine Nacht, den ganzen Tag und noch eine Nacht unter freiem Himmel. Dann wird wieder aussortiert. Mütter werden von ihren Kindern getrennt. Wir haben das Glück bei der Krämerin bleiben zu dürfen. Michi mit Bruder und seine Mutter kommen auf die andere Seite und diese Menschen werden weggetrieben. Es beginnt zu regnen und wir flüchten in die Häuser und Viehställe.

Am nächsten Tag auf der Hutweide müssen sich alle aufstellen und alles wird durchsucht. Die Soldaten nehmen den Leuten alles weg. Wir haben das Glück, dass die Krämerin alles in der Tuchent versteckt hatte und die Federn herausflogen, sodass die Soldaten sagten sie soll verschwinden, ihr und uns noch einen Tritt gaben, doch wir hatten unser Essen gerettet. Dann werden wir die Landstraße entlang Richtung Greda getrieben. Es ist ein serbisches Dorf und die Leute schreien: „Vervögelte Schwaben" und bewerfen uns mit Erdschollen. Auch in der Nacht wird weiter marschiert, mein kleiner Bruder bricht zusammen, dann trägt ihn die alte Krämerin, doch dann kann sie auch nicht mehr. Mit Gewalt gelingt es ihr, mit uns auf ein Fuhrwerk zu kommen.

Es ist der 22. April 1945 und wir sind in das Dorf Setschanfeld, ein leeres deutsches Dorf gekommen und werden von den Soldaten in die Häuser getrieben. Im Haus nebenan wird eine Lagerküche eingerichtet. Dort bekommen wir eine dünne Suppe und vereinzelt auch ein Stück Brot. So geht auch der Monat Juni dahin. Jetzt kommen immer wieder Soldaten und holen Frauen und größere Buben zur Feldarbeit. Mir gelingt es immer mich zu verstecken.

Am 8. Mai 1945 müssen die Buben in der Kirche die Glocken läuten und wenn sie nicht mehr können werden sie geschlagen und getreten. Der Krieg ist aus, Hitler ist tot und Tito der Sieger. Dann kommt eines Tages mein Freund Michi mit einem Pferdegespann in das Dorf, wir freuen uns über das Wiedersehen, aber er muss wieder zurückfahren. Dann geht der Sommer vorbei und eines Tages kommt eine Frau aus dem Werschetzer Lager und bringt uns einen Zettel von unserer Mutter, wo sie schreibt, dass es ihr gut geht. Es ist bereits Herbst als eines Tages zwei Soldaten und eine Frau auf uns zukommen und fragen, ob wir die Hammerstiel Buben sind. Die Frau tritt zu mir und sagt, wir sollen unsere Sachen packen und mitkommen. Es kommen noch mehr Kinder und wir fahren mit den Fuhrwerken los bis zu einem Bahnhof und kommen in einen Zug der angeblich nach Werschetz fährt. Dort marschieren wir durch die Stadt bis ans andere Ende. Dann gibt es ein Wiedersehen mit unseren Müttern. Spätherbst und wieder wird aussortiert? Wieder diese große Angst, gibt es wieder eine Trennung? Man hört schon die verzweifelten Rufe der Frauen, deren Kinder auf die andere Seite getrieben wurden. Wie wird es uns ergehen, ich bekomme Schüttelfrost. Dann das große Glück, wir bleiben zusammen. Der Zug auf unserer Seite muss in einer halben Stunde gepackt haben, dann geht es den Weg zurück zum Bahnhof. Dort stehen offene Viehwaggons und warten die ganze Nacht, erst gegen Morgen setzt sich der Zug in Bewegung. Es geht nach Setschanfeld, weiter nach Groß-Betschkerek bis Rudolfsgnad. Wir dürfen nicht aussteigen, es geht wieder zurück nach Groß-Betschkerek dort müssen wir auf eine Schmalspurbahn umsteigen und wieder in offene Viehwaggons und am frühen Morgen kommen wir in einer Ortschaft an. Nach einiger Zeit dürfen wir aussteigen und werden in das Dorf getrieben, müssen aber weiter bis nach Molidorf. Das ganze Dorf ist ein Arbeitslager, dort befinden sich nur Kinder und alte Frauen. Trotzdem müssen die Frauen arbeiten.

Es ist wieder Weihnachten und einmal am Tag gibt es die dünne Lagersuppe und Mutter hatte noch etwas Weizenschrott zum hineingeben. Dann haben wir nichts mehr, nur die leere Suppe. Viele Leute sind schon krank und jeden Tag sterben einige. Ich bekomme die Krätze, mein Körper ist über und über bedeckt. Endlich habe ich die Krankheit überstanden Ostern 1946 im ganzen Lager gibt es kein Gras mehr, nur wenn der gute Posten da ist, lässt er uns auf die andere Seite und heute habe ich das Glück und kann Gras und auch Klee abreißen und im Teich habe ich einen Fisch gefangen, so gibt es ein gutes Ostermahl. Mutter ist krank geworden, sie besteht ja nur aus Haut und Knochen.

Ich koche ihr Gras und Blüten. Ich habe wieder einen Freund gefunden, Jani heißt er. Mutter hat hohes Fieber, Jani gibt mir ein Fläschchen in dem er Würmer und Käfer gesammelt hat, damit ich meiner Mutter etwas zum Essen geben kann. Dann haben wir am Dorfende ein wunderschönes Feld mit Klee entdeckt. Wir können aber nur hinein wenn uns der Posten am Wachturm den Rücken zuwendet. So halten wir unsere Säckchen bereit, laufen schnell in das Feld und Pflücken so viel als möglich, bevor der Posten sich wieder diesem Abschnitt zuwendet. Jani neben mir, wir rupfen wie die Wahnsinnigen, dann der Schrei des Posten „Stoj! Stoj! Ich höre einen Schuss, laufe um mein Leben, neben mir höre ich die Kugel pfeifen. Ohne Atem komme ich im Haus an. Meine Mutter erklärt mit, dass sie so ein schlechtes Gefühl gehabt hat, fragt mich ob ja nichts geschehen sei.

Ich habe auch ein schlechtes Gefühl, wo ist Jani geblieben, ist er in eine andere Richtung gelaufen? Ich gehe ihn suchen, am Ende des Dorfes sind Frauen und Kinder beisammen, dann sehe ich alle stehen um einen Körper herum, der dort ganz friedlich liegt, es ist mein Freund Jani. Sein Kopf ist zugedeckt, in der Hand hält er noch das Säckchen mit dem gepflückten Klee. Seine Großmutter wirft sich über ihn, nimmt das Tuch von seinem Kopf, er hat kein Gesicht mehr, es ist nur mehr ein Fleischklumpen.

Dann bekomme ich Krätzen. Ein neuer Lagerkommandant ist gekommen, wieder werden wir ausgemustert und von unseren Müttern getrennt. Wir kommen in ein eigenes Haus, denn unsere Mütter müssen am Tag arbeiten gehen. Dann werde ich als Wasserträger für die Lagerküche eingeteilt. Dann der Winter ist vorbei und wir haben wieder ein Jahr überstanden. Jetzt wird es bald wieder Gras geben. Im Juni müssen alle am Kirchenplatz sein. Überall sind Uniformierte postiert und wieder werden Leute ausgemustert. Gott sein Dank bleiben wir zusammen. Aber jetzt beginnt wieder ein Marsch ins Ungewisse, es ist der 1. Juni 1947. Am Nachmittag erreichen wir ein ungarisches Dorf, kommen zu einer Bahnlinie und müssen am Bahndamm warten bis ein Zug mit offenen Viehwagen kommt, in die wir hineingepfercht werden. Dann geht es zu einem Bahnknotenpunkt, dort müssen wir in andere Viehwaggons umsteigen. Wir sind bereits den dritten Tag unterwegs. Endlich sind wir am Ziel Gakovo ein ehemaliges deutsches Dorf.

Dann bekomme ich Fieber, es ist Malaria, auch meine Mutter erkrankt daran, eine alte Quacksalberin sagt, man muss Spinnen essen und den Urin von gesunden Menschen trinken. Da mein Bruder nicht erkrankt ist, trinken wir beide seinen Urin. Nachdem wir halbwegs gesund sind, erklärt uns unsere Mutter, dass wir von hier weg müssen, denn sonst würden wir auch hier sterben. Auch hören wir, dass bereits Leute über die Grenze nach Ungarn geflüchtet sind.

Die ungarische Grenze ist nicht weit weg. Da wir aber keine Ortskenntnisse haben ergibt es sich, dass wir uns einer ortskundigen Führerin anschließen und meine Mutter das Gepäck dieser Frau zur Grenze tragen soll, dafür können auch wir kostenlos mitkommen. In einer der nächsten Nächte schleichen wir aus dem Dorf zuerst über einen Acker bis uns ein großes Maisfeld aufnimmt. Die Frau mit ihrem Sohn voraus, dann meine Mutter mit uns beiden Buben und noch einige Leute. Erst gegen Mittag legen wir eine Rast ein. Am Abend geht es weiter bis das Maisfeld zu Ende ist, dann kommt ein Feld und anschließend ein umgepflügter Acker, der immer wieder von einem Scheinwerfer beleuchtet wird. Die Führerin legt vor dieser Strecke eine Rast ein und erklärt uns, dass wir wenn der Scheinwerfer wegschwenkt laufen müssen um das nächste Maisfeld zu erreichen. Sollten wir es nicht schaffen, sollen wir uns sofort hinwerfen um nicht erkannt zu werden. Es geht los wir laufen, dann kommt das Licht es wird hell, hinwerfen. Dann wird es dunkel und die Stimme unserer Führerin, schnell so schnell es geht, dann in einen Graben wir kommen gut hinüber und sind in Ungarn. Es ist nach Mitternacht, wir finden Weintrauben und essen, müssen aber weiter, je weiter von der Grenze umso besser. In einem Dorf bekommen wir frisches Brot. Meine Mutter versucht ein Kostüm zu verkaufen, um das Geld für die Bahnfahrt zur österreichischen Grenze zu bekommen. Wir Kinder gehen im Dorf um Esswaren betteln. Ein großes Glück, ein Bauer sagt meiner Mutter, dass er in Sekelkeve einen deutschen Jugendfreund gehabt hat, der dort Lehrer war. Mutter sagt ihm, dass es ihr Bruder war, der sich beim Einmarsch der Sowjets mit 41 Jahren erhängt hat. Am Sonntag sind wir bei dem Bauern zum Mittagessen eingeladen, nach langer Zeit essen wir wieder von einem Teller mit Löffel und Gabel. Dann fragt er Mutter ob sie genügend Geld habe für die Pferdefahrt zur Donau, die Übersetzung und die anschließende Bahnfahrt zur österreichischen Grenze. Mutter sagt ihm, leider nicht aber wir werden schon weiter-kommen. Worauf der Bauer Mutter einen Hundert Forintschein gibt. Mutter weint vor lauter Glück. Am nächsten Tag zeitig in der Früh bringt uns der Bauer, insgesamt 12 Personen mit dem Pferdefuhrwerk nach Dunaszekcsös zur Donau. Mit der Fähre geht es nach Baja und zu Fuß weiter nach Bataszek zum Bahnhof.

In einem Viehwaggon nach Pecs. Von dort in einem Personenzug nach Szombathely. Mit einem Zug dann nach St. Gotthard zur österreichischen Grenze. In der Endstation werden wir von der Polizei in eine Kaserne getrieben. Dann werden wir von einem Mann verhört, der uns erklärt, dass wir illegal in Ungarn sind und vermutlich nach Deutschland wollen. Wenn wir aber alles Geld das wir noch haben, abliefern, würden sie ein Auge zudrücken. Worauf meine Mutter die restlichen Forint die sie noch hatte, dem Mann gibt und wir entlassen sind. Vor dem Haus sammelt sich so nach und nach eine Gruppe von vierzig Personen und gegen Abend brechen wir auf, keine Ahnung wohin es geht und wo die österreichische Grenze ist. Es geht durch einen Wald und durch einen Graben auf eine Lichtung. In einiger Entfernung sehen wir ein Licht auf das wir zugehen, dann hören wir deutsche Stimmen und einige Uniformierte umringen uns. Wir können es nicht fassen, hier kann man deutsch, unsere Muttersprache sprechen. Wir sind in Österreich und weinen alle vor Glück.

Wir befinden uns in der sowjetischen Zone und einige brechen auf um in die englische Zone zu gehen. Wir bleiben und werden am nächsten Tag in verschiedene niederösterreichische Bezirke aufgeteilt. Wir werden mit Lastwagen in den Bezirk Neunkirchen gebracht, wo wir Asyl erhalten".

Vernichtungslager Molidorf

In Molidorf, wo früher gegen 1000 Deutsche wohnten, wurde im Jahr 1945 ein großes Konzentrationslager errichtet. Ungefähr 9000 Deutsche, meist Frauen und Kinder, aus verschiedenen anderen Banater Gemeinden wurden hierher gebracht. Im Jahr 1946 sind davon 4000 gestorben. Man ließ sie verhungern. Viele wurden misshandelt und erschossen. Auch im Jahr 1947 wurden im Monat Jänner bei einer Gelegenheit sogar zwei Kinder von 12 bis 14 Jahren erschossen. Noch im Mai 1947 töteten die Lagerbehörden zwei Frauen aus Solturn, von denen die eine vier und die andere drei Kinder hatte. Ende Mai 1947 wurde dieses Lager aufgelassen.

Die überlebenden deutschen Lagerinsassen wurden auf andere Lager aufgeteilt. Noch während der Lagerübersiedlung aus Molidorf wurden unterwegs viele Frauen von den Partisanen geschlagen. Alte, kranke Leute, welche nicht transportfähig waren, ließ man im alten Lager liegen, ohne sich um ihr Schicksal weiter zu kümmern. Sie mussten sterben.

IX. Besatzungszeit

Von den Alliierten war der Beschluss gefasst worden, Österreich in seinen Grenzen von 1937 wieder herzustellen. Mit der Unterzeichnung des „Ersten Kontrollabkommens" der vier Besatzungsmächte am 4. Juli 1945 wurde der Alliierte Rat geschaffen dem für Österreich die oberste Gewalt zukam. So wurden dann am 9. Juli 1945 die Grenzen der endgültigen Besatzungszonen in Österreich festgelegt.

Vorarlberg und Tirol französische Zone, Osttirol, Kärnten und Steiermark außer dem Ausseerland, britische Zone, das Ausseerland, Salzburg und Oberösterreich ohne Mühlviertel amerikanische Zone, Burgenland, Niederösterreich und das Mühlviertel wurden sowjetische Zone.

Die Stadt Wien wurde gleichfalls in vier Zonen aufgeteilt, wobei der I. Bezirk eine internationale Zone war. Während in den westlichen Bundesländern die Besatzungszeit in geordneten Bahnen ablief, außer in Kärnten, wo es immer wieder zu Übergriffen von jugoslawischen Partisanenverbänden kam, war in den von den Sowjets besetzten Gebieten von Befreiung keine Spur.

NIEDERÖSTERREICH

Bezirk Neunkirchen

GLOGGNITZ: April 1945: Grundsteinlegung zur 2. Republik durch Dr. KARL RENNER. Diese Übergriffe der sowjetischen Truppen waren es auch, die den in Gloggnitz lebenden ehemaligen Staatspräsidenten der 1. Republik, Dr. Karl Renner bewegten, bei der sowjetischen Stadtkommandantur zu intervenieren.

So begab sich Dr. Renner am Dienstag, dem 3. April in Begleitung von zwei Gloggnitzer Bürgern, Schmiedemeister Bohrn, Friseurmeister Pehofer und dem tschechisch sprechenden Malergesellen Zampach als Dolmetsch, auf die sowjetische Stadtkommandantur, dort mussten sie erst einmal warten bis der Kommandant sein Frühstück verzehrt hatte. Dann erklärte er Renner, dass er dafür nicht zuständig sei und er auf das nächst höhere Truppenkommando nach Köttlach gehen müsse. Dr. Renner ersuchte um Begleitschutz, da in der unmittelbaren Umgebung ja noch gekämpft wurde. So gab ihm der Stadtkommandant auf dem Weg nach Köttlach 4 Soldaten mit, die nützten jedoch die Gelegenheit um sich einen guten Tag zu machen, legten sich immer wieder in die Wiese um eine Stunde zu schlafen, sodass Dr. Renner für die 2 km vom Vormittag bis in die Nachmittagsstunden brauchte um nach Köttlach zu gelangen. In Köttlach im Bauernhaus Nr. 3 befand sich das Divisionskommando der 103. sowjetischen Gardedivision.

Nachdem Dr. Renner ohne Hut, mit seinem grauen Vollbart in Köttlach eingetroffen war, wurde er dem Divisionskommando vorgeführt, fand aber kein Verständnis. Man war in Österreich einmarschiert, um das Land zu befreien und da kommt so ein alter Großvater und beschwert sich, dass ein Russe einem Faschisten eine Uhr weggenommen und ein anderer von einem Frauenzimmer ein bisschen was verlangt haben soll. Als Dr. Renner die Ablehnung erkennt, stößt er seinen Stock auf den Boden und beginnt den Russen Vorhalte zu machen.

Da tritt plötzlich ein Offizier vor, der Dr. Karl Renner die längste Zeit aufmerksam angesehen hatte. „Wie war ihr Name?", sagt er auf Deutsch. „Dr. Karl Renner!" Sind Sie vielleicht jener Dr. Karl Renner, der Sozialdemokrat und der 1918 Ministerpräsident war?" Worauf Dr. Renner antwortete: „Ja der bin ich!" Der Offizier antwortete: „Ich habe nicht gedacht, dass Sie noch am Leben sind. Wie alt sind Sie denn eigentlich Herr Dr. Karl Renner, wenn man fragen darf?" „Ich werde heuer 75", sagte Dr. Renner, „und wie Sie sehen lebe ich noch. Gegenwärtig allerdings nicht unter den erfreulichsten Umständen!"

Der Offizier wechselte mit den anderen ein paar schnelle Worte, die Dr. Renner nicht verstand. Aber er erkannte, dass die Stimmung plötzlich anders war. Man führt ihn in einen Nebenraum und bittet ihn zu warten. Während Dr. Renner warten muss, wird viel und lang telefoniert. Dann eröffnet man ihm, dass die Ausschreitungen abgestellt würden, er aber zu einer Besprechung mit dem Oberkommando der 3. Ukrainischen Front eingeladen sei.

Ich war in größter Sorge um meine Familie. Ich hatte in der Früh das Haus verlassen und Mittag war lang vorbei, schrieb Dr. Renner. Nur widerstrebend bestieg ich das Lastauto, das mich auf unbekannten Wegen in einen unbekannten Ort brachte. Dort wurde ich in eine Bauernstube gebracht. Dr. Karl Renner war, was er erst später erfuhr, in Hochwolkersdorf, im Hauptquartier des sowjetischen Oberkommandos der 3. Ukrainischen Front bei Marschall Tolbuchin.

Nach einer langen Wartezeit wurde Dr. Renner achtungsvoll von einem größeren Stab höherer Offiziere empfangen. Hier orientierte Dr. Renner die Russen über die Verhältnisse in Österreich und hier boten ihm die Russen an, die Wiedererrichtung eines neuen freien Österreich zu übernehmen. Dr. Renner erklärte, er müsse Bedenkzeit haben. Im Augenblick könnte er nichts anderes als bitten, endlich wieder zu seiner Familie, die in Angst und Verzweiflung auf ihn wartet, zurückgeführt zu werden. In seiner Person sei er schon Beweis und Sinn der Hilflosigkeit, in der sich das ganze österreichische Volk befinde.

Aber die Russen laden Dr. Karl Renner zum Abendessen ein und als Dunkelheit hereinbricht, erklären sie, es nicht verantworten zu können, ihn nachts heimzuführen. „In meine Bauernstube zurückgekehrt", schrie Dr. Renner ergreifend weiter, „suchte ich über die Lage klar zu werden und mit mir selbst ins Reine zu kommen. Ich hatte mein Haus verlassen, um Schutz für meine Mitbewohner zu suchen, nun aber schien die Möglichkeit nicht ausgeschlossen, für mein Volk und Land, Schutz und vielleicht einen Ausweg aus der Katastrophe zu finden." Am nächsten Morgen wurde Dr. Renner vom Oberkommando der 3. Ukrainischen Front empfangen und er erklärte sich bereit, die Wiedergründung der Republik Österreich zu übernehmen.

Bundespräsident Dr. Karl Renner

Aufruf an die Bevölkerung der Stadtgemeinde Gloggnitz, Köttlach und Enzenreith

Der provisorische Gemeinderat der Stadt Gloggnitz ruft hiermit die Bevölkerung ob genannter Gemeinden auf, ihn bei seinen schwierigen Aufbauarbeiten tatkräftig zu unterstützen. Wir ersuchen die Bevölkerung im eigenen Interesse unbedingt Ruhe, Ordnung und Disziplin zu bewahren. Den Anordnungen des Stadtkommandanten der Roten Armee, der uns jede mögliche Hilfe angedeihen lässt, ist unbedingt Folge zu leisten. Die von den Nationalsozialisten verschuldete Notlage stellt den provisorischen Gemeinderat vor eine fast unlösbare Aufgabe, der nur mit Geduld und Vertrauen zu einem freien unabhängigen Österreich gelöst werden kann. Zur Linderung der Notlage sind derzeit alle möglichen Hilfsmaßnahmen im Gange und werden künftig jeweils durch Anschlag bekannt gemacht werden.

Es lebe das freie Österreich Gloggnitz, den 10. April 1945   Josef Höllerbauer

---

Nachdem er mit dem höchsten Politoffizier der 3. Ukrainisch Front, Generaloberst Sheltov die Fragen der Wiedergründung besprochen hatte, wurde Dr. Renner nach Gloggnitz zurückgebracht. Wo er sofort mit der Arbeit begann und die ersten Aufrufe schrieb. Bereits nach einer Woche wurde er mit seiner Familie in das Schloss Eichbüchl bei Wiener Neustadt gebracht. Da auch Tolbuchin sein Armeekommando dorthin verlegt hatte. Wieder eine Woche darauf wurde er nach Wien gebracht und wir haben bereits am 27. April 1945 in Wien eine provisorische Regierung für den Osten Österreichs gehabt.

Bürgermeister Höllerbauer ernannte Springinsfeld zum Stadtpolizeileiter und zu dessen Stellvertreter Scharm und Schneider. Die Stadtpolizei als Nachfolger der deutschen Schutzpolizei hatte ihre Wachstube auf der Hauptstraße im Erdgeschoss des Bezirksgerichtes mit dem Fund- und Meldeamt. Der Personalstand betrug bis zu 87 Mann mit Außenstellen in Stuppach und Enzenreith. Diese Männer waren weder bewaffnet noch trugen sie Uniformen, nur eine rot weiß rote Armbinde.

Außerdem waren sie an die Weisungen der Besatzungsmacht gebunden. Die erste Gemeinderatssitzung war bereits am 16. April 1945. Vorher gab es eine interne Besprechung zwischen dem sowjetischen Stadtkommandanten, dem Bürgermeister, dem Sekretär, dem Polizeileiter und einer sowjetischen Dolmetscherin, die die geforderten Maßnahmen und Anordnungen des Kommandanten in neun langen Punkten zusammenfassten:

Die Schanzarbeiten gehen in vollem Umfang voraussichtlich noch zwei Tage weiter (ca. 1.500 Personen sind nötig). Alle in Arbeit stehenden Personen sind mit Ausweisen auszustatten. Eine größere Schneiderwerkstätte mit einer Anzahl Nähmaschinen für militärische Zwecke ist einzurichten. Alle Zivilpersonen sind listenmäßig zu erfassen, zwecks

Nr. 1

BEFEHL

des

Ortskommandanten der Stadt Gloggnitz

Zwecks Aufrechterhaltung des normalen Lebens und der Ordnung im Weichbilde der Stadt Gloggnitz

befehle ich

1. Alle Gewalt ist in meiner Person konzentriert als dem Repräsentanten des Oberkommandos der Roten Armee. Die Anordnungen des Ortskommandanten der Roten Armee sind für die Bevölkerung bindend und haben Gesetzkraft.

2. Alle Gesetze, die nach dem 13. März 1938 erlassen wurden, werden **aufgehoben.** Die Funktionen der zivilen Gewalt wird der von mir ernannte provisorische Bürgermeister ausüben.

3. Alle Inhaber von Handels- und Industrieunternehmen haben ihre Tätigkeit fortzusetzen. Die Arbeiter, Bauern, Handwerker und die übrigen Staatsbürger haben an ihren Arbeits- und Wohnstätten zu verbleiben und ihrer normalen Arbeit nachzugehen.

4. Alle Kliniken, Krankenhäuser und kommunalen Unternehmungen sind im Interesse der Bevölkerung sofort wieder in Betrieb zu setzen.

5. Der Handel mit allen Lebensmitteln und Massenbedarfsartikeln wird für frei erklärt.

6. Die „Nationalsozialistische Deutsche Arbeiterpartei" (NSDAP) und alle ihr angeschlossenen nationalsozialistischen Organisationen werden aufgelöst. Den einfachen Mitgliedern der NSDAP wird kundgemacht, daß sie für die Zugehörigkeit zu dieser Partei von der Roten Armee nicht verfolgt werden, wenn sie sich der Roten Armee gegenüber loyal verhalten.

7. Alle Reichsdeutschen über 16 Jahren haben sich bei der Ortskommandantur der Stadt Gloggnitz registrieren zu lassen.

8. Die Ortsbevölkerung hat an die Ortskommandantur alle vorhandenen Waffen, Munition, Kriegsmaterial, Rundfunksende- und -empfangsapparate abzuliefern oder ihre Aufbewahrungsorte bekanntzugeben.

9. Der zivile Personen- und Wagenverkehr ist gestattet von 7 bis 20 Uhr mitteleuropäischer Zeit.

10. Zur Nachtzeit ist Verdunkelung unbedingt durchzuführen.

Die Nichtdurchführung auch nur eines Punktes dieses Befehls wird als eine gegen die Rote Armee gerichtete Handlung angesehen. Die schuldigen Personen sowie diejenigen, die ihnen hierbei Vorschub leisten oder sie beherbergen werden nach Kriegsrecht bestraft.

Gloggnitz, 16. April 1945

DER ORTSKOMMANDANT der Stadt Gloggnitz

Befehl des sowjetischen Stadtkommandanten von Gloggnitz

georderter Überwachung. Innerhalb von zwei Tagen sind vorhandene Waffen straffrei abzuliefern,

Geheimhaltung wird als Sabotage bestraft. Radio und Fotoapparate sind sofort abzuliefern.

Der zivile Verwaltungsbezirk Gloggnitz umfasst 6 km im Halbkreis. Der Bürgermeister organisiert die Verwaltung im Einvernehmen mit dem Stadtkommandanten.

Es sind Lebensmittellager anzulegen und zu bewachen. Ein gemischte Patrouille (2 Sowjets, 1 Polizist) soll ab 28. April 1945 im Stadtgebiet Dienst versehen.

Gottesdienste können abgehalten werden (auch mit Glockengeläute).

Ein Spital ist einzurichten. Die Stadtkommandantur stellt einen Kraftwagen sowohl für Rettungsfahrten, Transporte zur Operation nach Neunkirchen als auch für Dienstfahrten des Bürgermeisters zur Verfügung. Die russische Zeit ist einzuführen.

Gloggnitz 1945

U. li: Gloggnitz, Zeile-Konsum-haus , Sitz der ersten sowj. Kommandan-tur mit Notsteg über die Schwarza

U. re.: Später war die sowj. Kommandan-tur in dem gezeigten Haus (links) am Gloognitzer Dr. Karl-Ren-ner-Platz unter-gebracht

*Re.: Wohnhaus
Dr. Renners /
Sowjetisches
Divisions-
kommando der
103. Garde-
schützen-Divi-
sion im Haus
Köttlach Nr. 3*

*U.: Sowjet-
soldaten in
Gloggnitz*

Am 21. Februar 1946 versammelten sich ungefähr 200 Personen, zum Großteil Frauen vor dem Rathaus und demonstrierten wegen der schlechten Lebensmittelversorgung. Sie forderten in einer Resolution die gleiche Zuteilung wie die, in den von den westlichen Alliierten besetzten Bundesländern. Nach ca. 1 Stunde war die Demonstration zu Ende. Die Arbeiterschaft hungerte wirklich, Gewichtsabnahmen bis zu 20 kg waren keine Einzelerscheinung. In der Filztuchfabrik waren 8 Frauen vor Hunger ohnmächtig geworden. Die Ernährungslage war hoffnungslos. Die allgemeine Lage katastrophal. Versorgungsgüter aller Art waren vom sowjetischen Militär beschlagnahmt worden.

Die Stadt Gloggnitz war zum Notstandsgebiet 1A erklärt worden. Für eine Person gab es täglich nur 700 Kalorien. 71,9 % der Kinder war unterernährt. (TBC-anfällig). Der Schleichhandel und der Schwarzmarkt blühte.

Die Begleiter Dr. Renners zur Kommdantur, v. l. n. r.: Schmiedemeister Bohrn, Friseurmeister Pehofer und Dolmetsch Zampach

ZÖBERN: Bericht **Erika Brandstetter** (geb. Hofer) aufgezeichnet von Ernst Schlögel: Meine Eltern Hans und Franziska Hofer, beide aus Schlag bei Zöbern. Mein Vater war Gutsverwalter im Gut Ziegersberg. Die Besitzer Familie Brunner musste nach der Machtübernahme Hitlers fliehen und aus Deutschland übernahm eine Familie Wenzl das Gut. Unser Vater kaufte in Zöbern ein Haus, wo wir 1940 einzogen. Vater war dann in Ternitz bei den Bundesforsten, von wo er jedes Wochenende mit dem Motorrad nach Hause fuhr.

1945 war ein starkes Nordlicht zu sehen und die Leute sagten, es werde eine schlechte Zeit kommen. Dann zog ein zeitiger Frühling ins Land. Die Bauern bestellten die Felder mit Getreide und Kartoffeln.

1. März 1945. Ich ging in die 1. Klasse. Alle Augenblicke heulte die Sirene los, welche auf der Friedhofsmauer aufgestellt war. Schüler und Lehrer rannten in den Luftschutzbunker. Er war von ein paar Männern, die noch in Zöbern waren, gegraben worden. Der Bunker befand sich hinter der Schule im Hammer Waldhügel. Wir kauerten unter den Pfosten und zitterten am ganzen Leib. Es fielen Bomben beim Tauchner Feld, in Voswald und in der Stockerau. Ein Mann kam ums Leben.

Dann zog aus Ungarn ein Flüchtlingsstrom mit Pferdewagen und Ochsengespannen, einer hinter dem anderen. Sie hatten ihr armseliges Hab und Gut darauf geladen. Auch auf sie haben die Tieffliger geschossen. Wir hatten Frauen und Kinder über Nacht einquartiert. Vater und ich gingen abends hinunter auf die Straße um mit den Leuten zu plaudern. Sie sagten die Russen seien nicht mehr weit und wir sollten auch den Ort verlassen. Unsere Frau Lehrer und einige Leute sind geflohen. Ich kann mich noch gut erinnern, einige Leute vom Haus und mein Vater hatten im Garten Löcher gegraben und verschiedenes zum Überleben in Kisten gegeben und vergraben. Auch zu den einzelnen Bauerhöfen hatten wir Koffer mit Gewand gebracht und versteckt. Im Tauchner Graben hinter dem Haus Grosinger wurde noch in Windeseile ein Bunker mit Holzfußboden für alle gebaut. Mutter hat mit Schmalz und Mehl eine Einbrenne geröstet, in Gläser gefüllt und aufgehoben. Auch getrocknete Birnen, Kirschen und Apfelspalten waren als Vorrat da. Jeder hatte für die Not etwas dorthin getragen, auch Decken.

1. April 1945 Ostersonntag. Die Tulpen blühen schön und Papa ging mit Schwester Grete und Ferstel Grete zur heiligen Messe. Es waren vielleicht 5 Leute anwesend. Nach der Messe gingen sie ins Gasthaus Liebentritt. Dort wurde diskutiert, was der Wirt mit dem Fass Wein machen soll, ob er es auslassen oder verstecken soll. Man hörte, wenn die Russen betrunken sind, dass sie viel Schlimmes anrichten. Vater schickte die beiden Mädchen nach Hause, sie sollten noch ein schönes Tischtuch holen. Beim Kaufhaus Wagner kamen zwei uniformierte Männer mit Pelzmützen daher und marschierten durch das Dorf. Die Mädchen liefen zurück und sagten: „Die Russen sind da!" Keiner konnte es glauben. Herr Schöngrundner, Papa und die Mädchen liefen schnell hinaus und am Schulberg kamen schon die nächsten Russen. Sie tasteten beide Männer ab, ob sie Waffen bei sich tragen. Herr Schöngrundner war gleich seine Taschenuhr los. Mit schnellen Schritten ging es nach Schlag zur Großmutter. Diese kleine Ortschaft lag nicht auf der Durchmarschroute

der Russen. Doch es kamen immer mehr Russen von Kirchschlag herauf, zu Fuß, auf Pferden und in Militärfahrzeugen. Sie marschierten Richtung Aspang zum Wechsel. Dort lieferten sie sich mit den deutschen Soldaten einen erbitterten Kampf. Die Russen setzten Stalinorgeln ein, sodass es ganze Nacht nicht finster wurde. Im Bauernhof der Großmutter in Schlag waren Flüchtlinge aus Polen einquartiert, die bei der Arbeit halfen. Die Kartoffeln wurden gesetzt.

4. April 1945. Doch dann kam der schreckliche Tag. Vater war am Tag davor noch einmal nach Zöbern gegangen. Meiner Mutter ließ es keine Ruhe, sie wollte unbedingt schauen gehen, wo mein Vater und ihre Schwester Mitzi waren. Sie gingen nach Zöbern in der Bachant standen einige Russen und der Straßenwärter und hielt sie auf. Sie sagte, sie wolle nach Zöbern und käme bald wieder zurück. Sie ließen sie gehen. Es war ein Angriff auf Schloss Ziegersberg im Gange. Am Ortsanfang kamen Vater, Tante Mitzi, Frau Schwarz und ihre Cousine entgegen. Sie erzählten Mutter, dass sie auf keinen Fall mehr umkehren wollten, da die Russen fürchterlich wüten. Mutter sagte ihnen, dass auch ihr Russen begegnet sind und ein Angriff auf das Schloss im Gange sei. Frau Schwarz und ihre Cousine sagten zu meinen Eltern, sie sollten über Pichl nach Schlag gegen, oder über Voswald. Aber mein Vater sagte, ich bin ein rechtschaffener Mensch, habe niemand etwas zu Leide getan und gehe meinen geraden Weg nach Schlag. Er hatte in Schlag viel Gutes bewirkt.

Bei der Bachant angekommen standen die Russen und der Straßenwärter noch da. Dieser fing zu schimpfen an und stellte meinen Vater als großen Nazi dar, welcher er aber nicht war. Er hatte nicht einrücken können da er ein Herzleiden hatte. Der Angriff auf das Schloss war vorbei und es zog ein Rudel Russen herunter. Plötzlich trieben die Russen meine Mutter und meine Tante die Gewehrkolben im Rücken und mein Vater musste zum Straßenrand gehen. Meine Mutter hörte noch die letzten Worte meines Vaters: „Zu meinen Kindern will ich gehen!" Dann krachte ein Schuss und mein Vater brach tot zusammen, er hatte einen Genickschuss bekommen. Heute höre ich noch das Weinen der beiden Frauen, als sie in Schlag ankamen.

Die Polen spannten das Pferd ein, holten Vater auf einem Bretterwagen herauf. Dann spannten sie das Pferd an ihren Wagen und fuhren davon. Sie nahmen alles mit was sie nur kriegen konnten.

Mein toter Vater stand mitten im Hof der Großmutter und alle weinten um ihn. Später kamen vom Dorf zwei Männer trugen ihn ins Haus und bahrten ihn im Zimmer der Tante auf. Es marschierten auch hier in Schlag Kolonnen von Russen durch und suchten in den Häusern nach Lebensmitteln und Uhren. Im Zimmer meiner Tante wurde nichts gestohlen. Da sie meinen Vater sahen, machten sie ehrfurchtsvoll die Tür wieder zu. Es war kein Tischler aufzutreiben, der einen Sarg gezimmert hätte, da brachte der Onkel einen aus Gschaidt. Großonkel Karl und Prohaska versuchten am Zöberner Friedhof ein Grab zu schaufeln. Sie mussten zweimal nach Schlag hinauf flüchten, da immer geschossen wurde. Nach ca. 1 Woche luden sie den Sarg auf einem Karren und versuchten ihn zu beerdigen. Auch da wurden sie von den Russen vertrieben.

In Stübegg hinter dem Haus Brandstätter wurde der Bäckermeister Nöbauer erschossen aufgefunden. Man vermutete, dass es Polaken waren. Herr Nöbauer wurde in einer Holzkiste nach Zöbern geführt und von einem Polen und Karger Fredl begraben. Beim Heimweg wurden sie beim Voswaldbacherl von Russen überrascht. Den Polen haben sie erschossen und den Kager Fredl, ein junger Bursch hatten sie laufen gelassen. Auch zwei junge deutsche Soldaten, die auf der Flucht waren, wurden in der Nähe der Kothmühle erschossen.

Es war nicht leicht. In Zöbern ging es drunter und drüber. Die Russen hatten die Geschäfte aufgebrochen und ausgeplündert, dann kamen auch einheimische Leute und nahmen mit was sie nur tragen konnten. Auch in Schlag wurden die Fabrik und das Schloss gestürmt. Nach drei Wochen bei der Großmutter fasste meine Mutter den Entschluss, mit Hansi und mir nach Zöbern zu gehen. Was wir da antrafen war furchtbar. Die Eingangstür war aufgebrochen, in der Küche waren alle Laden auf einen Haufen ausgeleert und darauf gespien. In der Speis waren die Marmeladegläser zusammen gehauen und damit die Wäsche verschmiert. Im Zimmer waren die Kästen ausgeräumt und die Vorhänge zerrissen. Es sah fürchterlich aus, wie die Russen gehaust hatten. Frau Luef half uns beim Aufräumen. Da ihr Mann noch eingerückt war, schlief sie gleich bei uns. Um 3 Uhr Früh hörte meine Mutter lautes Lärmen von der Straße herauf. Sie weckte uns alle auf und wir zogen uns im Finstern an. Uns war kalt, so heizte Mutter den Küchenherd ein. Wir saßen um den Küchentisch als es plötzlich an der Tür pochte. Erschrocken ging Mutter und machte die Haustür auf. Draußen standen zwei Russen und drängten Mama zurück. Der letzte sperrte mit dem Schlüssel die Türe zu und nahm ihn mit. Sie hatten eine Taschenlampe und leuchteten die Räume ab, Ich glaub, sie suchten nach Männern, welche vielleicht versteckt sein könnten. Mutter führte sie zum Hinterhof hinaus. Als sie verdutzt draußen standen, schob Mutter schnell den Riegel vor. Wir hatten Glück, Gott sei Dank hatte die vordere Eingangstüre auch einen Riegel vor. Leider wurde beim Nachbar ein junges Mädchen ihr Opfer. Als es furchtbar schrie, liefen wir alle, wir waren ja nur Frauen, in der Finsternis hinauf zum Bauernhof Hlavka. Dort war schon das halbe Dorf versammelt. Meine Schwester Grete war auch da. Die jungen Mädchen wurden versteckt, wenn es gefährlich wurde mussten sie in den Backofen kriechen und vor die Tür wurden verschiedene Gegenstände gestellt.

Dort konnten wir nicht bleiben und gingen wieder zurück nach Zöbern. Ein paar Tage ging es gut, dann kam der nächste Trupp. Die Russen quartierten sich in unserem Schlafzimmer ein. Uns blieb nur die Küche mit einem großen Diwan mit großen Laden. Wir Kinder schliefen in den Laden, Mama und Frau Luef auf dem Diwan. Es war uns nicht geheuer. Die Russen schauten immer, ob unsere Petroleumlampe noch brannte. So fassten wir den Entschluss, beim rückwärtigen Ausgang mit einer Decke und einer kleinen Tuchent zum Nachbarn zu gehen. Als wir dort anklopften, machte uns ein Russe in Unterhosen auf. Das Herz fiel uns fast in die Hose. Doch dann kam auch Herr Pichlbauer von der anderen Seite heraus. Er sagte wir könnten hier bleiben, aber seine Frauen seien vor den Russen zu den Bauernhöfen geflüchtet. Es dauerte ein paar Tage und dann zogen sie ab und es kamen immer neue Truppen.

4. April 1945. Vom Dorfstettergraben herauf schleicht SS mit MG und wirft eine Handgranate zur Straße. Dann suchen sie nach dem Volkssturm, Bürgermeister und Pfarrer. Alle flüchten und verbringen die Nacht in einem Bauernhaus in Langegg und fürchten, dass der Ort in Brand gesteckt wird.

Um 06.00 Uhr sieht Frau Waldherr und Tochter Resi vom Küchenfenster in östlicher Richtung vom kleinen Hartberg mehrere braune Gestalten in gebückter Haltung Richtung Haus schleichen. Oh Schreck das werden die Russen sein. Kurz darauf flog die Tür auf, mehrere braune Gestalten mit Pelzmützen und Tarnüberhängen und einer schussbereiten unbekannten Waffe kamen herein und anstatt einem Gruß kamen die fremden Kommandoartigen Worte heraus: „Nemetzky Soldat, Austritzky Soldat? Nein, nein keine Soldaten. Sämtliche Türen wurden aufgemacht und sie vergewisserten sich selbst, ob tatsächlich niemand hier ist. Dann gingen sie weiter Richtung Ort.

Herr Salmhofer noch keine Woche vom Heereseisenbahn Einsatz in Rußland auf Urlaub daheim, geht zur ersten Arbeit, zur Bäckerei Dorfstetter. Hofer Erna schreit vom Fenster heraus, jetzt sind sie da! Salmhofer dreht sich um und sieht beim Plank Eck einen braunen Soldaten mit Pilzmütze und Maschinenpistole. Salmhofer ist neugierig und grüßt freundlich. Schon haben ihn zwei drei Russen eingekreist, mit der MP im Anschlag und fragen:„Du SS? Du Soldat?" Nein, nein, ich nicht Soldat! Aber die Russen schenken ihm keinen Glauben. Erst die ukrainische Magd beim Plank muss dies bestätigen, welche auf Russisch ausgefragt wird. Erst dann kann Salmhofer seinen Weg fortsetzen.

Zum Sam Haus kommen die russischen Soldaten erst gegen 11.30 Uhr. Der Gugelhupf stand schon am Tisch, sie wollten gerade Essen. Nachdem sie das Haus durchsucht hatten, nahmen sie den Gugelhupf mit und das Mittagessen war weg.

28. April 1945. **Alois Postl**, Eisenbahner, Kasander Rauch, Karl Hidribauer, Hasiber Mathias, Allabauer Mathias mussten für die Russen Pferde nach St. Michael bei Oberwart treiben.

Am 29. April kamen alle wieder nach Tauchen zurück. Hasiber hatte den Passierschein und ging damit nach Hause. Allabauer und Postl gingen ebenso heim, aber hatten keinen Passierschein. Inzwischen war eine russische Langrohrbatterie auf dem Allabauer Feld in Stellung gegangen und mit viel Gestrüpp und Bäumen getarnt. Als Allabauer zu den ersten russischen Posten kam, auch Postl war bei ihm, hielt sie dieser an und forderte den Passierschein. Leider konnten sie keinen mehr vorweisen. Allabauer konnte wegen seines Alters heimgehen. Postl aber musste mit einem russischen Posten zur Kommandantur. Postl hatte noch seine Eisenbahner-Uniform an und war somit SS verdächtig. Oberhalb vom Prenner Haus soll Postl angeblich dem russischen Posten sein Seitengewehr gezogen haben und diesen mit einem Stich in den Rücken verletzt haben und flüchtete anschließend rechts in die Büsche, Richtung Graben.

Der Gastwirt Schuh sen. welcher auch in der Kommandantur Trenker eingesperrt war erzählte, sie hätten beobachtet wie ein Russe gelaufen gekommen sei, das Hemd heruntergerissen und eine Rückenverletzung hatte. Ein Russe rief zur Kellertür herein, ein Partisan hat einen Russen mit einem Messer verletzt, jetzt wollen alle kaputt machen. Von da an durften alle Häftlinge keinen Freiluftrundgang mehr machen und mussten auch ihre Notdurft im Keller verrichten. Im Haus Trenker befand sich die sowjetische GPU. Auch war dort das Feldgericht. Es wurden alle frei herumlaufenden verdächtigen Personen dorthin geführt und verhört. Unter anderem befand sich dort Franz Reiter, Prenner Sepp und sogar der Pfarrer von Strahlegg, sowie flüchtende Italiener.

Als Postl noch vorher durch Tauchen durchgetrieben wurde, sah er noch Frau Wachabauer und rief ihr zu, sie soll Haslinger verständigen, damit er mit dem Passierschein käme und ihn auslöse. Frau Wachabauer leitete diese Bitte nicht weiter, oder verstand ihn nicht. Hasiber saß zu dieser Zeit beim Traxler und trank Most. Auch Frau Plank sah einen Russenposten mit einem Eisenbahner vorbei-gehen, kannte Postl aber nicht.

Als der Posten Alarm schlug wurde der große Wolfswachhund Postl nachgehetzt und auch nachgeschossen. Ein Schuss soll Postl ins Bein getroffen haben. In der „Wiedener Gruam" riss der Hund dann den flüchtenden Postl nieder. Kinder beobachteten wie die Russen auf einem Mann mit einem Gewehrkolben einschlugen. Anschließend wurde Postl schwer verletzt in den Keller von Plank gesperrt, wo gleichzeitig zwei verdächtige Italiener waren.

Am 29. April nachts wurde Prenner Sepp vom Trenker Keller zum Plank Keller getrieben und dort eingesperrt. Prenner hatte schon Angst, er war erst 17 Jahre alt, dass er auch erschossen wird. Im finsteren Keller vom Plank hörte er immer ein Stöhnen, traute sich aber nicht zu fragen. Um 07.30 Uhr morgens kamen zwei Russen und holten den schwerverletzten Postl heraus. Jeder unter dem Arm greifend schleiften sie ihn über den Plank Hof. Dabei bemerkt Frau Plank, dass er die Halbschuhe abstreifte. Postl murmelte noch etwas zur Frau Plank, was sie aber nicht verstand. Das Gesicht war ganz verbunden. Der Verletzte wurde weiter zum Trenker gezerrt. Dort wird Postl nach späterer Rekonstruktion seinen Todesschuss bekommen haben. Seiner Kleider beraubt soll er noch am 1. Mai hinter dem Trenker Haus gelegen haben.

Auf Nachfrage der Frau Postl auf der Kommandantur erklärten die Offiziere, dass er wo arbeiten werde. Um den 15. Mai als die Russen auszogen und die Familie Trenker wieder einziehen konnten, bemerkten sie, dass eine Misttrage voller Blut war. Beim Wassergraben machen auf seinem Grund bemerkte Reichmann einen Erdhaufen in Grabform. Im Beisein von Frau Postl wurde die Erde vorsichtig weggescharrt und in ca. 10 cm unter der Erde kam eine nackte, bereits schwarz verweste Männerleiche zum Vorschein. Das Gesicht breit verschwollen, das rechte Auge mit einem Wangenteil herabhängend und die Zähne eingeschlagen, also unkenntlich. Erst bei den Füßen erkannte Frau Postl ihren totgemarterten Mann. Pfarrer Mayerhober nahm die Bestattung am Friedhof Mönichkirchen nicht an. Alois Postl wurde am 25.Mai 1945 am Friedhof Pingau beigesetzt.

Josefa Schlögel, Zöbern 33 Jahre, 3 Kinder, der Mann beim Militär erinnerte sich: Aufgenommen vom Sohn Ernst Schlögel:

„Die in Aspang stationierten Sowjets kamen fast regelmäßig zu unseren Höfen in die Rotte Stübegg. Auf drei Höfen waren nur wir Frauen mit den Kindern. Wenn wir die Russen kommen sahen, flüchteten wir mit unseren Kindern zum Grabner der sehr entlegen seinen Hof hatte. In der Zwischenzeit wurde alles was nicht niet- und nagelfest war gestohlen. Die Heuvorräte waren im Frühjahr schon sehr knapp. Neben der Zöbern Straße hatten die Russen Schützenlöcher gegraben, die sie mit Heu und Stroh ausgepolstert hatten. Als diese Russen weg waren holten die Nachbarinnen das Heu und Stroh wieder zurück. Damit sie für die verbliebenen Tiere etwas zum Füttern hatten.

Da sie wussten, dass in den Häusern Kinder waren, hatten sie eine Kuh, ein Schwein und ein paar Hühner dagelassen. Aber es kamen wieder andere Truppen vorbei und durchstöberten die Häuser nach brauchbaren. Dann hatte Mutter Schlögel keine Zeit mehr um zu flüchten und war mit ihren 3 Kindern allein am Hof. Als die Russen die Hühner am Misthaufen sahen veranstalteten sie ein Ziel-schießen und erschossen alle Hühner. Frau Schlögel musste sie Rupfen und im Wasser kochen. In der Zwischenzeit hatten sie auch die Eier gefunden und das Motorrad des Vaters. Die Eier warfen sie zu den kochenden Hühner dazu. Einer der Russen ärgerte sich, da das Motorrad nicht funktionierte, er schleppte die Schlögel Mutter hinaus, die aber hatte keine Ahnung von der Technik. Der Russe drohte das Haus anzuzünden wenn sie es nicht schafft. Da erinnerte sie sich, dass es eine Batterie gab und nach der suchte man nun eifrig und fand sie auch. Aber die war im Winter aufgefroren. Der Russe glaubte an Sabotage. Aber nach dem Essen waren sie wieder friedlich und zogen mit dem Motorrad und anderen Sachen ab, erleichtert dass sie weg waren und nichts passiert ist, gab es dann noch einen Grund zum Lachen. Wie die meisten Russen hatten sie keine Ahnung vom Zweiradfahren und konnten das Gleichgewicht nicht halten. Gleich hinter dem Haus ging es ziemlich steil durch den Wald zur Zöbern Straße, von wo man sie noch immer fluchen hörte bis sie auf der Straße waren."

SEMMERING: **Krista Latzelsberger**, 6 Jahre: „Ich bin in der Tschechoslowakei im Egerland in Pürstein, mit meinem Bruder aufgewachsen. Die Gegend war hügelig und der Ort eine Sommerfrische. Mein Vater war Müller und wir wohnten nach den damaligen Verhältnissen im Luxus, denn wir hatten schon fließendes Wasser, Turbinen die Strom erzeugten und auch die Mühle betrieben. Mein Vater musste dann zum deutschen Militär einrücken und meine Mutter wurde 1944 in den Kriegs-wirren getötet. Ich war doch damals erst 5 ½ Jahre alt, sodass ich über die Umstände darüber nichts sagen kann. Sie soll Partisanen oder Widerstandskämpfer verköstigt haben. So hat sich kurzzeitig eine Schwester meiner Mutter um uns gekümmert. Als dann auch noch unser Vater als vermisst gemeldet wurde und wir nun Waisenkinder waren, hat die Gemeinde an unsere Großmutter in Österreich, am Semmering einen Brief geschrieben. In diesem stand, dass sie uns abholen sollte, sonst kämen wir in ein Konzentrationslager nach Gladno, in der Nähe von Prag. Natürlich kam meine Großmutter sofort um uns zu holen.

Mein 17-jähriger Bruder hat das Geld in der Mühle eingemauert. Um den Schmuck meiner Mutter gut nach Österreich zu bringen hat ihn die Großmutter in einen Nussstollen eingebacken. Mein Bruder hat eine Zahnpastatube unten aufgeschnitten und seine goldene Uhr darin versteckt. Vor dem Verlassen unseres Heimathauses hat die Großmutter mit einer Hacke noch die Möbel beschädigt. Als wir nachts in Pürstein über die Egerbrücke gingen, sagten die vertriebenen Sudetendeutschen:„Die Tränen, die hier in die Eger fließen, sollen den Tschechen tausendfach zurückkommen."

Mit einem Personenzug, der voll mit russischen Soldaten war, ging es dann nach Wien. Bei der Ankunft in Wien stellten wir fest, dass unsere Koffer verschwunden waren, mit ihnen natürlich auch unsere Dokumente und Wertgegenstände. Nun waren wir plötzlich staatenlos. Außerdem waren wir „Habenichts" und genau so fühlte ich mich, als wir im Winter 1945 am Semmering angekommen waren. Großmutter ging dann auf die Gemeinde um uns beim Bürgermeister Burkhart anzumelden, worauf er zu ihr sagte: „Frau Plomitzer! Wieder zwei Fresser bringen´s daher!" Wir wohnten im Fuhrhof der Gemeinde, gleich neben der sowjetischen Kommandantur, die sich im Posthof befand.

Am Semmering waren die Russen und die Demarkationslinie, zur englischen Zone in der Steiermark. Wir sammelten auf der Straße die Zigarettenstummeln und brachten sie den Russen. Dafür bekamen wir oft Mais, den wir in einer Kaffeemühle mahlten. Daraus wurde Polenta gemacht, die wir mit heißer Ziegenmilch aßen. Wie viele Leute in dieser Zeit, hatten auch wir Ziegen. Man kann sich gar nicht vorstellen, wie viel Hass und Streit in dieser schweren Zeit manchmal entstand, nur um ein Fleckchen Wiese für die Ziegen.

Meine Großmutter ging oft in die Steiermark, ins Joglland hamstern. Dabei wurden Strümpfe, Bettwäsche und Tischtücher gegen etwas Essbares eingetauscht. Für „3er" Zigaretten bekam man schon Brot oder Schmalz. Auch ging meine Großmutter manchmal in der Nacht nach Steinhaus Erdäpfel stehlen. Ich zitterte immer, ob sie auch gut wieder nach Hause kommen würde. Unsere Nahrung bestand in dieser Zeit vor allem aus Ziegenmilch, Butter, Topfen und Erdäpfeln. Die Großmutter baute Zuckerrüben an und machte Sirup als Süßstoff daraus. Ich mochte den Sirup nicht, weil er so dunkel war. Essen war kostbar. Einmal verloren wir beim Beerenpflücken in einem Hohlweg eine Sardinendose. Wir suchten so lange bis wir sie wieder fanden, sonst hätten wir nichts zum Essen gehabt. Dann gab es eine Ausspeisung für uns Kinder, bei der man Milchpulver mit dicken Nudeln bekam, aber trotz des Hungers brachte ich es nicht hinunter.

Ich hatte damals nicht einmal ein eigenes Bett, sondern schlief bei meiner Großmutter. Die jammerte dann auch oft, dass sie wegen mir nicht schlafen konnte und auch morgens noch müde war. In dieser Zeit wurden keine Türen zugesperrt aus Angst die Russen könnten sie eintreten oder schießen. Manchmal standen sie nachts plötzlich neben unserem Bett. Dann riefen sie: „Babuschka, dawei!" und meine Großmutter musste für sie kochen. Der Schnaps, den sie mitgebracht wurde am Tisch angezündet und obwohl er brannte, getrunken.

Öfters bekamen wir auch von den Russen „Kascha" zum Essen, das war Rollgerste mit Gemüse. Ich weiß noch genau, dass die Tochter des Kommandanten Kristina hieß. Direkt neben uns war die Kommandantur. In diesem Gebäude befand sich auch das Gefängnis. Dorthin brachten sie auch das Semmeringer Faktotum Sepp Dangl, als er versucht hatte Leute über die Demarkationslinie zu bringen. Ich kann mich noch erinnern, dass er immer in einem alten Steireranzug unterwegs war. Zwischen zwei Soldaten mit Gewehren wurde er von der Grenze heraufgetrieben und eingesperrt. Die Fenster waren bis auf kleine Gucklöcher zugemauert worden. Oft waren die Leute, die länger in diesem Kerker waren, fast blind, wenn sie wieder herauskamen. Großmutter hatte später in der Waschküche ein Schwein eingesperrt, das mit den Abfällen der russischen Küche im Posthof gefüttert wurde. Einmal haben die Russen in der Nacht unser Schwein gestohlen, sodass Großmutter wieder ein junges Schwein einstellen musste.

Im schulreifen Alter besuchte ich dann die Volksschule am Wolfsbergkogel. In der Schule gab es für uns auch eine Ausspeisung, meistens Milch mit eingekochten dunklen breiten Nudeln, die ich nicht und nicht hinunter brachte. Von der Schulleitung wurde ich zu einer Untersuchung auf die Bezirkshauptmannschaft Neunkirchen geschickt. Dort stellte die Fürsorgerin Knorr beim Lungenröntgen fest, dass der Befund positiv war. Ich freute mich zuerst, weil ich dachte positiv heißt gesund, doch ich war krank und musste in die Schweiz auf Erholung. Da ich ja staatenlos war, musste ich von allen vier Besatzungsmächten einen Befreiungsschein für die Durchfahrt durch Österreich haben. Dazu musste ich auf die Bezirkshauptmannschaft Neunkirchen zu Herrn Fürtinger. Er schrie mich kleines Mädchen fürchterlich an, weil mir immer wieder ein Dokument fehlte. Doch schließlich konnte ich fahren. Meine Großmutter nähte mir zwei weiße Flecken aus Leinen auf das Gewand. Auf dem vorderen stand wer ich war und wo ich herkam, auf dem rückwärtigen stand, wer mich in Zürich abholen sollte. Am Westbahnhof gab mein Bruder dem Schaffner eine Schachtel „3er" Zigaretten und sagte zu ihm: „Pass gut auf meine Schwester auf!" Am Waggonboden schlafend ging die Fahrt mit dem Roten Kreuz nach Zürich. Dort wurde ich von meinen Pflegeeltern Erwin und Klara Müller-Birschler abgeholt. Lange Zeit war ich krank, dennoch habe ich alles gegessen, was da war. In 4 Monaten nahm ich elf Kilogramm zu. Viele Nahrungsmitteln zum Beispiel Orangen, Bananen, Mandarinen und Feigen waren mir unbekannt, ebenso Nachthemden. Doch ich musste immer wieder nach Österreich zurück, weil ich ja keine Aufenthaltsgenehmigung hatte.

Eines Tages bekam meine Großmutter Post von meinem Vater aus England. Es hatte lange Zeit gedauert bis er uns gefunden hatte. Nun bekamen wir öfters von ihm Pakete aus England, in denen meistens Kondensmilch, Kakao und Cornedbeef war. Diese Pakete waren mit Leinen verpackt und zugenäht. Ich war bereits 18 Jahre alt, als mein Vater zum Semmering gekommen ist und im Hotel Panhans eine Beschäftigung angetreten hat."

Die Gendarmerie Dienststellen an den Herrn Staatssekretär für Inneres Franz HOHNER:
SEMMERING: Am 5. Juni begann der Rückzug der sowjetischen Truppen aus der Steiermark. 2000 Ostarbeiter zogen über den Semmering Richtung Heimat. Während des Rückzuges geriet das Gasthaus Koppensteiner in Brand. Das Hotel Erzherzog Johann auf der Passhöhe wurde angezündet und brannte zur Gänze ab. Auch in der zweiten Juliwoche 1945 halten die Rückwanderungen an. Ca. 30.000 Mann passierten den Semmering Richtung Osten. Am 31. Juli 1945 kamen in langer Kolonne von Breitenstein, Panzer, Geschütze und Motorfahrzeuge und belegten alle Hotels und Pensionen.

SCHOTTWIEN: **Stefan Spitzer:** „Im Mai wurden alle Männer und Frauen von den Sowjets zusammengetrieben und beim Bau der Notbrücke über den Myrtengraben eingesetzt. Das für den Brückenbau notwendige Holz fällten die Russen gleich neben der Brücke im Melcher Wald. Eine Entschädigung hat er dafür nie bekommen. Die Frauen mussten den ganzen Tag Steine tragen, was natürlich für viele zu anstrengend war, bei der Kost die es dazu gab. Fast jeden Tag die berühmte russische Krautsuppe mit Kartoffeln.

Auch Stefanie Spitzer war bei den Brückenarbeiten eingesetzt. Als sie ein sowjetischer Wachposten beim Arbeiten sah, erkannte er sie sofort wieder. Er war im Gefangenenlager Adlitzgraben gewesen und hatte in der Lederfabrik Hirsch gearbeitet, wo Spitzer ja der gute Geist der Gefangenen war. Vielen hatte sie geholfen. Nun revanchierte sich der russische Soldat und sie bekam nur mehr leichte Arbeit. Er hatte nicht vergessen, dass sie sich den Gefangenen gegenüber immer sehr menschlich benommen hatte.

Die sowjetischen Truppen betrieben daher den Wiederaufbau der Myrtenbrücke, die von sowjetischen Pionieren, Männern und Frauen in 12 Tagen bei 6.830 Arbeitsstunden wieder errichtet wurde. Am 19. Juni 1945 wurde die provisorische Myrtenbrücke dem Verkehr übergeben. Die Oberaufsicht über den Brückenbau hatte der sowjetische Garde-Major Frolow, Jahrgang 1921, er war ein sehr anständiger Soldat. Als er beim Melcher Bauern in Greis nach einem Quartier fragte, überzeugte er sich zuerst, ob die Kinder alle ein Bett haben, erst dann nahm er an. Frolow sprach fließend Deutsch und wenn er keinen Dienst hatte, saß er in Zivil bei der Melcher Mutter in der Küche beim Tisch. Dabei sagte er einmal zu ihr: „Du Mama, wenn ich besoffen, nicht auf mein Zimmer kommen!" Von seiner Mutter hatte er eine Wiener Adresse bekommen, die er aufsuchen sollte. Er war der beste Schutz in dieser Zeit für die Melcher Bauern. Im Mai 1946 veranstalteten die sowjetischen Soldaten in Aue ein Zielschießen auf einen Felsen des Grasberges. Nach kurzer Zeit hatte dort der Wald Feuer gefangen, sofort liefen 5 Soldaten und der Pionier Garde-Major Frolow den Grasberg hinauf um das Feuer zu löschen. Unter Einsatz ihres Lebens konnten sie das Feuer löschen. Doch für Garde Major Frolow kam jede Hilfe zu spät, er war in den Flammen umgekommen. Als nun Major Frolow auf dem sowjetischen Soldatenfriedhof in Gloggnitz begraben wurde, hatte es sich die alte Melcher Mutter nicht nehmen lassen und war zu Fuß die 10 km von Greis nach Gloggnitz gewandert, obwohl sie nicht mehr gut auf den Füßen war. So wollte sie doch diesem guten Menschen die letzte Ehre erweisen. Sie nahm als einzige Zivilistin an einem militärischen Begräbnis teil und konnte ihre Tränen nicht unterdrücken, was natürlich einige Zuschauer zu der Bemerkung veranlasste: „Schaut´s Euch die Alte an!"

Als ich die damals 90-jährige Melcher Mutter interviewte sagte sie zu mir: „Was sollte ich damals diesen Leuten antworten. Auch er hatte eine Mutter, mehr möchte ich dazu nicht sagen, denn jeder der ein wenig Gefühl hat, wird mich verstehen." Ich habe sie verstanden. Meine Hochachtung, Melcher Mutter!"

Im September 1945 sind mehrere Männer in sowjetischen Uniformen in das versperrte Haus des Fuhrwerkunternehmers Josef Kamper in Greis Nr. 7 eingedrungen, misshandelten Kamper, banden ihm die Hände, steckten ihm einen Sack über den Kopf und warfen ihn in die Speisekammer, wodurch er mehrere Verletzungen erlitt. Dann raubten sie verschiedene Bekleidungsgegenstände im Wert von 1.500,– Reichsmark.

MÖNICHKIRCHEN: 8. Mai 1945. **Leopold Riegler**: „Gegen 21.00 Uhr kommen von Mitteregg zum Bauernhaus Riegler Leopold, Mönichkirchen drei russische Soldaten mit einem desertierten deutschen Soldaten, welcher sich beim Zinkl aufhielt und das Kriegsende abwarten wolle. Anscheinend sind die Russen etwas alkoholisiert und gehen auf Frauensuche aus.

Im Haus Feichtinger Karl ist Feichtinger, seine Frau, seine Schwägerin Fuchs, sowie die Tochter Reserl, 15 und Sohn Karl, 13 Jahre, anwesend. Tochter Marianne 17 und Riegler Frieda sind noch mit anderen Mädchen am Dachboden vom Haus Feichtinger versteckt, weil sie die Russen fürchten. Die Russen wollen unbedingt Frau Feichtinger zum Amüsieren. Vater Karl Feichtinger kann etwas Russisch und will unbedingt verhindern, dass die Russen sich seiner Frau bemächtigen, welche erst vor 14 Tagen so ein furchtbares Erlebnis hatte. Die Russen wurden daraufhin böse und erschießen mit ihren MP Herrn und Frau Feichtinger, sowie den mitgenommenen deutschen Soldaten Brunner nieder und verletzen die Tochter Reserl schwer. Sohn Karl hatte sich hinter dem Kamin versteckt. Danach stürzen die drei Russen ins Freie, hören den Sohn Karl schreien und schießen nochmals blindlings durch die Fenster. Danach verschwinden sie im Dunkel. Die versteckten Mädchen am Dachboden trauen sich erst hervor, als alles wieder ruhig war und sie sich sicher fühlten. Als die Tochter Marianne ins Haus kam, traf sie ein Blutbad an. Vater Feichtinger und der Soldat Brunner waren tot. Mutter Feichtinger stöhnte wegen heftiger Brustschmerzen und wird noch auf ein Sofa gelegt, worauf sie nach einer halben Stunde stirbt. Reserl Feichtinger hat einen Oberschenkelschuss und Tante Fuchs einen Lungenschuss abbekommen.

Die Hausleute vom Zinkl werden alarmiert und beide Verletzte kommen ins Spital nach Aspang zu Doktor Puhalla. Die Kinder Marianne und Karl werden beim Zinkl aufgenommen. Am 9. Mai wird die russische Kommandantur von Aspang verständigt, aber weil der Krieg aus ist feiern die Russen kräftig und erst nach 2 Tagen kommt eine russische Kommission. Die Leichen liegen einstweilig im Haus. Die Kommission sagt aus, es wären Partisanen, obwohl noch eine russische Mütze gefunden wurde.

Die drei Leichen wurden mit einem Ochsenkarren zum Mönichkirchner Friedhof gebracht. Auf dem Heimweg wollen entgegenkommende Russen die Ochsen ausspannen und mitnehmen. Das Begräbnis ist am 15. Mai 1945. Auf dem Friedhof kann man heute noch auf dem Sandsteingrabstein lesen:

„Der Krieg nahm uns die Eltern". Der deutsche Soldat wurde im Soldatengrab beigesetzt."

10. August 1945. Gegen 15.00 Uhr kam ein russischer Soldat zur Frau Koglbauer in deren Holzhäuschen beim Grenzhof Mönichkirchen und unter Androhung mit der Maschinenpistole musste sie das Haus aufsperren, worauf der Russe aus dem Kleiderkasten zwei Anzüge entnahm und Frau Koglbauer niederschoss. Sie erlitt einen Bauchschuss. Der Nachbar Häusler schickte seinen Sohn nach Mönichkirchen um Hilfe. So konnte Frau Koglbauer mit dem Pferdefuhrwerk Binder nach Aspang in das Spital gebracht werden. Vorher warteten bei der Almwiese einige Russen. Ein Leutnant zeigte ihr zwei Soldaten. Frau Koglbauer erkannte sofort in einem den Täter. Der Leutnant schrie mit dem Soldaten, sodass Frau Koglbauer annahm, dass er auch bestraft werde. Frau Koglbauer hatte glücklicherweise keine Darmverletzung und kam nach 3 Wochen nach Hause.

REICHENAU: Eines Tages explodierte bei der Dependance des Hotel Fischer im Gang eine Handgranate. Sofort wurde Bürgermeister Karasek festgenommen und alle Männer zwischen 12 und 20 Jahren vor dem Hotel Fischer zusammengetrieben. Dann erklärte der sowjetische Kommandant, dass der Bürgermeister in 12 Stunden, wenn der Täter nicht gefunden werde, erschossen wird. Die Leute standen bereits seit 11.00 Uhr am Platz, als gegen 16.00 Uhr ein Gendarmerieauto auftauchte. Im Auto saß Ludwig Kramer und grinste, er hatte am Vormittag eine ungarische Handgranate gefunden und damit herumhantiert, als diese zu zischen begann, warf er sie beim Hotel Fischer weg und lief davon. Nach dieser Erklärung ließen die Russen alle frei, auch Ludwig Kramer.

Beim Moorhof-Fischer wurde die gesamte Familie ermordet, die Täter konnten jedoch gefasst werden, da sich der Bub mit einem Schürhaken gewehrt und dabei einen der Täter verletzte. Es waren mehrere sowjetische Soldaten und diese hatten auch in Gutenstein eine Bäuerin und einen Bauern erschossen. Diese Soldaten wurden von einem sowjetischen Kriegsgericht zum Tode verurteilt und auf der Wiese neben dem Freibad Reichenau, nachdem ein General eine Rede hielt, standrechtlich erschossen. Dabei mussten alle sowjetischen Soldaten von Reichenau und Payerbach zusehen.

Die 8-jährige Natasche Sdoroschewa, Tochter eines sowjetischen Kapitäns, war am Abend des 14. Juni 1946 nicht nach Hause gekommen. Es wurde daher in der Papierfabrik die Arbeit eingestellt und alle Arbeiter mussten sich an einer Suchaktion beteiligen. Das Mädchen wurde in der Nähe des Kurparkes unterhalb des E-Werkes tot aufgefunden. Als sein Mörder konnte ein sowjetischer Offizier, Major Sissermann, ausgeforscht werden. Er wurde vor ein Kriegsgericht gestellt und erschossen.

In den Jahren nach 1945, als in der sowjetischen Besatzungszone großer Mangel an Lebensmitteln herrschte, begann der Schleichhandel. In der englischen Zone in der Steiermark herrscht kein Mangel an Lebensmitteln. Um diesen Schwarzhandel zu unterbieten wurde von der Bezirkshauptmannschaft Neunkichen an der Grenze zur Steiermark eine Wirtschaftspolizei aufgestellt. Die Beamten verrichteten in Zivil Dienst und unterstanden direkt der Bezirkshauptmannschaft Neunkirchen. Die Gendarmerie hatte Assistenzdienst zu leisten. Standort der Wirtschaftspolizei war Grimmenstein.

```
Sterbefälle in den April-u.Maitagen 1945.
  Im Gemeindegebiet v.Reichenau an der Rax:

  1) Von der SS erschossen: (Zivilpers.). 14 + 3
  2)  "  russ.Soldaten erschossen ."...  X + 6
  3) Soldaten, die hier gefallen,bezw.
     nach Verwundungen infolge der in
     der Umgebung stattgefundenen Kampf-
     handlungen in den hiesigen Kriegs-
     lazaretten verstorben sind (soweit
     erfassbar) ...................... 62

  im Gemeindegebiet von Payerbach:

  1) Von der SS  erschossen (Zivilpers.)   3
  2) Zivilpers., die durch Bombenterror   14
        ihr Leben einbüssten
  3)  " - Tod als Folge von Schussver-    19
        letzungen (Verblutung)
  4)  " - Tod als Folge von Granat-u.      7
        Minensplitter-Verletzungen
  5)  " - Tod als Folge von Aufregungen,   5
        Sinnesverwirrung, usw.durch Ein-
        wirkung feindlicher Kampfhand-
        lungen
  6) Bei Kampfhandlungen im Gemeindegebiet 16
     von Payerbach gefallene Soldaten
```

WARTH: Am 27. Juli 1945 wurde der Gendarmerieposten Warth von Bewohnern aus Kirchau verständigt und um Hilfe gebeten, da in Kirchau zwei sowjetische Soldaten eingefallen seien und 4 Kühe beschlagnahmt hätten.

Der Postenkommandant Rayons-Inspektor Anton MARTIN begab sich mit dem Hilfspolizisten Franz ADAMETZ auf Fahrrädern nach Kirchau und Hassbach um regelnd einzugreifen. Bei der Ankunft in Hassbach wurde den beiden Gendarmen von den sowjetischen Soldaten die Fahrräder weggenommen, mit Pistolen beschossen und geschlagen. Ray.-Insp. MARTIN erlitt dabei am Hinterkopf und am linken Handrücken je eine erhebliche Verletzung. Die beiden Gewalttäter ergriffen auf den Fahrrädern der Gendarmen schleunigst die Flucht gegen Warth. Hiebei wurden diese von den beiden Gendarmen und einer 2 Mann starken zufällig in Molfritz anwesenden sowjetischen Patrouille, die in Kenntnis gesetzt worden war, auf zwei entliehenen Fahrrädern verfolgt. Vor Warth verlor sich aber die Spur. Die Gendarmen und die sowjetische Patrouille setzten die Verfolgung über das Gebirge gegen Thann fort. Zwischen den Orten Thann und Hafning konnten die flüchtenden Gewalttäter im Wald eingeholt und gestellt werden. Von der sowjetischen Patrouille wurden ihnen die Räder abgenommen und den Gendarmen ausgefolgt.

Bei der Anhaltung der Fahrzeuge und Kontrolle der Reisenden wurden immer wieder große Mengen an Fleisch, Butter, Schmalz und Mehl beschlagnahmt. Als plötzlich nichts mehr beschlagnahmt wurde, begann man nachzuforschen und kam darauf, dass die Schleichhändler jetzt ihr Gepäck mit der Eisenbahn aus der Steiermark nach Niederösterreich schickten. Da der Gepäckwagen aus der Steiermark in Aspang umgeladen werden musste, verlegte die Wirtschaftspolizei ihren Stand zum Bahnhof Aspang und in kurzer Zeit wurden halbe Schweine, ganz Kälber und Lebensmitteln in großen Mengen beschlagnahmt. Aber auch über den Hochwechsel führten die Schleichhändler Routen, wobei oft ganze Rinder mitgeführt wurden. Glücklich war, wer einen Lokführer als Freund hatte, der konnte seinen Rucksack auf der Lok ohne Kontrolle durchbringen.

ST. PETER: 4. Mai 1945. Der 52-jährige Franz Ofner aus St. Peter und sein 12-jähriger Sohn waren bei Wolfgang Tauchner, seinem Schwiegervater. Als zwei Russen kamen und den Großvater, als er ihnen die Tür öffnete sofort zusammenschlugen. Franz Ofner wollte mit den Soldaten reden, er hatte in der Kriegsgefangenschaft im Ersten Weltkrieg Russisch gelernt. Die Frau von Wolfgang Tauchner flüchtete durch ein Fenster und versteckte sich oberhalb des Hauses in einem Hohlweg. Nach einiger Zeit kam der Kampichler Sepperl, der Sohn des Nachbarn den Weg heruntergelaufen und unter Tränen erzählte er der Frau Tauchner, dass zwei Russen seinen Vater erschossen hätten. Nachbarn gingen dann mit Frau Tauchner zum Haus zurück. Dort entdeckten sie im Keller drei Leichen. Wolfgang

Tauchner starb durch einen Kopfschuss, Franz Ofner durch einen Bauchschuss, der zwölfjährige Leopold Tauchner hatte mehrere Einschüsse. Beim Kampichler wurde zuerst die Mutter Maria Kogelbauer erschossen. Als ihr Mann die Schüsse hörte, lief er mit seinem Sohn Sepperl nachschauen. Auch er wurde sofort erschossen. Noch am selben Tag musste Frau Ofner nach Aspang zur Kommandantur, wo sie die beiden Täter identifizierte. Sie sah noch wie die beiden Täter verprügelt wurden. Vom Kommandanten wurde sie gefragt, ob die beiden erschossen werden sollten, worauf sie antwortete, dass dadurch ihre ermordeten Angehörigen auch nicht wieder zum Leben erweckt würden. Die beiden Mörder wurden zum Tod verurteilt.

Sowjetische Bezirks- kommandantur Neunkirchen

Kriegsschäden am Holzplatz Neunkirchen / Weiblicher Sowjetposten, aufgenommen in Neunkirchen

Besatzungszeit – Niederösterreich

Aus: Amtsblatt der BH Neunkirchen

Bezugspreis für die einzelne Nummer 20 Pfennig, Doppelnummer 40 Pfennig.

Allgemeine Sprechstunden: **Dienstag und Freitag von 8 Uhr morgens bis 12 Uhr mittags.**

An die Bewohnerschaft des Verwaltungsbezirkes Neunkirchen!

Der provisorische Landesausschuß für Niederösterreich hat mich zum provisorischen Bezirkshauptmann des Verwaltungsbezirkes Neunkirchen ernannt. Bei meinem Amtsantritt begrüße ich die gesamte Bevölkerung des Bezirkes aufs herzlichste.

Nachdem politische Betrüger und Verbrecher allerschlimmster Sorte unser Vaterland erst vergewaltigt, dann bis zum Weißbluten ausgesogen und ein Trümmerfeld hinterlassen haben, gilt es nun, alles von Grund auf neu erstehen zu lassen. Wir alle sind berufen und verpflichtet, unsere ganze Kraft einzusetzen, um die uns bevorstehende schwere Zeit möglichst bald zu überwinden.

Ich werde mich voll und ganz der mir übertragenen, ebenso ehrenvollen als verantwortungsreichen Aufgabe unterziehen, bitte aber auch alle gutgesinnten, insbesondere die berufenen Vertreter der Bevölkerung, wie die Repräsentanten der drei anerkannten politischen Parteien, mich hiebei zu unterstützen. Sei es bei der Versorgung mit Nahrungsmitteln und anderen lebenswichtigen Dingen oder bei der Aufrechterhaltung der Ordnung und Sicherheit oder beim Aufbau des Wirtschaftslebens, überall ist Eure Mithilfe notwendig. Mag die uns allen auferlegte Pflicht auch manchmal sehr schwer erscheinen, ich bin überzeugt, daß wir bei gutem Willen und gegenseitiger, vertrauensvoller Hilfe alle Schwierigkeiten meistern werden. Hingegen soll jedermann auch bei mir jederzeit Rat und Hilfe erhalten können.

Für jene, die abseits stehen oder den Wiederaufbau unseres Vaterlandes zu stören oder zu erschweren versuchen sollten, ist kein Platz bei uns.

Befolgt also willig und vollständig alle Anordnungen der Regierung und beachtet auch die Weisungen der Besatzungsbehörden.

Und nun wollen wir unverzagt an die Arbeit gehen und den Grundstein für unser neues Österreich legen.

Bezirk Wiener Neustadt

MUGGENDORF: Am 28. April 1945 wurde ein sowjetischer Soldat bei einem Gefecht beim Kieneck Kreuz schwer verwundet. Daraufhin wurden 10 Geiseln aus der Zivilbevölkerung festgenommen. Zwei von ihnen wurden nach einem Verhör beim Gasthaus Leitner, auf Grund ihrer Jugend, Rudi Vacha 12 Jahre und Franz Brandstetter 17 Jahre, wieder freigelassen. Die acht verbliebenen sollten zur Kommandantur nach Pernitz überstellt werden, wurden aber von den sowjetischen Begleitposten, bei der Passtaler Brücke von hinten unter Feuer genommen. Dabei gelang es drei Männern zu flüchten, fünf Männer wurden ermordet. Die erschossenen Männer waren Johann Rechenauer und Friedrich Jauch, die anderen drei Männer waren ein Pole und zwei Männer aus Pottenstein. Sie hatten sich mit ihren Frauen versteckt, während die Männer erschossen wurden, hatten die Russen ihre Frauen die ganze Nacht hindurch vergewaltigt.

13. Juli 1945, um 10.45 Uhr wurde der Lokführer Hermann Bernhofer, in Wiener Neustadt wohnhaft, beim Pferdelazarett in Katzelsdorf von einem sowjetischen Soldaten, der ihm sein Fahrrad rauben wollte, erschossen.

SOLLENAU: 4. August 1945, 6 bis 8 Banditen sowjetischer Nationalität verübten auf einen Personenzug zwischen den Stationen Sollenau/Aspangbahnhof und Sollenau/Südbahnhof einen Raubüberfall, wobei sie schlagartig einen Waggon überfielen und einzelnen Reisenden das Gepäck wegnahmen. Die Täter sind flüchtig.

SCHWARZENBACH: Am 13. August 1945, ein sowjetischer Panzerspähwagen, auf welchem sich ein Offizier, zwei Unteroffiziere und vier Soldaten befanden, fuhr vor dem in Schwarzenbach befindlichen Anwesen des Müllermeisters Josef Dutter vor. Die Besatzung dieses Wagens drang gewaltsam in das Haus ein und raubte Kleider, Wäsche, Lebensmittel etc. Derselbe Wagen fuhr nach Hochwolkersdorf weiter und die Soldaten drangen in 5 Häuser der Rotte Hollerberg, welche von Arbeitern und kleinen Landwirten bewohnt ist ein, um Wäsche, Kleider, Schuhe Lebensmittel, Geld und Schmuck zu rauben. Von den Räubern wurden dabei zwei Frauen vergewaltigt und ein Mann, welcher die Frauen schützen wollte, blutig geschlagen.

23. September 1945, gegen 14.30 Uhr wurde die 47-jährige Wirtschaftsbesitzerin Maria H. in der Nähe des Kriegerdenkmals in Katzelsdorf von einem sowjetischen Offizier vergewaltigt.

KATZELSDORF: 8. November 1945, zwischen 02.00 und 03.00 Uhr drangen drei sowjetische Soldaten gewaltsam in das Haus der Katharina Schachmayer in Katzelsdorf ein und raubten Wäsche und Kleider.

2. Mai 1946, 22.30 Uhr, die Familie des Josef Schmidl in Katzelsdorf wurde in ihrem Anwesen von mehreren sowjetischen Soldaten überfallen, ausgeraubt, die Tochter des Hauses, Irene S. vergewaltigt und der 75-jährige Josef Schmidl

125

Zerstörungen am Hauptplatz Wr. Neustadt, Frühjahr 1945

durch Pistolenschläge auf den Kopf so schwer verletzt, dass er nach 4 Tagen seinen Verletzungen erlag. Karl Schmidl wurde auch durch einen Schlag auf den Kopf leicht verletzt. Diese Tat konnte geklärt werden und einer der Täter war Julius Bendek aus Wiener Neustadt, der mit den sowjetischen Soldaten gemeinsam mehrere Taten begangen hatte und am 2. Juli 1954 vom Kreisgericht Wiener Neustadt verurteilt wurde.

13. Mai 1946, um 01.15 Uhr vergewaltigten in Katzelsdorf vier sowjetische Soldaten die 68-jährige Rosa G. Am 20. Mai 1946, um 17.00 Uhr drangen abermals zwei sowjetische Soldaten in das Haus der 68-jährigen Rosa G. ein, vergewaltigten sie und raubten Wäsche und Lebensmitteln.

12. Juni 1946, gegen 14.00 Uhr entführte ein sowjetischer Soldat die 13-jährige Schülerin Aurelia R. aus ihrer elterlichen Wohnung in Katzelsdorf, nach Wien, vergewaltigte sie dort und schickte sie erst am 18. Juni wieder nach Katzelsdorf zurück.

THERESIENFELD: 19. September 1949, um 20.30 Uhr überfielen drei sowjetische Soldaten auf der Bundesstraße 17 in Theresienfeld vor dem Haus Nr. 27 die landwirtschaftliche Arbeiterin Margarete S., zerrten sie in den anschließenden Garten und vergewaltigten sie jeder einzelne wiederholt.

Während der 10-jährigen sowjetischen Besatzungszeit wurden von Angehörigen der Besatzungsarmee im Landbezirk Wiener Neustadt 186 Personen, darunter die Bürgermeister von Dreistetten und Muthmannsdorf ermordet. Zahlreiche Notzuchtsakte an Frauen, sowie unzählige Vieh-, Holz- und Telefondrahtdiebstähle verübt. 33 Personen wurden verschleppt.

Bezirk Baden

BADEN: Im Juni wird die 3. Ukrainische Front, die hier gekämpft hatte, durch die 1. Ukrainische Front abgelöst. **In der Stadt Baden wird das sowjetische Oberkommando der „Gruppe Mitte", zuständig für die Truppen in Österreich, Tschechoslowakei und West-Ungarn, eingerichtet.**

Ganze Straßenzüge müssen für die Sowjets geräumt werden. Die Bewohner müssen oft ihr gesamtes Hab und Gut zurücklassen. Von den Sowjets werden Maschinen, Möbel und alles Wertvolle, ganze Eisenbahnwaggon über den Frachtenbahnhof Baden nach Russland abtransportiert.

Baden in der Besatzungszeit – Verkehrsaufkommen

der Bezirkshauptmannschaft Neunkirchen.

O.: Absperrung mit russischer Aufschrift bei der Pfarrkirche Baden

Li.: Im April 1946 wurde der Badener Kaiser-Franz-Ring in „Stalin-Ring" umbenannt

Beide: Stadtarchiv Baden

Kundmachung
über die Registrierung der Nationalsozialisten

Auf Grund des § 9 des Verfassungsgesetzes vom 9. Mai 1945 über das Verbot der NSDAP wird angeordnet:

Alle im Gemeindegebiet wohnhaften Personen, die zwischen dem 1. Juli 1933 und dem 27. April 1945 der NSDAP oder einem ihrer Wehrverbände, SS, SA, NSKK, NSFK (wenn auch nur zeitweise) angehört haben, ferner alle Parteianwärter, Bewerber um Aufnahme in die SS müssen sich zu dem unten angegebenen Zeitpunkt zwecks Registrierung im Rathaus unter Beibringung aller Personaldokumente **persönlich** melden, insoweit sie ihren ordentlichen Wohnsitz oder dauernden Aufenthalt im Gebiet der Republik Österreich haben.

Bei Verhinderung durch Krankheit ist durch einen Bevollmächtigten unter Beilage eines ärztlichen Zeugnisses schriftlich Meldung zu erstatten.

Meldepflichtige Personen, die von ihrem eigentlichen Wohnort entfernt sind (Umquartierte zc.), melden sich bei der Amtsstelle ihres jeweiligen Aufenthaltsortes.

Die nach Verlautbarung dieser Kundmachung erst heimkehrenden oder neu zureisenden meldepflichtigen Personen haben sich 3 Tage nach Ankunft registrieren zu lassen.

Nichtmeldung, verschleierte oder unrichtige Angaben stellen das Verbrechen des Betruges dar und werden mit Kerker von einem bis zu fünf Jahren bestraft.

Dieser Meldung haben sich alle im Absatz 2 genannten Personen zu unterziehen, unbeschadet sämtlicher bisheriger Meldungen.

Nach Abschluß der Meldungen werden die Registrierlisten vier Wochen zur öffentlichen Einsicht aufliegen und jedermann wird Gelegenheit haben, auf die Unrichtigkeit oder Unvollständigkeit der gemachten Angaben hinzuweisen.

Die Meldung hat zu erfolgen für Meldepflichtige mit den Anfangsbuchstaben:

A bis F . . . . am 11. Juni
G bis K . . . . am 12. Juni
L bis Qu . . . . am 13. Juni
R bis W . . . . am 14. Juni
X, Y, Z und Nachzügler . . . am 15. Juni

Meldezeit: 8 bis 12 Uhr vormittags und 2 bis 5 Uhr nachmittags.

Baden, den 1. Juni 1945.

Der Bürgermeisterstellvertreter:

Richard Sofer

Plündern wird bestraft

In den letzten Wochen haben manche in unbedachter Weise fremdes Eigentum an sich gebracht oder angeblich als Geschenk erhalten. Die völlige Rechtlosigkeit dieser Handlungsweise muß jedem klar sein.

Es ergeht daher an alle Personen die Weisung, vorerst diese unrechtmäßige Aneignung bei der Stadtpolizei, Eingang Rathausgasse, zu melden. Jedem, der diese Meldung bis spätestens 15. Juni l. J. erstattet, wird Straffreiheit zugesichert.

Nach diesem Zeitpunkt werden alle zur Anzeige gebrachten Fälle über **widerrechtlichen Besitz fremden Eigentums** in vollem Ausmaß der gesetzlichen Bestimmungen geahndet.

Ferner wird bekanntgegeben, daß ohne Bewilligung der Polizei keinerlei Transport von Möbeln zc. stattfinden darf. Die Polizei hat das Recht, Fahrzeuge aller Art anzuhalten und Transportgüter zu beschlagnahmen, falls die polizeiliche Bewilligung nicht vorliegt.

Stadtgemeinde Baden, am 26. Mai 1945.

Der Bürgermeister-Stellvertreter:

Richard Sofer

Aushänge aus der „Russenzeit" in Baden

Beide: Stadtarchiv Baden

Es gibt sowjetische Viertel am Kaiser Franz Ring, hinter der Stadtpfarrkirche, in der Valeriestraße, entlang der Schimmergasse und der Elisabethstraße stadtauswärts. Diese Bezirke sind mit grünen Planken vom Rest der Stadt abgesperrt. Bäume waren weiß markiert.

Es gab folgende Dienststellen der Sowjets in Baden: Die Kommandantur im Schloss Braiten, die Dienststellen des NKWD (Volkskommissariat für Innere Angelegenheiten) im Goldenen Löwen, die Generalprokuratur und der Generalrichter im Peterhof, die GPU (politische Staatspolizei) in der Stadtkommandantur, das Militärgefängnis in der Nicoladoni Villa und ein sowjetisches Postamt im Haus Biondekgasse 2.

Am 28. Mai 1949 wurde Anton Bauer im Gebiet des Harter Berges von zwei sowjetischen Soldaten überfallen, seines Fahrrades beraubt und durch Schläge mit einer Waffe am Kopf verletzt. Weiters wurden auf ihn aus Maschinenpistolen Schüsse abgegeben, die ihn aber nicht trafen. Das seit 1945 durch die Kriegseinwirkungen unbenutzbare, städtische „Johannesbad" wurde am 1. September 1949 nach Renovierung wieder zum Wohle der Bevölkerung in Betrieb genommen. Der in der Ukraine geborene, staatenlose Kyrill Kalmykov aus Baden wurde verhaftet, da er dringend verdächtig ist, aus den von den sowjetischen Besatzungstruppen in der Wienerstraße freigegebenen Objekten dort eingelagertes Gut der österreichischen Bevölkerung im Gesamtwert von 19.000 Schilling gestohlen zu haben. Ferner hat Kalmykov im Jahr 1951 in Gainfarm 3 Raubüberfälle durchgeführt, wurde auch deshalb verhaftet und ins Bezirksgericht Baden eingeliefert, musste aber ohne Durchführung einer Verhandlung über Auftrag der sowjetischen Besatzungsmacht sofort auf freien Fuß gesetzt und das Verfahren eingestellt werden.

Am 18. September 1955 um die Mittagszeit hat der letzte sowjetische Besatzungssoldat das Stadtgebiet von Baden verlassen, nachdem vorher von der Bezirkskommandantur insgesamt 135 Gebäude und Wohnungen an die Stadtverwaltung übergeben wurden.

LEOBERSDORF: 11. Oktober 1945, gegen 20.30 Uhr wurde der Staatspolizeibeamte Karl Haas als er in Begleitung seines Kollegen Anton Schmid, auf der Bezirksstraße Hirtenberg – Leobersdorf Richtung Hirtenberg ging, 100 Schritte nach der Straßenkreuzung Badner – Hirtenberger Straße in Leobersdorf von einem bisher unbekannten sowjetischen Soldaten ohne Grund oder Anruf durch einen Herzschuss ermordet. Die beiden Beamten kamen mit der Bahn von Wien um ungefähr 20.00 Uhr in Leobersdorf an und wollten, da keine Bahnverbindung bestand, nach Berndorf gehen, wo sie den Auftrag hatten eine Verhaftung vorzunehmen.

Als die beiden die obgenannte Stelle passierten sahen sie zwei Männergestalten am Straßenrand stehen, welche irgendeine Auseinandersetzung hatten. Karl Haas wandte sich während des Vorübergehens zu den beiden und fragte: „Ist es noch weit nach Berndorf?", als Antwort erhielt er nur russische Schimpfworte und ging deshalb weiter. Plötzlich fiel ein Schuss und Haas sank von der Kugel getroffen zu Boden. Haas wurde noch mit einem Wagen nach Kottingbrunn zum Gemeindearzt Dr. Graf gebracht, welcher einen Herzschuss und den unmittelbaren Eintritt des Todes feststellte.

GROSSAU: Am 25. Oktober 1945 wurde im so genannten „Pfarrwald", ein frisch aufgeworfener Hügel freigelegt und darin drei männliche Leichen aufgefunden. Die Leichen hatten Kopfschüsse und Zertrümmerungen der Schädeldecken. Sie waren geknebelt und mit einem Kabeldraht gefesselt. Die Leichen dürften vor ca. 3 bis 4 Wochen vergraben worden sein. Dokumente wurden keine gefunden.

ALTENMARKT an der Triesting: 23. November 1945, in den letzten Tagen, seit dem Durchzug der sowjetischen Truppen kommen in den Gemeinden Altenmarkt, Thenneberg und Nöstach, Plünderungen am laufenden Band vor. Die Bevölkerung lebt in ständiger Angst, da die sowjetischen Soldaten stets unter Bedrohung mit der Schusswaffe die Plünderungen durchführen.

Bezirk Mödling

Der Bezirk Mödling wurde per 1.10. 1938 zum XXIV. und XXV. Bezirk der Stadt Wien und kam erst wieder nach Inkrafttreten des Gebietsänderungsgesetzes am 1. 9. 1954 zu Niederösterreich zurück.

MÖDLING: 22. September 1945, der Hilfsgendarm Johann Rapold stellte außerdienstlich zwei sowjetische Soldaten mit einem gestohlenen Fahrrad. Die Russen schossen auf Rapold, ohne zu treffen und flüchteten unter Zurücklassung des Fahrrades.

MÜNCHENDORF: Am 11. Juni 1955, gegen 02.15 Uhr wurde der Gendarmerie-Patrouillenleiter Rudolf Fröhlich vom Posten Münchendorf auf der Bundesstraße 16, am südlichen Ortsende von Münchendorf, von drei unbekannten Männern, die aus Richtung des ehemaligen Flugfeldes kamen, nach Anruf mit Pistolen und Karabiner beschossen. Fröhlich, der die Männer perlustrieren wollte, erwiderte mit seiner Pistole das Feuer und gab 8 Schüsse ab. Nach den vorgefundenen Blutspuren, dürfte einer der Männer verletzt worden sein. Fröhlich wurde nicht verletzt, jedoch seine Patrouillentasche durchschossen. Nach Angabe des Beamten dürften 8–10 Schüsse auf ihn abgegeben worden sein. Die unbekannten Männer konnten nicht ausgeforscht werden.

Bezirk Bruck an der Leitha

Am 9. August 1945 teilt die Generaldirektion der Bundesbahnen mit, dass auf der Strecke Wulkaprodersdorf – Wien Ost die Eisenbahnzüge regelmäßig von Banden überfallen und die Reisenden ihrer Habseligkeiten beraubt werden.
Worauf das NÖ Landesgendarmeriekommando verfügte, dass die Züge von dem in Bruck an der Leitha stationierten Zug der Österreichischen Freiheitskämpfer unter Führung von Gendarmerie Beamten begleitet werden. An einem Tag begleiteten 10 Freiheitskämpfer und vier Gendarmen des Postens Bruck den Zug.

Beim Aussteigen fielen die im Lager befindlichen Ukrainer über die Reisenden her und beraubten sie. Als nun die Freiheitskämpfer und die Gendarmen einschritten, erschienen mehrere sowjetische Offiziere und legten die Pistolen auf die Freiheitskämpfer und die Gendarmen an, sodass sie von ihrem weiteren Einschreiten Abstand nehmen mussten.

Nach mehreren Interventionen beim sowjetischen Stadtkommandanten in Bruck an der Leitha entsandte er mehrere Militärpatrouillen, wodurch den Ukrainern die Beraubung eingestellt wurde. Da die Beraubung auf der Bahn durch die Ukrainer nicht fortgesetzt werden konnte, haben sie sich auf die Straßen in der Umgebung, die zu den einzelnen Ortschaften führen, konzentriert und tritt hier nun ein so genanntes Bandenwesen auf. Es tauchen plötzlich beim Eintreten der Dunkelheit drei oder vier Banditen auf, überfallen die des Weges kommenden Passanten und berauben sie. Tagsüber treiben sie sich in den Weingärten herum und stehlen die Trauben. Bevor die einzelnen Lager in Bruck an der Leitha, Kaisersteinbruch und Götzendorf nicht geräumt werden, ist mit einer Sicherheit der Bevölkerung nicht zu rechnen.

PETRONELL: Am 22. August 1945 wurden beim Spiel mit einer gefundenen Flakgranate der 12-jährige Engelbert Lampl getötet und der 10-jährige Rudolf Hillebrand schwer verletzt.

WOLFSTHAL: Bei der Heimfahrt mit ihrem zweispännigen Fuhrwerk am 20. September 1945 in der Donauau, wurden der Landwirt Johann Reithofer und sein 18 Jahre alter Sohn Hermann, von einem sowjetischen Soldaten durch Pistolenschüsse ermordet und gleichzeitig das Pferdefuhrwerk samt Pferden geraubt. Die weiteren Erhebungen mussten der Sowjetkommandantur in Hainburg überlassen werden.

HOF am Leithagebirge: Während des Patrouillendienstes wurde der Postenkommandant Martin Weinkum, am 23. Dezember 1945 in der Zeit von 22.00 bis 24.00 Uhr aus unbekannter Ursache von sowjetischen Besatzungssoldaten durch Pistolenschüsse ermordet. Weitere Erhebungen Sowjetkommandantur Mannersdorf.

HAINBURG an der Donau: In ihrer Wohnung wurde am 6. Jänner 1946, die 52-jährige Aloisia Eisenbarth gegen 19.30 Uhr von einem Sowjetsoldaten durch Pistolenschüsse ermordet. Erhebungen Stadtkommandantur Hainburg.

Enthüllung des sowjetischen Kriegerdenkmals am Hauptplatz, 9.5.1946

BRUCK an der Leitha: Am 16. März 1946 wurden Josef Tippl und der Volksdeutsche Arel auf den Leithasteg von unbekannten Tätern erschossen und in den Leitha Fluss geworfen. Die Täter sind unbekannt.

Am 1. Juni 1946 wurde die Leiche der Josefine Halter an einer seichten Stelle des Leitha Flusses angeschwemmt. Halter war am 31. Mai 1945 gegen 18.00 Uhr in ihren Garten bei der Leitha gegangen um Erbsen zu ernten. Nach den Spuren dürfte sie im Bereich des Gartens erschlagen und in die Leitha geworfen worden sein. Keine Täterhinweise.

Übersetzung der Inschrift am russ.Kriegerdenkmal in Bruck a.d.Leitha, Hauptplatz

Ewiger Ruhm den russischen Kriegern April 1945

Ewiger Ruhm den Helden der Roten Armee, die den deutsch-faschistischen Eindringlingen (Aggressoren) Schlachten lieferte für die Freiheit und Unabhängigkeit der Völker Europas !

Zum Wohl der Völker habt Ihr Euer Leben fern der sowjetischen Heimaterde hingegeben. Ruhm und Ehre Euch,tapfere russische Krieger ! Heldenmütig Gefallene schlaft in Ruhe,das Volk wird Euch nie vergessen !

Am 19. September 1955 wurde auch die Stadt von der Anwesenheit der Besatzungsmacht befreit. An diesem Tag wurde die zuletzt im Hotel Graf untergebrachte Ortskommandantur aufgelöst. Eine große Anzahl von Personen fand sich am Bahnhof Bruckneudorf ein, als sich der Zug mit den letzten sowjetischen Soldaten in Bruck an der Leitha in Richtung Ungarn in Bewegung setzte. Der letzte Ortskommandant Oberst Kolarosenko nahm mit Wehmut von den anwesenden Bruckern Abschied. Er war zum Unterschied von seinen Vorgängern sehr korrekt und erfreute sich in Bruck eines maßvollen Ansehens.

STIXNEUSIEDL: Am 29. August 1946 raubten drei schwer bewaffnete sowjetische Soldaten, gegen 07.00 Uhr, den mit ihren Personenkraftwagen auf der Bundesstraße Nr. 9, ca. 500 m östlich von Stixneusiedl fahrenden Ing. Ludwig Mandl aus Wien und Friedrich Koppe aus Bruck, unter Androhung von Waffengewalt die Kraftfahrzeuge. Während ein Russe mit dem Personenkraftwagen des Koppe in Richtung Wien davonfuhr, konnten die inzwischen herbeigeholten Gendarmen die Flucht der zwei Russen mit dem Auto des Ing. Mandl dadurch verhindern, dass sie die Bereifung durchschossen.

Mit Hilfe eines hinzukommenden sowjetischen LKW und dessen Besatzung konnten alle drei Soldaten verhaftet und der Sowjetkommandantur Bruck an der Leitha überstellt werden. Beide geraubten Personenkraftwagen konnten sichergestellt und den Eigentümern zurückerstattet werden.

18. Juli 1946. In seinem Garten wurde Anton Toth, gegen 14.00 Uhr ermordet aufgefunden. Toth war erschossen worden. Toth dürfte in seinem Garten auf Gemüsediebe gestoßen sein. Maria Calupna, Briefträgerin, wurde am 14. September 1946 in der Nähe der Konservenfabrik durch drei Revolverschüsse ermordet aufgefunden. Calupna wurde zuletzt mit einem sowjetischen Soldaten gesehen.

HAINBURG an der Donau: Am 22. Jänner 1947 wurde der mit einem Lastkraftwagen seiner Firma auf der Bundesstraße Nr. 9 ca. 300 m östlich von Wolfsthal fahrende Alois Wellan aus Wien, von vier mit Pistolen bewaffneten sowjetischen Soldaten angehalten und des Kraftwagens beraubt. Sodann wurde Wellan von den Russen gefesselt, geknebelt und abseits der Straße geschleppt. Bevor die vier Russen mit dem LKW in Richtung Bundesgrenze bei Berg davonfuhren, gaben sie einige Schüsse auf den Gefesselten ab, ohne ihn jedoch getroffen zu haben. Die Erhebungen mussten der sowjetischen Stadtkommandantur Hainburg überlassen werden.

WILFLEINSDORF: Vermutlich am 23. Februar 1947 wurde das Ehepaar Karl und Elisabeth Müller in ihrem Wohnhaus in den Schlafzimmern ermordet. Karl Müller war erschossen, Elisabeth Müller war durch 5–6 Hackenhiebe gegen die rechte Kopf- und Stirnseite erschlagen worden. Geraubt wurden fast sämtliche Bekleidung der Eheleute, 3.600,– Schilling und diverser Schmuck. Ebenso wurde ein Großteil Fleisch, Würste und Schweinefett geraubt. Kurz vor dem Mord hatte Müller eine Hausschlachtung eines Schweins vorgenommen. Von Zeugen wurden zwei sowjetische Soldaten beim Verlassen des Hauses gesehen.

SOMMEREIN: Am 31. August 1947 nachts, drangen vier schwer bewaffnete sowjetische Soldaten in die Wohnung des Schneidermeisters Franz Chab ein. Die Soldaten fesselten und knebelten Franz Chab und dessen 10-jährige Tochter und raubten Stoffe, Anzüge, Wäsche und Bargeld Gesamtschaden ca. 8.000,– Schilling. Keine Täterhinweise.

Bezirk Korneuburg

KORNEUBURG: Die sowjetische Kommandantur ist im Haus des Baumeisters Molzer untergebracht. Von der Besatzungsmacht wird eine Gemeindevertretung unter Cyrill Hitzl und Diesner Kottek eingesetzt. Die Knabenschule bekommt eine russische Aufschrift „Schkolas". Bereits am 20. Mai 1945 gibt es in der Stadt wieder elektrischen Strom.
Die Stadt hat eine überaus starke Besatzung zu quartieren. Viele Villen und Zinshäuser sind von sowjetischen Offizieren und ihren Familien belegt. Auch eine russische Schule ist eingerichtet worden. In den Kasernen, der Mädchenschule und in Baracken sind Mannschaften und der Wagenpark untergebracht. In der Stadt sieht man nur Uniformierte, die Korneuburger Zivilisten verschwinden fast. Die Lebensmittel- und Brennstoffversorgung macht große Sorgen, teils durch den starken Verbrauch der Besatzungsmacht und Verkehrsschwierigkeiten.

DRÖSING: Nach der Besetzung der Ortschaft durch die sowjetischen Truppen wurden vom 11. bis 17. April 1945 die Gendarmerie Beamten August Hölzl, Josef Windbichler und Rudolf Veidl wegen ihrer Zugehörigkeit zur Gendarmerie von den Sowjets erschossen.

RÜCKERSDORF: Am 17. Mai 1945, kam der 42-jährige Landwirt Johann Neumayer, beim Zuschütten eines Bunkers in seinem Weingarten durch die Explosion einer Mine ums Leben.

BRUDERNDORF: Eine 60-jährige Landwirtin wurde am 21. Mai 1945 in ihren Wirtschaftsgebäude von unbekannten Uniformierten mit einer Maschinenpistole erschossen.

STETTELDORF: Am 13. Juni 1945, um Mitternacht drangen drei sowjetische Soldaten in das Wohnhaus des Rudolf Schneider ein. Die herbeigerufene Ortswache, der Gendarm Rudolf Schneider, der Briefträger Leopold Tauschel, die Landwirte Johann Tmsky und Johann Inführ wurden dabei in der Küche des Schneider von einem der drei sowjetischen Soldaten rücksichtslos erschossen.

UNTERROHRBACH: Die Landwirte Johann Daslang und Anton Kouhut wurden am 20. Juni 1945, um 16.00 Uhr auf der Dorfstraße in Unterrohrbach von einem sowjetischen Soldaten aus unbekannter Ursache erschossen. Die Täter wurden von Offizieren der Kommandantur in Stockerau verhaftet.

MOLLMANNSDORF: Am 26. Juni 1945 erschienen im Anwesen des Landwirtes Matthias Wiedek aus Mollmannsdorf 15 sowjetische Soldaten und wollten plündern. Als sich ihnen die 51-jährige Landwirtin Angnes Wiedek entgegenstellte und Widerstand leistete, wurde sie von einem der Russen rücksichtslos erschossen. Die aufgebrachte Bevölkerung stellte sich daher noch energischer gegen die Russen, worauf diese mit weiterer Waffengewalt vorgehen wollten. Dabei wurde einem sowjetischen Soldaten die Maschinenpistole abgenommen. Auf Grund dessen wurde Johann Wiedek einige Stunden nach dem Vorfall durch sowjetische Soldaten verhaftet und nach der Verurteilung nach Russland verschleppt, von wo er am 9. März 1953 in die Strafanstalt Stein überstellt wurde und am 15. Juni 1953 von dort in seinen Heimatort zurückkehrte.

WIESEN: Am 28. Juni 1945, um 17.00 Uhr wurde die 54-jährige Landwirtin Elisabeth Lendl während der Flucht, von einem sowjetischen Soldaten vor ihrem Wohnhaus mit der Pistole erschossen.

WOLFPASSING: Der 22-jährige Viktor Kophen aus Wien wurde am 12. Juli 1945 im Ortsgebiet ermordet aufgefunden. Die Täter sind vermutlich Besatzungsangehörige.

Bezirk St. Pölten-Land

UNTERMAUMAU: Ein heimkehrender deutscher Soldat wurde nächst der Ortschaft von drei sowjetischen Soldaten erschossen.

AMBACH: Paula Stummer, 20 Jahr alt, wurde, da sie sich einem Notzuchtsversuch widersetzte, von einem sowjetischen Soldaten erschossen.

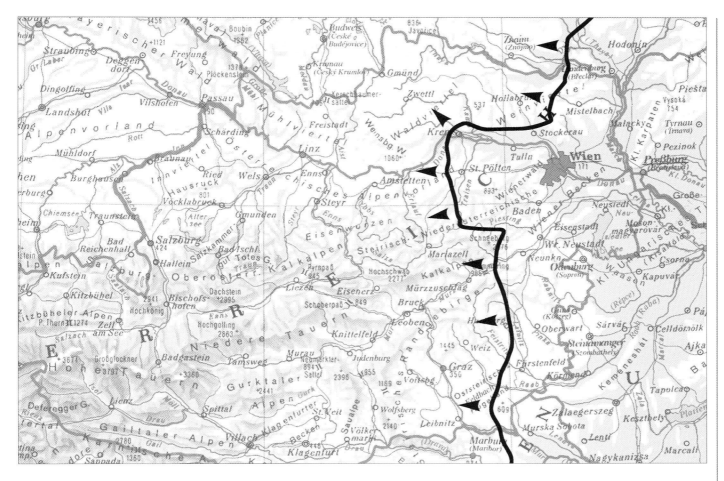

Frontverlauf zu Kriegsende am 7. Mai 1945 – die Rote Armee war bis westlich von St. Pölten vorgerückt

WAITZENDORF. Am 24. August 1945 verletzte ein Amok laufender sowjetischer Soldat ein 13 Jahre altes Mädchen auf der Straße zwischen Waitzendorf und Wernerdorf mit einem Messer schwer, den ihr zu Hilfe kommenden 14 Jahre alten N. Kern aus Waitzendorf tödlich und die Bäurin Anna Rotenberger in deren Anwesen in Waitzendorf leicht. Der sowjetische Soldat wurde von einer Militärpatrouille verhaftet.

VIEHOFEN. Hildegard A., 18 Jahre alte wurde am 30. September 1945 auf dem Weg von Haim nach Viehofen von einem mit einer Maschinenpistole bewaffneten sowjetischen Soldat überfallen und genotzüchtigt. Obwohl der Soldat ausgeforscht werden konnte, wurde von der sowjetischen Kommandantur gegen ihn nichts unternommen.

RAGELSDORF. Am 4. Oktober 1945 wurde durch sowjetische Soldaten im Anwesen des Alois Sonnleitner Feuer gelegt. Auch an anderen 5 Stellen war Feuer gelegt worden, das durch rechtzeitige Entdeckung gelöscht werden konnte. Dies erfolgte aus Rache, weil die sowjetische Besatzung westlich des Ortes zwei gefallene sowjetische Soldaten, die während der Kampfhandlungen gefallen waren, aufgefunden hatte.

GROSS HAIN. Franz Schrittwieser aus Spratzern wurde am 8. Jänner 1946 auf der Straße von einem sowjetischen Soldaten mit einem Gewehr angeschossen und schwer verletzt. Der sowjetische Soldat wurde der Stadtkommandantur übergeben.

GERERSDORF. Am 7. Jänner 1945, gegen 21.45 Uhr wurde vor der Ortschaft ein tschechischer LKW von zwei sowjetischen Soldaten angehalten, der Fahrer und der Beifahrer durch MPi Schüsse schwer verletzt und die aus Lebensmitteln bestehende Ladung geraubt. Der LKW wurde im Straßengraben aufgefunden.

ST. PÖLTEN. Am 13. September 1955 Abzug der sowjetischen Besatzungstruppen aus St. Pölten. Damit hat der letzte Sowjetsoldat den Bezirk St. Pölten verlassen.

Ansichtskarte vor 1945 mit dem Zusatz „N-Do." (Niederdonau)

WILHELMSBURG: Im Juni 1945 sind aus dem Anhaltelager für ehemalige Nationalsozialisten in Wilhelmsburg die Häftlinge Hermann Frisch, Franz Kraus, Anton Zöchling, Walter Diltinger und Ernst Schönleitner spurlos verschwunden. Ebenso ist im Juli 1945 der Gendarmerie Beamte Johann Eberhart, auf der Fahrt von Wilhelmsburg nach St. Pölten, er war durch eine explodierende Mine an beiden Füßen schwer verletzt worden und sollte mit einem Pferdegespann in das Krankenhaus St. Pölten eingeliefert werden, spurlos verschwunden, alle diese Personen blieben weiterhin verschollen.

Im Jahre 1948 hatten Beamte des Postens Wilhelmsburg von Vertrauenspersonen in Erfahrung gebracht, dass die 6 Personen von Angehörigen der damaligen Lagerpolizei im den Raum Wolkersburg gebracht, dort erschossen und in einem aus der Kampfzeit 1945 vorhandenen Schützengraben verscharrt worden waren.

Da es die sowjetische Besatzungsmacht nicht erlaubte, konnte erst im Jahr 1951 mit den Nachforschungen im beschränkten Ausmaß begonnen werden.

Im März 1951 wurden in Wolkersburg auf dem Grundstück des Landwirtes Josef Teufl, in einer Tiefe von 0,75 bis 1,25 Meter sechs menschliche Skelette aufgefunden. Auf Grund markanter Merkmale wurden die Skelette als die sechs im Jahr 1945 Verschwundenen agnosziert.

Die Skelette wiesen zum größten Teil Kopfschüsse auf. Acht Verdächtige wurden zur Anzeige gebracht. Die Ange-

Gendarmerie-bericht Her-zcgenburg

Gendarmeriepos... ... ...
Bezirk St. Pölten, Niederösterreich

Chronik.

D i e n s t z e t t e l

Herzogenburg, am 20. Februar 1947.

Zufolge Bgk.Befehl Nr.4 v.14.2.1947 wird folgendes gemeldet:

Im Jahre 1945 wurde der berüchtigte Ortsbauernführer Johann Hell aus Wielandsthal,Gemeinde Ederding,durch russ.Besatzungsmitglieder vor seinem Wohnhause erschossen.Nach Angabe des Bürgermeisters Franz Rupp hat Hell zur Zeit der nat.soz.Gewaltherrschaft die Bevölkerung der Gemeinde Ederding denunziert und polnische Zivilarbeiter miß – handelt.Durch eine poln.Arbeiterin,die bei Hell beschäftigt war und auch von Hell mißhandelt wurde,wurde er den russ.Soldaten verraten, welche ihm seinerzeit vorerst mit Bajonettstiche bearbeitete und in weiterer Folge niederschoßen.

Im hiesigen Rayone wurden durch Besatzungsmitglieder folgende Frauenspersonen genotzüchtigt,und zwar:

2 Mädchen	(17 jährig)	ledig,	
1 "	(18 Jahre)	ledig,	
1 "	(20 Jahre)	ledig,	
3 "	(22 Jahre)	ledig,	
1 "	(25 Jahre)	ledig,	
2 Frauen	(26 Jahre)	verheiratet,	
2 "	(29 Jahre)	"	
1 "	(32 Jahre)	"	
1 "	(34 Jahre)	"	
3 "	(38 Jahre)	"	
1 "	(41 Jahre)	"	
1 "	(44 Jahre)	"	
3 "	(40 Jahre)	"	
1 "	(46 Jahre)	"	
1 "	(48 Jahre)	"	
1 "	(24 Jahre)	"	
4 "	(28 Jahre)	"	

Anmerkung: Nach Angabe der hiesigen Ärzte,muß die Liste als unvoll= ständig gehalten werden,da viele Frauen und Mädchen,die b der ärztl.Untersuchung als gesund befunden wurden,nicht weiter in Evidenz gehalten worden sind.Nach früheren Fest stellungen kann die Zahl der genotzüchtigten auf 80 % ang nommen werden.

Rev.Insp.

klagten Willibald K., Arthur T., Anton T. und Walter P. von der Mordanklage freigesprochen und enthaftet. Nachdem die Staatsanwaltschaft 1955 gegen dieses Urteil ein Wiederaufnahmeverfahren erwirkt hatte, sollten die Freigesprochenen neuerlich verhaftet werden. Dazu kam es aber nicht mehr, weil sie noch vor ihrer neuerlichen Verhaftung in die Tschechoslowakei geflüchtet waren. Damit haben die oft äußerst schwierigen und anstrengenden Erhebungen über ein schreckliches Blutverbrechen, das knapp nach Beendigung des 2. Weltkrieges, von Hass getriebenen Menschen verübt wurden, wobei sechs Familienväter meuchlings ermordet wurden, ihren vorläufigen Abschluss gefunden.

Bezirk Gänserndorf

GÄNSERNDORF: Nachdem am 11. April 1945 die sowjetischen Truppen in der Stadt einmarschiert sind und sie keinen Wein fanden, sind sie gleich weitergezogen. Die zurückgebliebene Bevölkerung hatte sich in den Weinkellern am Halterberg versteckt. Der nachfolgende Tross quartierte sich fast in alle Häuser ein. Dann begann der Terror der sowjetischen Soldateska. Nachdem sie alles geplündert hatten, kam es täglich zu Vergewaltigungen von Frauen und Mädchen. Männer die ihre Angehörigen schützen wollten wurden kurzerhand erschossen. So der Tischlermeister Matthias Karner, der Fleischhauer Johann Wagner, der Bahnpensionist Rudolf Mölzer und viele andere im Bezirk. Viele Frauen und Mädchen verübten in ihrer Verzweiflung Selbstmord.

Am 12. Juli 1945 wurde über Anordnung des Staatsamtes für Inneres der Posten Gänserndorf mit 6 Mann des Freiheitsbataillons verstärkt.

Am 5. August 1945 stand der Assistenzmann Fritz Libetegger vom Freiheitsbataillon am Bahnhof Gänserndorf, zwecks Überwachung eines sowjetischen Militärtransportzuges, im Dienst. In den Abendstunden kamen zwei Mädchen auf Libetegger zu und ersuchten diesen um Schutz, da sie von zwei sowjetischen Soldaten verfolgt würden. Kurz darauf kamen auch zwei sowjetische Soldaten zu Libetegger und fragten ihn, ob eines der Mädchen seine Frau sei, was dieser bejahte. In der Zwischenzeit kam auch der Assistenzmann Johann Mayer unbewaffnet zu Libetegger. Zwischen den Assistenzmännern und den sowjetischen Soldaten entstand ein Handgemenge, wobei dem Assistenzmann der Karabiner entrissen wurde. Hierauf ergriffen die Assistenzmänner die Flucht, worauf sie von den sowjetischen Soldaten beschossen wurden. Der Assistenzmann Mayer wurde dabei durch einen Schuss derart schwer verletzt, dass er mittels Rettungsauto in das Allgemeine Krankenhaus Wien eingeliefert werden musste.

Am 21. Jänner 1947 wurde der Lagerhausarbeiter Franz Böckl von einer sowjetischen Patrouille in Gänserndorf verhaftet und verschleppt. Der Grund der Verhaftung dürfte sein, weil Böck im Jahr 1942 als Polizeireservist des Postens Gänserndorf gegen einen polnischen Arbeiter mit dem Karabiner einen Waffengebrauch mit tödlichen Ausgang vollführte.

Nach Angaben eines Heimkehrers soll Böckl am 22. Juni 1947 in Sopron, Ungarn, von den Russen erschossen worden sein.

Der Gendarmerie Postenkommandant Rev. Insp. Josef Führer befand sich am 21. Juli 1947 auf einer Dienstfahrt mit dem Fahrrad über Matzen nach Raggendorf. Als er auf der Bezirksstraße von Raggendorf in Richtung Gänserndorf fuhr, überholte ihn ein LKW, der mit 8 bis 10 sowjetischen Soldaten besetzt war. Kurz nach dem Überholen hielt der sowjetische LKW an, worauf ein Soldat vom LKW sprang und auf Revierinspektor Führer zukam. Der Soldat sprach Führer in Russisch an, worauf dieser ihm zu erklären versuchte, dass er ihn nicht verstehe. Darauf rief der Soldat noch zwei andere Soldaten zu sich. Einer mit einer Maschinenpistole Bewaffneter bedrohte ihn, während der andere ihm das Fahrrad entriss, auf den LKW auflud und Richtung Gänserndorf davonfuhr.

Unter dem Deckmantel gegen Preiserhöhungen und Schillingabwertung zu kämpfen, wurde von den Kommunisten ein Generalstreik inszeniert.

Am 10. Oktober 1950 wurde der angekündigte Streik in den USIA Betrieben, im Bezirk Gänserndorf von den SMV Betrieben ausgelöst und auch durch Einschüchterung der Arbeiter in anderen Betrieben versucht, den gesamten Verkehr und das Wirtschaftsleben lahm zu legen. Zur Sicherung lebenswichtiger Betriebe wurden zwei Gendarmeriezüge der Gendarmerieschule des Bundesministeriums für Inneres nach Gänserndorf verlegt.

Aspern, 15.10.1955

Liebwerte Frau Hinker!

In der Erwartung, dass es Dir und insbesondere Deinem lieben werten Mann gut geht, danke ich Dir für Deine lieben Bemühungen betreffs der Lichtmaschine und muss Dir aufrichtig gestehen dass ich diese Lichtmaschine äusserst dringend benötigen würde, aber leider bin ich nicht in der angenehmen Lage den gestellten Forderungen zu entsprechen.

Es dürfte Dir bekannt sein, dass zur jetzigen Zeit das Wirtschaftsjahr für uns Selbstversorger zu Ende geht und somit auch die Reserven die durch die Kriegsereignisse ohnehin schon bedeutend kleiner geworden sind.

Bin in der Lage für die komplette gebrauchsfähige Lichtmaschine

15 kg Mohn
25 l Wein
10 kg Mehl
100 kg Kartoffel und
1/2 kg Schmalz wenn ich dasselbe aufbringen kann und wenn nicht, weitere
5 kg Mehl zu geben.

In der Erwartung, dass dieser mein Vorschlag angenommen wird, erbitte ich eine weitere geneigte Rückäusserung und verbleibe mit herzlichem aufrichtigen Gruss

Euer

Gegengeschäft in der Besatzungszeit

Der klaren Haltung der bewussten Österreicher ist es zu verdanken, dass die Kommunisten ihr Ziel in der Ostzone Österreichs, die Macht an sich zu reißen nicht erreichen konnten.

Mit Erlass des Bmfl. Zahl 217.017-5/55 vom 4. 8. 1955 sind sämtliche Grenzposten aufzulassen. Im Bezirk wurden die Grenzposten HOHENAU, DRÖSING, DÜRNKRUT, ANGERN, MARCHEGG-Stadt und MARCHEGG-Bahnhof aufgelassen.

VELM: In der Zeit vom 11. April bis 8. Juni 1945 wurden in Spannberg sechs Zivilisten, in Erdberg drei Zivilisten, in Velm drei Zivilisten, in Götzendorf eine Person und in Ebenthal auch eine Person von sowjetischen Soldaten erschossen. Ein Großteil der Frauen wurde vergewaltigt, der Viehstand bis zu 95 % verringert und ein Großteil der Häuser geplündert.

PIRAWARTH: Der Kleinhäusler Franz Eibl wurde am 14. April 1945, als er einer, von sowjetischen Soldaten vergewaltigten Frau zu Hilfe eilen wollte, von einem Soldaten erschossen.

DEUTSCH-WAGRAM: 13. Juni 1945. Einige sowjetische Soldaten versuchen in das Haus, Hauptstraße Nr. 31 gewaltsam einzudringen. Auf die Hilfeschreie der beiden Bewohnerinnen, stürzten drei Bewohner, die als Angehörige eines von der Gemeinde eingerichteten Wachdienstes Dienst versahen, und zwar Josef Staudigl, Lorenz Künstler, Josef Kiessling, zu dem Haus hin. Die sowjetischen Soldaten schlugen zunächst Kiessling nieder. Dann zog einer der Soldaten seine Pistole und gab mehrere Schüsse gegen Kiessling und Staudigl ab. Sowohl Kiessling als auch Staudigl erlitten Verletzungen schweren Grades, von denen sie erst nach Monaten genasen. Lorenz Künstler, der nicht von den Schüssen getroffen worden war wurde anschließend von den Soldaten durch Fußtritte und Faustschläge misshandelt und leicht verletzt. Ein dabei von einem Soldaten aus nächster Nähe gegen Künstler abgegebener Schuss verfehlte das Ziel. Worauf die sowjetischen Soldaten die Flucht ergriffen.

Johann Wokenreck und eine zweite nicht bekannte Person, welche mit ihren Fahrrädern am 2. September 1945 Richtung Bockfließ fuhren, wurden von zwei sowjetischen Soldaten mit gezogener Pistole angehalten, mit dem Erschießen bedroht und ihrer Fahrräder beraubt.

Der Landwirt Franz Bartke, wurde am 24. September 1945 bei der Mühle von zwei Sowjetsoldaten, weil er auf deren Fahrzeug nicht Mehl aufladen wollte, niedergeschlagen, durch Schläge mit einer Pistole, Faustschlägen und Fußtritten schwer misshandelt. Er erlitt erhebliche Verletzungen und wurde in ein Wiener Spital eingeliefert. Die Täter wurden von der sowjetischen Kommandantur ausgeforscht.

Am 8. Oktober 1945, um 14.00 Uhr wurde der Traktorführer Leopold Michalecz südlich der Ortschaft Angern im Straßengraben tot aufgefunden. Sein Herrenfahrrad lag neben ihm. Michalecz dürfte von zwei sowjetischen Soldaten, die angeblich auf der Hasenjagd waren, erschossen worden sein, da er zwei Steckschüsse aus einer Maschinenpistole im Brustbereich hatte. Der Tote dürfte nach Angabe des Arztes innerlich verblutet sein.

Am 14. Oktober 1945 wurde Jakob Hochmeister in Groß Engersdorf wohnhaft, von zwei sowjetischen Soldaten angefallen und unter Drohung, mit einem gegen ihn angelegten Gewehr, seiner Kleider und seiner Armbanduhr beraubt und anschließend misshandelt.

Deutsch Wagram zu Kriegsende 1945

27. Oktober 1945. Der Pensionist Johann Peyerl wurde, als er mit seinem Fahrrad in Richtung Deutsch-Wagram fuhr von zwei sowjetischen Soldaten unter Drohung mit gezogener Pistole seines Fahrrades beraubt. Als Peyerl sein Fahrrad nicht sofort hergeben wollte, gab einer der sowjetischen Soldaten gegen seine Brust einen Schuss ab, doch versagte aus unbekannten Gründen die Waffe.

Am 28. Oktober 1945 gegen 20.00 Uhr befand sich Maria N. auf dem Heimweg von Ollersdorf nach Angern. Unterwegs wurde sie von einem zweispännigen Pferdefuhrwerk, das von drei sowjetischen Soldaten besetzt war, eingeholt. Während zwei mit dem Pferdegespann weiterfuhren, sprang der dritte, betrunkene Russe vom Wagen und ging ein Stück des Weges mit ihr. Doch dann stieß er sie plötzlich in den Straßengraben und vergewaltigte sie, trotz ihrer Gegenwehr. Dann gab er ihr zu verstehen, dass er nun mit ihr mit nach Hause gehen werde. Sie aber ging geistesgegenwärtig direkt zum Gendarmerieposten. Der Soldat wurde der sowjetischen Wache beim Lagerhaus übergeben.

15. November 1945, um 15.15 Uhr befanden sich die beiden Schwestern Maria und Friederike Plaminger auf der Freilandstraße Angern –Talesbrunn auf dem Heimweg. Als ihnen ein Traktor der von einem sowjetischen Soldaten gelenkt wurde, entgegen kam. Ein zweiter auf dem Anhänger stehender Soldat schoss mit seiner Maschinenpistole auf die beiden vorbeigehenden Frauen. Während Maria Plaminger tödlich getroffen zu Boden stürzte, erlitt ihre Schwester Friederike einen Oberarmschuss mit Schussbruch. Der Traktorfahrer fuhr ohne sich um die Tote bzw. Verletzte zu kümmern in Richtung Angern und Slowakei weiter. Die Tote hatte mehrere Einschüsse auch im Kopf und war sofort tot. Von dem Vorfall wurde die sowjetische Militärwache verständigt, die sofort die Verfolgung einleitete und den Traktorfahrer samt Beifahrer in der Slowakei festnehmen konnte. Zeugen hatten gesehen, dass er seine Maschinenpistole in die March geworfen hatte. Der verdächtige Soldat wurde in die sowjetische Kommandantur Gänserndorf gebracht.

Drei sowjetische Soldaten fuhren am 21. November 1945 mit einem Kraftwagen vor dem Haus, Helmahof 131 vor. Ein Soldat stieg aus und versuchte in das Haus zu gelangen, offensichtlich um eine im Hof befindliche Gans sich anzueignen. Das in dem Haus wohnhafte Kind Günther Anders verschloss jedoch noch bevor der Russe eindringen konnte das Tor. Der sowjetische Soldat versetzte aus Wut darüber dem Kind einen Stoß mit dem Gewehrkolben gegen den Kopf, wodurch dieses schwere Verletzungen erlitt. Anschließend fuhren die Soldaten zum Haus, Helmahof 34, fuhren die Garteneinfriedung samt dem Betonsockel nieder und stahlen aus dem Hof 6 Gänse. Anschließend drangen sie noch unter dem Vorwand, versteckte sowjetische Soldaten zu suchen in das Haus ein. Ein zufällig vorbeikommender sowjetischer Offizier bereitete ihrem Treiben schließlich ein Ende.

Der Vorfall wurde von der sowjetischen Kommandantur untersucht und die 4 Gänse dem Eigentümer Ludwig Vogel zurückgegeben, für die beiden restlichen Gänse gab die Kommandantur 20 kg wurmige Erbsen her. Nach vertraulichen Zeugenaussagen soll der sowjetische Kommandant eine der Gänse selbst verspeist haben.

Jakob Hofer, Rudolf Kiffuiger und Karl Swoboda fuhren am 22. Dezember 1945 mit dem Pferdefuhrwerk des Hofer auf der Bezirksstraße von Bockfließ nach Deutsch-Wagram. Wo sie von vier sowjetischen Soldaten mit vorgehaltener Maschinenpistole angehalten und zum Aussteigen gezwungen wurden. Die Soldaten durchsuchten den Wagen und raubten 59 Liter Wein, einige Kilogramm Mehl, ein Jagdgewehr und ca. 50 Schuss Jagdmunition. Dabei wurden die drei österreichischen Männer durch Schläge und Stöße schwer misshandelt, dem Kiffuiger sogar drei Zähne eingeschlagen. Nachdem die drei Russen noch die Bekleidung der Männer durchsucht und ihnen Taschenmesser,Feuerzeuge und Kämme geraubt hatten, durften sie weiterfahren.

5. Februar 1946. Vier sowjetische Soldaten, die auf einem Kraftfahrzeug gekommen waren, drangen gewaltsam in das Haus Franz Mayrstraße 1 und raubten, nachdem sie den Hauseigentümer Josef Bednar durch Drohung mit einer vor die Brust gehaltener Pistole zum Widerstand unfähig gemacht hatten, eine große Menge von Bekleidungsgegenständen und Wäsche.

Am 3. Juli 1946 wurde der Rauchfangkehrer Josef Platzer, Leipzigerplatz 10 wohnhaft, von mehreren sowjetischen Soldaten in der Nähe seines Wohnhauses durch mehrfache Schläge mit einem harten Gegenstand schwer verletzt. Platzer wollte gerade zwei sowjetische Soldaten, die er beim Marillendiebstahl ertappt hatte, mit anderen Personen zur sowjetischen Kommandantur bringen, wurde aber unterwegs durch andere Besatzungssoldaten insultiert.

Margarete R. wurde am 17. November 1946 auf der Bundesstraße zwischen Strasshof und Deutsch-Wagram von zwei sowjetischen Soldaten angehalten, gewürgt und in den neben der Straße befindlichen Wald geschleppt. Dort wurde sie von einem Soldaten genotzüchtigt. Auf ihre Hilfeschreie ergriffen die beiden Russen schließlich die Flucht.

30. November 1946. Die Beraubung von Kohlenzügen hat in letzter Zeit derart überhand genommen, dass dies auf die Dauer unhaltbar ist. Diese Transporte sind daher sogleich unter entsprechenden Begleitschutz zu stellen und ist auf den Bahnhöfen ein verschärfter Überwachungsdienst zu stellen. Werden Bahnorgane bei dieser strafbaren Handlung gesehen, sind sie zur Anzeige zu bringen. Größere Kohlenmanko sind hauptsächlich bei den Transporten von Summerau und Hohenau zu verzeichnen, bei den meisten Waggons handelt es sich um Mankos von 3–4 Tonnen.

Am 27. September 1947 wurde Lorenz Griesmacher auf der Bockfließerstraße von zwei sowjetischen Soldaten unter Drohung mit vorgehaltener Pistole angehalten, schwer misshandelt und seines Fahrrades beraubt.

7. November 1947. Der sowjetische Ortskommandant erstattete gegen fünf österreichische Frauen am Gendarmerieposten die Anzeige, dass sie mit sowjetischen Soldaten einen unsittlichen Lebenswandel führen und dass im Falle eines Auftretens von Geschlechtskrankheiten bei der Besatzungstruppe die österreichischen Dienststellen in Deutsch Wagram dafür zur Verantwortung gezogen würden.

Die Geheimprostitution nimmt immer mehr zu. Am 2. Jänner 1948 wurde über Intervention der sowjetischen Kommandantur Frau Karoline C., wegen Verdachts der Geheimprostitution mit sowjetischen Besatzungsangehörigen festgenommen. Dabei wurde festgestellt, dass sie seit Herbst 1947 gegen Entgeld Geheimprostitution mit sowjetischen Soldaten durchführte.

11. Jänner 1948. Friederike R. wurde in der Helmahofsiedlung zweimal kurz hintereinander von einem sowjetischen Soldaten überfallen und zu notzüchtigen versucht. Beide Male wurde jedoch der sowjetische Soldat rechtzeitig an der

Ausführung seiner Vorhaben gehindert und zwar zuerst durch das Dazwischenkommen eines sowjetischen Offiziers, das zweite Mal durch Herannahen eines Fuhrwerkes. Nach dieser Störung ergriff der sowjetische Soldat die Flucht.

Am 11. August 1948 wurde Maria Lechner auf einer Spazierfahrt mit dem Fahrrad mit ihrem 3 Monate alten Säugling auf der Bundesstraße in der Nähe des Waldes von zwei sowjetischen Soldaten angehalten, in einem Wassergraben gezerrt und dabei zu notzüchtigen versucht, infolge der heftigen Gegenwehr ließen die beiden Soldaten jedoch von ihr ab.

10. Oktober 1948. Aurelia M. wurde auf einem Feldweg in der Nähe ihrer Wohnung von einem sowjetischen Soldaten überfallen, der sie zu notzüchtigen versuchte. Auf ihre Gegenwehr und Hilferufe hin verstopfte er ihr mit Maisstroh den Mund. Auf die Hilferufe waren jedoch bereits Zivilpersonen in die Nähe der Überfallenen geeilt. Sobald der sowjetische Soldat diese Zivilpersonen herannahen sah, versetzte er der Frau mit seinem Taschenmesser mehrere Hiebe über ihr Gesicht, wodurch diese Verletzungen unbestimmten Grades erlitt. Im Zusammenwirken mit der sowjetischen Kommandantur konnte der Täter ausgeforscht und von Organen der Besatzungsmacht verhaftet werden.

Elfriede R. wurde am 14. November 1948 in der Nähe ihres Wohnhauses von einem auf einem Fahrrad fahrenden alkoholisierten sowjetischen Soldaten angefallen, unter Gewaltanwendung zu Boden geworfen und genotzüchtigt. Ein sowjetischer Soldat zerschlug im alkoholisierten Zustand am 1. Mai 1949, eine Fensterscheibe beim Haus, Faimanngasse 19. Dabei fügte er sich Schnittverletzungen an den Händen zu. Hierauf drang der Soldat in das Haus ein und bedrohte die im Haus befindlichen Frauen. Als Mayer den sowjetischen Soldaten aus dem Haus weisen wollte, griff ihn dieser tätlich an und fügte ihm am Kopf eine Platzwunde zu. Der Täter wurde in Zusammenarbeit mit der sowjetischen Ortskommandantur ausgeforscht und von den Organen der Besatzungsmacht verhaftet.

13. November 1949, Hilda W. wurde von einem sowjetischen Offizier, ihrem Vorgesetzten in ihrer Tätigkeit als Küchenhilfskraft bei der Besatzungsmacht, in ihrer Wohnung angefallen und genotzüchtigt. Mehrere sowjetische Soldaten drangen am 16. Jänner 1950, nach zerschlagen einer Auslagenscheibe in das Schuhgeschäft des Kárl Geil ein und stahlen Schuhe und Lederwaren im Gesamtwert von 3.500 Schilling. Die Erhebungen der sowjetischen Ortskommandantur zeigten keinen Erfolg.

1. August 1950. Durch das immer stärker werdende Auftreten der Geheimprostitution sah sich der sowjetische Ortskommandant veranlasst, mehrere österreichische, weibliche Personen, welchen die Geheimprostitution mit sowjetischen Soldaten nachgewiesen wurde, einer amtsärztlichen Untersuchung zuzuführen. Diese Untersuchung wurde vom Amtsarzt der Bezirkshauptmannschaft Gänserndorf durchgeführt. Auf Grund der vom sowjetischen Ortskommandanten vorgelegten Beweise wurden alle angeführten Personen der BH Gänserndorf angezeigt.

Aus Anlass des Inkrafttretens des 4. Lohn- und Preisabkommens wurde von der Kommunistischen Partei unter Duldung und zumindest stillschweigender Unterstützung der zentralen Besatzungsdienststellen ein Generalstreik proklamiert. Dieser Aufforderung kamen im allgemeinen, außer den Parteigängern der KPÖ, nur die Arbeiter der unter sowjetischer Verwaltung stehenden Betriebe, teils freiwillig, teils mehr oder weniger gezwungen, nach. In Deutsch-Wagram wurden von insgesamt ca. 150 Personen, meist Erdölarbeiter und aus anderen Erdölbetrieben, die Bundesstraße durch quer über die Fahrbahn gestellte Kraftfahrzeuge blockiert, das Postamt besetzt, der Fernsprechverkehr mit Ausnahme von Gesprächen für die Rettung blockiert. Der Bahnhof besetzt und der Bahnverkehr durch eine quer über die Gleise gestellte Zugmaschine blockiert. Einzelne Funktionäre der KPÖ hielten Reden. Die sowjetischen Dienststellen in Deutsch-Wagram verhielten sich, ohne aktiv einzugreifen, abwartend. Die sowjetischen Zentraldienststellen griffen insofern in die Streikbewegung ein, als sie der Exekutive die Anwendung von Waffen gegen die Streikenden außer im Falle ausgesprochener Notwehr untersagten. Der Streik selbst brach im gesamten Bundesgebiet bis zum 7. Oktober 1950 zusammen.

Eine größere Anzahl sowjetischer Soldaten kam in das Geschäft des Uhrmachers Franz Witibschlager. Während sich zwei Soldaten unter dem Vorwand, an einem Kauf interessiert zu sein, von dem Uhrmacher Uhren vorlegen ließen, stahlen die anderen im Geschäft befindlichen Soldaten insgesamt 6 Armbanduhren im Gesamtwert von 2.000 Schilling.

Ein sowjetischer Soldat nahm dem Postenkommandanten Josef Grabner am 17. November 1950 während einer dienstlichen Erhebung das Dienstfahrrad weg und fuhr zusammen mit anderen Besatzungsangehörigen mit einem LKW in Richtung Strasshof weg. Die Versuche zur Wiedererlangung des Fahrrades durch die sowjetische Kommandantur blieben erfolglos.

14. August 1951. Emma Diabel und Leopold Hama befanden sich auf dem Heimweg nach Glinzendorf. Um den Weg abzukürzen beschlossen sie, nicht auf der Straße, sondern über einen Feldweg nach Glinzendorf zu gehen. Dabei gerieten sie ohne Absicht in das Sperrgebiet des sowjetischen Flugplatzes. Als sie auf Anruf eines sowjetischen Wachpostens nicht sofort stehen blieben, gab der sowjetische Soldat aus einer Maschinenpistole mehrere Schüsse gegen beide ab. Emma Diabel wurde durch diese Schüsse mehrfach getroffen und erlitt schwere Verletzungen.

Vom 12. bis 31. Jänner 1952 wurde die in Deutsch-Wagram stationiert gewesene Luftwaffeneinheit nach Aspern verlegt. Bei der Truppenverlegung kam es zu schweren Unzukömmlichkeiten, da die Truppen aus den von ihnen bewohnten oder beschlagnahmten Häusern, Möbel und Einrichtungsgegenstände, selbst Türen und Fenster auf ihre

LKWs aufluden und abtransportierten. Die Interventionen der Gemeinde und Gendarmerie blieben erfolglos, da zum Zeitpunkt der Diebstähle sich keine sowjetischen Organe mehr hier aufhielten. Insgesamt wurden 35 Häuser und Einzelräume ausgeräumt. Eine Schadenssumme ist zahlenmäßig nicht feststellbar. Nach kurzer Zeit wurde ein Teil des Inventars über Intervention der Kreiskommandantur Zistersdorf zurückgestellt. Die abgezogenen Besatzungstruppen wurden sofort durch eine neue Einheit ersetzt.

Zwei sowjetische Soldaten überfielen am 31. März 1952, in der Nähe des Gasthauses Jirten, Leopoldine L. bedrohten sie mit einem Messer, stopften ihr den Mund mit einer Mütze zu und versuchten sie zu notzüchtigen. Auf Grund der Hilferufe und Dazwischenkunft einiger Zivilpersonen, ließen sie von der Frau ab und ergriffen die Flucht.

9. Juli 1952. Die sowjetische Kreiskommandantur verfügte die Sperre der Konditorei in der Bahnhofstraße Nr. 2a auf die Dauer eines Monats, weil dort entgegen den Weisungen der Kreiskommandantur Alkohol an Besatzungsangehörige verkauft wurde.

14. auf den 15. September 1952. Mehrere sowjetische Soldaten drangen in das Haus des Ehepaares Anton und Antonia Kriebler zur Nachtzeit ein und ermordeten beide durch Schüsse aus einer Maschinenpistole. Das Motiv ist unbekannt, es dürfte sich jedoch um Deserteure handeln, die sich in dem Haus verproviantieren wollten und bei ihrer Entdeckung, ob vorher geplant oder durch Eingebung, ist unbekannt, das Ehepaar niederschossen. Die Täter wurden bereits vor Entdeckung der Tat durch die Gendarmerie, von der sowjetischen Ortskommandantur verhaftet.

Am 4. Jänner 1953 erstattete der sowjetische Ortskommandant gegen die Inhaberin der Trafik in der Gänserndorferstraße, Leopoldine Stibernitz und deren Sohn die Anzeige, wegen Verkaufes von pornografischen Bildern an Besatzungsangehörige.

Am 3. August 1955 wurden die USIA-Betriebe Erdölbetrieb Aderklaa und Eisenbahnverkehrsanstalt den österreichischen Behörden übergeben, gleichfalls wurde am 29. August der Flugplatz ohne Zwischenfälle übergeben.

31. August 1955 . Der letzte Transport sowjetischer Soldaten verließ Deutsch-Wagram. Insgesamt wurden die Besatzungsangehörigen in Transportzügen am 10., 17., 19., 28., 29. und 31. August 1955 abtransportiert. Der Abzug der Besatzungstruppen erfolgte ohne Zwischenfälle.

Mittlerweile waren auch unzählige Kriegsgefangene aus russischen Lagern entlassen worden und kehrten in ihre Heimat zurück. Die „Landeskommission für Kriegsgefangenen- und Heimkehrerhilfe in Niederösterreich" veröffentlichte u. a. den hier gezeigten „Aufruf".

DRÖSING: Der bereits in Pension befindliche Gendarmerie Beamte Revierinspektor Rudolf VEITL wurde von sowjetischen Soldaten ohne Angabe von Gründen erschossen.

Aus der Plakatsammlung des Stadtarchivs Baden.

MARKTGRAFNEUSIEDL: Am 10. August 1945 wurde eine Wienerin auf der Straße nach Marktgrafneusiedl von drei sowjetischen Soldaten vergewaltigt. Dem Landwirten Haindl in Marktgrafneusiedl haben sowjetische Soldaten aus Strasshof 10.000 kg heurige Kartoffeln vom Feld gestohlen.

ANGERN an der March: 15. September 1945, gegen 22.00 Uhr, hielt ein mit sowjetischen Soldaten besetztes sowjetisches Sanitätsauto, auf der Ortsstraße vor dem Haus der Eheleute Leopold und Paulina Hasitschka, in Stillfried. Dem Auto entstiegen fünf bewaffnete sowjetische Soldaten. Während zwei von ihnen in der Nähe des Autos blieben begaben sich die drei bewaffneten Soldaten zu dem ca. einige Schritte von der Ortsstraße entfernt gelegenen Wohnhaus der Eheleute Hasitschka, schlugen zunächst eine Fensterscheibe vom Schlafzimmer ein, öffneten die Fensterflügel und stiegen in das Schlafzimmer ein, wo die Eheleute in ihren Betten lagen. Durch das Zertrümmern der Fensterscheibe wurden die Eheleute aus ihrem Schlaf geweckt, worauf Leopold Hasitschek im Bett sitzend rief: „Was ist denn los?" Im selben Augenblick feuerte einer der drei sowjetischen Soldaten aus seinem Revolver einen Schuss gegen Leopold Hasitschek, wodurch dieser einen Armdurchschuss erlitt. Während einer der drei die Ehefrau mit einer Pistole in Schach hielt, sie mehrmals würgte und mit der Faust in das Gesicht schlug, wenn sie bat ihnen nichts zu tun. Die

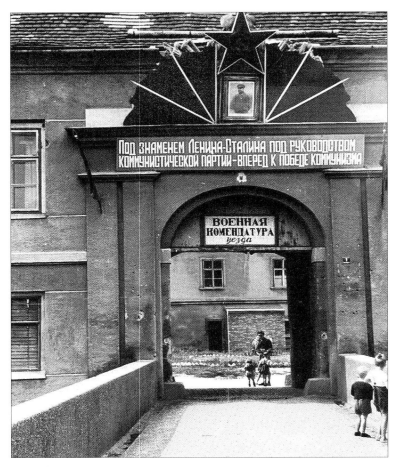

Sowjetische Kommandantur in Zistersdorf

beiden anderen Soldaten räumten 3 Kästen vollständig aus, gaben die Sachen beim Fenster hinaus, wo sie von den anderen übernommen und im Auto verstaut wurden. Durch den Schuss geweckt eilte der Ortspolizeidienst versehende Johann Döltl zum Haus der Hasitschka und fragte was los sein? Worauf der die Frau mit der Pistole in Schach haltende Soldat zum Fenster ging und aus nächster Nähe auf den vor dem Fenster stehen Johann Döltl schoss. Döltl erlitt einen Bauchschuss und durch seine Hilferufe eilten einige Bewohner herbei um den Verletzten Hilfe zu leisten. Während die sowjetischen Soldaten mit ihren Raubgut durch Stillfried unter Abgaben von mehreren Schüssen wegfuhren.

ZISTERSDORF: In der Stadt wurde eine sowjetische Kreiskommandantur errichtet.

Am 24. November 1945 sind mehrere sowjetische Soldaten in einen Weinkeller in der Gemeinde Gösting eingebrochen. Dabei kam es während des Einbruchs zwischen den Soldaten und der aufgestellten, mit Jagdgewehren bewaffneten Ortspolizei zu einem Feuergefecht, wobei ein sowjetischer Soldat erschossen wurde. Als Geisel wurde der Landwirtssohn Josef Ott von der sowjetischen Besatzungsmacht nach Russland verschleppt und zu 8 Jahren Zwangsarbeit verurteilt. Diese verbüßte er in Sibirien und kam im Jahr 1953 nach Österreich, wo er in der Strafanstalt Stein noch ein Jahr über Auftrag der sowjetischen Besatzungsmacht zurückgehalten wurde. Erst nach Verbüßung dieser Zeit kam er wieder in seine Heimatgemeinde.

Am 4. Dezember 1946 wurde über Auftrag der Staatsanwaltschaft Wien die kommunistische Zeitung „Stimme der Frau", beschlagnahmt. Unmittelbar danach kamen ungefähr 200 Personen die vor der Postenunterkunft Aufstellung nahmen. Ca. 50 Personen unter Führung des Friedrich Parser erschienen am Posten und verlangten die Herausgabe der Zeitung. Dabei wurden von den anwesenden Personen der Ofen, sowie die Fensterscheiben zertrümmert. Die auf der Straße stehenden Personen schrien im Chor: „Hauts as obi die Nazibuam, wenn sie nicht anderes können als Zeitungen beschlagnahmen und noch verschiedenes anderes." Der Postenkommandant folgte dann die Zeitungen mit der Bedingung aus, dass die beschädigten Kanzleieinrichtungsgegenstände wieder hergestellt werden. Dies wurde zugesichert und auch durchgeführt und mit Jubel zog die Menge mit den Zeitungen in der Hand durch Zistersdorf.

DÜRNKRUT: Der kleine Grenzverkehr mit der Tschechei wurde wieder aufgenommen. Am 17. Jänner 1947 wurde durch den hohen Wasserstand der March und den folgenden Eisstoß, die im Jahr 1945 von den sowjetischen Pionieren über die March, beim ehemaligen Zollhaus geschlagene Holzbrücke gänzlich weggerissen.

Der kleine Grenzverkehr wurde am 4. November 1949 von den Tschechen eingestellt und das Zollamt geschlossen.

Bezirk Mistelbach

NEUSIEDL an der Zaya: Nach der sowjetischen Besetzung wurden im Ort, sowie in Palterndorf und Dobermannsdorf unter der Führung der von den Sowjets eingesetzten Bürgermeister, Polizeikommandos errichtet. Diese standen jedoch gleichfalls unter dem Einfluss der Roten Armee und führten größtenteils nur deren Befehle aus, sodass die Übergriffe der Besatzungstruppen nicht behindert, sondern zum Teil noch gefördert wurden. Durch ihr willkürliches Vorgehen und die Unterstützung der Besatzungstruppen bei den Diebstählen und Plünderungen waren sie allgemein gefürchtet.

POYSDORF: **Hans Rieder**, Erzählungen und Abenteuer: „Auch bei uns im Keller hatten sich ca. 40 Menschen in Sicherheit gebracht. Darunter befand sich auch Karl Nadler, ein guter Freund des Hauses. Am 20. April 1945, um 07.00 Uhr Früh sagte Karl zu meiner Mutter, sie sollte den zwei Buben, womit er Herbert Gotsch und mich meinte, ein altes Leintuch geben, während er einstweilen eine lange Stange holte. Das Leintuch wurde auf der Stange befestigt und wir Buben mussten diese Fahne am Kirchturm festmachen. Unterwegs trafen wir noch Johann Stubenvoll, der nun auch mit uns mitging. Bei der Kirche waren alle Türen offen und wir konnten daher ungehindert auf den Turm steigen. Beim Glockengerüst angelangt blickten wir Richtung Wetzelsdorf und erschraken über das Bild das sich uns da bot. Wir sahen die sowjetischen Soldaten die wie Ameisen aus allen Richtungen auf Poysdorf zuströmten. Barfuß und in kurzer Lederhose liefen wir jetzt den sowjetischen Kampftruppen entgegen und begegneten diesen beim Zellerkreuz. Der Kommandant saß im Beiwagen eines Motorrades und war mit vielen Orden dekoriert. Er ließ das Motorrad anhalten, worauf wir mit zitternden Knien auf ihn zugingen. In perfektem Deutsch fragte er uns, was wir denn wollten. Die übrigen Soldaten blickten uns dabei mit der Maschinenpistole im Anschlag grimmig an. Es waren so viele, dass sie eine lange Kolonne bildeten, welche die ganze Straße füllte. Wir antworteten ihm, dass wir erlebt hätten, wie in Klein Hadersdorf ein ganzer Ort zerstört worden wäre und wir deshalb eine weiße Fahne als Zeichen des Friedens auf dem Kirchturm befestigt hätten, um dies der Stadt Poysdorf zu ersparen. Auf die Frage des Offiziers, ob es noch deutsches Militär oder Partisanen gäbe, antworteten wir, dass das Militär schon am Abend des Vortages zur Gänze abgezogen sei und es auch keine Partisanen bei uns gäbe. Wenn das alles wahr wäre, dann dürften wir mit ihm als Befreier nach Poysdorf mitfahren. Daraufhin setzte sich Herbert auf den Rücksitz des Motorrades, ich kletterte in den Beiwagen zum Offizier und so fuhren wir als Befreier nach Poysdorf. Vor der Schule ließ man uns absteigen und empfahl uns nach Hause zu gehen. Weiters gab er uns noch den Rat, den Frauen zu sagen, dass sie sich gut verstecken sollten, denn die hinter ihm, dabei deutete er mit der Hand auf seine Soldaten, wären gefährliche Männer. Wir machten uns also auf den Weg nach Hause. Doch schon während wir mit dem Motorrad in die Stadt gefahren waren, mussten wir beobachten, wie die fremden Soldaten in die Häuser eindrangen und so manche Sachen heraustrugen. Besonders viele drängten in das Geschäft des damaligen Uhrmachers Julius Blauensteiner, um die dort aufgrund des Schildes über dem Eingang vermuteten Uhren zu finden, kamen aber enttäuscht wieder heraus. Damit hat das Plündern der Befreier seinen Anfang genommen.

Die sowjetischen Soldaten zogen tagelang durch die Straßen. Die ärgste Gefahr war noch nicht vorbei, das Erschie-ßen, Erschlagen von Zivilisten und Plündern ging weiter. Einige ältere Einwohner wussten zu berichten, dass einige sowjetische Soldaten am 21. April 1945 in das Wohnhaus in der Wiener Straße, heute Buchhandlung Zangl kamen, die Familienmitglieder in den Keller zerrten, wo sie dann erschossen aufgefunden wurden. Frau Litzek war Modistin, Herr Hüttler Fotograf. Herr Litzek hatte die Kreismarkenstelle auf der Gemeinde zu verwalten. Einige Tage nach dem Einmarsch der sowjetischen Truppen wurden 15 Pferdewagen von den Sowjets durch die Brunngasse gefahren. Diesem Zug folgten viele Soldaten, welche die Tore der Häuser aufrissen und in die Höfe hinein-schauten. Wenn ihnen ein Hof zusagte, wurden sogleich ein oder zwei Wagen dieses Transportes in das jeweilige Haus gestellt, um dann später die Beute abzutransportieren. Mein Onkel Mathias beobachtete das Treiben der Russen in unserer Gasse. Als sie kurz vor unserem Anwesen waren, lief er schnell in den Hof und in unsere Küche. Da drinnen saßen ahnungslos fünf junge Mädchen. Hedwig Nadler, Anna Stüber, Christel Lolei, Elisabeth Berndl und eine Wienerin, die alle nur Resi nannten. Mein Onkel rief: „Schnö, schnö, Mentscha, versteck's eing, Russen kemma!" Die Mädchen, die alle um die 20 Jahre alt waren, sprangen auf und liefen wie um ihr Leben, wussten aber zunächst nicht, wo sie sich verstecken sollten. Am Ende des Hofes zwischen zwei Kellern und dem Aufgang zur Berggasse war ein kleiner Scheiterschupfen, in dem trockene und gespaltete Scheiter lagerten. In diesen Schuppen stolperten die Mädchen über die kantigen und klotzigen Hölzer. Onkel Mathias machte noch schnell die Tür zu. Jetzt vergingen bange Minuten. Mein Onkel ging den hereinkommenden Russen entgegen, wobei inzwischen auch schon mein Vater zur Stelle war. Nach einem kurzen Kauderwelsch, das heißt, dass niemand verstand, was gesagt wurde, verzogen sich die Soldaten zunächst in

Poysdorf 1946

Gendarmeriepostenkommando in Staatz, Bezirk Mistelbach a.d.Zaya,N.Ö.
E.Nr. 1 .
Kastner Leopold, GRayi.i.R.;
Eintreffen und Führung des Postens.

An das

Landesgendarmeriekommando für Nied. Österr.

in

Staatz, am 8. Juni 1945.   W i e n III.

Ich melde, dass ich am 4. Juni 1945, um 8 Uhr früh, als prov. Gend. Postenkommandant in Staatz eingetroffen bin. Den Weg von Wien nach Staatz (68 km) habe ich mangels jeder anderen Verkehrsmöglichkeit zu Fuß zurücklegen müssen. Nur in Wolkersdorf wurde ich durch 10 Stunden von den Russen zu Bahnarbeiten herangezogen.

Die Postenunterkunft, welche von den russischen Truppen benützt wurde, war total durchwühlt und die Einrichtungsstücke demoliert worden. Mit den noch gefundenen und primitiv instandgesetzten Einrichtungsstücken konnte ich in einem Raum eine Kanzlei einrichten, sodass ein quartieren möglich ist.

Die Telephonverbindung ist unterbrochen, der Post- und Bahnverkehr dermalen noch nicht aufgenommen.

Der frühere Postenkommandant, GRI. Josef H o n i s c h bezw. der Stellvertreter GRFinsp. Ernst K r e i s s l sind flüchtig (illegale Parteimitglieder).

Mit den Ortskommandanten der russ. Truppen, sowie mit den Bürgermeistern der zum Überwachungsrayon gehörenden Gemeinden, Staatz, Kautendorf, Enzersdorf b. Staatz, Ernsdorf bei Staatz, Wolkersdorf, Hagendorf und Waltendorf, habe ich das Einvernehmen hergestellt und den Sicherheitsdienst aufgenommen.

Vorderhand wurde ein Hilfsgendarm eingestellt.

Diese Meldung ergeht direkte und mittels eines Boten an das Landesgendarmeriekommando in Wien, da eine andere Zustellungsmöglichkeit nicht vorhanden ist.

Der Postenkommandant:

den Kuhstall. Wir hatten damals drei Kühe, die sofort raus mussten, weil die sowjetischen Pferde Platz und Futter für eine Nacht brauchten. Vater ging daraufhin zu Josef Weisböck und bat um einen Einstellplatz für unsere drei Rinder, für eine Nacht. In unserem Stall wurden vier Pferde eingestellt und im Hof standen zwei Wagen voll mit Munition. Ein Wagen wurde direkt vor der Holzhütte abgestellt. Ein Mann pro Wagen musste Wache halten, der um Mitternacht abgelöst wurde. Drinnen im Schupfen saßen fünf Mädchen voller Angst auf dem Holz und wussten nicht, was ihnen vielleicht in den nächsten Minuten geschehen würde. Sie haben noch oft von dieser Nacht gesprochen, die sie auf Holzscheitern betend verbrachten. Es war wie ein kleines Wunder, dass keiner der Russen sie entdeckt hatte, obwohl diese nur zwei Meter entfernt umhergingen und der Schupfen selbst nur mit Brettern beschlagen war. Am nächsten Tag zogen die Sowjets wieder ab. Jetzt konnte man den jungen Frauen wenigstens was zum Essen bringen. Sie blieben aber noch weiter in ihrem Versteck, weil sie riesige Angst hatten, von den nächsten Russen entdeckt zu werden. Während ihres Aufenthaltes im Holzschuppen hatten sie mithören müssen, wie eine von den Russen vergewaltigte Frau in ihrer Verzweiflung laut um Hilfe schrie. Sie blieben auch noch den folgenden Tag und eine zweite Nacht in diesem Verschlag, wo sie sogar ihre Notdurft verrichten mussten. Erst dann konnte man sie in Sicherheit bringen. Die sowjetischen

Soldaten beschlagnahmten alle Scheunen auf der Schanz und ließen diese räumen. Die Bevölkerung musste vor allem beim Auskalken der Scheunen tatkräftig mithelfen. Nach dem Auskalken wurden die kranken Pferde dort eingestellt und von einer großen Zahl von sowjetischen Tierärzten behandelt. Man brauchte dazu auch einiges Pflegepersonal, das mit Ausmisten, frischen Stroh herbeischaffen und Futter holen täglich viel Arbeit hatte. Die Russen fuhren teils auch mit Poysdorfern auf die Felder, wo diese mithelfen mussten, Klee zu mähen, auf die Wagen aufzuladen, in der Scheune abzuladen, und für die Fütterung alles vorzubereiten. Hatte man eine größere Anzahl von Pferden gesund gepflegt, dann wurden diese in die Slowakei getrieben und von dort mit der Eisenbahn nach Russland gebracht. Um die Pferde von Poysdorf in die Slowakei zu bringen, zwangen die Russen auch einheimische Burschen zur Mithilfe. Eines Tages ging von der sowjetischen Kommandantur auf dem Josefplatz der Befehl aus, nachdem sich alle jungen Männer zu melden hätten. Teils aus Neugier meldeten sich einige, wie etwa Pepi Lackner, der Hilfsgendarm Matthias Schweng, Leopold Poiss, Leopold Bauer, Alois Oppenauer und Toni Fiala. Nach ihrer freiwilligen Meldung brachte man die sechs Männer nach Poysbrunn. Dort standen schöne kräftige Hengste in einem Haus, die Richtung Russland gehen sollten. Jeder der Burschen hatte ein Pferd zu besteigen und los ging es in Richtung Slowakei. Als sie nach Hohenau kamen und dort die March überqueren sollten, war aber die Brücke nicht benutzbar, sodass sie nach Ringelsdorf weiterritten und dort übernachteten. Unser Hilfsgendarm Pepi war der Älteste, der auch schon beim Militär gewesen war, wo er sogar am Unternehmen Russlandfeldzug teilgenommen hatte, in dessen Verlauf er dann auch verwundet wurde. Er erkannte die Gefahr, in der sich jetzt alle befanden, nämlich nach Russland verschleppt zu werden. Zu seinen Kameraden sagte er, dass sie wenig Chancen hätten noch nach Hause zu kommen, wenn sie erst einmal jenseits der March wären. Sie berieten nicht lange und flüchteten bei der nächsten Gelegenheit. Nach geglückter Flucht kehrten sie nach Poysdorf zurück und versteckten sich zwei Tage lang im Haus Zangl in der Brunnengasse, das durch die Kriegsereignisse stark beschädigt war. Obwohl sie von den Russen verfolgt und in Poysdorf auch überall gesucht wurden, fand man sie Gott sei Dank nicht. Nach wenigen Monaten wurde das Pferdelazarett geschlossen und die Bauern konnten über ihre Scheunen wieder frei verfügen".

DRASENHOFEN: Am 28. April 1945 sprach die Frau des Oberlehrers Kunczicky, vom offenen Fenster mit ihrem Nachbarn über die Ereignisse. Da kamen zwei Russen. Aus Angst versuchte sie das Fenster zu schließen und lief davon. Die Russen sprangen durchs Fenster, liefen der in den Garten flüchtenden und um Hilfe rufenden Frau nach und schlugen sie mit dem Gewehrkolben auf den Kopf. 36 Stunden lag sie bewusstlos und starb dann an Wundfieber. Am 29. April um 05.00 Uhr früh, wurde sie begraben.

Die schlimmsten Schrecken hatten die Frauen auszustehen. In jedem Alter von den größeren Schulmädchen bis 80 Jahre. Wie wilde Tiere flüchteten gehetzte Mädchen und Frauen von Versteck zu Versteck. Einmal flüchteten zwei Mädchen in den Pfarrhof, um sich vor der Schändung in Sicherheit zu bringen und versteckten sich hinter einem Kasten. Es war die Nacht vom 4. auf den 5. Mai 1945. Scheinbar war ihr Kommen bemerkt worden. In der Nacht drangen vier Russen ins Haus. Zum Glück fanden sie die Mädchen nicht. Doch der Pfarrer zahlte drauf. Von Gewehrkolben getroffen, sank er bewusstlos zusammen, kam bald zu sich, konnte aber am nächsten Tag keine Messe halten. Am 5. Mai 1945 wollte Anton Braunstingl, seine Enkelkinder aus der Bedrängnis durch sowjetische Soldaten retten. Weil die Russen die Mädchen nicht fanden erschlugen sie den Mann mit einem Ziegelstein.

22. 5. 1946, Matthias Thiem war gemeinsam mit seiner Gattin Maria und seinem gleichnamigen 21-jährigen Sohn auf einem seiner Äcker im Gemeindegebiet Steinebrunn, nächst der tschechoslowakischen Grenze, mit Feldarbeiten beschäftigt. Dorthin waren die genannten mit ihrem 2-spännigen Pferdefuhrwerk gefahren. Um ca. 17 Uhr desselben Tages kamen zwei tschechische Männer und verhielten Thiem, mit seinem Fuhrwerk nach Garschönthal zu fahren. Thiem widersetzte sich dieser Aufforderung und es kam hierbei zwischen den Thiems und diesen mittlerweile zu Hilfe gekommenen Josef Büchler und Josef Neumann aus Steinebrunn und den „Unbekannten" zu Tätlichkeiten, wobei die zwei Unbekannten die Unterlegenen waren und sich hierauf eiligst entfernten. Die Familie Thiem fuhr sogleich mit ihrem Gespann nach Hause. Büchler und Neumann begaben sich zu der ebenfalls in nächster Nähe mit Feldarbeiten beschäftigten Barbara Nitsch aus Steinebrunn, halfen ihr das Pferd vor den Wagen spannen und wollten gemeinsam zurück nach Steinebrunn fahren, in einer eventuell derartigen Wiederholung durch die zwei unbekannten Männer zu entgehen. Plötzlich tauchten auch schon die zwei Unbekannten auf einem Motorrad aus Richtung CSR auf. Büchler und Neumann sprangen vom Wagen der Nitsch und liefen in Richtung Steinebrunn. Die unbekannten Männer gaben auf Büchler und Neumann 4 Pistolenschüsse, jedoch ohne zu treffen, ab. Die von den Unbekannten eingeholte Barbara Nitsch musste auf deren Anordnung mit ihrem Fuhrwerk nach Garschöntal fahren. Durch Intervention der dortigen Dienststelle bei der tschechischen Gendarmerie wurde Barbara Nitsch mit ihrem Gespann in Garschöntal freigelassen und kam noch am gleichen Tage um ca. 23:00 Uhr nach Steinebrunn zurück.

14. Juli 1946, der Landwirt Johann Weigl aus Drasenhofen war mit seinen Angehörigen ab 05.00 Uhr im Gemeindegebiet von Steinebrunn auf einem Acker, der ein Stück über die CSR Grenze verläuft, mit Getreideabmähen beschäftigt. Am Nachmittag wollte Weigl das in Garben gebundene Getreide mit seinem zweispännigen Pferdefuhrwerk nach Hause führen. Im selben Moment tauchten vier tschechische Zivilisten, die mit Jagdgewehren und Pistolen bewaffnet waren, auf und zwangen Weigl das aufgeladene Getreide nach Garschönthal CSR zu bringen. Damit Weigl mit seinem

leeren Fuhrwerk wieder nach Steinebrunn zurückfahren durfte, musste er beim tschechischen Finanzamt einen Betrag von 300 Kronen erlegen. Diesen Betrag hatte ihm ein noch in Garschönthal wohnhaft gewesener österreichischer Staatsbürger geborgt, denn sonst hätte er sein Gespann jenseits der Grenze lassen müssen.

Am 17. 7. 1946, um 16:00 Uhr haben drei tschechische Zivilisten mit einem Fuhrwerk vom Acker der Landwirtin Barbara Bauer, der im Gemeindegebiet Steinebrunn ebenfalls in der Nähe der CSR Grenze verläuft, sämtliche auf dem Acker gewonnenen und zum Wegführen bereitgestellte Weizengarben in Richtung Garschönthal CSR weggeführt.

SCHLEINBACH: Am 6. Juli 1945 gegen 15.00 Uhr wurde die 39-jährige Maria W. aus Schleinbachhof auf der Straße nächst der Kramelmühle von zwei russischen Offizieren und einem Soldaten überfallen, vergewaltigt und vom Soldaten der Geldbörse mit 350 RM beraubt und geohrfeigt.

GROSS EBERSDORF: Am 8. Juli 1945 wurde der Bürgermeister, Valentin Schuller, von fünf russischen Soldaten angeschossen, weil er sie beim Aufbrechen von Weinkellern hindern wollte, die Täter flüchteten Richtung Korneuburg.

MANNHARTSBRUNN: Am 13. Dezember 1945, um 21.00 Uhr wurde der in Mannhartsbrunn Nr. 90 wohnhaft gewesene Bürgermeister Anton Maurer aus kurzer Entfernung durch das Fenster seines Schlafzimmers, vermutlich mit einer Pistole, 7,65 mm, durch einen Kopfschuss von unbekannten Tätern ermordet.

LAA an der Thaya: Am 16. März 1946, zwischen 20.00 und 22.00 Uhr wurden der Gemeindesekretär Eduard Scharka, Laa, Staatsbahnstraße 83 wohnhaft gewesen und sein Fahrer Rudolf Kofler, in Laa Burggasse 7 wohnhaft gewesen, als sie mit einem Personenkraftwagen der Stadtgemeinde Laa an der Thaya als Kuriere für die sowjetische Stadtkommandantur Laa, Formblätter für die Entnazifizierung in die Gemeinden des Gerichtsbezirkes Laa an der Thaya zustellen sollten, auf der Bezirksstraße zwischen Zwingendorf und Wulzeshofen von unbekannten Tätern angehalten und durch Schüsse aus einer Pistole Kal. 7,64 mm tödlich verletzt. Rudolf Kofler wehrte sich heftig, wurde in einen Graben hinuntergezerrt und durch einen Schuss in die Brust und einen angesetzten Schuss durch das Auge getötet.

Eduard Scharka versuchte zu fliehen, wurde nach etwa hundert Metern im Feld gestellt und man jagte ihm ebenfalls eine Kugel durch den Kopf. Beide wurden auch noch beraubt. Sie wurden von zwei zufällig vorbeikommenden Deutschen gefunden. Die ebenfalls eintreffenden Russen brachten Scharka noch in das Krankenhaus Mistelbach, wo er jedoch innerhalb weniger Stunden verstarb. Beide Toten bekamen ein großes Begräbnis in Laa, die Särge wurden vor dem Rathaus aufgebahrt und sowjetische Soldaten hielten die Ehrenwache.

1938 entstand in Laa ein RAD-Lager, das nach Kriegsende einige Jahre als Unterkunft für Flüchtlinge aus Südmähren genutzt wurde.

Flüchtlingskinder aus Südmähren auf dem Gelände des ehemaligen RAD-Lagers Laa/Thaya.

BERNHARTSTHAL: Die Wirtschaftsbesitzerin Mathilde Bohrn wurde in ihrem Keller erschossen aufgefunden. In Katzelsdorf wurde das Ehepaar Leopold und Theresia Martin, da der Gatte seine Frau mit einer Hacke gegen die Gewalttaten der sowjetischen Soldaten verteidigte, kurzerhand im Hofraum erschossen. Aus der Ortschaft wurden 17

Mann nach Russland verschleppt von denen vier Mann in Russland starben, ein Mann ist noch immer vermisst. Die Bernhartsthaler sprachen mit den sowjetischen Soldaten Tschechisch, worauf ihnen der gesamte Viehbestand erhalten geblieben ist.

REINTHAL: In Reinthal und Hatzelsdorf wurde der gesamte Viehbestand beschlagnahmt.

24. März 1946. Über Auftrag der sowjetischen Kreiskommandantur Mistelbach musste der Landwirt Johann Höllner aus Reinthal, wegen unbefugten Waffenbesitzes verhaftet und der Kommandantur vorgeführt werden. Der Genannte ist bis zum heutigen Tag nicht zurückgekehrt und dürfte vermutlich in Russland ums Leben gekommen sein.

Am 30. Oktober 1946 wurde der Landwirt Otto Bohrn aus Bernhartsthal auf der Straße von Reinthal nach Bernhartsthal von sowjetischen Soldaten überfallen und sein Pferd geraubt. An der gleichen Stelle wurden auch der Landwirt Leopold Nachtigall aus Reinthal und die Hilfsarbeiter Ludwig Kainz und Anton Ichler aus Rabensburg von sowjetischen Soldaten angehalten und ihrer Fahrräder beraubt.

PUTZING: Am 10. August 1946, gegen 01.00 Uhr, wurden von den in der Gemeinde Putzing wohnhaft gewesenen Flurhütern Koubek, Stiedl und Salamon am Ortsrand von Putzing zwei verdächtige Personen zu Ausweisleistung angehalten. Dabei gab einer der Angehaltenen mit einer Pistole Kal. 7,65 mm auf die Flurhüter mehrere Schüsse ab, wodurch alle drei Flurhüter schwere Verletzungen erlitten. Koubek ist seinen Verletzungen erlegen. Der Täter wurde ausgeforscht und zum Tode verurteilt.

WALTERSKIRCHEN: Am 29. Juli 1945 kamen drei sowjetische Soldaten in das Dorf und plünderten in einem Bauernhaus. Die Bewohner hatten damals eine eigene Abwehrmethode entwickelt. Mit Trillerpfeifen riefen sie die Bevölkerung auf die Straße. Die Ortspolizei drang in das Haus ein und in dem entstehenden Handgemenge wurde der Anführer der Russen arg verprügelt. Die anderen Russen sahen, Maschinenpistolen und Karabiner in den Händen, der Auseinandersetzung zu. Einer der Beherzten, Schuhmachermeister Johann Brunner, Walterskirchen 82 wohnhaft, nahm dem geprügelten Russen, der wie sich später herausstellte eine Gehirnerschütterung erlitten hatte, die Pistole ab und trug sie auf die sowjetische Kommandantur in Poysdorf, die am Nachmittag eine Frist von 24 Stunden zur Ausforschung der Täter stellte. Schon am Vormittag des nächsten Tages, eines Sonntages, kam ein Kommando mit einem Steirerwagerl und nahm während des Gottesdienstes vor der Kirche Aufstellung. Als die Kirchenbesucher nach Hause gingen fragte der Dolmetsch, der aus Jugoslawien stammende reichsdeutsche Staatsbürger Heitz, nach dem Schuster. In der Nähe Stehende zeigten auf den Schuhmachermeister Brunner. So wurde dieser irrtümlich verhaftet und auf dem Wagen weggeführt. Er versuchte wohl bei der „Dreifaltigkeit" und beim Gasthaus zu flüchten, wurde aber jedes Mal eingeholt und unter Schlägen auf den Wagen gezerrt. Beim „Weißen Kreuz" rief ihm dann eine Frau zu, er soll abspringen und davonlaufen. Er wagte noch einmal den Fluchtversuch, der Dolmetsch Heitz sprang vom Wagen und schoss ihn nieder. Bei seinen mehrmaligen Fluchtversuchen hatte keiner der Sowjetsoldaten von der Schusswaffe Gebrauch gemacht. Um 13.00 Uhr meldeten sich dann sieben Bewohner, da angedroht worden war, dass andernfalls die ganze Ortschaft angezündet und dem Erdboden gleichgemacht werde. Sie wurden nach Poysdorf eskortiert. Am nächsten Tag mussten sich alle, auch die alten und kranken Einwohner, vor dem Schloss einfinden. Alle Häuser hatten unversperrt zu bleiben. Wer zu Hause bleibt, hieß es, würde erschossen. Es spielten sich fürchterliche Szenen ab, glaubten doch alle, es sei für das Dorf die letzte Stunde gekommen. Es kam aber nicht so schlimm. Eine Dolmetscherin übersetzte die Strafpredigt des hohen Offiziers und die Aufregung war vorbei.

Schlechter erging es den sieben Verhafteten. Am Montag wurden sie unter schwerster Bewachung, sieben Maschinenpistolen waren ununterbrochen auf sie gerichtet, nach Mistelbach eskortiert. Dort gab es 72 Stunden lang nichts zu essen und zu trinken, dafür regelmäßig alle zwei Stunden Schläge mit Holzprügeln und Gummiknüppeln. Erst am Donnerstag, als ein Offizier Inspektion hielt, wurde das Prügeln eingestellt und es gab warmes Essen. Er stellte auch für den nächsten Tag eine Gerichtsverhandlung in Aussicht, die auch wirklich stattfand. Aus Walterskirchen waren 35 Zeugen geladen. Der Saal war mit Fahnen und Bildern geschmückt. Die Einleitung war: „Alle Anwesenden können von Glück reden. Wäre der verletzte Soldat gestorben, würden alle sieben Beteiligten erschossen und von den 35 anwesenden Zeugen jeder Zweite." Johann Brunner, der in all der Ausweglosigkeit in Wut geriet, riss sich das Hemd vom Leibe. Was da zum Vorschein kam, war kein Leib mehr, es war eine blutunterlaufene, zerfetzte Masse. Die Offiziere sahen sich betreten an. Man merkte, sie schämten sich dieser Untaten und nach wenigen Augenblicken sprach der Vorsitzende das Urteil: Übergabe an das österreichische Gericht. Einige wurden noch am Freitag, die anderen am Samstag um 04.00 Uhr früh nach Hause geschickt. Der Dolmetsch Heitz lebte in Österreich, wurde später wegen Mordes verhaftet und dem Gericht überstellt.

1950: Errichtung von Stacheldrahtverhauen und Minengürteln von Seiten der Tschechen entlang der gesamten Staatsgrenze.

Bezirk Hollabrunn

DRÖSING: Am 11. bis 17. April 1945 wurden die Gendarmerie Beamten August Hölzl, Josef Windbichler und Rudolf Veidl, wegen ihrer Zugehörigkeit zur Gendarmerie von sowjetischen Soldaten erschossen.

Der „Eiserne Vorhang" wurde über die Jahrzehnte immer besser ausgebaut – Aufnahme 1951.

HAUGSDORF: In der Gemeinde wurde ein acht Jahre altes Mädchen genotzüchtigt. Die einschreitende Ortspolizei wurde von russischen Soldaten vertrieben und der Großvater des Kindes schwer misshandelt. Der russische LKW hatte das Kennzeichen B 64-083.

UNTER NALB. Dort wurde ein Mädchen auf dem Felde von Angehörigen der Besatzungtruppe dreimal hintereinander vergewaltigt. Neben der Straße Pulkau – Unter Nalb wurde eine Frau und ein Mädchen, die mit Feldarbeiten beschäftigt waren, vergewaltigt. Die 68-jährige Katharina Staudinger, die mit Feldarbeiten beschäftigt war, wurde vergewaltigt und anschließend erwürgt und von Ortsbewohnern am 6. Juli 1945 tot aufgefunden.

SIERNDORF. Am 8. Mai 1945 wurde der Landwirt Anton Mautler in seinem Weinkeller wegen seiner Zugehörigkeit zur SS und schlechter Behandlung ausländischer Arbeiter, von einem sowjetischen Offizier durch einen Genickschuss getötet.

RÜCKERSDORF. Am 17. Mai 1945, kam der 42-jährige Landwirt Johann Neumayer, beim Zuschütten eines Bunkers in seinem Weingarten durch die Explosion einer Mine ums Leben.

BRUDERNDORF. Die 60-jährige Landwirtin Antonia Labschütz wurde am 21. Mai 1945 in ihren Wirtschaftsgebäude von unbekannten Uniformierten mit einer Maschinenpistole erschossen.

DROSENDORF. 13. Juni 1945, die Frauen des Ortes umringen den dort befindlichen Landesgendarmerie Kommandanten und berichten ihm unter Tränen, dass am 12. Juni sämtliche Männer des Ortes, ohne Rücksicht auf Parteizugehörigkeit, bei strömendem Regen von der sowjetischen Polizei in Richtung Zistersdorf abtransportiert wurden. Unter den Abtransportierten befanden sich alle Angehörigen der ehemaligen deutschen Wehrmacht, alle Angehörigen des Volkssturmes, alle Angehörigen der NSDAP, sowie der Bürgermeister und die Gendarmen des Postens. Zurückgelassen wurden lediglich Jugendliche und Greise. Der Transport war Richtung Süden gegangen, näheres konnte nicht in Erfahrung gebracht werden. Der Vorfall wurde dem Staatsamt für Inneres gemeldet.

Am 6. Juli 1945 gegen 15.00 Uhr wurde die 39-jährige Maria W. aus Schleinbachhof auf der Straße nächst der Kramelmühle von zwei russischen Offizieren und einem Soldaten überfallen, vergewaltigt und vom Soldaten der Geldbörse mit 350 RM beraubt und geohrfeigt. Valentin Schuller, von fünf sowjetischen Soldaten angeschossen, weil er sie beim Aufbrechen von Weinkellern hindern wollte, die Täter flüchteten Richtung Korneuburg.

UNTERROHRBACH. Die Landwirte Johann Darlang und Anton Kouhut wurden am 20. Juni 1945, um 16.00 Uhr auf der Dorfstraße in Unterrohrbach von einem sowjetischen Soldaten aus unbekannter Ursache erschossen. Die Täter wurden unmittelbar nach der Tat von sowjetischen Offizieren der Kommandantur Stockerau verhaftet.

Am 25. Juni 1945 war die Bäuerin Theresia Gilly, mit ihrer ledigen Tochter Maria Gilly und ihrem Knecht Johann Altenburger mit Weingartenarbeiten im Gebiet Gaindorf gelegenen Feld beschäftigt. Während dieser Arbeiten näherte sich plötzlich ein sowjetischer Soldat, der mit einer Pistole bewaffnet war. Der sowjetische Soldat verlangte von der Theresia Gilly, sie möge ihm ihre Tochter auf 5 Minuten überlassen. Nachdem Gilly das Begehren des sowjetischen Soldaten abgelehnt hatte und ihm zu verstehen gab, dass sie ihre Tochter nicht hergebe, versetzte der Russe dem Mädchen mit dem Knie einen Stoß gegen ihr Gesäß, dass sie zu Boden stürzte. Als sich das Mädchen vom Boden wieder erhoben hatte, forderte der Russe neuerlich von der Mutter, sie möge ihm die Tochter 5 Minuten überlassen. Die Mutter des Mädchens nahm hierauf ihre Tochter in Schutz und hielt sie mit beiden Armen fest, wobei sie dem Russen abermals zu verstehen gab, sie gebe ihre Tochter nicht her. Theresia Gilly machte hierauf Lärm und rief scheinhalber ihrem Gatten, in der Absicht, dass der Russe sein Vorhaben aufgäbe. Dann befahl sie dem Knecht, er möge für den Russen Wein holen, was jedoch der Russe ablehnte. Da er sein Vorhaben nicht umsetzen konnte, feuerte er aus seiner Pistole nacheinander 2 Schüsse ab, von denen der erste in den Erdboden ging und der zweite die Theresia Gilly an der linken Körperseite streifte und die Maria Gilly, die neben ihrer Mutter stand, an der rechten Körperseite getroffen wurde und zu Boden sank. Schwer verletzt wurde sie in das Krankenhaus Eggenburg gebracht, wo sie noch am gleichen Tag, kurz nach ihrer Einlieferung an den Folgen ihrer Verletzung starb.

MOLLRAMSDORF. Am 26. Juni 1945 erschienen im Anwesen des Landwirtes Matthias Wiedek 15 sowjetische Soldaten und wollten plündern. Als sich ihnen die 51-jährige Landwirtin Agnes Wiedek entgegenstellte und Widerstand leistete, wurde sie von einem sowjetischen Soldaten rücksichtslos erschossen. Die aufgebrachte Bevölkerung stellte sich daher noch energischer gegen die Rotarmisten, wobei diese mit weiterer Waffengewalt vorgehen wollten. Hierbei wurde einem Rotarmisten von dem Landwirt Johann Piedek die Maschinenpistole abgenommen. Auf Grund dessen wurde Johann Piedek einige Stunden nach dem Vorfall durch sowjetische Soldaten verhaftet und nach Verurteilung nach Russland verschleppt, von wo er am 9. März 1953 in die Strafanstalt Stein überstellt wurde und am 15. Juni 1953 in seinen Heimatort entlassen wurde.

Am 8. Juli 1945 befand sich der Landwirt Johann Hörker aus MITTERGRABERN, in Begleitung seiner Gattin im Weingarten um die dort notwendigen Arbeiten zu verrichten. Plötzlich tauchten zwei sowjetische Soldaten aus dem nahegelegenen Wald auf und wollten seine Frau vergewaltigen. Hörker wollte dies verhindern worauf einer der Soldaten mit einem Stock ihm zwei Hiebe am Kopf versetzte und er zu Boden stürzte. Während des Sturzes schoss der zweite Soldat aus einer Entfernung von 3 m auf ihn und der Schuss ging durch den linken Oberschenkel. Die beiden Soldaten fassten daraufhin seine Gattin bei den Haaren und schleiften sie in den nahegelegenen Wald und dort wurde sie von beiden Soldaten vergewaltigt. Der schwerverletzte Landwirt wurde vom Gemeindearzt versorgt.

GROSSKRUT: Am 9. Juli 1945 gegen 22.00 Uhr haben zwei russische Soldaten den Kleinhäusler Georg Ribisch durch Messerstiche verletzt. Seine Gattin Anna Ribisch wurde verschleppt und am nächsten Tag in einem Feld außerhalb Großkrut in schwerverletztem Zustand aufgefunden.

Das Bezirksgendarmerie Kommando meldet am 19. August 1945, dass in letzter Zeit Massenausweisungen und Zwangsevakuierungen aus Südmähren eingesetzt haben, sodass sich ein ununterbrochener Flüchtlingsstrom nach Hollabrunn wälzt.

KARLSDORF: Am 6. November 1945 nachmittags, plünderten zwei sowjetische Offiziere und drei Soldaten das Haus des Franz Lustig in Karlsdorf. Die herbeigeeilte Ortswache Franz Just und Leo Reithmayer wurden zum Verlassen des Hauses aufgefordert. Da Reithmayer nur zögernd dieser Aufforderung nachkam, gab einer der Offiziere aus einer Entfernung von 5 Schritten, 6 Schüsse auf Reithmayer ab, wodurch dieser tödlich verletzt wurde.

Bezirk Retz

PULKAU meldet am 23. 6. 1945, dass am 10. Mai 1945 nachmittags beim Durchzug russischer Truppen durch die Gemeinde Obermarkersdorf, der Gendarmerie Revierinspektor Ludwig FLASCHKA gemeinsam mit fünf männlichen Ortsbewohnern auf freiem Feld außerhalb Obermarkersdorf von russischen Soldaten erschossen wurden.

Bezirk Krems

KREMS: In der Schillerstraße wurde eine sowjetische Kommandantur eingerichtet. In der Zeit der Besetzung durch die rote Armee vom 10. Mai bis 10. Juli 1945 wurden im Bezirks Krems, ausgenommen die Stadtgemeinde selbst, insgesamt 36 Personen darunter fünf Frauen durch russische Soldaten meist willkürlich ohne Grund und Ursache ermordet. Teils wurden diese Personen erschossen, erschlagen oder erstochen. Die Männer wurden deshalb ermordet, weil sie sich Plünderern entgegenstellten oder hilferufenden Frauen zur Hilfe eilten. Die Frauen wurden erschossen,

Krems (Niederdonau), vor 1945

Zerstörungen in Krems nach dem Bombenangriff vom 2. April 1945.

Sprengung der Donaubrücke Stein–Mautern.

Aufruf „An die Bevölkerung von Groß-Krems"

30. September 1945: Die Festgäste überschreiten nach der Eröffnungszeremonie die neue Donaubrücke. Zweiter von rechts ist der österreichische Staatskanzler Dr. Karl Renner in einer Reihe mit hochrangigen sowjetischen Offizieren.

weil sie vor der Vergewaltigung die Flucht ergriffen oder wurden während oder nach der Gewaltvollziehung ermordet.

In der Zeit von 10. Mai bis 10. Juli 1945 wurden an über 500 Frauenspersonen Vergewaltigungen verübt, wobei weder Alter noch Stand beachtet wurden. Dabei ist die jüngste Frauenperson noch im Kindesalter von 12 Jahren und die älteste eine Greisin im Alter von 85 Jahren. Viele dieser Frauenspersonen haben schwere gesundheitliche Schäden erlitten.

Die Zahl der genannten Fälle von Vergewaltigungen ist noch nicht vollständig, da viele Fälle noch unbekannt sind. Weiters wurden während dieser Zeit 43 Personen schwere Verletzungen durch Stiche, Schüsse oder Hiebe beigebracht, sodass diese Personen größtenteils Spitalspflege in Anspruch nehmen mussten.

Nach Unterzeichnung des Staatsvertrages stellte die sowjetische Kommandantur am 15. Juni 1955 ihre Tätigkeit ein und räumte das Kommandanturgebäude, welches der Stadtgemeinde übergeben wurde.

MAUTERN: **Herwig Schöber** berichtet in seinem Buch „Mautern einst & heute": „Die Deutsche Wehrmacht sprengte am 8. Mai 1945 morgens zwei gegen Mautern liegende Brückenfelder um ihre Flucht vor der herannahenden Roten Armee nach Westen (am linken Donauufer) zu decken. Bereits am 10. Juli 1945 begann die Rote Armee unter Mitwirkung von deutschen Kriegsgefangenen und unter Verwendung des noch vorhandenen Brückenmaterials der Firma Waagner-Biró mit der Wiederherstellung der Brücke.

An beiden Seiten der Mauterner Brückeneinfahrt wurden Erinnerungstafeln in russischer und deutscher Sprache angebracht, lautend: *Diese Brücke wurde am 8. Mai 1945 durch deutsche Faschisten zerstört. Laut Befehl von Sowjet-Marschall J. S. Konjew wurde die Brücke durch Ingenieure der Roten Armee vom 10. VII.–20. IX. 1945 wieder instandgesetzt.*

Am 30. September 1945, einem Sonntag, fand die festliche Eröffnung der wiederhergestellten Stein-Mauterner Brücke statt. Nachfolgend abgebildet der offizielle Aufruf der Stadtverwaltung und der Roten Armee an die Bevölkerung zur Teilnahme an der Eröffnungsfeier und dem Aufmarsch durch die beflaggten Stadtteile von Krems-Stein-Mautern.

HOLLENBURG: Am 18. Mai 1945, gegen 21.30 Uhr wurde der Gendarmerieposten Kommandant Alois Ludwig von sowjetischen Soldaten durch einen Kopfschuss getötet. Ludwig versah mit fünf Männern der Ortswache zur Hintanhaltung von Plünderungen und Vergewaltigungen Dienst. Nach einer Begegnung mit drei alkoholisierten sowjetischen Soldaten wurde die Ortswache von diesen beschossen und Ludwig hierbei tödlich getroffen.

ENBACH: Albin Plomer wollte am 11. Mai 1945 gegen 20.00 Uhr einige Ostarbeiter vor dem Eindringen in sein Wohnhaus, Enbach Nr. 44, von der Nachschau nach Fahrrädern abhalten und erhielt dabei mit einem harten Gegenstand einen Schlag auf den Kopf. Plomer wurde in bewusstlosem Zustand in das Krankenhaus Krems gebracht, wo er, ohne das Bewusstsein erlangt zu haben, nach 8 Tagen verstarb.

KRAUMAU am Kamp: Am 11. Juni 1945 um ca. 19.00 Uhr kamen drei sowjetische Soldaten und plünderten. Bei ihrem Abzug kam es zu einer Schießerei, wobei ein Besatzungssoldat erschossen wurde. Auf Grund dieses Vorfalles drangen am 12. Juni um ca. 03.00 Uhr 26 bewaffnete sowjetische Soldaten in Krumau ein, trieben die Männer von Kraumau zusammen und inhaftierten sie im Pfarrhof. Bei dieser Aktion wurde von den Russen verlautbart, dass 50 Männer von Kraumau erschossen würden, falls der Mann, welcher am Vortag den Soldaten erschossen hat, nicht bekannt gegeben werde. Der Gendarmerieposten Kommandant Leander Weihsenböck erkannte die Gefahr, konnte flüchten und wurde bei der Übersetzung des Kampflusses heftig beschossen.
Es gelang ihm die sowjetische Kommandantur Gföhl zu verständigen. Diese traf nach kurzer Zeit in Kraumau ein, nahm die Besatzungssoldaten fest und brachte sie nach Gföhl. Daraufhin kam am 13. Juni um ca. 05.00 Uhr, eine sowjetische Abteilung mit Geschützen und Panzern, brachte dieselben am Ortseingang in Stellung und wollte den Ort beschießen. Durch die neuerliche Intervention von Weihsenböck und eines im Ort zur Bearbeitung des am Vortage stattgefundenen Vorfalles weilenden sowjetischen Offiziers, wurde die Beschießung des Ortes verhindert.

EISENGRABEN: Der Landwirt und Hilfspolizist Josef Berner wurde am 28. Juni 1945 um 18.00 Uhr von sowjetischen Soldaten erschossen, als er diese von der Plünderung abhalten wollte. Der Täter konnte ausgeforscht und der Kommandantur übergeben werden.

OBERBERGERN: Mehrere sowjetische Soldaten durchsuchten am 29. Juni 1945 das Haus des Wirtschaftsbesitzers Karl Schmidt , wobei sie ein Gewehr, eine Pistole und einen SA-Mantel fanden. Bei Schmidt als ehemaliger Bürgermeister waren diese Sachen deponiert worden. Hierauf wurden Schmidt und sein Pflegesohn Franz Zickbauer von den Soldaten misshandelt und Schmidt ein Auge ausgeschlagen. Beide wurden nachher in Richtung Maria Langegg abtransportiert. Am nächsten Tag wurden Schmidt und Zickbauer, durch Genickschüsse getötet von Ortsbewohnern in einem Wald bei Maria Langegg aufgefunden.

LANGENLOIS: Feuergefecht zwischen sowjetischen Soldaten und so genannten Bender Banditen. Am 24. Oktober 1947 zogen durch Langenlois 7 Mann der so genannten Bender Banditen, deren Erscheinen von der sowjetischen Besatzungsmacht wahrgenommen wurde. Bei der Verfolgung dieser Leute durch Soldaten der sowjetischen Kommandantur Krems, im Beisein des angeforderten ortskundigen Beamten, entspann sich im so genannten Reithgraben zwischen den beiden Gruppen ein Feuergefecht, bei welchem ein Bender Angehöriger erschossen wurde. Die übrigen Benderleute setzten sich Richtung Westen ab.

STRATZING: Am 28. Oktober 1945 gegen 19.30 Uhr wurde Johann Schmelz in seiner Wohnung von einem sowjetischen Oberleutnant erschossen, als er sich weigerte, ihm seine Frau oder seine Tochter zur Verfügung zu geben.

LEEB: Der Landwirt und Hilfspolizist Johann Mayerhofer wurde als er Plünderungen verhindern wollte, von einem Wlassov Banditen durch 7 Schüsse getötet. Leopold Fassl erlitt, als er Mayerhofer zu Hilfe eilen wollte, einen Oberschenkelsteck- und einen Handdurchschuss.

DÜRNSTEIN: Am 20. Juni 1946 gegen 23.30 Uhr wurde die Gendarmerie Patrouille Franz Zauner und Karl Bien, in den Dürnsteiner Waldhütten von 8 Bewaffneten mit fast neuen sowjetischen Uniformen bekleideten Männern, die ihre Pistolen frei in der Hand trugen, nach dem Aufruf „Halt, österreichische Gendarmerie", beschossen. Hierbei erlitt Zauner einen Durchschuss der linken Wade. Nach Erwiderung des Feuers flüchteten die Soldaten in den Wald.

Bezirk Zwettl

ZWETTL: **Karl Gündler** in seinem Aufsatz „Mai 1945. Zwettler Soldatenschicksale" (In: Heimatkundliche Nachrichten, Beiblatt zum Amtsblatt der Bezirkshauptmannschaft Zwettl. 14. Jg., 5/1993): „Große Sorge bereitete in Zwettl das Flüchtlingslager, das bald nach Kriegsende entlang der Gerungser Straße entstanden war und von Moidrams bis zum Sportplatz und zur Hammerschmiede im Zwettltal reichte. Bis zu 30.000 Zivilrussen, meist ehemalige Ostarbeiter, die von den Nazis verschleppt worden waren, lagerten hier im Freien, in Zelten oder Hütten, die sie aus Baumrinde bzw. gestohlenem Baumaterial, Balken und Brettern gezimmert hatten. Ihre Versorgung war ein gewaltiges Problem. Der

Eisenbahnwaggon mit Rotarmisten (Quelle: Stadtarchiv Zwettl)

Bevölkerung wurde daher Ende Mai befohlen, Großkochgeschirr und Waschkessel abzuliefern, und die Besatzungsmacht beschlagnahmte bei der Firma Hermann Kastner 150 Blechkübel, die ebenfalls im Lager als Kochgeschirr Verwendung fanden. Diese Menschenansammlung stellte aber auch ein großes gesundheitliches Risiko dar. Bürgermeister Mag. Josef Schüller schlug daher der Stadtkommandantur Anfang Juni vor, die Flüchtlinge bis zu ihrem Weitermarsch in den entsiedelten, damals aber noch intakten Dörfern auf dem Truppenübungsplatz unterzubringen. Leider wurde dieser Vorschlag nicht verwirklicht. Am 21. Juli 1945 übergab Mag. Josef Schüller (ÖVP) das Bürgermeisteramt an den bisherigen Vizebürgermeister Johann Winkler (SPÖ).

Im August 1945 traten in Zwettl die ersten Typhusfälle auf. Im September gab es auch einige Fälle von Fleckfieber. Eine Krankheit, die besonders in Kriegs- und Notzeiten epidemisch auftritt und von der Kleiderlaus (Pediculus humanus corporis) übertragen wird. Im Oktober mehrten sich dann in Zwettl die Typhuserkrankungen, eine Epidemie brach aus. Die Bezirkshauptmannschaft verhängte am 18. Oktober über die Stadt die Quarantäne. Ein- und Ausreisebewilligungen konnte nur der Bürgermeister erteilen. Dr. Artur Lanc, der Amtsarzt des Bezirkes Gmünd, wurde zur Bekämpfung der Seuche nach Zwettl beordert. Im Institut der Schulschwestern richtete man vorübergehend ein Epidemiespital ein. Insgesamt erkrankten in Zwettl zwischen 120 und 130 Personen an Abdominal-Typhus, 39 Menschen starben an dieser Seuche, darunter auch zwei Kinder des ehemaligen Bürgermeisters Mag. Josef Schüller.

Große Angst bereitete es der Bevölkerung, dass sowjetische Wachposten – besonders während der Nacht – häufig von ihren Waffen Gebrauch machten. Um unliebsame Zwischenfälle zu vermeiden, empfahl die Bezirkshauptmannschaft Zwettl am 11. September 1945, während der Nachtstunden überflüssige Gänge zu vermeiden. Auch Bürgermeister Winkler forderte im September die Bevölkerung auf, die Häuser während der Nacht möglichst nicht zu verlassen.

Ein schier unlösbares Problem für Gemeinde- und Bezirksverwaltung und eine ständige Quelle für Konflikte und Übergriffe war die Versorgung der Besatzungsmacht mit Nahrungs- und Verkehrsmitteln, Futter, Vieh, Quartier und Arbeitskräften. Während knapp nach dem Einmarsch der Roten Armee einzelne Kommandanten und Truppenteile noch wahllos Güter beschlagnahmt hatten, versuchte später die lokale Kommandantur, die Versorgung der Truppen doch in geregelte Bahnen zu lenken. Ab 1946 mussten Lebensmittel und andere Güter nur mehr über Aufforderung des örtlichen Kommandanten an die Besatzungsmacht ausgefolgt werden, und dieser hatte eine schriftliche Bestätigung darüber auszustellen. Privatpersonen konnten bei der Bezirkshauptmannschaft um Ersatz der Kosten ansuchen, die ihnen durch die Besatzungsmacht entstanden waren. Die Gemeinde erhielt die Besatzungskosten zumindest teilweise aus Landesmitteln ersetzt."

ALLENSTEIG: Der deutsche Kommandant des Truppenübungsplatzes blieb in Allensteig und wollte alles ordentlich den sowjetischen Truppen übergeben. Als er mit einem Freiheitskämpfer in Streit geriet, hat ihn dieser kaltblütig erschossen. Der Freiheitskämpfer Lehum hatte am Schlossturm die sowjetische Fahne aufgezogen, als die deutschen Truppen noch da waren. Diese sperrten ihn darauf im Wachzimmer ein, hatten ihn aber nicht durchsucht. Als der Arzt Dr. Baratitsch auf seinem Weg in das Krankenhaus vorbeiging, hat ihn Lehun von rückwärts erschossen. Der Mord blieb ungesühnt, da die Freiheitskämpfer alle unter eine Amnesty fielen.

Auch der erste Bürgermeister von Allensteig war Freiheitskämpfer. So kam Bürgermeister Kainz eines Tages auf den Gendarmerieposten und erklärte dem Postenkommandanten, dass er nun im Range eines Gendarmerieoffiziers sei. Als er jedoch etwas schreiben wollte, konnte er weder Maschinschreiben, noch einen Satz formulieren. Wenn die Freiheitskämpfer bemerkten, dass ein ehemaliger Soldat nach Hause gekommen war, so meldeten sie dies sofort der sowjetischen Kommandantur und die armen Kerle wanderten in sowjetische Gefangenschaft nach Sibirien.

Harry Hemke zu Wildenbruck, ein Deutscher, hatte sich zum Sicherheitsdirektor von Allensteig ernannt. Mit bürgerlichem Namen hieß er ganz schlicht und einfach Herbert Hemke. Kurz Lecon, der Sohn eines Tierarztes, hatte auch angeblich eine höhere Funktion. In dieser Funktion beschlagnahmte er einen PKW, fuhr damit ohne Kennzeichen und Führerschein, aber mit einer roten Fahne mit Sowjetstern am Kühler. So fuhr er nach Ottenschlag. Zwischen Ottenschlag und Gutenbrunn befanden sich zwei ehemalige deutsche Soldaten auf dem Weg in ihre Heimat nach Bayern. Lecon hielt den Wagen an und schoss auf einen der Soldaten, wobei dieser einen Schuss durch das Becken erlitt. Zum zweiten Soldaten sagte er, er könne ruhig weitergehen. Worauf dieser ihm erklärte, er bleibe bei seinem Kameraden. Die beiden wurden auf die sowjetische Kommandantur nach Ottenschlag gebracht. Ihr weiteres Schicksal ist unbekannt.

9. Juli 1950 gegen 04.00 Uhr umstellten Gendarmen der Posten Arbesbach, Königswiesen und Schönfelderwald, ein Lager von 7 mit Maschinenpistolen und Handgranaten bewaffneten tschechischen Flüchtlingen. Auf die Aufforde-

rung sich zu ergeben, ergriff ihr Anführer, der Tscheche Dusan Sinsky eine Maschinenpistole und brachte sie gegen die Gendarmen in Anschlag. In Notwehr eröffnete der Gendarm Richart Niersee und Konrad Zeiligner aus ihren Karabinern das Feuer auf Sinsky, der durch einen Schuss in die Halsschlagader sofort tot war.

ZWETTL – Bezirk: Seit 12. Mai 1945 wurden durch sowjetische Soldaten und ausländische Zivilisten bis Juni, nachstehend angeführte Tiere und Sachen gestohlen:

14 Pferde, 10 Rinder, 5 Schweine, 386 Hühner, 4 Kaninchen, 18 Wirtschaftswagen,

2 Autos, 4 Krafträder, 26 Fahrräder, 3 Fotoapparate, 2 Feldstecher, 2 Jagdgewehre, 1 Schreibmaschine, 8 Radios, 8 Akkordeon, 26.000 Stück Zigaretten und Tabakwaren, 30 goldene und silberne Uhren, 20 goldene Ringe, 50 goldene und silberne Ketten, 58 Paar Schuhe und Stiefeln, 80 Damenkleider, 50 Herrenanzüge, 390 verschiedene Leibwäschestücke.

47.534 Stück Eier, 2.417 kg Selchfleisch, 485 Schmalz, 131 kg Speck, 1.046 kg Zucker, 782 kg Mehl, 4.485 Liter Milch, 252 Liter Rahm, 157 kg Butter, 1.046 Liter Wein, 3.174 kg Brot. 660 kg Korn, 10.660 kg Hafer, 52.440 kg Heu und Klee, 2.550 kg Stroh, 2.750 kg Kartoffeln.

73 Festmeter Bretter.

Bezirk Tulln

Am 29. Juli 1945 wurde in TULLN die 9 Jahre alte Schülerin Hermine Z. von einem sowjetischen Soldaten genotzüchtigt wobei sie Verletzungen am Geschlechtsteil erlitt. Der Vorfall wurde der sowjetischen Stadtkommandantur zur Anzeige gebracht. In Langenlebarn haben sowjetische Soldaten die Pfarrkirche aufgebrochen und daraus Messgeräte und Gewänder gestohlen und fortgeschafft.

Am 11. Dezember 1944 erlebte Tulln einen heftigen Bombenangriff, der große Zerstörungen verursachte, am 8. April kam es zur Sprengung der Donaubrücke und in den folgenden Wochen zur Besetzung der Stadt durch die Rote Armee; sie dauerte bis zum Abzug der letzten Russen aus der Stadt im Juni 1955.

NEUSTIFT: Aus der Schulchronik Neustift: „In diesem Sommer sind die Donauländer von einer verheerenden Hochwasser-Katastrophe heimgesucht worden. Ungeheure Niederschläge im Gebiete der oberen Donau ließen die Nebenflüsse mächtig anschwellen. Diese Nachrichten ließen daher auch für unser Gebiet das schlimmste befürchten. Diesmal kam das Hochwasser nicht nur überraschend - die Leute konnten nicht an ein Hochwasser vom Ausmaß jenes der Jahres 1899 glauben - sondern zu einer Zeit, da das Donaufeld weit und breit ein wogendes Ährenfeld war und die Ernte unmittelbar bevorstand. Während die Fluten am 10.7. bereits das Auland restlos überflutet hatten, füllten sie am 12.7.1954 die Lahnen und Sutten, Graben und Mulden des Donaufeldes. Nun liefen viele und wollten retten, was noch zu retten war. Manchem gelang es, die eine oder andere Fuhre Klee, Heu oder Getreide zu retten, doch mußte er sich beeilen, denn das Wasser stieg zusehends und drohte den Leuten den Rückweg abzuschneiden. Am Dienstag den 13.7. war das ganze Donaufeld ein einziger See, der bis zum Niederwagram reichte. Bis zum letzten Augenblicke klammerten sich die Leute im benachbarten Winkl an ihr Hab und Gut und als sie endlich schweren Herzens sich

Sowjetische Soldaten helfen bei der Hochwasserkatastrophe 1954 im Raum Tulln

entschließen mußten, dieses zu verlassen, waren sie von den Wogen umschlossen. Nun mangelte es an Schiffen, Kähnen, aber auch an Leuten, die mit solchen Fahrzeugen umgehen konnten. In dieser Not trafen die großen Schwimmwagen der Sovjetischen Besatzungsmacht ein. Mit diesen gelang es, Menschen und Tiere zu retten. Ohne ihre Hilfe wäre manches Vieh zugrunde gegangen. Menschen und Tiere wurde aus Winkl nach Neustift gebracht. Nun sind die Fluten zurückgegangen und die Leute in ihre durchnäßten und verschlemmten Häuser zurückgekehrt. Die Not ist groß, denn die Kartoffeläcker sind vollkommen und die Zuckerrübenfelder zum Teil zugrund gegangen. Das Getreide, das aus den verschlemmten Äckern geerntet wurde, ist sehr schlecht. Viel Bauern, die betroffen worden sind, bedürfen einer Hilfe. Sammlungen haben schon stattgefunden." (Quelle: http://www.hf-kirchberg.at)

Ehrung der sowjetischen Soldaten für ihre Hilfe bei der Hochwasserkatastrophe durch Bundeskanzler Julius Raab

Juni 1955: Verabschiedung der sowjetischen Kommandanten durch den Gemeinderat Tulln

Bezirk Melk

Im Postenrayon YBBS wurden mehrere Frauen vergewaltigt und Plünderungen sind vorgekommen.

In der Nacht zum 12. Juli 1945 wurde Josef Schadenhofer von einem sowjetischen Soldaten ohne jeden vorangegangenen Zwischenfall durch einen Genickschuss heimtückisch ermordet. Die Frau des Schadenhofer, die der Soldat ebenfalls ermorden wollte, kam wie durch ein Wunder bei dem auf sie abgegebenen Schuss nicht ums Leben sondern es wurden ihr lediglich der Ringfinger und Mittelfinger der linken Hand beim 2. Glied abgeschossen.

In PETZENKIRCHEN wurde der 63-jährige Eisenbahnpensionist Schalkhaas von sowjetischen Soldaten erschossen. Die Soldaten verlangten die Herausgabe von drei im Haus wohnhaft gewesenen Frauen. Diese Frauen waren aber in der kritischen Nacht nicht mehr im Haus. Die Angaben wurden dem Mann nicht geglaubt, er wurde ins Freie geschleppt und dort erschossen.

Am 12. Juli 1945 vormittags erschienen auf dem Getreidefeld des Habermann in MURSCHRATTEN sowjetische Soldaten, ließen den Landwirt, der zur Zeit mit Getreidemähen beschäftigt war, seine Pferde ausspannen und musste dieser unter Mitnahme der ausgespannten Pferde zu seinem Hof gehen und dort einen Wagen bespannen. Von dort fuhren die drei Russen nach vorheriger Plünderung und Mitnahme von 2 Schweinen, 20 kg Schmalz, 4 kg Butter und 4 Hühnern mit dem Pferdegespann davon, wobei Habermann das Gespann leiten bzw. mitfahren musste. Sie fuhren in Richtung St. Pölten.

Bezirk Lilienfeld

LILIENFELD: Schulchronik 1944/45. Schäden an der Schule: Die Schule erhielt einen Granattreffer, der einen größeren Schaden am Dach verursachte. Dieser Schaden ist bereits behoben. 80 % der Fensterscheiben sind zerbrochen. Die äußeren Scheiben wurden bereits ersetzt. Die Einrichtungsgegenstände haben durch lange Einquartierung arg gelitten. Verschiedenes fehlt.

Viele Lehrmittel wurden verschleppt, Landkarten arg zugerichtet, aus der Filmstelle wurden drei Filmapparate und der Großteil der Filme von der einquartierten SS weggeschafft. Im Turnsaal waren Pferde eingestellt, die Turngeräte arg beschädigt, so wurden Lederüberzüge abgeschnitten und gestohlen. Einiges wurde auch verschleppt, Ringe, Taue, Bälle. Das Küchengeschirr der Schulküche fehlt zum Großteil. Das Schulgebäude stand nach dem 8. Mai in einem trostlosen Zustand, alle Räume waren unglaublich verschmutzt, die Klosettanlagen flossen über und der Strom ergoss sich über das Stiegenhaus ins Freie. Zur Reinigung waren ab 15. Mai täglich 12 Mädchen eingesetzt. Bei den Instandsetzungsarbeiten waren die Lehrerinnen Matschik und Mayer sehr eifrig. Gesamtschäden der Schule 15.000,– Reichsmark.

Der Unterrichtsbeginn wurde auf 08.00 Uhr festgelegt, nach jeder Stunde ist eine Pause von 5 Minuten. Der Turnunterricht, weibliche Handarbeit, Werken, Gesang entfällt bis auf weiteres.

Bereits am 11. Mai 1945 traten die ersten Lehrpersonen den Dienst an, am 25. Mai folgten die letzten.

Am 1. Juni 1945 trat Felix Richter an der Schule Lilienfeld den Dienst als provisorischer Leiter an. Der Schulbetrieb wird am 4. Juni wieder aufgenommen. In der Volks- und Hauptschule sind 678 Schüler, 37 Schüler sind von der Evakuierung noch nicht zurückgekehrt. 6 Schüler sind in der Landwirtschaft tätig. Der Religionsunterricht wurde wie vor der Besetzung im Jahre 1938 aufgenommen.

Die alten Zeugnisformulare dürfen nicht verwendet werden. Klassifizierung nur im Katalog. Beim Gesamtunterricht wurde eingesetzt: Im Sinne des Staatsamtes – Erlasses f.V.U.E.K. Vom 30. 05. 1945, Zl. 151 zum Aufsteigen in die nächste Schulstufe für reif erklärt. Die Lesebücher wurden gesichtet und der nicht mehr entsprechende Stoff ausgeschieden. Die Blätter wurden ausgeschnitten.

Der Schulschluss war am 12. Juli 1945. Im Unterricht gab es viele Stockungen und es fielen viele Unterrichtseinheiten aus. Der Erfolg konnte daher nicht der gleiche sein wie in normalen Schuljahren. Trotzdem ist das Lehrziel fast erreicht worden. Einsatzarbeiten während der Ferien: Ordnen der Büchereien, Anlegen von Verzeichnissen, Instandsetzung von Lehrmitteln. Die Jugend wurde zu Reinigungs- und Aufräumungsarbeiten im Schulhof und auf Gehwegen herangezogen. Das Bad der Badeanstalt ist derzeit in einem sehr verwahrlosten Zustand. Die Kinder sollen es meiden.

Schuljahr 1945/46 Das neue Schuljahr begann am 10. September 1945. Am 20. September wurde der Schüler Josef Hiesberg durch einen Kraftwagen der Russen getötet. Oktober 1945 Der Pfarrer der evangelischen Kirchengemeinde ist wieder von der Wehrmacht zurückgekehrt. Evangelischer Religionsunterricht ist jeden Dienstag in Lilienfeld. Zwei Schüler sind an Typhus erkrankt und wurden in das Krankenhaus Lilienfeld eingeliefert. Zur bevorstehenden Schülerausspeisung meldeten sich 132 Volksschüler und 209 Hauptschüler.

November 1945

Die Handarbeitslehrerin Anna Stoschek hat am 1. 11. 1945 ihren Dienst an der Hauptschule Lilienfeld angetreten. Herr Lehrer Wagner kam aus der Kriegsgefangenschaft im Osten zurück und hat am 11. November seinen Dienst an der Volksschule in Lilienfeld angetreten.

Dezember 1945. Die Schülerzahl aus Volksschule 136 und Hauptschule 214, insgesamt 350 Schüler. Die Weihnachtsferien dauerten vom 23. Dezember 1945 bis einschließlich 6. Jänner 1946.

Am 31. Dezember 1945 meldet der provisorische Schulleiter Felix Richter an den Bezirksschulrat Lilienfeld: „Melde dem Bezirksschulrat, dass ich laut ärztlichem Gutachten von einer Dienstleitung bis auf weiteres absehen muss. Durch eine Reihe von Verkühlungen hat sich mein, im letzten Krieg zugezogenes Lungenleiden verstärkt, so dass ich gezwungen bin, mich zwecks fachärztlicher Beobachtung in das Krankenhaus Lilienfeld zu begeben. Die Leitung der Schule übernimmt die Dienstälteste Lehrkraft Felix Richter."

1946. Der Winter 1945/46 war streng, lang und schneereich.

Jänner 1946. Die Schülerinnen der 4. Klasse Hauptschule in Lilienfeld haben durch Aufführung des Weihnachtsspieles „Christkindleins Trost" und „Die drei Spinnerinnen" an freiwilligen Spenden einen Betrag von 1.200,– Schilling eingenommen. Der Betrag wurde auf Wunsch der Kinder für die zerstörte Kirche in Traisen und für die Armen gespendet.

Februar 1946. Am 20. Februar verstarb der provisorische Schulleiter Felix Richter. Die Leitung beider Schulen wurde bis auf weiteres Herrn Franz Krizanitsch übertragen. Am 21. Februar begann an der Schule die Ausspeisung für die Schüler. Das Staatsamt für die Volksernährung hat die Lebensmittel sichergestellt.

Kopfquote pro Tag: 3,5 Gramm Salz, 20 Gramm Suppenpulver, 6 Gramm Öl, 9 Gramm Bohnen, 14 Gramm Mehl, 100 Gramm Kartoffeln.

Regiebeitrag pro Kind: 10 Groschen.

Für die Beheizung und die Kartoffeln hat die Gemeinde aufzukommen. Zahl der Schüler durchschnittlich 280, Zahl der Portionen 18.760, Verpflegstage 67. Ende der Ausspeisung 21. Mai 1946.

Die Ausspeisung bedeutete eine große Erleichterung zur Ernährung unserer unterernährten Kinder.

Am 23. Februar 1946 wurde der prov. Leiter der Volks- und Hauptschule Lilienfeld Felix Richter zu Grabe getragen. Er erlag seinem tückischen Lungenleiden, das er sich im Kriege zugezogen hatte. Viele Kollegen und Kolleginnen aus nah und fern gaben dem allgemein geschätzten Jugenderzieher das letzte Geleit. Auch alle Schulkinder der Volks- und Hauptschule Lilienfeld begleiteten ihren Lehrer auf den Lilienfelder Friedhof. Herr Leopold Preuß, prov. Schulleiter von Hohenberg hielt seinem Freund und Kriegskameraden eine tief ergreifende Grabrede.

März 1946. Der Ortsschulrat bewilligt 100,– Schilling zur Anschaffung von Büchern für die Schulbücherei. Krankheiten unter den Schulkindern, Typhus und Angina. Im Zuge der Entnazifizierung wurden immer wieder Lehrpersonen versetzt oder entlassen.

April 1946. Am 28. April starb an Scharlach im Krankenhaus Lilienfeld der 7-jährige Schüler Roman Wiesbauer, der Sohn der Schulwartin Johanna Wiesbauer.

Juni 1946. Ende der Schulausspeisung war am 14. Mai 1946. Die Einnahmen betrugen 1.577,90, die Ausgaben 1.800,30. Den Fehlbetrag von 222.40 Schilling ersetzte die Stadtgemeinde.

24. Juni. Schülerausflug der I. Klasse a und der Abschlussklasse. Die Kinder wurden vom Lastautobesitzer Kucha aus Lilienfeld befördert, Begleitpersonen Anna und Karl Pichly. Zusammenstoß des Schülerautos mit dem Lastwagen des Gumderat in der Nähe von Türnitz. Verletzte Schüler kamen nach der ersten Hilfeleistung in das Krankenhaus Lilienfeld. Schüler Dangl Kurt und Mündl Karl blieben bis 3 Wochen in Spitalspflege. Der Schülerin Humpelstätter aus Stangental wurden einige Zähne im Oberkiefer eingeschlagen.

Am 28. Juni wurde das Schuljahr 1945/46 abgeschlossen.

Franz Pfeiffer, Jg. 1932: „Am 8. Mai 1945 kamen die sowjetischen Truppen nach Lilienfeld. Ein Pater zeigte einem sowjetischen Offizier eine Bibel in russischer Sprache, das bewahrte das Kloster vor Plünderungen. Später war dann die Kommandantur in Dörfl und je nach Bedarf wurden die Häuser gewechselt. Die freigegebenen Häuser waren dann alle reparaturbedürftig. Ich kann mich noch erinnern wie wir bei der sowjetischen Feldküche um eine Suppe bettelten. Je nach Laune der Köche, entweder wir bekamen zu essen oder wir wurden verjagt. Einmal hatten sie einen Buben mit schwarzem Kaffee überschüttet. Hunger hatten wir ja immer. Lebensmittel gab es ja nur in kleinen Portionen. Die Schule in Lilienfeld war geschlossen. So ging ich in Rappotenstein im Waldviertel in die Schule. Ich war dort bei meiner Tante und die hatte eine Kuh, Ziegen und ein Schwein, da brauchte ich keinen Hunger mehr leiden. In Lilienfeld hatten wir ein kleines Gemüsegeschäft und eine Blumenbinderei, da es aber in der Nachkriegszeit keine Waren gab, arbeitete meine Mutter bei der Familie Zöchling, Neuhofpächter. Sie hatten ihren einzigen Sohn im Krieg verloren. Mein Vater war ja seit 1939 beim Militär und kam erst 1949 nach Hause. Viele Lilienfelder verdanken unseren Bauern, dass sie überleben konnten, obwohl diese auch viele Verluste erlitten hatten. Von einem Soldaten bekamen wir ein paar Gebirgsschuhe, die wir gegen Schmalz eintauschten. Wir hatten einen kleinen LKW, doch von diesem ist uns nur das Reserverad geblieben, welches wir dann auch gegen Lebensmittel eintauschten.

Die Besatzungsmacht und auch manche Leute hatten genug Lebensmittel. Wir hörten auch von Care-Paketen, nur gesehen oder bekommen haben wir keine. Dosen mit Pferdefleisch, wurmige Bohnen und Erbsen waren unsere Zuteilungen. Einmal zogen hunderte Wlassowtruppen durch Lilienfeld, machten Rast in Dörfl, bewacht von den sowjetischen Soldaten. Mein Magen war so klein, dass ich bei Zöchling eine Schüssel mit Milchsuppe nicht aufessen konnte. Lilienfeld lag seit dem 21. April 1945 unter Beschuss, dadurch wurde ja vieles im Ortsgebiet zerstört. Die Aufbauarbeit war schwierig, da es ja fast kein Material dazu gab. Auch lebten wir noch immer in Angst vor den Sowjets. In der Nacht wollte ein Russe in unsere Wohnung. Zum Glück brach die Türschnalle ab und er zog ab. Wir hatten schon das Schlimmste befürchtet. In einem Unterstand fanden wir zwölf Eier, eine Henne hatte dort Quartier bezogen, das war ein Glücksfall. Unmengen von Kriegsgerät lag herum, Panzer, Fahrzeuge, Kanonen, Munition usw. Die ehemaligen Parteimitglieder wurden eingesperrt und mussten im Gelände Minen suchen, Gefallene ausgraben und bestatten. Herr Brunnsteiner kam dabei ums Leben als er auf eine Mine trat. Gleich nach dem Kriegsende wurde vom provisorischen

Bürgermeister Hermann Hackl der Gemeinderat einberufen, der nach streng demokratischen Grundsätzen aufgeteilt wurde. Dem Gemeinderat gehörten damals 6 Sozialisten, 6 Kommunisten und 6 Angehörige der Volkspartei an.

Am 13. Juni 1945 wurde Wilhelm Zöchner von den Gemeinderäten zum Bürgermeister gewählt. Die Denkschrift aufgenommen am 15. Juni 1945 über die Wiederaufbauarbeiten der ersten 20 Tage nach Kriegsende.

Nach drei Wochen schwerwiegendem Kampf zeigte die Gemeinde am 8. Mai 1945 ein trauriges Bild und Trostlosigkeit. Wir hatten kein Licht, kein Wasser, sämtliche Brücken und Stege darunter die Eisenbahnbrücke waren gesprengt, 16 Häuser darunter 4 Bauerngehöfte, 120 teils schwer zerschossenen Häuser, ca. 500 Tote und rund 100 Tierkadaver lagen verstreut in der Gemeinde herum. Eine Unmenge an Munition gefährdete die Bevölkerung, die ohne Nahrung war, denn auch die Lebensmittellager und der Viehbestand wurden verschleppt. 80 Obdachlose benötigten eine Unterkunft und tägliche Plünderungen vervollständigten das traurige Bild. Das Bezirkskrankenhaus war verwüstet und ausgeplündert, ebenso die Schulen.

Am 9. Mai 1945 wurde ein Wiederaufbauplan erstellt und sofort in Angriff genommen. Dann begann wieder die Schule, neue Lehrer, neuer Direktor, Schüler aus der zerstörten Hauptschule aus Traisen kamen dazu. Eine gewisse Umerziehung war nötig, wir hatten ja noch das Gedankengut aus der NS Zeit in unseren Köpfen. Bücher, Hefte waren spärlich vorhanden, aber mit der Zeit trat wieder die Normalität ein. Das Schloss Berghof, Besitzer Prinz von Leiningen, wurde beschlagnahmt, das ganze Holz wurde abgeschlagen und in Waggons verladen. Die Bauern mussten Fuhrdienst leisten. Holz gab es ja bei uns genug, aber alles voller Splitter. Die Sägewerke hatten damit großen Ärger. Auch beim Schneiden der Buchenscheiter für den privaten Gebrauch gab es Ärger, wenn das Kreissägeblatt beschädigt wurde. Nach Abschluss der 4. Hauptschulklasse verdiente ich etwas Geld beim Holzverladen am Bahnhof. Meine Mithilfe war auch im Geschäft notwendig und so vergingen die Ferien.

Am 1. September 1946 begann meine Lehre als Gärtner im Bundeskonvikt St. Pölten, Lehrerseminar. Die Küche war schon etwas besser, obwohl Großküche aber es gab doch reichlich zu essen. Da bekam man Kraft für festliche Ereignisse, denn es mussten ja Dekorationspflanzen in den Festsaal im 2. Stock hinaufgetragen werden. Auch die Gartenarbeit war sehr schwer, es gab ja keine Maschinen. Tauschgeschäfte mit den Russen, auch mit diversen Amizigaretten gegen russischen Tee. In der Berufsschule Langenlois gab es nur ungeheizte Schlafräume und sehr kaltes Essen. Im Mai 1949 dann Gehilfenprüfung!

Im Herbst 1950 begann ich noch die Kaufmannslehre im Geschäft der Brüder Winkler in Marktl. Es gab wieder Ware, manches in schlechter Qualität, doch bereits ohne Marken. Die so genannte Ersatzware, wie Seifen, Riffseife, Schuhpaste, Reibsand konnte fast nicht mehr verkauft werden und wurde entsorgt. Inzwischen gab es ja Schnittmarmelade in Kisten, Schmalz in Blöcken, Öl, Essig und Eier in bescheidener Menge, Zucker in 80 kg Säcken und auch Reis. Alles wurde vorgewogen und abgepackt. Auch Textilien und Schuhe waren auf Lager. Nach meiner Kaufmannsgehilfenprüfung im Jahr 1953 nun weitere Arbeit im Betrieb der Eltern.

Die Gemeinde Lilienfeld hat in der Zeit von 1. Juli 1945 bis 31. Juli 1947 an die sowjetische Besatzungsmacht Zahlungen in der Höhe von 5.363,87 geleistet."

SCHRAMBACH: Am 3. Dezember 1945 in der Zeit von 17.00 bis 17.30 Uhr sind drei Männer in sowjetischen Uniformen in das Haus Schrambach Nr. 22 (Morigraben), welches von der Familie Schrittwieser bewirtschaftet wird, eingedrungen und haben dort 7 Personen ermordet. Darunter befanden sich zwei Kinder im Alter von 3 und 10 Jahren. Die Täter waren einwandfrei sowjetische Soldaten, ein Feldwebel, ein Soldat mit mehreren Orden und noch ein kleinerer Soldat. Alle hatten Pelzmützen und keine Mänteln an. Die Mäntel hatten sie im Bauernhaus des J. Gravogel zurückgelassen und gegen 17.45 Uhr wurden sie von einem der drei Soldaten abgeholt. Die drei Soldaten haben in einem Bauernhof mehrere Liter Schnaps gefunden und gleich ausgetrunken. Anschließend haben sie in 2 Bauerngehöften geplündert, deren Bewohner vorher noch flüchten konnten. Dann kamen sie zum Hof des Schrittwieser, wo sie im Haus dessen Frau Barbara, die Aushilfsmagd, und das 3-jährige Mädchen erschossen. Der Knecht wurde im Hofraum erschossen. Der Bauer und sein 10-jähriger Sohn versuchten zu flüchten, dabei wurde der Sohn ca. 15 m unterhalb des Hauses auf einem Wiesenabhang tödlich getroffen. Der Bauer wurde am gleichen Wiesenabhang 50 m unterhalb des Hofes erschossen. Mehrere Zeugen konnten gute Personenbeschreibungen abgeben, da jedoch der Fall von der sowjetischen Kommandantur in Lilienfeld bearbeitet wurde, ist nicht bekannt ob die Täter ausgeforscht und zur Verantwortung gezogen wurden.

JOSEFSBERG: Am 29. März 1948 fand im Gasthaus des Ignaz Haiderer in Josefsberg, anlässlich des Scheidens des Gastwirtes eine Abschiedsveranstaltung mit Tanz statt, an der ca. 60 Personen teilnahmen. Ein Angehöriger der sowjetischen Besatzungsmacht versah den Ordnungsdienst. Nach 16.00 Uhr kamen noch zwei sowjetische Soldaten und beteiligten sich an der Tanzveranstaltung. Da die sowjetischen Soldaten schon stark betrunken waren, kam es zu einem Streit und die zwei Russen verließen gegen 22.00 Uhr das Lokal. Gegen 23.30 Uhr kamen die beiden in Begleitung eines dritten Russen zurück. Einer hatte sein Gesicht geschwärzt. Dieser eröffnete im Hausflur aus seiner Maschinenpistole sofort auf die Gäste das Feuer, eilte dann in den im 1. Stock gelegenen Tanzsaal und schoss wahllos auf die Musikanten und die tanzenden Personen.

Insgesamt gab er 50 Schüsse ab. Der 42-jährige Kapellmeister Franz Niederer, Vater von 14 Kindern und die 16-jährige

Laura Jorda erhielten 5 Schüsse in Kopf und Unterleib und waren sofort tot. 14 Personen wurden zum Teil lebensgefährlich und zum Teil schwer verletzt. Die Täter flüchteten zunächst in die englische Zone, stellten sich aber einige Tage später bei der sowjetischen Kommandantur Wienerbruck. Was mit ihnen geschehen ist wurde nicht bekannt.

Bezirk Scheibbs

März, April 1945. Endlose Flüchtlingskolonnen sind mit allen möglichen Fahrzeugen bereits aus dem Osten Niederösterreichs durch die Stadt Richtung Westen unterwegs. Gleichzeitig werden Kolonnen von Fremdarbeitern aller Nationen und starke Kolonnen von KZ Häftlingen durchgetrieben. Bewacht werden sie von Angehörigen der allgemeinen SS. Richtung St. Pölten rollen Tag und Nacht Militärtransporte.

Am 8. Mai 1945 um 16.20 Uhr trafen die ersten sowjetischen Truppen in SCHEIBBS ein und begannen gleich nach deutschen Soldaten zu suchen. In den Nachtstunden kamen sie dann um zu plündern und Mädchen und Frauen zu vergewaltigen.

Zurückgelassene deutsche Panzer und PKW in Scheibbs

Bezirk Amstetten

8. Mai 1945 gegen 21.00 Uhr trafen die ersten sowjetischen Truppen in Amstetten ein. Die Häuser wurden gewaltsam geöffnet, die Wohnungen geplündert, Frauen und Mädchen vergewaltigt. In der Nacht vom 23. zum 24. Dezember 1945 haben unbekannte Täter in sowjetischen Uniformen die Garage der Gendarmerie aufgebrochen und eine Bauwagenmaschine und ein Kleinmotorrad gestohlen.

25. Juli 1954 wurde gegen Mitternacht der Gendarm Hochgatterer von einem sowjetischen Soldaten der einbrechen wollte, durch einen Revolverschuss ermordet.

ENNSDORF: Am 5. Oktober wurden die schon in Ennsdorf stationierten amerikanischen Truppen durch sowjetische Truppen abgelöst. Nun erleidet Ennsdorf die schwerste Zeit. Besonders die ersten 6 Wochen waren äußerst schwer, da in dieser Zeit die sowjetischen Kampftruppen sämtliche Häuser besetzten. Nach ungefähr 1 Woche wurde die Grenze zu Oberösterreich hermetisch abgeriegelt.

Ein weiterer Umstand war, worunter die Bevölkerung sehr zu leiden hatte, dass durch die amerikanischen Soldaten das KZ Mauthausen geöffnet wurde. Die KZ Insassen plünderten zahlreiche Wohnungen aus.

Besondere Vorfälle in der Besatzungszeit

Laut Aufzeichnungen der NÖ. Sicherheitsdirektion sind im Juli 1945 in Niederösterreich 1051 Frauen und Mädchen von sowjetischen Soldaten vergewaltigt und zum Teil mit Geschlechtskrankheiten angesteckt worden.

Am 5. September 1945 um 18.50 Uhr wurde der PKW des Bundespräsidenten Dr. Karl Renner; Kennzeichen W 14.401 Marke BMW, grün lackiert, in Wien am Wiedner Gürtel vor dem Haus Nr. 64, von vier Männern in sowjetischen Uniformen, nachdem sie den Fahrer aus den Wagen geworfen hatten, gestohlen.

Die Kämpfe waren zu Ende und der 2. Weltkrieg aus. Jetzt kam die Besatzungszeit. Die Leute litten unter Hunger, Überfälle, Plünderungen und Vergewaltigungen waren an der Tagesordnung. Die Ortspolizei durfte nicht einschreiten.

Der sowjetische Oberkommandierende in Österreich, Marschall der Sowjetunion Konev vor dem Hotel Imperial, Wien (ÖNB Bildarchiv)

Ernährungslage der Bevölkerung

Lebensmittelzuteilung

Weiters wurden noch Lebensmittel abgegeben

an die Bahnhof-Werksküche	25 kg
an die Mineure	10 kg
an die russische Polizei	192 kg

und für die Alten, die vom Südbahnhotel gespendeten 110 Liter Wein.

Es wurden daher zur Verteilung gebracht:

1. an die Semmeringer Bevölkerung	46.047 kg
2. an die Heimkehrer und Rückwanderer	3.100 kg
3. an das Ernährungsamt Neunkirchen	5.200 kg
4. an die Gemeinde Gloggnitz	3.000 kg
5. an die Gemeinde Breitenstein	735 kg
6. an die Gemeinde Schottwien	1.514 kg
7. an die Bahnhofküche	227 kg

Dies ist eine Gesamtmenge von 59.823 Kilogramm, ohne jene Lebensmittel, die vom Ernährungsministerium auf Grund der Beschlagnahme zu Gunsten der Spitäler und Schulküchen abtransportiert wurden.

Die Heimkehrer, die nur in Partien von je 1.000 Personen über die Demarkationslinie nach Steiermark gebracht werden konnten, mußten ein bis zwei Tage am Semmering untergebracht und verpflegt werden.

Die oben angeführten Lebensmittel im Gewichte von 3.100 Kilogramm verteilen sich auf 14.519 Frühstücksportionen, 15.736 Mittagsportionen, 10.736 Abendportionen und 7.810 Tagesbrotportionen.

A. Textilien:

Es gelangten zur Verteilung:

1. für 95 Schulkinder je 2,50 m Anzugstoff	237,50 m
2. für 223 Heimkehrer je 3,50 m Stoff	780,50 m
3. für 106 Personen je 3,50 m Stoff	371,00 m
Zusammen:	1.389.00 m

Weiters wurden ausgegeben: 338 Arbeitshosen, 368 Frauen-Wäschegarnituren, 56 Säuglingspäckchen (1 Stück Leinen, 6 Molino-Windeln, 3 Polsterüberzüge, 1 Badetuch und 5 dkg Wolle).

B. Schuhe:

Zur Verteilung gelangten: 226 Paar Lederschuhe, und zwar 85 für Männer, 86 für Frauen, 30 für Jugendliche und 25 für Kinder; 442 Paar Schuhe (II), und zwar 23 für Männer, 364 für Frauen und 55 für Mädchen; außerdem 278 Portionen Leder für Doppler.

Weiters wurden noch ausgegeben: 1.067,95 Meter Seiden-, Woll- und Wäschestoffe, 303 Meter Leinen an die Bevölkerung und 3.950 Meter Leinen für die Fremdenbetriebe.

Aber nicht nur am Semmering wurde die Bevölkerung mit Bedarfsgegenständen und Schuhen versorgt, sondern auch Gloggnitz, Breitenstein, Schottwien und Neunkirchen wurden damit beteilt.

Gloggnitz erhielt 200 Paar Lederschuhe. Breitenstein und Schottwien 220 Meter Seiden- und Wollstoffe, Wirtschaftsamt Neunkirchen 2.580 Meter Seiden- und Wollstoffe, 480 Meter Anzugstoffe und 340 Arbeitshosen, Krankenhaus Neunkirchen 33 Stück Leintücher, 104 Handtücher, 74 Spitalshemden, 40 Trikothosen und 228 verschiedene Spitalswäschestücke.

	April	Mai	Juni	Juli	August	Sept.
		K	**i** l **o** g **r** a **m** **m**			
Mehl	3.—	1.—	1.—	1.—	—,50	1,—
Zucker	—,75	—,75	—,50	—,50	—,—	1,—
Hülsenfrüchte	—,50	—,—	—,—	—,25	—,25	—,50
Fett	—,10	—,05	—,04	—,10	—,05	—,—
Marmelade	—,25	—,30	—,50	—,—	—,—	—,—
Eierpulver	—,20	—,25	1 Dose Fleischkons.		—,—	—,—
Suppenpulver	—,50	—,—	—,—	—,—	—,25	—,—
Teigwaren	—,40	—,25	—,—	—,—	—,—	—,—
Reis	—,55	—,—	—,—	—,—	—,—	—,—
Honig	1,—	1,—				
Sirup	1,—	1,—			nur für	
Zuckerl	—,10	—,10			Kinder	
Kindernährmittel	—,20	—,25	—,25	—,25		

Ferner wurden pro Woche und Kopf ausgegeben:
a) 1 kg Brot, b) 10 bis 30 dkg Frischfleisch, c) ¼ bis ½ Liter Vollmilch pro Tag.

Zusammengestellt, ergibt dies folgende Menge:

	Semmering	Neunkirchen	Gloggnitz	Breitenstein	Schottwien	Heimk. Rückwand.	Summe
W a r e n		**B** e **v** ö **l** k **e** r **u** n **g**					
Zucker	7.778,50	5.000	3.000	200	400	—	16.378,50
Mehl	8.576,50	—	—	—	—	222.80	8.799,30
Nährmittel	1.149,50	—	—	—	87	—	1.216,50
Reis	1.556,00	—	—	—	—	—	1.556,00
Marmelade	1.027,00	—	—	—	170	—	1.197,00
Hülsenfrüchte	1.452,00	—	—	—	100	180.00	1.732,00
Eierpulver	439,50	—	—	—	—	—	439,50
Kaffee-Ersatz	1.872,20	—	—	—	49	81,65	1.993,85
Fett	340,20	—	—	—	—	25,40	365,60
Brotmehl	3.700,00	—	—	510	680	1.227.25	6.117,25
Honig	352,00	200	—	25	37	—	614,00
Zuckerl	35,00	—	—	—	—	—	35,00
Kindernährmittel	56,50	—	—	—	—	—	56,50
Sirup	352,00	—	—	—	—	—	352,00
Traubenzucker	260,00	—	—	—	—	—	260,00
Frischfleisch u. Konserven ..	1.200,00	—	—	—	—	195.50	1.395,50
Erdäpfel	15.000,00	—	—	—	—	1.167.50	16.167,50
Suppenpulver	900,00	—	—	—	20	—	920,00
Cebion-Rollen	580,00	—	—	—	—	—	580,00

Niederösterreich: April bis Mitte August 1945 – Tagesration 600 Kalorien: Pro Kopf einmal ¼ kg Mehl, 20 dkg Zucker, einmal pro Haushalt 3 kg alte Kartoffeln, 3 kg Heurige, 15 dkg Erbsen, einmal wöchentlich pro Person ¼ kg Brot, jeden Samstag 15 dkg Pferdefleisch. Mehrmals fielen die Fleischrationen überhaupt ersatzlos weg.

Kärnten: Juni 1945 pro Tag 800 Kalorien, ab 25. Juni 1000 Tageskalorien. Ende Juni waren alle Lebensmittelvorräte aufgebracht und Kärnten stand vor einer Hungerkatastrophe größten Ausmaßes. Nur durch die großzügige Lebensmittelhilfe von seiten der britischen Besatzungsmacht konnte ein Mindestmaß an Versorgung aufrechterhalten werden.

Von 15. Oktober bis 11. November 1945 erhielt ein Normalverbraucher für vier Wochen folgende Mengen man Lebensmitteln: 8400 Gramm Brot, 500 Gramm Weizenmehl, 1000 Gramm Fleisch, 375 Gramm Fett, 500 Gramm Nährmittel, 330 Gramm Zucker, 140 Gramm Kaffee-Ersatz, 50 Gramm Käse, 150 Gramm Salz, 8000 Gramm Kartoffeln.

Im Vergleich zu Niederösterreich, wo es im Sommer zu einer Hungerkatastrophe kam, gestaltete sich die Ernährungssituation in Kärnten durch die großzügige britische Hilfe relativ günstig.

BURGENLAND

Marschall Tolbuchins Versprechen wurde von seinen Truppen weder beachtet noch eingehalten. Vergewaltigungen und Plünderungen standen an der Tagesordnung. Die Selbstmordrate stieg sprunghaft an. Zahlreiche Menschen erhängten oder erschossen sich aus Angst vor den Russen. Eisenstadt hatte zu dieser Zeit 300 Einwohner. Die Menschen versteckten sich auf den Feldern, flüchteten in die Wälder oder setzten sich nach dem Westen ab.

BACHKÖNIG Wolfgang: „Meine Mutter war damals 23 Jahr alt und wohnte mit ihren Eltern in BALF (Wolfs), einer kleinen Gemeinde mit 700 Einwohnern. Die Sowjets vergingen sich an zahlreichen jungen Frauen in der Ortschaft. Da den Russen bekannt war, dass sich die Frauen meist auf dem Heuboden versteckten, wählte mein Großvater den Weinkeller als Versteck. Er entfernte von einem 10 Hektoliter Fass den Boden und meine Mutter kroch hinein. Danach setzte er die Bretter wieder ein. Meine Großmutter floh aus dem Haus und versteckte sich in einem Erdloch am Feld. Nach kurzer Zeit waren die Russen da und suchten die Frauen. Als sie nach der Durchsuchung des Hauses niemand fanden, gingen sie in den Weinkeller. Dort betranken sie sich bis sie stockbesoffen waren. Danach begannen sie zu schießen und feuerten unter anderem auch auf jenes Fass, indem sich meine Mutter befand. Sie hatte Glück und wurde nicht getroffen. Erst am nächsten Morgen verließen die Russen den Keller und mein Großvater konnte meine Mutter wieder befreien."

In RUST am See fuhr ein sowjetischer Jeep absichtlich in eine Gruppe spielender Kinder. Die Mädchen und Buben befanden sich auf einer Wiese unmittelbar neben der nach Oggau führenden Straße. Als die Insassen die Kinder sahen, zeigte die Beifahrerin auf diese, worauf der Lenker das Fahrzeug absichtlich über einen seichten Straßengraben in die Personengruppe steuerte. Dabei verloren drei Kinder im Alter von 4 bis 8 Jahren ihr Leben.

Die Mörder flüchteten, konnten aber ausgeforscht werden. Bei der Einvernahme gaben sie an, dass sie die Kinder mit voller Absicht getötet hatten, da ihre Angehörigen in Russland von deutschen Soldaten ermordet worden seien. Ob die Täter bestraft wurden, konnte nicht in Erfahrung gebracht werden.

DONNERSKIRCHEN: Nach den sowjetischen Kampftruppen kamen in alle freien Wohnungen sowjetische Soldaten zur Einquartierung. Täglich wurden Frauen und Mädchen zu verschiedenen Arbeiten, meistens zum Aufräumen und Kochen geholt. Von Mitte April bis Mai 1945 musste jedes Haus zwei Leute nach Trausdorf zur Aufräumung des Flugplatzes zur Verfügung stellen. Die Männer wurden zur Pferdebetreuung auf den Seehof beordert und auch als Pferdetreiber bis Csorna, Kapuvar und Steinamanger eingesetzt. Laufend wurden in der Folge Rinder, Pferde, Schweine aus den Stallungen fortgeführt. Wein aus den Kellern und auch Lebensmittel beschlagnahmt. So waren es für die bäuerliche Bevölkerung schon schwere Zeiten, aber besonders für die nichtbäuerliche Bevölkerung, die noch mehr hungerte.

Am 30. August 1945 wurden die Landarbeiter Johann Maischitz und Geza Varga beim Seehof von sowjetischen Soldaten, die sie beim Stehlen ihrer Schweine ertappt hatten und vertreiben wollten, erschossen.

Bis Ende 1945 gab es keine Lebensmittelzuteilung. Eine Getreidesammlung unter der schwer um das Dasein ringenden Bauernschaft brachte im Tauschweg Mehl, dieses konnte die Gemeinde verteilen und dadurch ein wenig helfen den Hunger zu stillen. Die Trockenheit des Sommers 1945 erschwerte die ohnedies angespannte Ernährungslage noch mehr. Dazwischen wurden die Ortsbewohner durch Hausdurchsuchungen und sonstige Drangsalierungen immer wieder beunruhigt. So wurden mehrmals Männer, die zur Aufrechterhaltung der Ordnung freiwillig in der Gemeinde Nachtwächterdienst leisteten, von den sowjetischen Soldaten festgenommen und über Nacht in Keller eingesperrt. Aber auch die Sowjets kämpften und stritten sich um Donnerskirchen. Sowohl die Eisenstädter, als auch die Brucker Kommandantur behaupteten, dass Donnerskirchen zu ihrem Rayon gehöre. Diese Kämpfe spielten sich immer in der Nacht ab und brachten viel Unruhe und Angst in das Dorf.

Mit der Zeit gewöhnte man sich an die unruhigen Zeiten. Die Bewohner begannen die Felder zu bestellen und die Kriegsschäden zu beheben. Doch dann veranstalteten die Sowjets im Mai eine große Siegesfeier. Dabei musste die Bevölkerung tatkräftig mitwirken. Auf Befehl der Sowjets mussten die Straßengräben mit weißem Sand aufgefüllt, die Straßenränder mit kleinen Bäumen geschmückt und aus den Häusern herbeigeschaffte Teppiche auf dem Hauptplatz ausgebreitet werden. Dann fielen wieder durchziehende Ostarbeiter in das Dorf ein, raubten und plünderten noch das Wenige, das von der Besatzungsmacht übrig geblieben war. Es kamen Hunderte, holten sich Zugtiere und Wagen. Nur manchmal gelang es die Pferde wieder auszuspannen und die Plünderer zu vertreiben. Ein am Seehof einquartierter sowjetischer Hauptmann kam oft zu Hilfe und vertrieb die Plünderer.

Die GPU hat die Drangsalierungen und Beunruhigungen der Bevölkerung fortgesetzt und so wurde im August 1945 die Tochter des Gemeindedieners, Maria Eibl wegen angeblicher Waffenunterschlagung verhaftet und zur Kommandantur Eisenstadt gebracht und dort einige Tage unter der Androhung, sie werde nach Sibirien geschickt, festgehalten. Nach großen Bemühungen gelang es der Gemeindevertretung ihre Unschuld zu beweisen und am 15. August wurde sie freigelassen.

BRUCKNEUDORF: Nach den Kämpfen befand sich in Bruck an der Leitha ein sowjetischer General mit seinem Stab. Dabei wurden viele Gebäude beschlagnahmt und besetzt. Die Zivilisten mussten in den Kellern hausen. Auch alle Vorräte, wenn sie nicht versteckt waren, wurden von der sowjetischen Besatzungsmacht in Anspruch genommen. Unmittelbar nach den Kampfhandlungen plünderten auch Zivilpersonen die noch nicht verlassenen Wohnungen. Die besetzt gewesenen Wohnungen waren zu 50 % durch Mutwillen fast bis zur Unbewohnbarkeit beschädigt.

Im Mai 1945 zogen sich die einquartierten Truppen auf den Truppenübungsplatz zurück. Nur teilweise blieben sie noch in der Stadt. Geschäfte und Betriebe wurden von der Besatzungsmacht ausgeplündert.

Am 18. Mai 1952 überfielen gegen 20.30 Uhr bei Einbruch der Dunkelheit zwei Angehörige der sowjetischen Besatzungsmacht in Bruckneudorf auf der Bundesstraße in der Nähe der Leithakanalbrücke, den in Bruck an der Leitha wohnhaften Rechtsanwalt Dr. Jirasek. Die beiden Russen bedrohten Dr. Jirasek mit einem stilettartigen Messer und raubten ihm sein Damenfahrrad. Einer der Besatzungsangehörigen flüchtete mit dem geraubten Fahrrad im Laufschritt durch die Viaduktgasse in Richtung sowjetisches Lager – Panzerkaserne, während der andere über Garteneinfriedungen kletterte und verschwand. Mit Hilfe der sowjetischen Bezirkskommandantur konnte der Fahrraddieb ausgeforscht und das Fahrrad sichergestellt werden. Der zweite geflohene Soldat blieb vorerst unauffindbar.

Er wurde erst am 4. Juni 1952 tot aus dem Leithafluss geborgen. Die sowjetische Majorsgattin Tatjana Fedossenko, deren Gatte im Bruckneudorfer Lager stationiert war, ist am 2. August 1955 geflüchtet.

Ihre beiden minderjährigen Kinder ließ sie bei ihrem Gatten zurück. Sie selbst hat beim amerikanischen Konsul in Wien um Asyl gebeten und setzte sich nach Salzburg ab. Die Sowjets suchten krampfhaft nach ihr.

Nach dem Abzug der sowjetischen Besatzungsmacht kam sie wieder nach Bruckneudorf zu ihren alten Quartierleuten zurück. Sie nahm die Lebensgemeinschaft mit einem Österreicher auf.

Am 4. August 1955 begann der allgemeine Abzug der sowjetischen Truppen. Täglich fuhren 7 bis 10 Truppentransportzüge in Richtung Ungarn. Zur gleichen Zeit begannen die Russen in Bruckneudorf mit den Aufräumungsarbeiten, Fernleitungen wurden ausgegraben, das Stückholz aus dem Spittelberg Stollen wurde herausgerissen. Die einzelnen Transporte bestanden aus 30 bis 50 Waggons, die auch mit Ausrüstungsgegenständen, Autos, Geschützen usw. beladen waren. Einige Waggons waren oft mit altem Draht, Fässern, alten Ziegeln und Holz beladen.

OBERWART: Mitte Mai 1945 sind in Drumling, in der Nacht in das Haus des Landwirten Hußbauer, zwei sowjetische Soldaten gewaltsam eingedrungen. Dabei wurde der Landwirt, als er seine Gattin und Tochter vor Vergewaltigung schützen wollte, schwer misshandelt und ist an diesen schweren Verletzungen sogleich verstorben. Die beiden Soldaten vergewaltigten dann beide Frauen.

Am 17. Juni 1945 gegen 23.00 Uhr versuchten sechs russische Soldaten in die Wohnung der Maria Zourek in Neustift bei Schlaining Nr.30 gewaltsam einzudringen. Als die Wohnungsinhaberin durch das Fenster Hilferufe ausstieß, feuerten die russischen Soldaten mehrere Schüsse gegen die Zourek ab. Dabei wurde sie durch zwei Bauchschüsse schwer verletzt und starb nach 2 Stunden.

NICKELSDORF: 31. Oktober 1945, der Polizeibeamte Franz Kyselak fuhr mit seiner Gattin per Fahrrad und in Uniform nach Apetlon, da er dort Verwandte besuchen wollte. Unmittelbar vor der Ortschaft wurden sie von sowjetischen Zivilisten angehalten und kontrolliert. Dabei nahmen ihnen die Russen die Ausweise ab und flüchteten. Der Polizeibeamte folgte ihnen und gab aus seiner Dienstpistole einen Warnschuss ab. Als er die Täter gestellt hatte, kam ein sowjetischer Soldat und ein weiterer Zivilist hinzu. Diese eröffneten sofort das Feuer. Kyselak brach mit einem Lungenschuss zusammen und erlag seinen Verletzungen. Der sowjetische Soldat nahm das Fahrrad des Beamten, fuhr zu dessen Gattin und zwang sie mit vorgehaltener Pistole zur Herausgabe von Geld und Schmuckgegenständen. Danach drückte er sie zu Boden und vergewaltigte sie. Anschließend kam der sowjetische Zivilist und verging sich ebenfalls an der wehrlosen Frau. Diese schreckliche Tat wurde von einigen Zeugen beobachtet, worauf sie die sowjetische Kommandantur verständigten. Sowjetische Offiziere kamen der schwer geschockten Frau zu Hilfe und brachten sie in ein Krankenhaus nach Wien. Die Gendarmerie konnte die Täter ausforschen, musste sie aber der Besatzungsmacht übergeben.

November 1945 – allein in diesem Monat ereigneten sich im Burgenland: 6 Raubmorde, 1 Mord, 1 Totschlag, 6 Notzuchtsfälle, 1 Notzuchtsversuch, 25 Raubüberfälle, 43 größere Einbruchsdiebstähle.

*Sowjetische
Offifziere zu
Pferd, aufge-
nommen im
Burgenland*

*Einheiten der
Roten Armee –
Einmarsch im
Burgenland*

*Beide Bilder:
Burgenländi-
sches Landes-
archiv*

Gr. Bild: Österr. und sowj. Soldaten an der Staatsgrenze bei Schattendorf (Foto: Erich Kummer)

Kl. Bild: Sowj. Soldaten und österr. Gendarmerie in Nickelsdorf (Foto: Peter Limbeck)

In Kaiersteinbruch/Bruckneudorf befand sich das erste Kriegsgefangenenlager auf dem Gebiet der „Ostmark" (Stalag XVII). Hier waren verschiedene Nationalitäten untergebracht, darunter auch viele Rotarmisten, die im Lager separiert waren („Russenlager") und die unterste Rangordnung innehatten.

O. li.: Sowj. Verpflege-station in Schattendorf (Foto: Anna Bauer)

O. re.: Sowj. Panzer – Ortsdurchfahrt Hornstein (Foto: Archiv Franz Raimann)

Re.: Sowjetsoldaten mit requrierten Fahrrädern (Foto: Erwin Kurz, Schattendorf) / Sowjetsoldat mit einer „organisierten" Taschenuhr

U. li.: Sowjetsoldaten im Eisenstädter Schlosspark (Foto: HR Dr. K. Semmelweis, Eisenstadt)

U. re.: Sowj. – englische Zonengrenze, Kontrolle durch Rotarmist (Foto: Dr. Lorenz Karall, Festschrift 17.3.1995, S. 12)

Sowjetischer Offizier am Edelhof bei St. Andrä (Foto: Pauline Mauersic, Dir. Reiner, St. Andrä)

U.: Enthüllung eines sowjetischen Denkmals beim Schloss Eisenstadt, 1946

Beide Bilder: Landesarchiv Burgenland

Sowjetische Offiziere besuchen eine Ausstellung in der Hauptschule Stegersbach (Foto: Helmut Piplits, Stegersbach)

Feierstunde zum dritten Jahrestag der Einnahme von Teilen Österreichs durch die Rote Armee, 18. 4. 1948, in Hornstein vor der Grabanlage für 13 Sowjets (Foto: Archiv d. Marktgemeinde Hornstein)

STEIERMARK

Die sowjetischen Truppen hatten bis 11. Mai 1945 die Steiermark bis zur Enns, den Raum Köflach – Voitsberg und Zeltweg. Bei Judenburg an der Mur war dann die Demarkationslinie. Truppen der bulgarischen 1. Armee besetzten den Raum von Radkersburg über Wildon bis zur Koralpe. In diesem Gebiet befanden sich auch jugoslawische Partisanenverbände.

Erst am 22. Juli 1945 zogen sich die sowjetischen und bulgarischen Truppen auf die steirisch niederösterreichische Grenze zurück.

Sehr heikel und bedrohlich sind die Vorfälle an der steirisch-jugoslawischen Grenze, die noch durch die Gebietsforderungen von Jugoslawien verschärft werden. Jugoslawische Exekutivorgane führen auf österreichischem Gebiet Amtshandlungen durch.

KRUCKENBERG: Bei Deutschlandsberg, am 6. März 1946 müssen zwei Hilfsgendarmen ihre Waffen gegen sechs jugoslawische Offiziere einsetzen, die Zwangsrekrutierungen unter jugoslawischen Staatsangehörigen, die sich in Österreich aufhielten, durchführen wollten. Den jugoslawischen Soldaten gelang jedoch die Flucht und sie konnten sich über die Grenze absetzen.

SPIELFELD: Am 6. Mai 1946 wurde der Tischler Ernst Rossmann auf österreichischem Gebiet bei Spielfeld von jugoslawischen Soldaten erschossen.

OBERHAAG: Jugoslawische Soldaten haben am 4. September 1946 zwei Gendarmen des Postens Oberhaag festgenommen und in ein Gefängnis in Marburg gesteckt, aus dem ihnen aber nach elf Tagen die Flucht gelang.

Besatzungszonen in der Steiermark (Kartographie: Wilhelm J. Wagner)

DEUTSCHLANDSBERG: Eine gefesselte Männerleiche, die mit mehreren Schussverletzungen aufgefunden wurde, war ein Bäckereiarbeiter aus der Unter-Steiermark, der von den Titopartisanen bei einem Fluchtversuch erschossen worden war.

Seit Sommer 1946 überschritten immer wieder schwerbewaffnete „Weiße Garden" (Königstreue Anhänger) die österreichische Grenze. Ein Jahr später 1947, überschritten auch die „Roten Garden" (Kommunisten) die Bundesgrenze und lieferten sich mit den Weißen Garden auf österreichischem Boden einen regelrechten Kleinkrieg

SCHLOSSBERG: Am 27. Juni 1947 wurde eine sechs Mann starke Gendarmeriepatrouille mit Maschinenpistolen beschossen, wobei die beiden Hilfsgendarmen Gerhard Fahrmann und Franz Kager getötet wurden. Außerdem wurde ein weiterer Hilfsgendarm Alfred Aschauer über die Grenze verschleppt und kam in Jugoslawien ums Leben.

LOIBLPASS: Die Gendarmerie Beamten Josef Drolle und Erich Reppitsch werden bei einem Patrouillengang an der österreichisch-jugoslawischen Grenze auf österreichischem Gebiet erschossen und die Leichen über die Grenze gezerrt.

LEUTSCHACH: Die drei Hilfsgendarmen Franz Kager, Alfred Aschauer und Gerhard Fahrmann werden am 27. Juni 1955 bei einem dienstlichen Einschreiten von jugoslawischen Partisanen erschossen. Die Täter bleiben unbekannt.

BERGHAUSEN: Am 30. Juni 1955 wird Franz Schigan auf seinem Fahrrad auf einer zwischen dem jugoslawischen und österreichischen Staatsgebiet führenden Straße, von einem jugoslawischen Polizeibeamten erschossen.

KÄRNTEN

Kärnten war als Besatzungszone der Engländer vorgesehen. Auf Grund der Gebietsansprüche der Tito-Partisanen wurde von den Engländern eine Sperrzone von der jugoslawisch-österreichischen Staatsgrenze mit Stand von 1937, die 20 km weit auf österreichisches Gebiet reichte, errichtet. Der Aufenthalt in dieser Zone war nur Personen gestattet, die schon vor dem 1. Mai 1944 dort ihren ordentlichen Wohnsitz hatten.

Am 1. Mai 1945 trafen mit einem Zug aus Rosenbach mehrere hundert Tito-Partisanen in Klagenfurt ein und besetzten die Orte Ferlach, Strau, Feistritz, Windischbleiberg, Waidisch, Zell Pfarre, St. Margarethen, Köttmannsdorf, Ludmannsdorf, Schiefling am See und Grafenstein.

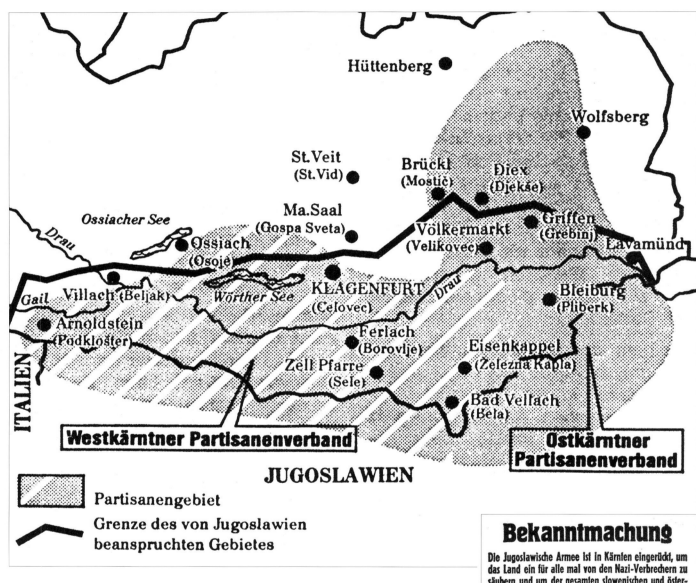

Eine Tito-Partisanengruppe / Plakat der Tito-Partisanen

Bekanntmachung

Die Jugoslawische Armee ist in Kärnten eingerückt, um das Land ein für alle mal von den Nazi-Verbrechern zu säubern und um der gesamten slowenischen und österreichischen Bevölkerung die wahre Volksdemokratie, Freiheit und Wohlstand im neuen siegreichen und starken Groß-Jugoslawien zu gewährleisten.

Der volle Sieg und die Befreiung sind das Resultat eines jahrelangen Kampfes in Kärnten, den jugoslawische Partisanen-Einheiten, einzig und allein auf die eigenen Kräfte gestützt, für die gemeinsame Sache der Alliierten, für den Sieg über Hitlerdeutschland führten und das Ergebnis der alliierten Hilfe, die das Tito-Jugoslawien vor allem von seiten der Sowjet-Union, Englands und Amerikas erhalten hat.

Wir geben bekannt, daß im ganzen Gebiet des befreiten Kärntens die Militärgewalt der Jugoslawischen Armee, die durch das Kommando der Kärntner Militärzone vertreten ist, errichtet wurde. Diesem Kommando sind die Kommandostellen der Städte sowie die Befehlsstellen der Partisanenwachen untergeordnet.

Die Bevölkerung sowie alle Organe unserer Behörden haben unserer Wehrmacht jegliche Hilfe zu leisten und alle ergangenen Erlässe bedingungslos zu befolgen.

Tod dem Faschismus - Freiheit dem Volke!

Kommando der Kärntner Militärzone:

Kommandant Major REMEC EGON-BORUT e. h.

Celovec, am 12. Mai 1945.

Einmarsch von Tito-Partisanen in Kärnten

Auch Frauen standen bei den Tito-Partisanen unter Waffen

Beide Bilder: Landesarchiv Kärnten

O. li.: Links Stabschef Arsa Yovanovich, rechts Partisanenführer Marschall Josip Broz Tito

O. re.: Partisanen

Re.: Frauen bei den Partisanen, Zeichnung von Hans Stix / Partisanen-Plakat

7. Mai 1945. Am Nachmittag treffen die ersten britischen Truppeneinheiten in Mötschach-Mauthen ein.
Um 23.00 Uhr tritt Gauleiter Rainer zurück. Die provisorische Kärntner Landesregierung erlässt einen Aufruf an die Kärntner Bevölkerung.

8. Mai 1945. Am Vormittag um 09.30 Uhr erreicht die britische Panzerspitze das Stadtzentrum von Klagenfurt. Gleichzeitig mit den englischen Truppen marschierten jugoslawische Partisaneneinheiten in Klagenfurt ein. Die provisorische Kärntner Landesregierung hält ihre erste Sitzung ab.

9. Mai 1945. Um 0.01 Uhr tritt die deutsche Gesamtkapitulation in Kraft, formelles Ende des Zweiten Weltkrieges in Europa.

10. Mai 1945. Große Teile des Bezirkes Völkermarkt von der Tito Armee besetzt, Geschäfte geplündert, Menschen werden verschleppt, die Gendarmerie entwaffnet und festgenommen.

20. Mai 1945. Erst unter dem ultimativen Druck Großbritanniens und der USA ziehen sich die Partisanenverbände Titos hinter die alte jugoslawisch-österreichische Grenze zurück. Dabei verschleppen sie ca. 150 von ihnen verhaftete Personen.

9. Juli 1945. Das Abkommen über die Besatzungszonen in Österreich wurde unterzeichnet.

1. Oktober 1945. Schulbeginn an den Volks-und Hauptschulen Kärntens.

20. Oktober 1945. Offizielle Anerkennung der provisorischen Staatsregierung Renner durch die vier alliierten Mächte.

1. März 1949. Die im Jahr 1945 von der britischen Besatzungsmacht errichtete Sperrzone wurde aufgehoben.

ST. PAUL: 16. 9. 1945 – Maria Wunder, 16 Jahre alt, wurde südl. von St. Paul um 21 Uhr von 4 Männern überfallen, festgehalten und ihr die Haare abgeschnitten.

30. 9. – Ausgehbeschränkungen wurden aufgehoben.

21. 10. – Männliche Leichen wurden in einem Jungwald ca. 1 km von vlg. Kasbauer in Rabenstein-Greuth entfernt, bei einer Treibjagd von Johann Hasenbichler gefunden. Vermutlich handelt es sich um den Hermann Schlageter, Jugoslawe, der am 1. Jänner 1945 von Partisanen beim Kasbauer aus Rache wegen Verrates erschlagen wurde.

15. 5. – Nachts haben unbekannte Täter die Bienenhütte des Franz Reinprecht vlg. Franz in Gönitz in Brand gesteckt. Verbrannt sind außerdem 17 Stöcke samt Volk und Honig. Schaden ca. 2.000,– S.

6. 10. – Um 19.30 Uhr wurde die Landwirtin Elisabeth Schatte in Hundsdorf von zwei mit Pistolen bewaffneten Banditen beraubt. Schaden ca. 1.000,– S. Die Räuber waren maskiert und blieben unerkannt.

UNTER FELLACH: 22. 9. 1945 – In der Nacht zum 22. 9. gegen 24:00 Uhr wurde die Familie Oberrainer in Heiligengeist Nr. 54 von 6 unbekannten, bewaffneten Männern überfallen und ausgeraubt. Der Gesamtschaden der geraubten Gegenstände betrug ca. 2.000,– S. Hans Oberrainer, 21 Jahre alt und Sohn der gesamten Familie, wurde hierbei von den Räubern durch einen Pistolenschuss lebensgefährlich verletzt und erlag im Krankenhaus in Warmbad seinen Verwundungen. Die Räuber (Ausländer) entkamen und konnten nicht ausgeforscht werden.

15. 5. 1946 – Gegen 22 Uhr wurde von einer bewaffneten Bande in das Wohnhaus des Besitzers Ewald Steiner, vlg. Pirker, in Heiligengeist Nr. 3 einzudringen versucht. Der Einbruch wurde durch die Wachsamkeit des Besitzers vereitelt, wobei auf Steiner aus einer Pistole geschossen wurde, jedoch ohne ihn zu treffen. Vor dem Verlassen des Tatortes steckten die Banditen das Wirtschaftsgebäude in Brand, welches durch rasches und entschlossenes Eingreifen des Besitzers sofort gelöscht werden konnte. Die Täter konnten nicht ermittelt werden.

07. 06. – In der Nacht vom 6 auf den 7. 6. wurde beim Forstarbeiter und Kleinkeuschler Johann Katzian, vlg. Stocker, in Heiligengeist Nr. 42 durch eine bewaffnete, aus 6 Männern bestehende Bande ein Raubüberfall ausgeführt, wobei der Familie Katzian Lebensmittel, Schuhe, Bargeld, Lebensmittelkarten und verschiedene andere Gegenstände von versetzten Personen geraubt wurden. Die Täter konnten nicht ermittelt werden.

20. 12. – Um 02.30 Uhr wurden im DP-Lager St. Martin der dort als Lagerpolizeichef angestellt gewesene Johann Letsching und seine Lebensgefährtin in der Unterkunft im Schlafe überfallen und durch mehrere Pistolenschüsse schwer verletzt. Johann Letsching starb noch am gleichen Tage an den Folgen seiner Verletzungen. Die Täter, vermutlich versetzte Personen, konnten nicht ermittelt werden.

Raubüberfall, am 20. 2. 1947 wurde auf der Bleibergerstraße der in Mittewald wohnhafte Oberförster Robert Oberherzog um 00.30 von vier Männern mit Waffen überfallen und beraubt. In der gleichen Nacht wurde unter Kommando des Bezirksgendarmerie Kommandanten, Bez. Insp. Wegger, mit Gendarmerie, Polizei und Kripo aus Villach, eine Durchsuchung der Baracke 5, Block VIII, im DP-Lager St. Martin nach den Räubern durchgeführt. Hierbei wurden die Polen Iwan Sabrey, Piotr Lzura, Wasyl Schmikel und Wladimir Zapolski wegen dringenden Verdachts des bewaffneten Raubüberfalles verhaftet. Die Genannten wurden zu Strafen in der Dauer von 4 Jahren verurteilt.

Versuchter Raubüberfall, 09. 04. – In der Nacht zum 09. 04. versuchten unbekannte Täter einen Raubüberfall auf das Bauerngehöft des Ewald Steiner in Heiligengeist, wobei sie mehrere Schüsse abgaben. Die Täter wurden durch die Bewohner verscheucht. Als Täter dürften Angehörige des DP- Lagers St. Martin in Betracht kommen.

Raubüberfall, 05. 07. – Gegen 0:30 Uhr wurde der Vizebürgermeister der Gemeinde Fellach, Friedrich Lindner aus Unter-Fellach, auf dem Heimwege vom Gasthause Pinter bis zu seiner Behausung im DP-Lager auf der durch das Lager St. Martin führenden Straße von einem unbekannten Täter niedergeschlagen und seiner Brieftasche mit ca. 30,– S Bargeld beraubt. Hierbei wurde Lindner leicht verletzt.

VÖLKERMARKT: 01. 05. 1945. In den ersten Maitagen war die Auflösung und das Zurückfluten von Wehrmachtsverbänden schon in vollem Gange. Die aufgelösten Verbände kamen aus dem Süden und hatten Marschrichtung Graz – Klagenfurt. Unter ihnen befanden sich auch mehrere tausend Ustaschatruppen und SS-Kosaken. Wenn Angehörige dieser Truppeneinheiten den Partisanen in die Hände fielen, wurden sie einfach niedergemacht. Am meisten hatte unter dieser Invasion das Jauntal zu leiden, das von Truppen aller Waffengattungen voll gestopft war. Bei Zusammentreffen mit Partisanen spielten sich ganz fürchterliche Massaker ab. In der Umgebung von St. Veith wurden 32 Wehrmachtsangehörige, darunter auch Frauen, von den Partisanen erschossen und an Ort und Stelle verscharrt.

In Podrein wurden 7 Wehrmachtsangehörige erschossen. Die deutschen Soldaten, die nicht zeitgerecht aus diesem Kessel heraus konnten, wurden von den Partisanen entwaffnet und nach Jugoslawien in Gefangenschaft getrieben. Es wurden aber auch Zivilpersonen auf der Straße angehalten und ihrer Wertsachen entleert, Fahrräder beraubt. Plünderungen von Geschäften waren an der Tagesordnung.

08. 05. – Es erfolgte die bedingungslose Kapitulation der deutschen Wehrmacht. Um 12:40 Uhr durchfuhren die ersten Panzereinheiten der 8. britischen Armee die Stadt Völkermarkt und besetzten in den nächsten Tagen vorerst das Gebiet nördlich der Drau bis 20. 5 aber auch das Gebiet südlich der Drau.

Vom 8. bis 10. wurde der Großteil des Bezirkes auch von den Partisanen besetzt. Die zurückgebliebenen Gendarmen wurden von diesen entwaffnet, außer Dienst gestellt und festgehalten. Hierbei kam es auch zu Schießereien, wobei der am Posten eingeteilt gewesene Hoffmann am Hauptplatz in Völkermarkt von Partisanen erschossen wurde.

12. 05. – An diesem Tage wurden in den frühen Morgenstunden in mehreren Orten jene Personen die sich im Jahre 1920 anlässlich der Abstimmung besonders hervorgetan hatten und als besonders heimattreu galten, von den Partisanen festgenommen und auf jugosl. Gebiet verschleppt. So wurden z. B. in Bleiburg 68 Personen abtransportiert, von denen 39 wieder zurückkamen. Von 29 fehlte jede Spur.

13. 05. – An diesem Abend wurden die Gemeindefunktionäre der Gemeinde Waisenberg und zwar der ehemalige Bürgermeister Gotthard Graf, der Gemeindesekretär und Oberlehrer Leo Fortin und der Gemeindeangestellte Valentin Zelen von den Partisanen festgenommen, gefesselt und mittels LKW nach Obersielach gebracht. Dort wurden die Festgenommenen vom Fahrzeuge gejagt und es wurde ihnen, wie auf Wild, mit MP nachgeschossen. Fortin und Zelen wurden auf der Stelle getötet, während Graf durch 5 Schüsse verletzt wurde, aber doch noch flüchten konnte. Die beiden Leichen wurden später aufgefunden.

20. 05. – Nach einer Vereinbarung der brit. Besatzungsmacht und der Partisanen zogen sich diese wieder auf die alte österr.-jugosl. Grenze zurück. Mit diesem Tage hatte für den Bezirk Völkermarkt eine Zeit des Grauens, des Schreckens und der Unsicherheit ein Ende. Die brit. Besatzungsmacht hatte auch ihre Sicherheitsvorkehrungen getroffen, benahmen sich aber der österr. Bevölkerung gegenüber sehr korrekt. Auf den Zollstraßen gegen Jugoslawien wurden an der alten österr.-jugosl. Grenze, wie sie 1938 bestanden hat, wieder die Zollschranken errichtet und in Grablach, am Seebergsattel und in Leifling brit. Grenzwachen eingesetzt.

09. 06. – Mit diesem Tage wurde das Gebiet südlich der Drau und zwar von Lavamünd bis Villach als Sperrzone erklärt. In diesem Landesstreifen durften sich Personen nur mit einer Sperrzonenwohnsitz-Bescheinigung oder Einreisepermit aufhalten. Außerdem wurden brit. Kontrollposten bei den Drauübergängen „Lippsitzbach", „Völkermarkt", „Dellach", Annabrücke und bei der Eisenbahnbrücke Stein aufgestellt.

Durch Erlass der Besatzungsmacht wurde die gesamte öffentliche Verwaltung der brit. Militärregierung unterstellt. Niemand durfte sich ohne Bewilligung der Militärregierung, weiter als 10 km von seinem Wohnort entfernen oder nach 20.30 Uhr sich außerhalb seines Wohnortes aufhalten. Alle Waffen auch Jagdwaffen mussten ausnahmslos am Gendarmerieposten abgeliefert werden. Die Gerichtsbarkeit wurde vom britischen Militärgericht ausgeübt.

16. 06. – Es wurden am Abhange des Struzikogels in einem Graben 10 männliche Leichen und 10 weibliche Leichen unbekannter Identität gefunden. Die Leichen wurden am Friedhofe St. Ruprecht beigesetzt.

20. 06. – Am Nachmittag erschienen uniformierte und mit MP bewaffnete Partisanen auf dem Felde des Besitzers Filipp Pistoting, Gemeinde Loos und erschossen den noch am Felde arbeiteten Ustaschmann Josef Krpan an Ort und Stelle, worauf sie wieder über die Grenze zurückkehrten.

13. 01. 1946 – An diesem Tage überschritten 90 jugosl. Staatsangehörige deutscher Abstammung am Seebergsattel die Grenze nach Österreich. Diese Personen wurden nur wegen ihrer deutschen Abstammung aus Jugoslawien ausgewiesen, mussten alles zurücklassen und wurden einfach über die Grenze gestellt.

14 .02. – In der Nacht zum 14. 02. stieß die Gendarmeriepatrouille, bestehend aus den Hilfsgendarmen Stefan Pressinger und Andreas Malle in Terpetzen, Gemeinde Waisenberg, auf eine 12 Mann starke und mit Faustfeuerwaffen versehene jugosl. Räuberbande, die in dieser Gegend schon längere Zeit ihr Unwesen trieb. Zwischen den Gendarmen und der Bande kam es beim Besitzer Lassnig zu einem Feuergefecht, bei welchem einer der Einbrecher namens Stefan Dovnjak getötet wurde. Die übrigen Banditen ergriffen die Flucht.

5. März 1945. Eine Patrouille der Gendarmerie verschwand spurlos. Gefunden wurde nur der Kommandant, Postenkommandant von Windisch-Bleiberg Anton Woschnak, 59 Jahre alt. Seine Leiche ist zerfleischt auf einen Misthaufen gefunden worden. Die Leichen der anderen Angehörigen der Patrouille, Riepl, Majewski, Elsen, Schmid und Stanginus fand man im Oktober 1945. Sie waren durch Genickschüsse ermordet worden.

08. 04. – wurde die Sperrzonenwache bei der Mullacher-Brücke, Postenrayon Völkermarkt, von der brit. Besatzungsmacht der österr. Gendarmerie übergeben.

05. 07. – wurde dem Gutsbesitzer Rudolf Nötzle in Leifling von seiner auf österr. Boden befindlichen Viehweide von jugosl. Grenzsoldaten 7 Stk. Rinder im Werte von 20.000 Schilling über die Grenze getrieben. Erst nach wiederholten Interventionen der österr. Behörden wurde das Vieh dem Besitzer zurückgestellt.

10. 10. – In den Abendstunden begab sich der Landwirtsohn Johann Kouhauser aus Hießenstein zu seiner Hausmühle nahe an der jugosl. Grenze. Von diesem Weg ist Kouhauser nicht mehr zurückgekehrt und es wird angenommen, dass er der Grenze zu nahe gekommen und von jugosl. Soldaten erschossen und der Leichnam im Wald vergraben wurde. Dieser Vorfall ist bezeichnend für die Unsicherheit die an der österr.-jugosl. Grenze herrscht und mit welcher Gehässigkeit und Brutalität die jugosl. Grenzorgane der Kärntner Grenzbevölkerung entgegentreten.

15. 08. – unternahm Helmut und Kurt Ehrenfelder, Roger Forster und Justin Jammernik aus Bleiburg einen Ausflug auf die Petzen. An der Grenze wurden sie von jugosl. Grenzorganne angehalten. Kurt Ehrenfelder und Roger Forster

ergriffen die Flucht. Hierbei wurden sie aus einer Maschinenpistole beschossen. Roger Forster wurde schwer verletzt. Helmut Ehrenfelder und Justin Jammernik wurden auf jugoslawisches Gebiet verschleppt und es fehlt von ihnen seither jede Spur. Wiederholte gegenständliche Interventionen Österreichs blieben bisher erfolglos.

Am 26. Juli 1947 wurden bei Eisenkappel die Gendarmen Felix Lepuschitz und Johann Götzhabner von dem ehemaligen Partisanen Otto Paul niedergeschossen. Lepuschitz war tot, Götzhaber schwer verletzt. Die Auslieferung der Täter wurde von Jugoslawien abgelehnt.

Am 15. August 1948 schossen auf der Petzen jugoslawische Grenzwachen auf eine Kärntner Bergsteigergruppe aus Bleiburg. Die jungen Leute hatten sich auf österreichischem Gebiet befunden. Roger Forster wurde so schwer verletzt, dass ihm ein Bein amputiert werden musste. Er starb wenige Jahre später. Die 17-jährige Justine Jamnig und der gleichaltrige Helmut Ehrenfelder wurden auf österreichischem Gebiet von den Jugoslawen festgenommen und abtransportiert. Auf dem Weg ins Tal wurden sie von den jugoslawischen Grenzwachen erschossen. Die jugoslawischen Behörden schwiegen wie ein Grab.

1949. Die Gendarmen Josef Drolle und Erich Rupitsch waren auf Patrouille, als sie auf österreichischem Boden von jugoslawischen Grenzwachen erschossen wurden. Anschließend schleiften sie die Leichen auf jugoslawisches Gebiet.

1950 wurde der Bahnbeamte Alexander Jamnig mitten in der Nacht zum 17. September in Bleiburg ermordet. Die Täter kamen aus Jugoslawien. Jamnig war bereits 1945 nach Jugoslawien verschleppt aber wieder freigelassen worden. Er sollte wohl darüber zum Schweigen gebracht werden. Das Verbrechen wurde nie aufgeklärt.

Über die Ereignisse in Kärnten ist bereits mehrfach in verschiedenen Büchern berichtet worden. Ich habe daher nur einige Auszüge der damals verübten Verbrechen gebracht.

Entwaffnung deutscher Truppen im Jauntal, Mai 1945

Eintreffen der ersten englischen Truppen in Kärnten, Mauthen

Beide Bilder: Landesarchiv Kärnten

O. li.: Klagen-
furt, Heiligen-
geistplatz:
LHStv.
Tauschitz u. LR
Herke begrüßen
die Vorausab-
teilung der
britischen Trup-
pen

O. re.: Britischer
Panzerspähwa-
gen

Re.: Klagenfurt,
Panzerspitzen
der Briten auf
dem Vormarsch
Richtung
Obersteiermark

Alle Bilder:
Landesarchiv
Kärnten

Abmarsch jugoslawischer Truppen aus Klagenfurt, 21. Mai 1945

U. li.: Hauptquartier der britischen Truppen in Österreich (Klagenfurt, Tarviser Straße)

U.: Heimtransport polnischer Zwangsarbeiter

Li.: Polnische Kinder erhalten Rot Kreuz-Pakete als Transportverpflegung

Alle Bilder: Landesarchiv Kärnten

*O. li.: Baracken-
stadt des
Flüchtlingsla-
gers Fefferrnitz,
1948*

*O. re.: Britische
Grenzpatrouille
bei Bleiburg,
1947*

*Re.: Außen-
grenze der
britischen Be-
satzungszone
am Loibl-Pass*

*Alle Bilder auf
dieser und der
nächsten Seite:
Landesarchiv
Kärnten*

*Britische
Straßen-
kontrolle in
Gnesau, Juni
1945*

*Der Villacher
Bahnhof im
Frühjahr 1945*

Sowj. Offiziere stellen sich dem Fotografen

O. li.: Die ersten
Uniformen von
Polizei und
Gendarmerie in
der sowj. Zone

O. re.:
Gendarmerie-
patrouillen
entlang der
sowj-engl.
Zonengrenze

Li.: Uniformen
der Ordnungs-
hüter in der
Nachkriegszeit

Polizei und Gendarmerie haben während der Besatzungszeit einen hohen Blutzoll geleistet; insgesamt 46 Beamte waren ums Leben gekommen.

Landesgendarmeriekommando für Niederösterreich.

E. Nr. 17.826 Adj.

Einberufung zur Ableistung
des Gendarmeriedienstes.

      An Herrn

              Leopold B e r g a u e r als Hilfsgendarm
....

            im Bezirk Mistelbach
....

                   .in

              Gaubitsch 193.
....

Wien, an   11. Juni 1945.

      Auf Grund Ihrer Registrierung für den Wiederaufbau der öster=
reichischen Gendarmerie haben Sie spätestens 24 Stunden nach Erhalt
dieses Befehles zum Gendarmeriedienst nach ...Mistelbach...........
zum Bezirksgendarmeriekommando .... abzugehen.

      Dienstkleidung: Vorhandene österreichische oder reichsdeutsche
Gend. Uniform, letztere ohne deutschem Hoheitsabzeichen, rot - weiß
- rote Armbinde mit dem Aufdrucke „Gendarm". Mangels eines Dienst=
kleides Versehung des Dienstes in Zivilkleidung mit Armbinde, eige=
nes Schuhwerk.

      Die Dienstlegitimation erhalten Sie vom Kommandanten Ihrer
Dienststelle.

      Eintreffen, Einteilung und Datum des Dienstantrittes sogleich
dem Landesgendarmeriekommando melden.

      Wegen Gebühren werden Weisungen folgen.

                   Der Landesgendarmeriekommandant:

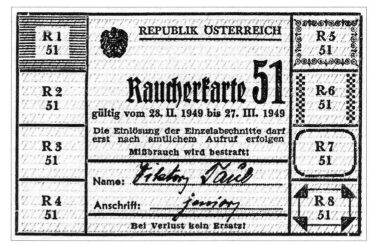

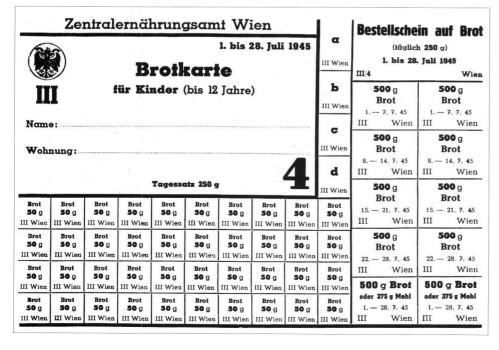

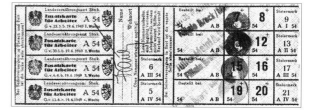

Geldscheine der Militärbehörde unmittelbar nach dem Krieg, Reichsmark und Schilling wurden 1:1 umgetauscht

Erste Schillingscheine, ausgegeben am 4. September 1945 bzw. 2. Februar 1946

*24. März 1955:
Die Kreml-
Herren laden
Bundeskanzler
Raab nach
Moskau ein, um
über einen
Staatsvertrag
für Österreich
zu verhandeln*

*11. April 1955:
Bundeskanzler
Raab (ÖVP),
Vizekanzler
Schärf (SPÖ),
Außenminister
Figl (ÖVP) und
Staatssekretär
Kreisky (SPÖ)
reisen zu Ver-
handlungen
nach Moskau*

*12. bis 14. April
1955: Staats-
vertrag-Ver-
handlungen in
Moskau.*

*15. April 1955:
Das Ergebnis
der Verhandlun-
gen wird doku-
mentiert.
Ankunft der
österreichischen
Delegation auf
dem sowjeti-
schen Militär-
flughafen in Bad
Vöslau (Bilder
auf dieser Dop-
pelseite)*

*15. Mai 1955:
Unterzeichnung
des Staatsver-
trages im
Schloss Belvede-
re*

*Bilder auf
S. 182, 183:
Archiv Brettner
(Autor Friedrich
Brettner war
Mitglied der
Ehrenforma-
tion)*

Außenminister Figl und der sowjetische Außenminister Molotow schreiten die Ehrenformation der Gendarmerieschule des Innenministeriums ab.
Kleines Bild: Bundeskanzler Julius Raab

Abfahrt der Politiker nach Wien

Unten: Arbeiterzeitung am 16. April 1955

1947. Gesetze gab es für die Befreier grundsätzlich nicht, das Wort Eigentum war für sie ohne Bedeutung, sie nahmen sich was sie wollten. Die Ernährungswirtschaft war das größte Sorgenkind. Die Menschen im Osten Österreichs hungerte, vor allem in den Städten. Es wurden Lebensmittelkarten ausgegeben und pro Kopf gab es kaum 1000 Kalorien pro Tag. Der Schwarz- und Schleichhandel blühte.

1948 begann der Bau des „Eisernen Vorhanges" an der ungarischen Grenze. 1949 war der Bau abgeschlossen.

19. September 1955, an diesem Tag hat der letzte sowjetische Besatzungssoldat das Bundesland Niederösterreich verlassen. Der letzte Ortskommandant von Bruck an der Leitha, Oberst KOLAROSENKO, der im Gegensatz zu seinen Vorgängern sehr korrekt war, hatte beim Einsteigen in den Generalszug, sichtlich gerührt und mit Tränen in den Augen, von den am Bahnhof anwesenden Bruckern Abschied genommen.

17. August 1955: Die letzten sowj. Soldaten verlassen den Semmering / Akten werden verbrannt (ganz unten)

Abzug vom Semmering: Es ist alles verstaut – aufsitzen / Die Kolonne formiert sich

1955: Gemeinsames österr.-sowj. Abschiedskonzert am Hauptplatz Wr. Neustadt Oben Bgm. Werl und die Kapellmeister der Russen bzw. der altösterr. Hoch- und Deutschmeister (Stadtarchiv Wr. Neustadt)

Von 1947 bis zum Jahr 1955 sind insgesamt 78 Transport mit 65.000 Heimkehrern aus der Sowjetunion in Wiener Neustadt angekommen. Der letzte Transport ist erst am 25. Juli 1955 in Wiener Neustadt eingetroffen.

Die ganze Tragik der Menschen spielte sich in diesen Jahren am Bahnhof Wiener Neustadt ab. War es das Ausbleiben der nächsten Angehörigen, die Gattin hatte bereits wieder geheiratet, oder Eltern und Kinder waren durch Bomben umgekommen. Dann die am Bahnhof wartenden Angehörigen – und wieder ist er nicht gekommen, enttäuscht verlassen sie das Bahngelände. Die andere Seite, die Glücklichen, Eltern, Ehefrauen und Kinder können endlich den langersehnten Sohn, Mann und Vater in die Arme schließen.

Heimkehrer am Bahnhof Wiener Neustadt / Bundeskanzler Julius Raab war anwesend und hielt eine Rede (Stadtarchiv Wr. Neustadt)

*Li.: Garnisons-
kommandant
Oberstleutnant
Olysarenko mit
den Bürgermei-
stern Pöpperl
und Pschill*

*Re.: Olysarenko
u. a. im Ge-
spräch*

*U.: Olysarenko,
der sein Amt
stets korrekt
ausübte, blickt
auf die
Uhr, der Ab-
schied naht /
Ein letzter Gruß
aus dem Wag-
gon am Bahn-
hof Bruck/L.*

*Alle Bilder:
Kultur- und
Museumsverein
Bruck a.d.
Leitha*

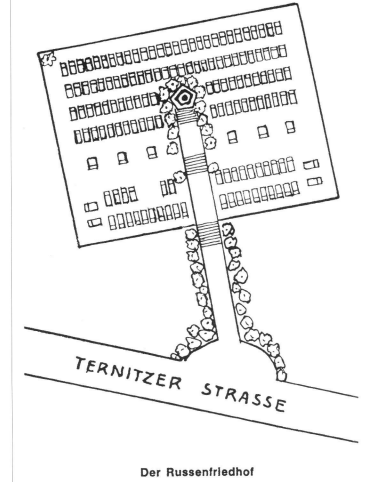

TERNITZER STRASSE

Der Russenfriedhof

Das Denkmal

NACHWORT

Nach 10-jähriger Wartezeit hatten sich die 4 Großmächte Amerika, England, die Sowjetunion und Frankreich endlich geeinigt Österreich die volle Selbstständigkeit wiederzugeben und den Staatsvertrag zu unterschreiben.

Am 15. Mai 1955 war es soweit. Die vier Außenminister der Großmächte Amerika, England, Sowjetunion und Frankreich sowie der österreichische Außenminister Figl unterzeichneten um 11.00 Uhr im Schloss Belvedere in Wien, in feierlicher Weise den Staatsvertrag.

Die große Freude wurde aber geteilt durch die schweren Lasten, die nun Österreich zu tragen hatte. So musste das deutsche Eigentum zurückgekauft werden. An die Sowjetunion hatte Österreich 10 Jahre lang je 1 Million Rohöl aus Zistersdorf zu liefern. Trotz dieser ungeheuren Lasten vertraute die österreichische Bundesregierung dem arbeitsamen Volk und hoffte mit diesem das Schwere schaffen zu können.

In diesem Buch habe ich als Zeitzeuge der Zeit von 1940 bis 1955 berichtet, wie ich es damals erlebt habe und was ich mittlerweile über viele Jahrzehnte an weiteren Zeitzeugenberichten und Historiker-Erkenntnissen gesammelt habe. Dabei war mir als ehemaliger Gendarmeriebeamter der Zugang zu den Polizeiprotokollen in zahlreichen Ortschaften eine große Hilfe.

Das Buch beginnt mit Erlebnissen von volksdeutschen Flüchtlingen, die vor den Kampfhandlungen aus ihrer unmittelbaren Heimat im Osten und Süden Europas geflüchtet sind. Weiters werden Flüchtlingsschicksale geschildert, die sich an der Enns und in Gefangenschaft abgespielt haben.

Der zweite Teil des Buches ist den vielen aus ihrer Heimat Vertriebenen gewidmet, wobei es egal war ob sie bereits als Altösterreicher jahrzehntelang dort in Frieden gelebt hatten, ausschlaggebend war die deutsche Muttersprache.

Im dritten Teil des Buches möchte ich an Hand einiger Beispiele aufzeigen, unter welchen Repressalien und Willkür der Besatzer die Bevölkerung vor allem im Osten Österreichs leben musste. Wir wurden zwar von einer Diktatur befreit, waren aber nicht frei.

Um die damalige Zeit und ihre Menschen gerecht beurteilen zu können, sind solche Zeitzeugen-Berichte wichtig. Sie ermöglichen es, sich ein gerechtes Urteil über die damalige Zeit zu bilden und widerlegen manches Vorurteil.

Quellenhinweise

- Chronik des Landesgendarmeriekommandos Niederösterreich
- Chronik des Landesgendarmeriekommandos Steiermark
- Chronik des Landesgendarmeriekommandos Kärnten
- Kärntner Landesarchiv
- Gemeindechronik Drasenhofen
- Chronik Stadt Liezen, Marliese Raffler
- Schulchronik Lilienfeld

Literatur

- Für Heimat Volk und Ehre – Brettner Friedrich
- Schicksale mahnen 1934–1955 – Brettner Friedrich
- 1945 Anfang u. Ende in Baden – Wieser Christoph
- Kultur Hefte Laa, Sonderband – Fürnkranz, Wabra, Brüstl
- Projekt der Hauptschule Drasenhofen 2005-07-16
- Erzählungen und Abenteuer – Rieder Hans
- Der vergessene Heideboden – Kleiner Rudolf
- Das war Zanegg – Neuberger Johann
- Magocs – Teufel Franz
- Heimatbuch St. Peter – Schuster Karl
- Dokumentation der Donauschwäbischen Kulturstiftung
- Leidensweg der Deutschen im Kommunistischen Jugoslawien – Beer, Binder
- Titostern über Kärnten – Ingomar Pust
- 50 Jahre danach – Paul Lochmann
- Das Jahr 1945 in Kärnten – Wilhelm Wadl

Berichte – Interviews

- Hammerstiel Robert
- Kager Josef
- Karasek Franz
- Kefeder Rudolf
- Kleiner Rudolf
- Kerschbaumer Maria u. Josef
- Lochmann Paul
- Melcher Maria
- Nepp Anton
- Orthuber Karl
- Schlegel Ernst
- Schneider Sepp
- Spreizhofer Maria
- Straka Josef

Bilder, Dokumente, Fotos

- Archiv Brettner
- Archiv Dietmeier
- Archiv Stadt Liezen
- Archiv Stadt Neunkirchen
- Archiv Wiener Neustadt
- Archiv Schobert
- Deutsches Bundesarchiv / Bildarchiv Berlin-Koblenz
- Österreichische Nationalbibliothek Bildarchiv
- Institut für Kriegsfolgenforschung Mag. Lesnik
- Landesarchiv Burgenland
- Landesarchiv Kärnten
- Südmährer Heimatmuseum
- Kultur- u. Museumsverein Bruck an der Leitha
- Erwin Kurz, Schattendorf
- Paul Hajszany, Güssing
- Herbert Ascherbauer, Bruck/L.

- Hammerstiel Robert, Professor
- Georg Jestadt, Grafiker
- Hans Stix

Herzlichen Dank an alle, die mir bei meinen Nachforschungen geholfen haben und allen, die mir Berichte und Bilder zur Verfügung gestellt haben.

Auch aus dem Kral-Verlag

24,5 x 32,5 cm • 248 Seiten • 430 Abb.
Fadenheftung, Schutzumschlag • EUR 29,90

24,5 x 32,5 cm • 240 Seiten • 350 Abb.
Fadenheftung, Schutzumschlag • EUR 29,90

23 x 28 cm • 84 Seiten • 200 Abb. • Fadenheftung • EUR 24,90